MARKETING
MADE EASY

营销
原来这么简单 2
营销精英必知的全渠道营销策略

王廷伟◎编著

中国经济出版社
CHINA ECONOMIC PUBLISHING HOUSE
·北京·

图书在版编目（CIP）数据

营销原来这么简单 2/王廷伟编著．

北京：中国经济出版社，2018.5

ISBN 978-7-5136-4974-2

Ⅰ.①营… Ⅱ.①王… Ⅲ.①市场营销学

Ⅳ.①F713.50

中国版本图书馆 CIP 数据核字（2017）第 269416 号

责任编辑 葛 晶

责任印制 马小宾

封面设计 任燕飞装帧设计工作室

出版发行 中国经济出版社

印 刷 者 北京力信诚印刷有限公司

经 销 者 各地新华书店

开　　本 710mm×1000mm 1/16

印　　张 26

字　　数 400 千字

版　　次 2018 年 5 月第 1 版

印　　次 2018 年 5 月第 1 次

定　　价 68.00 元

广告经营许可证 京西工商广字第 8179 号

中国经济出版社 **网址** www.economyph.com **社址** 北京市西城区百万庄北街 3 号 **邮编** 100037

本版图书如存在印装质量问题，请与本社发行中心联系调换（联系电话：010-68330607）

序　言

PREFACE

彼德·德鲁克说："企业有且只有两个基本职能：营销和创新。"

"互联网+"改变了营销模式，但没有改变营销本质。

《论语》有云："工欲善其事，必先利其器。"

这是世界上迄今为止唯一汇集营销策略的书，尽管挂一漏万。

一、营销的起源

市场营销（Marketing）又称为市场学、市场行销或行销学，简称"营销"。中国台湾将此常称作"行销"。营销有两种含义，一种是作动词理解，指企业的具体活动或行为，这时称之为市场营销或市场经营。另一种是作名词理解，指研究企业的市场营销活动或行为的学科，称之为市场营销学、营销学或市场学等。

现在提起营销，可以说是无处不在，无时不在。论述营销的书籍更是林林总总，汗牛充栋。然而在论及营销的起源时，基本是众口一词：市场营销学于20世纪初期产生于美国。没错，作为现代意义的营销及营销的概念和营销作为一门学科的起源是这样的，或者说作为名词的营销的起源是这样的。那么，作为动词的营销，即营销作为一种行为活动来讲，其起源又在何处呢？

（一）动词"营销"的起源

有人认为，在人类出现时，营销就出现了。引用的例证是《圣经·旧约》第一章中夏娃说服亚当偷食禁果的行为，被视为最早的营销。也有人说最早的营销行为应该属于那条说服了夏娃把禁果推销给亚当的蛇。当然，这只是人类起源中的神创论所讲的故事。

也有人说，舜知道其父亲瞽叟和弟弟象要加害于他，在备好斗笠和通道的情况下，仍然上房修补仓房屋顶和掘井，都是为了获得尧的考察而进行的自我营销。还有人说生于公元前 1211 年，卒于公元前 1072 年的“姜太公钓鱼愿者上钩”的钓鱼故事就是一个营销故事。这些也都是故事而已。

2008 年 JCM 在 Journal of Chinese Marketing 上发表的《早期古希腊营销起源的证据》中指出，到了大约公元前 500 年，由于人口的增长，城邦的产生和殖民地的建立，以及在公元前七世纪和六世纪货币的出现等因素的刺激，贸易开始成为公众所普遍接受认可的行为。而且，这一时期为营销推论提供了最早的丰富的证据来源。双耳酒罐——那些古希腊双把特征容器的发现，提供了有关食品酒类贸易的丰富证据。同时，书面资料为我们了解那一商业时代所发生的事情展现了更为立体全面的画卷。我们相信在早期的古希腊时期，需求是随市场不同和时间不同而变化的，而且贸易商也寻求改变来应对这些变化。他们设计出产品以满足当地的偏好，当偏好发生变化时，他们也对产品进行了相应调整，并且以容易被消费者识别的方法来提供产品。这些已经足够表明在当时的贸易商活动中，存在最基本的市场导向；而正是从那个时候开始，营销实践开始了其漫长的演绎进程。

而在现代管理学之父、营销学鼻祖彼得·德鲁克看来，现代营销学是日本三井家族的一个不知名的成员在 1650 年左右创立的。当时，他前往东京从事零售业。但他做生意的方法完全与众不同，他并不是仅仅盯着自己制作或生产的单一种类的产品，而是先购进多种多样的产品，然后提供给客户。这些产品或者直接从生产者本身购入，或者从其他来源购入。三井家族的做法远远超过了那个时代。大约 250 年之后，到了 19 世纪 90 年代和 20 世纪初，西尔斯 - 罗巴克百货公司才把三井家族的做法当成先进的营销理念和营销政策纳入其公司管理制度中，在美国市场营销领域遥遥领先。

在国内有人以商圣范蠡“欲见美人者，先输金钱一文”的故事作为营销的鼻祖。故事来源于《东周列国志》第八十一回“美人计吴宫宠西施，言语科子贡说列国”。说越王勾践访求到境内美女西施和郑旦，欲献于吴王，命范蠡各以百金聘之。服以绮罗之衣，乘以重帷之车，国人慕美人之名，争欲识认，都出郊外迎候，道路为之壅塞。范蠡乃停西施、郑旦于别馆，传谕：“欲见美人者，先输金钱一文。”设柜收钱，顷刻而满。美人登朱楼，凭栏而立，自下望之，飘飘乎天仙之步虚矣。美人留郊外三日，所得金钱无算，悉辇于府库，以充国用。

这本身是个很好的营销故事，但作为营销的起源显然是缺少说服力的。因为比范蠡早出生100多年的管仲，通过废除井田制，大力发展商业，鼓励自由竞争，政府垄断（涉及国计民生的重要商品的）盐、铁批发生意，发动贸易战争不断扩大势力范围，最后“九合诸侯，一匡天下”，使齐桓公成为春秋第一位霸主，更是经典的营销案例。

那么，探究营销的起源，我们可以做个推测。

“一方水土养一方人”。人类的产生地或平川，或山地，或水泽，为了生存就要获取食物，靠山吃山，靠水吃水；为了获取足够的食物，人们逐渐摸索和练就了各自不同的本领，出现了农民、牧民、山民、渔民。农民则靠种植，靠收获蔬菜、瓜果和粮食过活；牧民靠草原，靠饲养牲畜生存；山民“靠山吃山”，靠山货活着；渔民“靠水吃水”，靠捕鱼为生。这便形成了最早和最基本的社会分工，后来的社会分工只是在此基础上的不断发展而已。

在获取食物的过程中，一方面由于先天的差异，个人就有身体强壮和本事大的，也有身体弱小和本事小的；另一方面，在与恶劣自然环境的抗衡、食物的争夺中，需要身体强壮和本事大的人帮助或保护身体弱小和本事小的人，而身体弱小和本事小的人需要依靠身体强壮和本事大的人，在人的各个群体中自然而然地分化出强势者和弱势者。强势者逐渐拥有了更多的话语权和特权，成为群体的统治者。

好恶之心是人的本性。群体中的强势者对喜好之人，多给予照顾，被喜好者也逐渐享有了特权。久而久之，这就形成了特权阶层，发展为统治集团。

统治者和统治集团对群体中的食物、其他人就具有了享有权和支配权，逐渐发展形成了私有制。

好奇心是人类的天性。由于环境的不同就有了不同的食物，人们或出于好奇就出现了食物的交换，新奇的感觉则促进了交换。交换开始是在群体间的任意个体间发生的，而随着统治者和统治集团的形成，交换则由统治者和统治集团控制，促进了私有制的发展。

由于自身生存的需要和交换的促进作用，使不同群体各自捕食的本领得以提高，更加专业，使获取的食物增多，逐渐产生了剩余，进一步促进了交换。交换也由单一食品发展到各自拥有的物品，时间、地点的随机交换逐渐发展为确定时间、地点的交换，交换的确定产生了市场。市场的形成进一步促进物品的获取和交换。

随着剩余食物的增多和这种交换量的加大，以物易物就带来诸多的不变，从而产生了充当一般等价物的货币。

货币的出现，使物品的交换发生了质的变化。用物品换取货币或用货币换取物品的过程就是买卖的过程，即销售。交换出去的物品就成了商品，

在销售的过程中，销售者为了获取更多的利益，就会“琢磨”一些“办法”。而这个“琢磨”，其实就是营销中的“营”，通过“营”以后而把物品销售出去的过程就是营销。这个“办法”就是营销策略。推销、分销都是这个“办法”的一种。

其实这个“营”，在物品交换时期就已经存在。那时，人们就会“琢磨”一些“办法”，使自己获得更多的交换利益。在“营”的过程中，“推销”中的“推”和“分销”中的“分”也就随之而产生了。只是“销”没有产生而且没有形成“营销”“推销”和“分销”。

所以，营销起源于货币的产生。这是我的推测，而实证则需要历史学家和考古学家们到老祖宗的藏宝图中去挖掘。

（二）名词“营销”的起源

作为名词的“营销”，公认的现代意义的营销概念诞生，并且从经济学中分离出来成为一门单独学科，起源于20世纪初期的美国。具体有以下标志：

1. 大学开设专门课程

1902年，美国密执安大学、加州大学和伊利诺大学的经济系开设了市场学课程。1904年W·E·克罗西在宾夕法尼亚大学开设了“产品市场营销”课程。1910年R·S·巴特勒在威斯康星大学开设了“市

场营销方法”课程。

2. 专业市场调查公司成立

真正理性的营销活动是以1911年美国科蒂斯出版公司率先成立市场研究部，1923年美国人A·C·尼尔逊创建了专业市场调查公司，营销信息工作就开始成为营销活动不可分的有机体，整个早期市场营销活动都是以市场调查为重心展开。

20世纪30年代弗瑞德·E·克拉克和C·E·克拉克把“市场信息的收集与阐释”破天荒地正式纳入营销概念。他们指出市场信息是“对事实或近乎事实的收集与阐释，或对事实的估计与推测，诸如什么产品可以买得到，销售者想卖什么，采购者想购买些什么，各自愿意付或承接的价格是多少”。

3. 出版专业著作

哈佛大学教授赫杰特齐在走访了大企业主，了解他们如何进行市场营销活动后，于1912年出版了第一本销售学教科书《Marketing》，标志着作为一门独立学科的市场营销学的建立。这本教材同现代市场营销学的原理、概念不尽相同，它主要研究推销术和广告术，而且研究活动仅限于在某些大学的课堂，并未引起社会的重视也未应用于企业营销活动。

阿切·W·肖于1915年出版了《关于分销的若干问题》一书，率先把商业活动从生产活动中分离出来，并从整体上考察分销的职能。但当时他尚未能使用“市场营销”一词，而是把分销与市场营销视为一回事。

4. “市场营销”概念的出现

韦尔达、巴特勒和威尼斯在美国最早使用“市场营销”概念。韦尔达提出“经济学家通常把经济活动划分为3大类：生产、分配、消费……生产被认为是效用的创造”。“市场营销应当定义为生产的一个组成部分”。“生产是创造形态效用，营销则是创造时间、场所和占有效用”。他认为“市场营销开始于制造过程结束之时”。

5. 市场营销协会成立

1915年美国全国广告协会成立；1926年，美国广告协会改组为市场营销学和广告学教师协会；1931 年成立了由经济学家和企业家参加的专门讲授和研究市场营销学的组织——美国市场营销社。1937 年，上述两个组织合并为美国市场营销协会（American Marketing Association/AMA）。

美国市场营销协会，以捕捉最新市场营销动态，发布最新市场营销研究成果为宗旨，是由致力于营销实践和教学的人士组成的非营利专业组织，为参与市场营销实践、研究和教学的人士提供了一个信息发布、知识共享的平台。

6. 品牌经理制创立

1931 年，麦克尔罗伊在宝洁公司建立了品牌经理体制和内部品牌竞赛的机制。

随着人们营销实践和认识的不断深入拓展，营销的概念不断丰富和发展，从实体产品营销发展到包括实体产品和服务产品的狭义营销，再到今天包括产品营销、国家营销和自我营销的广义营销。

其实广义营销和狭义营销一样，概念是20 世纪提出的，而营销的实践是早就存在的。比如菲利普·科特勒在上世纪末提出了国家营销的概念，而中国的管仲在2600 多年前春秋时期的齐国就开始了国家营销，并使齐桓公成为历史上首个称霸的诸侯。

自我营销的概念兴起不久，然而自我营销的实践也是早已存在的。前面提到的姜子牙在商朝就已经开始了自我营销。如果还不足以为证，那么春秋战国时期各国诸侯的礼贤下士，对士子采取“合者留，不合则去”的宽松政策，使士子们的自我营销达到了空前绝后的程度。比如商鞅在魏没有得到重用，听说秦孝公“下令国中求贤者”，于是西入秦，求见秦孝公，终于委以重任。邹衍本是齐国人，在稷下学宫位于上大夫之列，他不满齐闵王的暴政，而到了燕，成为燕昭王之师。在齐襄王时，邹衍又回到稷下学宫，并在齐王建时作为齐国使者出使赵国，而从未受到非议。吴起一生中曾在鲁、魏、楚等国为官，每当遭到诬陷，便另投明主。

中国古代自我营销最为著名的莫过于苏秦和张仪。苏秦自我营销于赵、韩、魏、燕、齐、宋六国成功，实行“合纵”抗秦，他亲自任

"纵约长"，一人佩戴六国相印，成了当时名副其实的"联合国秘书长"，其权力更是现代意义上的秘书长不能望其项背的。他也因此被后人称为"合纵之父"。而自我营销成功的张仪，官居秦国丞相，针对苏秦的"合纵"抗秦，采取"连横"策略，分化瓦解苏秦倡导和组织的"合纵"阵营，并终于如愿以偿。张仪的连横策略为秦国的东进和崛起产生了积极的推动作用，为秦的最终统一奠定了基础。被后人称为"连横之父"。

作为名词的"营销"概念诞生的100多年来，市场营销学随着社会经济及市场经济的发展而不断发展，并不断地推动着社会经济及市场经济的发展繁荣。作为动词的"营销"则一直用营销的实践活动对名词营销进行着诠释。在这一过程中，营销理论和营销策略更是日新月异，枝繁叶茂。

二、营销策略的解构

现在的企业、非营利组织和政府及个人，没有不讲营销的。讲营销就必然要讲营销策略，而现在的营销策略就像互联网技术一样，一日千里，爆炸式发展。有经典的，大家耳熟能详；有创新的，开拓崭新领域；有创意的，需要不断完善；有臆断的，不知其所以然……凡此种种，让人眼花缭乱。这里，我们做一个简单的解构。

（一）看营销

营销中的"营"是谋求，经营、管理之意；"销"是销售之意。营销就是谋求销售，经营销售、管理销售。销售是主，是核心，是目的；谋求和经营、管理是辅，是手段，是过程。营销整体是个动态的过程，是销售者把产品或服务销售给销售对象的过程。无论营销，还是销售，销售者都是主体，销售对象是客体，还要有销售的内容，即销售物——产品或服务，只有三者同时存在，才能完成营销的事项，或者才能称其为营销。缺少任何一项，无论是主体还是客体还是内容，都不能称其为营销。

（二）看市场营销

提到营销，就是市场营销。营销是市场营销的简称。作为市场营销的概念，是个动态的，随着人们对市场活动认识的加深而不断发展变化，有很多人给出了不同时期的不同解释，归结起来就是：市场营销是在创造、沟通、传播和交换产品中，为顾客、客户、合作伙伴以及整个社会带来价值的活动、过程和体系。这主要是指营销人员针对市场开展经营活动、销售行为的过程。这一过程的根本目的就是创造顾客，即获取和维持顾客。

从营销和市场营销的内涵可以看出，市场营销的本义是对市场的营销，而不是市场进行的营销，即市场是营销的对象，而不是营销的主体。其完整意思是销售者对市场的营销。

（三）看策略

按照百科的解释，策略指计策、谋略。一般是指：可以实现目标的方案集合；根据形势发展而制定的行动方针和斗争方法；有斗争艺术，能注意方式方法。引申为："策略"，即为了实现某一个目标，首先预先根据可能出现的问题制定若干对应的方案，并且在实现目标的过程中，根据形势的发展和变化来修订原方案而制定出新的方案，或者根据形势的发展和变化来选择相应的方案，最终实现目标。

（四）看市场营销策略

把上述概念连接起来就是市场营销策略，即销售者为把产品或服务销售给销售对象而制定的计策或谋略。它是一个抽象的统称，就像人、动物等概念一样。在说到或用到具体市场营销策略时，一定要有一个具体的明确的市场营销策略才可以，比如产品市场营销策略、价格市场营销策略、渠道市场营销策略、促销市场营销策略等。这就构成了市场营销策略的基本结构，即××市场营销策略。

其实，这仅是其中的一面，还有更重要的另一面，那就是销售者凭什么营销成功，或者说销售对象为什么要购买销售者的产品或服务，不是因为营销策略好，而是因为销售者销售的产品或服务能为销售对象带来价值。那么，怎样带来价值或用什么方式带来价值。这个答案就是"××"，即通过"××"这个方式为顾客带来价值。这个营销策略就是××市场营销策略。

在实际应用中，对于这些××市场营销策略，大家又约定俗成的简化为××营销或××策略等两种范式。如前面提到的4P，就变成了产品营销或产品策略、价格营销或价格策略、渠道营销或渠道策略、促销营销或促销策略等。

（五）看××市场营销策略的作用

营销的目的是创造顾客，即带来和保留顾客。企业采取的××市场营销策略，就是企业通过“××”方式为消费者创造对方想要的价值，建立与维持关系，以获得回报的过程。

不同的企业采用不同的市场营销策略，不同的市场营销策略对企业起着不同的作用。菲利浦·科特勒在11P中，将产品、定价、渠道、促销称为战术4P，将探查、分割、优先、定位称为战略4P，要求营销人员（People）灵活运用公共关系（Public Relations）和政治权力（Politics Power）来实施战略4P和战术4P。

这里把营销策略划分为战略策略和战术策略，以及营销人员灵活运用公共关系和政治权力来实施战略4P和战术4P的观点是对的。而将产品、定价、渠道、促销归为战术4P，将探查、分割、优先、定位归为战略4P则有待商榷。比如，把产品定位为奢侈品、高端产品、中端产品或低端产品，这个产品策略就不是战术，而是战略。再比如，制定促销方案前的市场调查，即探查，不过是个战术问题，绝对上升不到战略层面。所以策略本身并不能简单定位为是战略还是战术，而是看把策略用在哪里，用在战略层面就是战略，用在战术层面就是战术。比如低成本营销，从企业战略层面去研究实施就是企业的低成本战略策略，从企业战术层面去贯彻落实就是企业的低成本战术策略。

决定企业成败的关键就是战略和战术问题。战略决定成败、细节决定成败、制度决定成败、执行决定成败、文化决定成败，是盲人摸象，把一个系统化的整体问题给割裂开分段地进行研究，片面夸大某一方面的作用。一个企业首先要制定战略，然后把战略细化为细节，形成保证细节落地的制度（包括流程），最后是严格的执行。把这一过程中原来自动自发的一些好的习惯进行归纳总结提炼，形成企业统一的行为规则，并进行宣贯和落实，就成为企业的文化。这里的战略和文化就成为战略层面的问题，细节、制度、执行就是战术层面的问题，用于不同层面的策略分属于战略策略和战术策略。

所以，完整的市场营销策略，应该是：首先营销者通过营销中的“人（People）”，对消费者洞察与市场调查，了解消费者有哪几类（市场细分 Segmenting），自己最有优势的产品或服务能够满足哪类消费者（目标市场选择 Targeting），自己要在这类消费者大脑中占据“最”还是“第一”等什么样的位置（定位 Positioning），也就是 STP。然后，营销者整合自身资源，以独占目标消费者心智中的目标位置为出发点和目标，通过权力（Power）和公共关系（Public Relations）两个基本方式，再加上其他适合的具体方式为消费者创造价值（包括创造效用和降低成本）、传播价值和感知价值。最后，通过客户关系管理（CRM）与内外部消费者建立并维持关系，并持续获得产品利润与品牌利润的回报。

这里的营销者，可以是企业，也可以是非营利组织，或者政府以及个人。虽然其具体营销目的不同，但营销的基本原理和流程是一致的。

三、互联网发展趋势下的传统营销策略还有用吗

互联网、移动互联网、大数据、云计算，已彻底颠覆了人们的生活方式，颠覆或正在颠覆一些传统企业或行业，也正在创造着一些新兴的产业。无疑，互联网的发展也深刻地影响着企业的营销策略。那么，传统的营销策略在互联网的发展下还有没有作用呢？互联网的发展下还需不需要传统的营销策略呢？

也许，从不同角度会有不同答案，但我说答案是肯定的。

第一，企业创造客户的营销根本目的没变，而人性也没有变。互联网、移动互联网，颠覆了一些企业或行业，但却颠覆不了企业创造客户的目的，企业没有客户仍然意味着死亡。作为客户的人来讲也一样，互联网、移动互联网，尽管颠覆了人们的生活方式，但颠覆不了人趋利避害的本性。人性没变，基于“洞悉人性，投其所好”的营销本质就有效。

如 2013 年 11 月，网上有一条关于“双十一”的热门微博，一位徐姓工程师晒出了自己的请假条截图，其中写道：“媳妇收藏了不少天猫团购，2013 年 11 月 11 日请假 1 天，回家看着媳妇，防止败家，请领

导批准。”还有人特别发帖提醒：“各位男同胞注意啦，别怪我没提醒你们！记得10日晚10时以后，打开老婆的网银和支付宝，输入三次错误密码，才上床睡觉。11日清早起床，第一件事是再打开老婆网银和支付宝，输入三次错误密码，再去上班。切记，切记！”

这些，不管是调侃也好，玩笑也罢，但“五折难挡，秒杀凶猛，就算熬个通宵也要挺住”的诱惑是毋庸置疑的。

仅天猫商城“双十一”的总交易额：2009年0.5亿元，2010年9.36亿元，2011年33.6亿元，2012年132亿元，2013年350.19亿元，2014年571亿元，2015年更是达到912亿元，中国的“双十一”也已成为了世界上最大的网购盛事。而这些，是在54.2%的受访者担心虚假宣传、价格虚标，32.5%的受访者担心预售商品不能七天无条件退换货，16.9%的受访者担心网络诈骗情况下发生的。

第二，为消费者创造价值的营销根本途径没有变。不管是互联网，还是移动互联网，都是企业用来为消费者创造价值和感知价值的手段，如果企业的产品或服务不能为消费者带来价值，即使把互联网和移动互联网玩出花来，也没有意义。

小米手机是近年成功企业的典范。有人问小米成功的秘诀是什么？小米手机的答案是：第一是参与感，第二是参与感，第三还是参与感，从产品开发、到营销、到服务，用户全程参与。不可否认，小米利用互联网让用户全程参与是做得非常成功的。但是，仅有参与就行吗？

爱文在《小米手机的性价比真的那么高吗?》一文中分析：小米2手机，“绝大多数用户在正式发布后要等待长达10个月的时间，才能真正花1999元买到小米手机”。“根据摩尔定律，当价格不变时，集成电路上可容纳的晶体管数目，约每隔18个月便会增加一倍，性能也将提升一倍。换言之，每一美元所能买到的硬件性能，将每隔18个月翻两倍以上”。“所以小米2性价比高的秘密是，你是用6个月后的价格来和其他手机此时此刻的售价进行比较”。

拯迪在《【亦观察】No.516嘿客升级“顺丰家”是无奈之举?》一文中说，“顺丰在社区O2O还没有很火的时候就开始在全国铺设数千家的顺丰嘿客店，也一度成为媒体和舆论圈报道热议的对象”。现在顺丰嘿客店要升级到一种更为适宜的模式，是原有的嘿客店模式走入了困境。原因之一："在运营过程中发现很多设想难以走入消费者的实际购买和体验需要。……忽视了一个根本性的缺陷——这样的服务不仅没有简化流程，反而在本就十分便捷的电商标准化服务环节上又徒劳增加了 O2O 的环节。加上嘿客店内可以展示的单品有限，很难满足用户的比价和综合性价比的考虑需求，既然在家可以更为全面的比较和筛选，物流也很方便，为什么要到嘿客店来筛选和比较，最后下单呢。这样的结果就是，嘿客店在实际的运营中已经不是一个 O2O 的电商消费场所，更多成了顺丰物流的提货和囤货点。"

第三，向消费者传播、让消费者感知客户价值的营销根本方式没变。不管传统营销的硬广告、软广告，还是互联网上的自媒体、各种网络营销，其营销的根本方式都是把企业为客户创造的价值传播告知给消费者，让消费者通过便捷渠道了解体验到价值所在，满足消费者的需要，从而实现销售。

2012 年，"褚橙" 承载着褚时健原有的和 75 岁再创业 85 岁开始收获的故事，被"本来生活网" 赋予了"人生总有起落，精神终可传承" 的励志精神，通过网络和王石等大佬们的自媒体而一夜爆红京城。《褚橙进京》的微博文章被转发 7000 多次。王石引用巴顿将军"衡量一个人的成功标志，不是看他登到顶峰的高度，而是看他跌到低谷的反弹力"，对褚橙进行诠释，被转发近 4000 次。"本来生活网" 正式发售褚橙前 5 分钟 800 箱被抢购，当天共卖 1500 箱。由此又一次引发了褚时健热，"这哪是吃橙，是品人生"，"品褚橙，任平生" ……时至今日，"褚橙" 还在大热中，《褚橙你也学不会》，更是把一大批企业界的精英们引入到了对褚老的膜拜中。

褚橙没有触网前，一开始有过滞销、倒掉的情况，后来销路打开了，但范围不大，影响更小。如果不触网，相信凭借褚橙的品质和褚老的故事，褚橙及其励志故事也会有一天走向并引爆全国市场，但需要的时间就会久一些，不会像现在这样迅猛。这就是互联网的力量。但这仅是具体方式不同，向消费者传播、让消费者感知客户价值的营销根本方式没变。

第四，通过维护客户关系，挖掘消费者终生价值的根本营销方向没变。忠诚度计划也好，小米的参与感营销也罢，其目的都是保持与消费者的关系，黏住消费者，努力挖掘消费者消费份额，直至终生价值。

2013 年，招商银行信用卡中心，为了加强与客户的互动，引入了小 i 机器人的智能交互技术，利用微信公众账号与客户进行交互。数据显示，智能机器人承担近 95% 的交互，而招行组建近 10 人的知识团队在后台持续运营，使"小招"成了一个既能回答业务，也能回答客户各种刁钻问题的"百事通"，每天的交互量超过 40 万次。

天猫的会员特权：专享店铺现金优惠券（每次购物之前可联系客服领取）；店铺促销活动优先享有及优先通知（优惠券可同时使用）；店铺会员积分，积分超值兑换；免费送茶样，每个订单均会享有其他产品的品尝茶样；高级会员、VIP 会员尊享全国免邮；VIP 会员尊享免费礼包（新品茶样免费寄送）等。

在互联网上，由于营销的这些根本功能没有变，所以传统的营销策略还有效。互联网，只是丰富了营销手段而已。需要做的是把传统的营销策略与互联网相结合，创新营销方式，更好地实现营销。

四、关于本书

子贡问为仁。子曰：工欲善其事，必先利其器。居是邦也，事其大夫之贤者，友其士之仁者。语出孔子（春秋）《论语·卫灵公》。

2008 年，由美国次贷危机引发的金融海啸席卷全球。我亲身体验到所从事的成品油零售行业如过山车般的从市场供不应求一下子到了供过于求的局面，也正是这一下子把成品油请下了神坛，回归到了市场，回归到了一般商品的属性。正因为此，我走入了营销之"邦"，因想"善其事"，故开始"利其器"，而遍访"邦"内"贤者"、"仁者"。这一下可了不得了，好像捅了马蜂窝一样，更像是刘姥姥进大观园，各种营销观念、营销理论、营销策略扑面而来，目不暇接。这个还没想好怎么用，明天又有新的出现。遍淘实体书店和网上，关于营销策略的典籍、论述都是单一的或很少几个，没有一个相对全面系统完整的论述，让我感到很是困惑和懊恼。由此及彼想到像我一样境遇的人大概也不会少吧。我由此便想如果能够做成这样一件事是不是很有意义呢，也就从那时开始了本书的编著过程。

在这一过程中，我是边搜集有关营销策略的资料，边学习整理，对于理解了的能够应用到成品油零售营销中去的，就尝试着去实践。比如，学习了4P组合营销理论后，在2009年初开始尝试降低挂牌价、给固定客户优惠，2010年开始尝试用小油罐车开展送油服务、加油送礼活动。学习了服务利润链理论后，结合马斯洛需求层次论，从2009年开始尝试通过设立零售单项奖的方式开展内部营销，从2010年开始通过跨界交叉营销开展增值服务，建立了成品油零售“2＊2增值服务模型”，并获得了国家管理创新成果二等奖；此成果与另一篇营销成果获得石油石化管理创新成果一等奖。我依据营销策略实践形成的论文或著作近年来每年都有发表和获奖。

通过这些理论与实际相结合的实践，我和同事们也取得了省级公司成品油零售连续6年同比口径增量近30万吨的效果，同时把这些实践成果汇集于笔端，完成了《成品油营销管理点滴》《成品油零售常用促销方法》《成品油零售增值服务管理》和《营销原来这么简单》等四本专著并出版。在这个过程中，这本《营销原来这么简单2》孕育成熟，我把它呈现出来与所有爱好营销的朋友们共享。

本书分为序言和正文，正文为十二篇。

序言主要论述了营销的起源、营销策略的解构、互联网发展趋势下的传统营销策略还有用吗和关于本书。营销的起源是从动词“营销”和名词“营销”两个维度进行了探讨，对于名词起源采用了公认的美国起源说，而对于动词的起源则认为是随着货币的产生而产生。营销策略的解构则通过对营销策略名称的解析中归纳出“××市场营销策略”的基本范式，提出策略用于战略则是战略策略，用于战术则是战术策略的观点。互联网发展趋势下的传统营销策略还有用吗？主要阐述了在互联网上，由于营销的根本功能没有变，所以传统的营销策略还有效。互联网，只是丰富了营销手段而已。关于本书则概要介绍了书的主要结构及内容。

第一篇介绍的是市场营销观念的变化，创新性的将其归结为传统营销观念、现代营销观念和后现代营销观念三个时期。提出了共创价值观念，三个时期的观念不能以某个时间段截然分开，而是杂糅并存，即使到今天也有生产观念或产品观念成功的案例等。

第二篇介绍了仅次于市场调查而提出的营销组合理论，从最早的4P发展为12P到现代的诸多营销组合的情况。

第三篇介绍除营销观念及组合营销理论以外的各时期重要营销理论。

从第四篇开始到第十二篇，依次介绍了以营销主体、营销客体、营销内容、商家与消费者的关系、具体营销方式、营销载体、营销方向、行业和网络营销等命名的各种具体营销策略。

各篇在介绍了营销观念、理论和策略的基本概念后，都列举了经典的案例，用于说明营销概念。这些案例都是曾经的辉煌，有时间久一点的，也有年内刚发生的。在此，我向创造了这些辉煌历史的前辈和同行们致敬。

本书共整理收录了15种营销观念，76种营销理论（营销组合），619种营销策略，18种电子商务模式；摘编了568个营销案例。这些内容跨越了近百年的营销历史，我的心愿是，如能管中窥豹，略见一斑，此心足矣。

其实，营销很简单，两句话：

第一句，洞悉人性，投其所好；

第二句，为用户创造价值，并让用户感知价值，在实现用户价值过程中实现营销者的价值。

第一句是营销的总纲，第二句是营销的路径。

最后，要说明的是，本书中所列有关营销理论与概念及案例，均来自于网络。在此，作者郑重向这些编写者表示感谢。同时，对没征得你们同意，就编录了相关内容表示歉意。由于个人水平原因，书中难免有不妥之处，敬请批评指正。

作者

2017年8月29日

目　录

CONTENTS

第一篇 CHAPTER ONE | 市场营销观念的变化

第二篇
CHAPTER TWO

组合营销理论

第四篇 CHAPTER FOUR 按营销主体命名的营销策略

第五篇 CHAPTER FIVE 按营销客体命名的营销策略

第八篇 CHAPTER EIGHT 按照具体营销方式命名的营销策略

第九篇 CHAPTER NINE 按照营销载体命名的营销策略

第十篇 CHAPTER TEN 按照营销方向命名的营销策略

第一篇　市场营销观念的变化

市场营销观念是指企业进行经营决策，组织管理市场营销活动的基本指导思想，也就是企业的经营哲学。它是一种观念，一种态度，或一种企业思维方式。它是随着社会经济的发展而变化的，不同的经济时代有不同的市场营销观念。不同学者有着不同的划分方式，对前期营销观念的划分基本一致，如生产观念时期、产品观念时期、推销观念时期、市场营销观念时期和社会营销观念时期，但对这以后营销观念的划分则没有统一的说法。

在这里，本书结合菲利普·科特勒等著的《营销革命 3.0》的提法做一个大胆的尝试，对营销观念的发展变化划分为传统营销观念时期、现代营销观念时期和后现代营销观念时期，分别对应营销 1.0 时代、2.0 时代和 3.0 时代，各个阶段包含不同的营销观念。

同时，各时期的营销观念自产生以后，就一直对企业发挥着作用，并不因为新的营销观念产生而消失，只是在不同企业的影响作用大小不同而已。传统营销观念时期的营销观念的产生与兴盛有明显的时间阶段，而现代营销观念时期和后现代营销观念时期及其相关的营销观念则没有明显的时间阶段，几乎是同步产生，同时对不同企业发挥着作用。

一、传统营销观念时期

传统营销观念的主要特点：企业经营哲学是以产品为中心，表现为“以产定销”。营销模式：产品中心营销；目标：销售产品；推动力：工业革命；企业看待市场方式：具有生理需要的大众买方；主要营销概念：产品开发；企业营销方针：产品细化；价值主张：功能性；与消费者互动情况：一对多交易。这一时期主要有生产观念、产品观念、推销观念等营销观念。

传统营销　是指通过层层严密的渠道，并以大量人力与广告投入市场，从而达到满足现实或潜在的需要的综合性经营销售活动过程。这是一种交易营销，强调将尽可能多的产品和服务提供给尽可能多的顾客。

■案例：三株——曾经的神话

当中国保健品市场已经进入到了退潮期的时候，“三株口服液”来了。它在中央电视台及一些中心城市电视台购买了大量的非黄金时间的广告段位，用以播发拍得并不精美却充满了语言诱惑的三株系列形象片。其中最突出的一个主题便是，“三株争当中国第一纳税人”和“振兴民族工业”。

“三株”极为大胆和富有创造性地走出了一条“让专家说话，请患者见证”的道路，每年在全国各地起码要举办上万场的义诊咨询活动。

“三株”用毛泽东“农村包围城市”的战略思想，聘用了数以十万计的大学生充实到县级、乡镇级的办事处和宣传站。

“三株”创造了一种“无成本广告模式”，即发给每个宣传站和村级宣传员一桶颜料和数张三株口服液的广告模板，要求他们把“三株口服液”刷在乡村每一个可以刷字的土墙、电线杆、道路护栏、牲口栏圈和茅厕上。

三株神话由此诞生了。三株1994 年 8 月上市，到 1996 年销售额达到了 80 亿元，创下了保健品行业的神话。（来源：网络《三株口服液》）

1. 生产观念时期

该观念产生于 20 世纪 20 年代前。该观念认为，消费者喜欢那些可以随处买到和价格低廉的商品，企业应当组织和利用所有资源，集中一切力量提高生产效率和扩大分销范围，增加产量，降低成本。生产观念是一种重生产、轻营销的指导思想，其典型表现就是“我们生产什么，就卖什么”。

以生产观念指导营销活动的企业，称为生产导向型企业。

生产观念是一种传统的经营思想，在供给相对不足、卖方竞争有限的条件下一直支配着企业的生产经营活动。生产观念的核心是以生产者为中心，企业以顾客买得到和买得起产品为假设的出发点。因此，企业的主要任务是扩大生产经营规模，增加供给并努力降低成本和售价。

■案例：早期福特汽车的兴衰

美国汽车大王亨利·福特，1908 年初开始致力于生产规格统一、品种单一、价格低廉，大众需要而且买得起的“T 型车”，并且采用生产线生产标准化的产品，福特获得了巨大成功，福特公司成为当时世界上最大的汽车公司。

到20世纪20年代中期，随着美国经济增长和人们收入、生活水平的提高，消费者已经不再满足于单调的“T型车”。而福特却称：“无论你需要什么颜色的汽车，福特只有黑色的”。

此时，通用汽车公司（GM）迅速对市场做出反应，增加一些新的颜色和式样的汽车上市，“雪佛兰”车开始抢占“T型车”份额。到1927年5月，福特公司停止生产“T型车”，改产“A型车”。后来，福特公司虽力挽狂澜，走出了困境，但福特公司从此失去了车坛霸主地位。（来源：网络《亨利·福特》）

2. 产品观念时期

产品观念产生于20世纪20年代到50年代。产品观念认为，消费者最喜欢高质量、多功能和具有某种特色的产品，企业应致力于生产高值产品，并不断加以改进。该观念具体表现为“能生产什么，就卖什么”。

以产品观念指导营销活动的企业，称为产品导向型企业。

产品观念是以产品为中心，通过提高或改进产品质量和功能来吸引顾客购买的经营思想。

■案例：爱尔琴钟表公司的挫折

美国爱尔琴钟表公司自1869年创立到20世纪50年代，一直被公认为是美国最好的钟表制造商之一。该公司在市场营销管理中强调生产优质产品，并通过由著名珠宝商店、大百货公司等构成的市场营销网络分销产品。1958年之后，许多消费者对名贵手表已经不感兴趣，而趋于购买那些经济、方便、新颖的手表。而且，许多制造商迎合消费者需要，已经开始生产低档产品，并通过廉价商店、超级市场等大众分销渠道积极推销。爱尔琴钟表公司没有注意到市场形势的变化，依然迷恋于生产精美的传统样式手表，仍旧借助传统渠道销售，认为自己的产品质量好，顾客必然会找上门。结果，致使企业经营遭受重大挫折。（来源：网络《生产 产品 推销观念案例分析》）

3. 推销观念时期

推销观念盛行于20世纪30—40年代。推销观念认为，消费者通常表现出一种购买惰性或抗拒心理，如果听其自然的话，消费者一般不会足量购买某一企业的产品。因此，企业必须积极推销和大力促销，以刺激消费者大量购买本企业产品。该观念表现为：我卖什么，顾客就买什么。

推销观念是指以推销现有产品为中心的企业经营思想。

■案例：乔·吉拉德销售汽车

乔·吉拉德在将汽车卖给顾客数星期后，就从客户登记卡中找出对方的电话号码，开始着手与对方联系。“买的车子情况如何？”他一般会这样询问。大多回答：“车子情况很好”。吉拉德接着说：“假如车子震动利害或有问题的话，请送回我这儿来修理。”他提醒顾客在保修期内送来检修是免费的。

同时，吉拉德也会问对方，是否知道有谁要车子。若对方说有位亲戚或朋友想将旧车换新的话，他便请对方告知其亲戚或朋友的电话号码和姓名，并请对方拨个电话替他稍微介绍一下。他同时告诉对方如果介绍的生意能够成功，对方可得到25 美元的酬劳。最后，乔·吉拉德没有忘记对方的帮助再三致谢。（来源：网络《销售大师案例：看看乔吉拉德是如何销售汽车》）

二、现代营销观念时期

现代营销观念的主要特点，企业经营哲学是以消费者为中心，表现为“以销定产”。营销模式：消费者定位营销；目标：满足并维护消费者；推动力：信息技术；企业看待市场方式：有思想和选择能力的聪明消费者；主要营销概念：差异化；企业营销方针：企业和产品定位；价值主张：功能性和情感化；与消费者互动情况：一对一关系。这一时期主要有市场营销观念、权变市场营销观念、大市场营销观念、服务型营销观念、关系型营销观念等。

现代营销　是企业整体营销战略的一个组成部分，是为实现企业总体经营目标所进行的，以互联网为基本手段营造网上经营环境的各种活动。

现代市场营销观念的核心是以消费者为中心，认为市场需求引起供给，每个企业必须依照消费者的需要与愿望组织商品的生产与销售。

市场营销活动不仅仅限于适应、刺激需求，还在于能否生产出对产品的需要。

■**案例：易趣 eBay**

易趣网成立于1999年8月18日，2002年3月，全球最大的电子商务网站美国的eBay公司注资3000万美元，与易趣结成战略合作伙伴。

2006年12月，eBay与TOM在线合作，成立新的合资公司，并于2007年下半年推出为中国市场定制的在线交易平台易趣。

易趣秉承帮助任何人在任何地方能实现任何交易的宗旨，为卖家提供了一个网上创业、实现自我价值的舞台；除了拥有品种繁多、价廉物美的国内商品资源，更推出了方便、快捷、安全的海外代购业务，给广大买家带来了全新的购物体验。(来源：网络《易趣eBay》)

1. 市场营销观念

1957年，通用电气公司的约翰·麦克金特立克阐述了所谓“市场营销概念”的哲学，指出它是公司效率和长期盈利的关键。他认为，当一个组织脚踏实地从发现顾客需要，然后给予各种有针对性的服务，到最后使顾客得到满足，它便是以最佳的方式满足了自身的目标。他的这种思想清楚地表明了营销概念的重点已从“以产定销”转变为“以销定产”。这是营销史上一次质的飞跃，标志着营销思想正从幼稚走向成熟。

市场营销观念提出了企业市场致胜在思想上的“四大法宝”：“顾客需求”是公司一切活动的中心，所以，发现需求成为公司生产的前提。“目标市场”是其又一个法宝。公司要有所为又要有所不为，公司必须在大市场中寻找符合自己资源，得以发挥其优势的细分目标市场。“协调营销”强调以最佳方式将公司营销活动实施，要求各种营销活动在预算、时间投入、规划方面做到有效整合，产生合力。“通过满足顾客需要创造公司利润”，强调公司实现组织目标的方式。这一观念事实上是顾客与公司双赢的关系，在满足顾客需求的同时也实现公司自身的目标。

■**案例：“劳斯莱斯”直升机修车**

有一次，一对美国夫妇驾驶一辆“劳斯莱斯”到欧洲旅行。汽车跑到法国一个村落时，后轴忽然折断。这里离“劳斯莱斯”代销店有数百公里，这两个美国人就直接通过电话与“劳斯莱斯”伦敦总部联系，并倾吐了满肚子的牢骚。不到两三个小时，只见从天空中飞来一架直升机，降落在这辆车的旁边。“劳斯莱斯”公司派专人带着后轴乘飞机来给他们赶修。工人把车子修复得跟新车一模一样，并反复赔礼道歉，然后再返回工厂。几个月后，这对美国夫妇到达伦敦，要求交付修理费，公司负责人坚决拒收，说：“我们公司的车轴折断，这是创业以来的第一次。我们以不发生故障为荣，既然发生了这次事故，我们不但不能收费，还要给你换上一根永远不会折断的车轴。”（来源：网络《品牌形象塑造的途径》）

扩大的营销概念 在市场营销观念产生后又产生了一个比较重要的概念，它大大扩展了营销的范畴，即扩大的营销概念。1967 年，菲利浦·科特勒在《市场营销管理：分析、计划与控制》一书中提出，市场营销是与市场有关的人类活动，既适用于营利组织，也适用于非营利组织。

1969 年，西德尼·莱维和菲利普·科特勒提出了“扩大的营销概念”。他们认为，营销学不仅适用于产品和服务，也适用与组织，人、地方和意识形态。所有的组织，不管它们是否进行货币交易，不管它们干得好与坏，事实上都在搞营销。

营销主体扩大。营销从营利性组织扩大到非营利性组织和个人，即社会所有团体和个人都是营销主体。

■案例：美国苏珊科曼乳腺癌基金会

苏珊科曼乳腺癌基金会关注各个收入阶层的人们共同关心的问题，并为他们提供沟通交流的平台和途径，通过特殊的筹款活动将志愿者明确地组织在一起。他们通过 125 个分支机构致力于消除危害人体健康的乳腺癌，他们的主要方式包括资助研究机构，社区的教育和医疗，提醒妇女早期诊断的重要性等。该基金会的愿景与广大妇女产生强烈的共鸣，在 1997 到 2007 每年都募集到上亿美元的资金，尽管平均每人的捐助只有 33 美元。Komen 基金会每年都会组织 120 场左右的跑步比赛，通过这些活动吸引了大约 100 万名志愿者，扩大了自身的影响，从而使其筹资范围更加广泛。（来源：网络《南希·布林克尔》）

营销对象扩大。营销内容从实体产品和服务产品扩大到公用事业服务、产品配套服务、形象和社会观念等。其中形象包括个体形象、组织形象和区域形象等。

■案例：蒙牛与国家共同抗击“非典”

2003 年“非典”肆虐。北京乳品市场抢购成风，而蒙牛禁止经销商涨价，并且严厉规定违者开除或者终止其经销权。

此时，很多企业纷纷停下广告，而蒙牛不但没有撤下广告，反而加大投放量，增大了公益广告的力度，提醒大众关注健康。蒙牛于 2003 年 4 月 21 日，率先向国家卫生部捐款 100 万元，成为卫生部公益捐款红榜上中国首家捐款抗击“非典”的企业。

此后，蒙牛陆续在全国 30 个城市为医务工作者和消费大众捐款 900 万元，捐奶价值 300 万元。“非典”后期，蒙牛又发出了“向人民教师送健康”的倡议，向全国 17 个城市的 125 万名教师，每人赠送牛奶一箱，总价值达 3000 万元。（来源：网络《公益营销案例解析：蒙牛的企业公民形象》）

营销媒体扩大。随着科学技术的发展，作为实施营销策划的营销媒体日趋丰富，由报纸、杂志、广播、电视的传统媒体，发展到电视直播导购、电话推销、电脑网络新媒体。

■案例：寻找禽流感照片

美国国家卫生博物馆的负责人 Claudia Menashe 曾苦于找不到合适的图片来配合一次关于禽流感的展览，后来有一名自由职业摄影师 Mark Harmel 愿意提供照片，并且考虑到博物馆的非营利性质，开出了每张 150 美元的优惠价。Menashe 原本打算咬紧牙关购买四张，但是最后一刻她改变了主意，因为她在一个名为 iStockphoto 的网站上找到了需要的照片，关键是这些照片的价格低得惊人，每张只需要 1 美元！Menashe 当即一口气选了 56 张，这样的花费比 Mark Harmel 四张照片售价的十分之一还便宜。（来源：网络《众包》）

营销观念扩大。从生产观念到产品观念、推销观念，再到市场营销观念，营销观念不断扩大。

■案例：菲尔·劳伦斯的限客进门

意大利的菲尔·劳伦斯开办了一家七岁儿童商店，经营的商品全是七岁左右儿童吃穿看玩的用品。商店规定，进店的顾客必须是七岁的儿童，大人进店必须有七岁儿童做伴，否则谢绝入内，即使是当地官员也不例外。商店的这一招不仅没有减少生意，反而有效地吸引了顾客。一些带着七岁儿童的家长进门，想看看里面到底“卖的什么药”，而一些身带其他年龄孩子的家长也谎称孩子只有七岁，进店选购商品，致使菲尔的生意越做越红火。后来，菲尔又开设了20多家类似的商店，如新婚青年商店、老年人商店、孕妇商店、妇女商店等。(来源：网络《几个经典促销案例》)

2. 权变市场营销观念

美国管理学家弗里蒙特·卡斯特于1970年在其著作《组织与管理：系统方法与权变方法》一书中提出了权变观点。权变理论学派是从系统观点来看问题，权变的意思就是权宜应变。他们认为，在企业管理中要根据企业所处的内外条件随机应变，没有什么一成不变、普遍适用、“最好”的管理理论和方法。

权变市场营销的实质是现代管理原理中的权变理论与市场营销理论相结合的产物。通俗地说，它认为在市场营销活动中没有一个适用于所有企业、所有时期的营销观念。对于任何一种市场营销观念，企业管理者都不宜孤立化、绝对化，一律加以倡导或指责。

■案例：默多克的纸老虎

1994年夏天，默多克的《纽约邮报》试验性地在Staten岛把报纸零售价降到了25美分，其主要对手《每日新闻》做出的反应是把价格从40美分提到了50美分。

此事件的原因是在降价到25美分前，《纽约邮报》的价格曾提高到50美分，而《每日新闻》则借机把价格停留在40美分上。结果《纽约邮报》失去了一些订户以及由此带来的广告收入。当时，《纽约邮报》认为这种情况不会持续太久，而《每日新闻》却没发现问题，或者至少看上去暂时还没有。

《纽约邮报》进行了一次力量的显示——在Staten岛上把价格降到了25美分。结果是《纽约邮报》的销量迅速上升，而《每日新闻》也发现其读者很愿意为了节省15美分而买别人的报纸。很明显，如果《纽约邮报》在整个纽约州范围内降价，那么灾难性的后果就会降临到《每日新闻》的头上。因

此出现了不降反升的局面。(来源：网络《营销案例六——“山泉、纯净水之战”与“默多克的纸老虎”》)

3. 大市场营销观念

20 世纪 80 年代以来，该观念强调企业的市场营销既要有效地适应外部环境，处理好多方面的关系，又要能够在某些方面发挥主观能动作用并使外部环境朝着有利于企业的方向发展。4P 模式被突破，新的营销策略不断涌现，服务营销被人们越来越重视，关系营销成为导向。(详见 6P 组合)

4. 服务型营销观念

1966 年，美国拉斯摩教授首次对无形服务和有形实体产品进行区分，提出要以非传统的方法研究服务的市场营销问题。

1974 年，由拉斯摩所著的第一本论述服务市场营销的专著出版，标志着服务市场营销学的产生。

1977 年，林恩·肖斯塔克在《营销杂志》上发表了关于服务营销的独特的见解。她认为，服务营销具有许多特点且有相对独立性，应当从传统的产品营销中解脱出来。

服务营销　该营销也称为有形商品的无形性营销。该观念认为，在当今科学技术相当普及及信息快速传播的条件下，不同企业生产的同类或近似产品，其设计、制造水准已不相上下，使得一些有形产品其有形部分的属性如品质、功能、特性等方面的差异较小。顾客对商品的判断和选择，主要不再单单依据商品的有形属性，而在相当大的程度上取决于其无形属性的一面。顾客之所以购买某企业的产品，一定程度上取决于企业能否提供更优质的服务。

1981 年布姆斯和比特纳提出 7P 营销理论，认为员工是营销的提供者，客户参与营销的全过程，营销是企业内部所有部门的事，所以任何一个以赢利为目标的企业都可归属为服务企业，而任何产品（不论是有形或无形的）都可视为企业向用户提供服务的媒介。

服务营销是企业在充分认识满足消费者需求的前提下，为充分满足消费者需要在营销过程中所进行的一系列活动。

■案例：新加坡东方大酒店的“超级服务”

一天，新加坡东方大酒店咖啡厅来了四位客人。他们一边喝咖啡，一边拿着文件在认真地商谈问题。但咖啡厅的人越来越多，嘈杂的人声使得四位客人只好大声说话。受过“超级服务”训练后变得细心的服务员，觉察到这一点，马上向客房部打电话问，是否有空的客房可以借这四位客人临时一用。客房部立即答应提供一间。当这四位客人被请到这间免费的客房并知道这是为了让他们有一个不受干扰的商谈环境时，他们对这样好的“超级服务”感到难以置信。他们在事后的感谢信中写道：“我们除了永远成为您的忠实顾客之外，我们所属的公司以及海外的来宾，将永远为您广为宣传。”（来源：网络《服务营销小案例》）

5. 关系型营销观念

关系营销理论最早由北欧学者在 20 世纪 70 年代提出，20 世纪 80 年代开始进入深入研究的时期，理论体系日臻完善。

1983 年，美国学者李维特的一篇被誉为关系营销领域里程碑式的文章《销售结束之后》，拉开了工业市场关系营销研究的帷幕。他指出：“买卖双方的关系很少在一笔交易结束之后终止，相反，交易结束后，这种关系得到加强，并影响买方决定下一次购买时的选择”；“重点应在于怎样从推销转移到保证顾客在销售结束之后持续地感到满意”。

德克萨斯州 A&M 大学的伦纳德 · L · 贝瑞（Leonard L. Berry）教授于 1983 年在美国市场营销学会的一份报告中最早对关系营销做出了如下的定义：“关系营销是吸引、维持和增强客户关系。”在 1996 年他又给出更为全面的定义：“关系营销是为了满足企业和相关利益者的目标而进行的识别、建立、维持、促进同消费者的关系并在必要时终止关系的过程。这只有通过交换和承诺才能实现”。

查里斯 · 古德曼又提出“关系营销”的概念，指出：“公司不是创造购买，它们要建立各种关系”。工业市场营销专家巴巴拉 · B · 杰克逊（Jackson B. B，1985）从工业营销的角度将关系营销描述为“关系营销关注于吸引、发展和保留客户关系”。摩根和亨特（Morgan and Hunt，1994）从经济交换与社会交换的差异来认识关系营销，认为关系营销“旨在建立、发展和维持成功关系交换的营销活动”。顾曼森（Gummesson，1990）则从企业竞争网络化的角度来定义关系营销，认为“关系营销就是市场被看作关系、互动与网络”。

关系营销（关系市场营销） 广义的关系营销，是指企业通过识别、获得、建立、维护和增进与客户及其利益相关人员的关系，通过诚实的交换和可信赖的服务，与包括客户、供应商、分销商、竞争对手、银行、政府及内部员工的各种部门和组织建立一种长期稳定的、相互信任的、互惠互利的关系，以使各方的目标在关系营销过程中得以实现。

狭义的关系营销，是指企业与客户之间的关系营销，其本质特征是企业与顾客、企业与企业间的双向的信息交流，是企业与顾客、企业与企业间的合作协同为基础的战略过程，是关系双方以互惠互利为目标的营销活动，是利用控制反馈的手段不断完善产品和服务的管理系统。

关系营销分三级：

一级关系营销，即指企业通过价格和其他财务上的价值让渡吸引顾客与企业建立长期交易关系。如对那些频繁购买以及按稳定数量进行购买的顾客给予财务奖励的营销计划。

■案例：卡尔森俱乐部奖励计划

卡尔森俱乐部对其会员奖励计划包括：兑换免费奖励住宿的起点仅9000点积分，以及标准客房兑换适用于任何日期；会员可在遍布全球的卡尔森瑞德酒店旗下的酒店享受免费上网服务；兑换选择范围广，有预付卡与礼物卡、众多航空公司及慈善机构合作伙伴等；可以快速获得精英会籍，每年仅需15晚或10次有效住宿。卡尔森俱乐部会员入住卡尔森瑞德酒店集团全球1000多家酒店，均享会员好礼，酒店遍布美国、欧洲、中东、非洲及亚太地区。因此使卡尔森俱乐部奖励计划（Club Carlson）于2014年8月入选*U. S. News and World Report*最佳酒店奖励计划榜单前五名。（来源：网络《卡尔森俱乐部奖励计划被评选为最佳酒店忠诚客户奖励计划之一》）

二级关系营销，即指企业不仅用财务上的价值让渡吸引顾客，而且尽量了解各个顾客的需要和愿望，并使服务个性化和人格化，以此来增强公司和顾客的社会联系。二级关系营销的主要表现形式是建立顾客俱乐部。

■案例：《致青春》的社交网络营销

《致青春》于2013年4月末上映。上映之前其官微早已建立，并迅速积累了超过18万的粉丝。而在上映之后，以赵薇和光线传媒为核心的娱乐媒体圈开始在微博上广泛传播关于电影的话题。黑马良驹在《＜致青春＞：一场引爆社交网络的周密策划》中写道："赵薇的圈内好友纷纷前来助阵不足为奇，让大家始料不及的是连商业圈的史玉柱、草根圈的天才小熊猫、文化界的张小娴、宗教界的延参法师都参与了微博营销。我不完全统计了几个参与转发的微博大V，区区24个账号，粉丝总数已经接近3.7亿，在没有去重的情况下已经占了微博总用户量的80%。"除明星的直接参与外，网友主动传播的话题也为电影的营销起到了推波助澜的作用，像"有一种友情叫作赵薇和黄晓明""长得好看的人才有青春"这样的众包话题引发了极高的参与度。（来源：网络《2013最牛逼的十个社交关系营销案例——2. 国产电影营销：电影社会化营销的爆发之年》）

三级关系营销，即指企业和顾客相互依赖对方的结构发生变化，双方成为合作伙伴关系。三级关系营销的建立，在存在专用性资产和重复交易的条件下，如果一方放弃关系将会付出转移成本，关系的维持具有价值，从而形成"双边锁定"。这种良好的结构性关系将会提高客户转向竞争者的机会成本，同时也将增加客户脱离竞争者而转向本企业的利益。

■案例：马狮百货的全面关系营销战略

马狮认为顾客真正需要的是质量高而价格不贵的日用生活品，而当时这样的货品在市场上并不存在。于是马狮建立起自己的设计队伍，与供应商密切配合，一起设计或重新设计各种产品。马狮实行的是以顾客能接受的价格来确定生产成本的方法，马狮把大量的资金投入货品的技术设计和开发，而不是广告宣传，通过规模经济来降低生产成本。另外，马狮采用"不问因由"的退款政策。

马狮以本身的利益、供应商利益及消费者利益为出发点，把其与供应商的关系视为"同谋共事"的伙伴关系。如果马狮从某个供应商处采购的货品比批发商处更便宜，其节约的资金部分，马狮将转让给供应商，作为改善货品品质的投入。

在人事管理上，马狮不仅为不同阶层的员工提供周详和组织严谨的训练，而且为每个员工提供平等优厚的福利待遇，并且做到真心关怀每一个员工。关心员工是目标，福利和其他措施都只是其中一些手段，最终目的是与员工建立良好的人际关系，而不是以物质打动他们。例如，一位员工的父亲突然在美国去世，第二天公司已代他安排好赴美的机票，并送给他足够的费用；一个未婚的营业员生下了一个孩子，她同时要照顾母亲，为此，她两年未能上班，公司却一直发薪给她。（来源：网络《英国马狮百货的全面关系营销战略》）

三、后现代营销观念时期

本时期在企业经营哲学和表现形式上与现代营销观念时期是一样的“以销定产”。营销模式：价值驱动营销；目标：让世界变得更好；推动力：新浪潮科技；企业看待市场方式：具有独立思想、心灵和精神的完整个体；主要营销概念：价值；企业营销方针：企业使命、愿景和价值观；价值主张：功能性、情感化和精神化；与消费者互动情况：多对多合作。

这一时期主要有社会营销观念、文化营销观念、生态营销观念、全球营销观念、创新营销观念、全面营销观念等。

后现代营销　英国南安普顿商学院营销学主任阿肖克·兰乔德在其《因特网，后现代营销和全球化》一文中，阐述了自己的后现代营销观点。兰乔德认为，对后现代营销的讨论，大多数强调数码/通信、技术、传播、消费、形象/符号和超现实的日益增强的重要性。他引用科瓦的观点说，后现代捍卫个性和对社会约束的解放。社会零散化显示后现代个人主义的结果。而自相矛盾的是，后现代个人既是隔离的，又是通过电子与整个世界发生实质联系的。他进一步引用科瓦的论文说，在后现代营销中必须提供以下几点：

——借助信息技术进行一对一营销。无法预测的个性化的顾客可保持这个方式。

——形象。超现实有潜力提供类似欧洲迪士尼主题乐园的经验。技术给予后现代消费者以机会，参与按顾客要求定制其自己的世界。

——营销形象。后现代营销时代依靠形象营销，强调文化意义和形象。

我们正在目击广告的废退。在后现代市场中，广告简直做不到基本点：给予顾客意义共创的互动经验。

——零散化。20 世纪 90 年代市场和技术转向市场零散化和大众传播。市场零散化可能预示着更多强调市场中较小的和较不稳定的部分。

后现代营销的特征：

从消费结构看，情感需求的比重增加。

从消费内容看，大众化的标准产品日渐失势，对个性化产品和服务的需求越来越高。

从价值目标看，消费者从注重产品本身转移到注重接受产品时的感受。

从接受产品的方式看，人们已经不再满足于被动地接受企业的诱导和操纵，而是主动的参与产品的设计与制造。

消费者的公益意识不断增强，希望自己通过消费“绿色产品”，体现自己的环保意识，成为“绿色消费者”。

■案例：LEXUS 的“个人照片秀”

LEXUS 为了制造轰动性的传播效果，在纽约时代广场路透社的大屏幕上，为七万人成功制造了“个人照片秀”。参与者把自己拍的数码照片上传到活动的相关地址上，就可以获得照片播出时间的电子邮件通知。每张照片可以被播出四秒，然后众多照片组成 LEXUS 雷克萨斯的一部新车外形。此次活动吸引了大批游人好奇的目光，形成非常强的扩散传播效应。通过此次活动，LEXUS 不仅成功推广了新款汽车，其品牌印象亦得到很大加强。（来源：网络《国内外互动营销十大案例分析》）

1. 社会营销观念

1971 年，杰拉尔德 · 蔡尔曼和菲利普 · 科特勒提出了“社会营销”的概念。菲利普 · 科特勒在《营销管理》第 13 版中提出：营销不仅仅要从微观角度注重消费者利益、企业利益；而且要从宏观角度注重社会利益，注重企业的社会责任，即还要更广泛地关注营销对法律、伦理、社会和环境的影响。

社会营销观念就是企业生产经营不仅要考虑消费者需要，而且要考虑消费者和整个社会的长远利益。

社会营销是以特定社会理念为营销对象，运用市场营销的原理和技术有目的地促进目标人群自愿改变其社会行为，从而提高个人、集体和社会利益的理论、方法、策略和技术。这是一种运用商业营销手段达到社会公益目的或者运用社会公益价值推广商业服务的解决方案，即公共项目的商业化营销和商业项目的公益化营销。

社会营销的主体则既有公共团体、政府机构等非营利性组织，也有经营机构等营利性实体。社会营销在影响和改变消费者行为方面与其他商业营销是一样的。社会营销需要借鉴市场营销的原理和经验；其要影响社会行为，终极目标是实现社会价值；其实质是营销社会理念，受众对象是大众和社会，方式是促使受众自愿的行为变革；其很少需要支付货币成本，但获得者仍会支出时间、体力以及心理上的成本等。

社会营销一般需要认知改变、行为改变、习惯改变和价值观改变等四个阶段。

■案例：贝因美的“育婴工程”

贝因美集团在1992年成立之初，通过对市场深入研究，既看到了机遇也感到了责任，假如能够生产出真正符合中国婴儿特质的产品，指导家长正确地养育自己的孩子，将为中国婴幼儿成长做一些实事，同时也将真正获得社会的认同，从而争取市场份额，有效地实现社会利益的同时也有效地实现企业利益。

基于这样的定位，贝因美提出了“育婴工程”的概念，竭力完善这个概念的内涵和外延，并运用这个概念进行了有效的市场推广。从而在一个制高点上实现了社会利益和企业利益的统一，巧妙地避开了国外品牌以巨大资金为后盾的强大的广告攻势，经过十几年的发展，已在消费者心中树立了“育婴专家”品牌地位，已然成为中国婴童产业的领跑者和最大规模企业之一。(来源：网络《贝因美“社会营销”案例》)

2. 文化营销观念

文化营销就是从特定的文化背景中寻求新的创新，在营销活动中巧妙地融进生活中的文化现象和形式，从而提高商品的文化含量，增加商品的文化附加值，创造营销机会。其实质在于与消费者情感的沟通和价值观、审美观的融合，因而是一种软营销。它是市场环境下的营销思想、营销价值观及营销手段综合运用而体现出的一种商业文化现象。文化营销通常是从产品（如品牌名称、商标、包装等）、促销渠道或环境等方面，挖掘自身所特有的文化资源，营造出独特的文化氛围。

文化营销 就是利用文化力进行营销，是指企业营销人员及相关人员在企业核心价值观念的影响下所形成的营销理念，以及所塑造出的营销形象，两者在具体的市场运作过程中所形成的一种营销模式。

文化营销是指把商品作为文化的载体，通过市场交换进入消费者的意识。它在一定程度上反映了消费者对物质和精神追求的各种文化要素。文化营销既包括浅层次的构思、设计、造型、装潢、包装、商标、广告、款式，又包含对营销活动的价值评判、审美评价和道德评价。它包括三层含义：

（1）企业需借助于或适应于不同特色的环境文化开展营销活动；

（2）文化因素需渗透到市场营销组合中，综合运用文化因素，制定出有文化特色的市场营销组合；

（3）企业应充分利用 CI 战略与 CS 战略全面构筑企业文化。

企业在实施文化营销过程中表现为以下三个层次：

第一层次，**产品文化营销**。其是指市场在人们选取使用和消费中满足某种需要或欲望的一切实体或价值观念的综合体现。产品文化营销包括产品的包装、设计、使用、生产诸多方面。

■案例：北京同仁堂的紫金丹里的珍珠

同仁堂为什么感人，那是因为同仁堂有三百年的古训，叫作“品味虽贵，必不敢减财力，做工虽繁，必不敢省人工。”同仁堂有一种药——紫金丹。这是一种亮晶晶的药丸，听说里面要放珍珠。当年，同仁堂的当家老太太拿着珍珠，看着药工把药和好了，老太太把珍珠搁进和好的药里，然后再看着药工把珍珠慢慢搅碎了，老太太才离开。为什么这样呢？老太太这样说：“我家也算有钱，并不在乎两颗珍珠，就怕药工见钱眼开，把这两颗珍珠偷掉，使这个药的药性失去，对不起吃药的人。”这件事情很感人，具有亲和力，就形成同仁堂的一种文化，这就成为同仁堂的一种传统。（来源：网络《品牌策划之品牌文化——小案例，大作为》）

第二层次，**品牌文化营销**。其是指有利于识别某个销售者或某个销售群体的产品或劳务并使之与竞争对手的产品或劳务区别开来的名称、名词、标识符号或设计或是它们的组合，以及它们所代表的利益、认知情感、属性、文化传统或个性形象价值观念的总和。

品牌文化营销是产品文化营销的延伸和拓展，它包括整个社会对品牌的信任和保护。名牌效应与企业创立名牌产品、生产名牌产品的行为等有着密切的关系。品牌文化营销是利用文化来进行品牌的设计创建与生产的过程，利用品牌文化来提升品牌的竞争力。

■案例：哈雷·戴维森摩托车

哈雷摩托车是在1903年由21岁的威廉·哈雷和20岁的阿瑟·戴维森在一间小木屋里“攒”出来的，并以两个人的姓氏命名为“哈雷·戴维森”。自由、进取、独立、个性、品位，这是全世界哈雷的座右铭。威猛的外形，以及大排量大油门所带来的轰响，作为激情、狂热的一种精神象征。哈雷精神有三点：一是富有激情；二是追求自由；三是享受生活。

这种摩托车就是为发烧友制造的。哈雷不但制造摩托车，还制造摩托车的装饰，包括摩托车车手的文身图案都是哈雷的。而且，世界上还有许多哈雷发烧友俱乐部，让这些发烧友定期交流飙车技术。同时，飙车手有这么一条规定，假如飙车过程中不幸死了，一定要坐哈雷公司提供的棺材去见上帝。（来源：网络《品牌策划之品牌文化——小案例，大作为》）

第三层次，**企业文化营销**。其是指将企业文化传播介绍给消费者，让企业文化成为社会文化的一个有机组成部分，引起消费者的认同或满意。企业文化营销是企业根据自身文化内涵的特色，选择恰当的方式进行系统地革新与有效沟通，以在消费者心中树立起有鲜明个性的企业形象，并以此达到企业经营目标的一种营销方式。包括四个层次：

（1）**物质文化营销**是企业文化具体化、视觉化的传达部分。

■案例：GE的文化墙

GE的一些培训机构建造了一些“文化墙”，墙上整齐垂挂着GE历届领导人和许多在技术革新方面取得突出贡献的员工的头像雕刻，并配以文字说明。GE还将位于纽约市郊的克罗顿维尔（GE著名的培训中心，GE员工心中的圣地）命名为Jack Welch领导力培训基地。

（2）**行为文化营销**是依赖企业的经营活动表现企业的文化精神，是一种非直接的但更具有实效性的文化营销方式。其包括企业内部和企业对外两种营销方式。

企业内部的行为文化营销将企业理念、企业精神以一定的方式普及、推广到公司员工，使其从价值观的接受转化为情感内化，再转化为行为的贯彻。

■案例：GE 免费餐券

在 GE 有这样一个规则：任何一个在公司新产品方面提出新鲜构想的人，将会得到一顿免费午餐和他最喜欢的餐馆消费 50 美元的礼券。

企业对外的行为文化营销主要包括企业作为一个行为组织的整体向外有计划地实施经营行为，通过这些经营行为来传播企业的经营理念和企业精神。

■案例：GE 的“精益六西格玛”

GE 在全面实施“六西格玛”的基础上提出了“精益六西格玛”，并将“精益六西格玛”解决问题的过程分为“定义—测量—分析—改进—控制”五个步骤（DMAIC），每个步骤都有其使用的工具，而且这五个步骤自身又构成一个逻辑缜密的闭环管理系统。

（3）**制度文化营销**是通过制定有效的规章制度、实施一定风格的管理模式，达到反映、传播企业经营理念和精神价值，树立企业个性形象的目的。

■案例：人才选拔

Jack Welch 曾经说过，GE 经受的真正考验将是它如何对待那些业绩优异（譬如创造数字）但不认同企业价值观的经理们。假如一个经理不是创造数字，而是实践价值观，Jack Welch 会说：“再给那个人一次机会。”但是，对任何不能真正按照 GE 的行为规范做事，甚至通过胁迫员工取得业绩的独断专行的经理们来说，就没有第二次机会了。

（4）**精神文化营销**是通过向社会消费者倡导和传播有关的思想意识和价值观念所开展的精神文化营销运作模式研究活动，尤其是其中所表现的思想道德观念更是精神文化营销的核心和灵魂。

■案例：GE 的价值观

GE 原来的价值观是充满活力、激发活力、保持锐气和执行力强。2002 年 GE 提出了新的价值观：梦想、行动、创造和领导，最后将其浓缩为一句话——梦想启动未来。（来源：网络《GE 文化：梦想启动未来》）

硬文化营销是利用广告一次又一次地重复阐述企业的品牌，想利用重复阐述让消费者听到自己的品牌来被动地记住自己的品牌。

■案例：京东的“双十一”

2014 年的“双十一”，京东针对“天猫”的“三化”抛出了“新消费主义”的“三化”——消费者主权最大化、消费者互动常态化、消费者体验创新化，强调消费者服务和关怀。

先遣部队：户外广告抢占先机。国庆节刚过京东就在中超战场换上最新的广告，直接打出“双十一上京东 真？正？低”。同样的广告一时间也在全国多个城市陆续曝光。

侧翼部队：微电影跟进引发共鸣。“双十一”临近，京东推出了一部父爱微电影——《我和老爸》。该片上映短短几天，微博话题阅读量就飙升至 2 亿。

装甲部队：TVC 轮播强化记忆。10 月 25 日，京东推出了“屌丝男”大鹏和“极品女”于莎莎系列 TVC。这组 TVC 每支讲述一个假货令人深陷尴尬的故事，直指天猫软肋，“同是低价，买一真的”更是直击消费者痛点。

伞兵部队：红包轰炸促进销售。在 TVC 上线的同时，京东在微信和手 Q 开启了“亿元合体红包”活动。

此外，京东还上线了“脱光”女神评选、抢购“福袋”、JOY 打假等活动。（来源：网络《天猫向右，京东向左——双 11 营销战分析》）

软文化营销是指利用一些能够抓住消费者眼球的公益或隐身广告来让消费者主动地记住品牌的营销活动。

■案例：ZIPPO 打火机的故事

1960 年，一位渔夫在奥尼达湖中打到了一条重达 18 磅的大鱼。在清理内脏的时候，他发现一支闪闪发光的 ZIPPO 打火机赫然在鱼的胃中。这支 ZIPPO 不但看上去崭新，而且一打即燃，完好如初。

1961 年 1 月 12 日，在南越战场上的一次攻击中，美国中士安东尼在敌军炮火的攻击下，左胸口受到枪击，子弹正中了置于左胸口袋的 ZIPPO 打火机，机身一处被撞凹了，但却保住了安东尼的命。

还有 1974 年 10 月 1 日，丹尼尔驾机利用 ZIPPO 成功求救的故事，以及住在美国新泽西州的巴瑞史将 ZIPPO 打火机丢进洗衣机却完好无损的故事等。（来源：网络《ZIPPO 打火机的传奇故事》）

跨文化营销是指企业在两种以上不同文化环境下进行的营销活动。这种营销活动强调达成交易的双方（企业与顾客、客户、分销商、供应商等）的文化背景差异管理。

■案例：韩国产品在中国的热销

《大长今》等一批电视连续剧在传播韩国文化的同时，也抓住了中国众多观众。随后形成的巨大“韩流”也带动了“韩货”的热销，包括现代轿车、三星电子产品、韩国美容产品、韩式生发产品等，并通过电子产品扩散到饮食、美容、生发、医疗等多个产业行业。韩国近期相关统计表明，三星、LG、易生·印帝安（NANDAMO）品牌在中国的销售额增长 40% 左右。（来源：网络《跨文化营销（一）》）

3. 生态营销观念

英国威尔斯大学肯·毕提教授在其所著的《绿色营销——化危机为商机的经营趋势》一书中指出：“绿色营销是一种能辨识、预期及符合消费的社会需求，并且可带来利润及永续经营的管理过程。”绿色营销观念认为，企业在营销活动中，要顺应时代可持续发展战略的要求，注重地球生态环境保护，促进经济与生态环境协调发展，以实现企业利益、消费者利益、社会利益及生态环境利益的协调统一。从这些界定中可知，绿色营销是以满足消费者和经营者的共同利益为目的的社会绿色需求管理，以保护生态环境为宗旨的绿色市场营销模式。

概念一：绿色营销是指企业在生产经营过程中，将企业自身利益、消费者利益和环境保护利益三者统一起来，以此为中心对产品和服务进行构思、设计、销售和制造。

概念二：绿色营销是指企业以环境保护为经营指导思想，以绿色文化为价值观念，以消费者的绿色消费为中心和出发点的营销观念、营销方式和营销策略。它要求企业在经营中贯彻自身利益、消费者利益和环境利益相结合的原则。

概念三：绿色营销是指社会和企业在充分意识到消费者日益提高的环保意识和由此产生的对清洁型无公害产品需要的基础上，发现、创造并选择市场机会，通过一系列理性化的营销手段来满足消费者以及社会生态环境发展的需要，实现可持续发展的过程。绿色营销的核心是按照环保与生态原则来选择和确定营销组合的策略，是建立在绿色技术、绿色市场和绿色经济基础上的、对人类的生态关注给予回应的一种经营方式。绿色营销不是一种诱导顾客消费的手段，也不是企业塑造公众形象的“美容法”，它是一个导向持续发展、永续经营的过程，其最终目的是在化解环境危机的过程中获得商业机会，在实现企业利润和消费者满意的同时，达成人与自然的和谐相处，共存共荣。

概念四：关于绿色营销，广义的解释是指企业营销活动中体现的社会价值观，伦理道德观，充分考虑社会效益，自觉维护生态平衡，自觉抵制各种有害营销。绿色营销是社会营销或社会责任营销的一个方面，放到国际市场上，则是国际绿色营销，也有人称低碳营销、原生态营销、节约型营销。

■案例：海尔凉而不冷的空调

在2015年中国家电博览会上，海尔推出了全球首创的第四代空调——天樽和天铂系列。两个系列产品都采用空气射流技术，通透的出风口设计，在空调出风口形成环形气流，从而带动出风口周围的自然空气气流，能够让送风变得更加温柔，让人们享受到凉而不冷，且避免直吹人体引发的关节疾病或空调病。另一方面，由于空气射流技术带动了出风口周围的自然空气气流，因此出风量更大，制冷制热速度反而也更快。

在外观上，圆形的外观、中间被“凿”出的圆形出风口，镂空设计的侧面进出栅栏，行业首创空气射流技术……完全颠覆了空调长达50余年的传统外观和体验感。

另外空调还能够智能感知环境情况，主动为人服务，自动检测PM2.5。

普通智能空调与用户手机绑定需要二十多个步骤，而天铂空调只需三步，还可以通过微信控制空调。其所配备的手机 APP 终端，每天可生成家庭空气报表、小区温度提醒、户外活动建议等推送到用户手机上，量化每个家庭的空气情况。当空调温度设置过高过低、家中 PM2.5 超标或外界天气发生急剧变化时，它可以实现短信提醒功能，提醒用户调节空调状态，开启去除 PM2.5 的功能。（来源：网络《“UFO”真的来了 海尔发布全球第四代空调》和《健康智慧风 海尔天樽天铂空调送暖 AWE》）

4. 全球营销观念

1983 年，西奥多·莱维特明确提出了“全球营销”的概念，呼吁多国公司向全世界提供一种统一的产品，并采用统一的沟通手段。他发现，过于强调对各个当地市场的适应性，将导致生产、分销和广告方面规模经济的损失，从而使成本增加。

全球营销指企业通过全球性布局与协调，使其在世界各地的营销活动一体化，以便获取全球性竞争优势。即将一组国家市场视为一个单位，把具有相似需求的潜在购买者群体归入一个全球细分市场，只要成本低，文化上可行，就制定谋求标准化的营销计划。全球营销有三个重要特征：全球运作、全球协调和全球竞争。

■案例：疯狂的石头

1938 年，钻石的价格急剧下降，戴比尔斯公司（De Beers）向广告代理公司 N. W. Ayer & Son 寻求援助，希望扭转这种颓势。1939 年，后者推出了“钻石恒久远，一颗永流传”（A diamond is forever）的广告语，成功地为这种亮闪闪的饰品赋予了一种情感意义，让人们产生共鸣。钻石成为人们的婚礼必备品，赢得无数新人的欢心。（来源：网络《改变世界的十大营销案例》）

无差异性营销，也称无差异化营销，是指企业把一类产品的整体市场看作一个大的目标市场，并使用一种标准化的营销组合策略，而不考虑单一细分市场的特殊性，只考虑共性。这是一种求同存异的营销策略，旨在通过大规模的生产和经营，产生规模经济效益，降低生产和营销成本。但由于忽视不同国家、不同顾客需求之间的差异，可能会丧失许多市场机会。

■案例：麦当劳（现已更名为金拱门）的标准化

麦当劳在全世界有3万多家店面，在它的任何一个餐厅，柜台都是92cm高；店铺内的布局也基本一致：壁柜全部离地，装有屋顶空调系统；其厨房用具全部是标准化的，如用来装袋用的“V”形薯条铲可以大大加快薯条的装袋速度；用来煎肉的贝壳式双面煎炉可以将煎肉时间减少一半；所有薯条采用“芝加哥式”炸法，即先炸3分钟，临时再炸2分钟，从而令薯条更香更脆。在麦当劳，与汉堡包一起卖出的可口可乐，据测在4℃时味道最甜美，于是全世界麦当劳的可口可乐温度，统一规定保持在4℃；面包厚度在17mm时，入口味道最美，于是所有的面包做17mm厚；面包中的气孔在5mm时最佳，于是所有面包中的气孔都为5mm。（来源：网络《如何学习麦当劳的标准化》）

5. 创新营销观念

创新营销观念是西方创新学说发展的产物。但由于以往多使用“技术创新”，使“创新”这一概念被蒙上了一层神秘的色彩。事实上，技术创新、营销创新、管理创新三者并存、并重，而且随着产业的成熟（市场饱和），营销创新更为重要，“不创新，则灭亡”。

营销创新的关键是市场。创新的成功不取决于它的新颖度，也不取决于它的科学内涵和它的灵巧性，而取决于它在市场上的成功。营销创新的核心是市场导向，其关键就在于了解市场、诱导市场和开发市场。其内容包括：市场开发、产品创新（产品本身特性的变化）、营销组织创新和营销手段创新（如分销渠道、促销方式、定价策略等）等方面。

营销创新观念对于那些运营成功的企业尤为重要。只有树立营销创新观念，锐意进取，才能使企业在日益激烈的市场竞争中充满生机和活力，永葆青春。

■案例：余额宝——具有想象力的产物

余额宝是由第三方支付平台支付宝打造的一项余额增值服务。通过余额宝，用户不仅能够得到较高的收益，还能随时消费支付和转出。用户在支付宝网站内就可以直接购买基金等理财产品，获得相对较高的收益，同时余额宝内的资金还能随时用于网上购物、支付宝转账等支付功能。转入余额宝的资金在第二个工作日由基金公司进行份额确认，对已确认的份额会开始计算收益。

虽说不少电子银行都内置了基金和储蓄的互转功能，但是将用于电子支付的货币池和理财的货币池合二为一，是阿里在2013 年的一个大胆实践。天弘基金与支付宝的合作，公开地开创了一个新模式。对于支付宝的客户而言，货币基金可以提供较低的风险和较好的流动性，又不影响其随时可能调用的支付功能。天弘和支付宝合作的货币基金，可以像支付宝余额一样随时用于消费、转账等支出。两者一结合，既可提高支付宝客户资金余额的收益率，也可以为基金公司带来新的业务增长点。（来源：网络《2013 年中国十大金融创新案例》）

6. 全面营销观念

菲利普·科特勒2009 年在《营销管理》第13 版中继续强调前版所提出的“全面营销”（holistic marketing）理念。该理念是对内部营销、整合营销、关系营销和绩效营销新的综合和提升，涵盖了当前营销人员所应具备的全新思维方式：公司要以顾客为中心，尽力发挥和协调各个部门和管理层次的营销作用（内部营销），以便组织、设计和协调所有营销活动和方案，以在实现总体效果最大化的过程中为顾客创造价值（整合营销）；公司也要从与顾客和其他利益相关者建立长期关系中获利（关系营销）；最后，公司要把营销看作是对顾客的投资，因此应该测量营销投资回报及其对股东价值的作用；此外，还要更广泛地关注营销对法律、伦理、社会和环境的影响（绩效营销）。

整体营销观念，是菲利普·科特勒1992 年提出的。所谓“整体营销”，就是公司营销活动应该囊括内外部环境的所有重要行为者，其中包括供应商、分销商、最终顾客、职员、财务公司、政府、同盟者、竞争者、传媒和一般大众，前四者构成微观环境，后六者体现宏观环境。整体营销强调的是营销活动不要局限于部分行为对象，强调营销活动要拓宽空间视野。

（案例详见相关概念）

7. 共创价值观念

2003年，美国战略管理专家普拉哈拉德等在《消费者王朝：与消费者共创价值》一书中就预见并提出共创价值思想。所谓共创价值的思想就是如何使消费者成为对等的问题解决者，使企业品牌营销与消费者成为一个共同体去创造价值、获取价值。消费者在通过明确或不明确的交易方式，在帮助企业创造品牌价值的同时，为自己不断地谋求价值。

共创价值观念认为，在互联或移动互联环境下的营销中一定要细致入微地洞悉消费者的内心世界，了解他们的价值观、审美观、喜好、渴望和未满足的需求等等，这样才能拨动消费者心弦，让他们的心灵受到感染、震撼，从而获得消费者的认同、喜爱和忠诚，营销自然就不成问题。要做到这一点，价值就不再是由产品的生产者或服务的提供者来单向创造，必须有消费者参与，双方共同创造，通过消费者的亲身体验实现价值。

在这一情境下，企业经营逻辑函数中的基本稀缺条件变成了客户的时间和注意力。以 Facebook、淘宝、苹果为代表的移动互联商业模式，就是在把用户时间与注意力作为稀缺条件，牢牢把握住了商业价值链中客户端体验黏着价值与应用内容端整合提供价值，并通过两类价值的有效互动，形成了企业商业价值的滚动放大。

此时，社交网络和内容营销就成为企业营销的制胜法宝。

■案例：巴拉克·奥巴马总统的竞选战略

2008年美国总统大选，巴拉克·奥巴马采用了一些与众不同的策略。克里斯·休斯（Chris Hughes，Facebook 的创始人之一，也是奥巴马的网络战略军师）这样说："展开这场网络战的目的是让每个人都了解奥巴马及我们这个竞选团队的价值观，并且以一种尽可能简单的方式让大家加入到我们的队列中来。另外，我们开通了许多在线社交工具，为大家提供尽可能多的直接沟通渠道（比如电子邮件、即时信息、在线交流等），让任何人都可以方便地通过 MyBarackObama. com 和 Facebook 将我们的竞选信息广为传播。"

这个战略非常成功，所有美国人都可以通过奥巴马的个人博客、Facebook 页面（吸引了约580万名支持者）、Twitter（吸引了约45万支持者）、LinkedIn（约1.3万用户）和 YouTube（约有2100万人次访问量）实现与奥巴马的直接接触。（来源：网络《集客式营销实例：巴拉克·奥巴马总统的竞选战略》）

第二篇　组合营销理论

在各种营销理论的发展中，很早被提出、影响大，且不断以相同模式发展和完善的莫过于组合营销理论。

市场营销组合。詹姆斯·卡林顿教授（JamesCullinton）在1948年一篇研究制造商营销成本的论文中，把管理人员描绘成“决策者和艺术家——不同成分的混合者，有时他们根据配方行事，有时他们根据手头现有的成分来调整配方，有时他们则进行实验或发明一些别人从未使用过的成分”。

哈佛大学教授尼尔·博登（NeilBorden）（有译为尼尔·鲍顿、内尔·伯登）受詹姆斯·卡林顿启发，于1953年在美国市场营销学会的就职演说中创造了“市场营销组合”（Marketingmix）这一术语，其意是指市场需求或多或少的在某种程度上受到所谓“营销变量”或“营销要素”的影响。为了寻求一定的市场反应，企业要对这些要素进行有效的组合，从而满足市场需求，获得最大利润。

尼尔·博登将这些“不同成分”分为：①产品规划；②定价；③品牌化；④分销渠道；⑤人员销售；⑥广告；⑦营业推广；⑧包装；⑨售点展示；⑩售后服务；⑪物流管理；⑫调研和分析。

美国营销学家们根据“不同成分”列出了很多种组合。有代表性的有三种：

(1) 佛利二分法：销售中的因素，原理和工具。

(2) 拉扎和柯利三分法：产品和服务、分销、信息。

(3) 麦卡锡四分法：产品、价格、促销、渠道。此法得到同行首肯。

一、P营销组合理论

1.4Ps 营销组合理论

美国西北大学理查德·克莱维特教授（RichardClewett）将尼尔·博登的

12 个要素进一步归纳为“产品（Product）”、“价格（Price）”、“分销（Distribution）”和“促销（Promoting）”等4个要素为核心的营销理论框架。

杰罗姆·麦卡锡博士（E. Jerome McCarthy）将“分销”一词换为“地点（Place）”，于1960年在其《基础营销学》（Basic Marketing）一书中将企业的营销要素归结为四个基本策略的组合，即著名的“4Ps”理论：产品（Product）、价格（Price）、渠道（Place）、促销（Promotion），由于这四个词的英文字头都是P，再加上策略（Strategy），所以简称为“4Ps”。

1967年，菲利普·科特勒在《营销管理：分析、规划与控制》第一版中进一步确认了以4Ps为核心的营销组合方法。

4P的内容：

产品（product），是指能提供给市场以引起人们关注、获得使用或消费，从而满足某种欲望或需要的任何东西，包括实物、服务、场所、组织、观念或它们的组合。

产品营销是指企业发现或挖掘准消费者需求，从整体氛围的营造以及自身产品形态的营造去推广和销售产品，主要是深挖产品的内涵，切合准消费者的需求，从而让准消费者深刻了解该产品进而购买该产品。

（案例详见产品观念时期）

价格（price），是指顾客购买产品时的价格，包括折扣、支付期限等。

价格营销是指根据市场需求合理制定价格，通过适当降低产品价格刺激市场销售。

■案例：屈臣氏的“我敢发誓，保证低价”

2004年6月16日，屈臣氏中国区提出“我敢发誓，保证低价”承诺，并开始了以此为主题的促销活动，每15天一期。每期《屈臣氏商品促销快讯》的封面都会有屈臣氏代言人高举右手传达“我敢发誓”信息。到了2004年11月，屈臣氏做出了宣言调整，提出“真货真低价”，并仍然贯彻执行“买贵了差额双倍还”方针。这样一直到2005年8月，“我敢发誓”一周年，屈臣氏一共举行了30期的促销推广。屈臣氏的低价策略已经深入人心。（来源：网络《屈臣氏促销策略案例》）

渠道（place），是指商品或服务从生产者到消费者（用户）转移所经过的通道。

渠道营销是指针对渠道特点定位，采取市场推广模式、数据库营销、网络营销等手段，利用数据信息进行市场分析和营销策略的修正，整合策划市场活动，以达到在终端提高品牌到达率，和推动产品销售的营销目的。

通路营销是指在渠道建设上，集中力量通过与经销商的强力合作或直接控制终端市场，迅速形成区域市场的相对优势，伺机扩张，推广产品。

■案例：拉夏贝尔“双十二”全渠道 O2O 一天 1.1 亿元

拉夏贝尔是创建于 2001 年以快时尚著称的传统线下服饰品牌。到 2014 年，拉夏贝尔全国直营店超过 5600 家。

2014 年 8 月，拉夏贝尔天猫官方旗舰店正式开业。三个月后，首次参加“双十一”，销售额便超过 2500 万，在线下品牌电商中排名第十二。

全国 25 个省份的 311 个门店成为发货主战场，占总发货比例超过 70%，且 36 小时便完成了门店的大部分发货。一个月后的“双十二”，销售额便超过 1.1 亿元，一举跻身 TOP10，在线下品牌电商排名第三，仅次于优衣库与波司登；店铺发货占比更达 85%，24 小时即完成了 90% 的订单配送，48 小时便完成了全部配送。顾客感受到了拉夏贝尔的“雷人”速度，店铺评价一次次被“太快了”“神速”刷屏。（来源：网络《时装业双十二全渠道 O2O 一天 1.1 亿元案例》）

促销（promotion），是公司或机构用以向目标市场通报自己的产品、服务、形象和理念，说服和提醒他们对公司产品和机构本身信任、支持和注意的任何沟通形式。常见的促销方式有：广告、公共关系、人员推销、销售促进等。

促销营销，就是为了解决生产者与消费者间信息不对称的“产”“销”矛盾，企业通过沟通活动，利用广告、宣传报道、人员推销等手段，把生产、产品等信息传递给消费者和用户，以增进其了解、信赖并购买本企业产品，达到扩大销售的目的。

■案例：欧米茄手表的促销

在美国人即将实施“阿波罗登月计划”时，瑞士欧米茄手表公司打听到三位宇航员中有一位戴的是欧米茄手表。厂家认为这是一次绝好的促销机会。欧米茄公司立即派人去美国商谈赞助，但是条件是买断手表指定权，美国宇航署获得了这笔当初没有想到的赞助费，并同意欧米茄为太空人手表，让另两位宇航员也戴上欧米茄手表。在登月的当天，报上刊出了“世界第一只登月手表欧米茄，谨向美国太阳神探月英雄致敬”的整版广告，并说明太空人手表欧米茄在太空严重失重、气压巨大变化、震动剧烈的条件下仍能正常工作。伴随着登月计划的完成，欧米茄手表的销量立即大涨。（来源：网络《史上最经典促销案例》）

2. 6Ps 营销组合理论

1984 年，菲利浦·科特勒教授提出了大市场营销策略，在原 4P 组合的基础上增加两个 P，即权力（Power）和公共关系（Public Relations），简称 6PS。

大市场营销（Mega Marketing），是菲利普·科特勒 1986 年在其著作《大市场营销：11PS》中提出的，是在提出 6PS 的同时发明的一个新词。其是指为了进入特定市场，并在那里从事业务经营，在战略上协调使用经济的、心理的、政治的和公共关系等手段，以获得各有关方面如经销商、供应商、消费者、市场营销研究机构、有关政府人员、各利益集团及宣传媒介等合作及支持。

权力（Power）是指影响力和控制力。

权力营销是指依据权力对营销活动影响的规律，借助自身或他人权力开展的营销活动。

■案例：百事可乐进入苏联

1959 年，美国展览会在莫斯科召开。当时，百事可乐公司的董事长唐纳德·肯特利用他与当时的美国副总统尼克松之间的特殊关系，要求尼克松“想办法让苏联领导人喝一杯百事可乐”。于是在各国记者的镜头前，赫鲁晓夫手举百事可乐，露出一脸心满意足的表情。这是最特殊的广告，百事可乐从此在苏联站稳了脚跟。这对百事可乐打入苏联国家和地区也起了很大的推动作用。（来源：网络《百事可乐与可口可乐的市场营销策划》）

公共关系（Public Relations），是指企业为改善与社会公众的关系，促进公众对企业的认识，理解及支持，达到树立良好形象、促进商品销售的目的而进行的一系列公共活动。

公共关系营销也称公关营销，即社会市场营销、影响者关系营销，是以公关工具为主要工具的营销，是以公关为工具为导向的传播，或指直接支援企业营销的公共关系活动。

■案例：打车小秘 & 易试互动，打造上海“超级出租车”

2014 年 7 月 17 日打车小秘正式对外宣布开通上海市场。易试互动为打车小秘的产品宣传量身定制了 3D 体感赛创意游戏。这款赛车游戏软件采用体感技术，参与者只需按照屏幕上的指示做出手臂动作，就可以操纵屏幕中的赛车进行奔驰竞速，互动感极强。

广告投放一周，活动总计：线下活动总覆盖人数 182 万人，线下活动总参与人数：45735 人。活动现场微博微信直发数约 433 条，微博转发 + 评论：648 条，活动影响覆盖粉丝超过 22 万人。活动第一天打车小秘 APP 下载量高达 9000 多次。(来源：网络《盘点 2014 开年 5 大经典公关事件营销案例》)

3. 7Ps 营销组合理论

1981 年，美国服务营销学家布姆斯（Booms）和比特纳（Bitner）建议在传统市场营销理论 4Ps 的基础上增加三个“服务性的 P”，即：人（People）、过程（Process）、物质环境（Physical Evidence）（有译为有形展示），形成包括产品、价格、渠道、促销、人员、物质环境和服务过程的 7Ps 理论。

人员（People）：所有的人都直接或间接地被卷入某种服务的消费过程中，这是 7Ps 营销组合很重要的一个观点。知识工作者、白领雇员、管理人员以及部分消费者将额外的价值增加到了既有的社会总产品或服务的供给中。这部分价值往往非常显著。

■案例：丽兹·卡尔顿饭店的“照顾好那些照顾顾客的人”

丽兹·卡尔顿饭店不仅对服务人员有着极为严格的挑选和训练，使新职员学会悉心照料客人的艺术，还培养职员的自豪感。在挑选职员时，就像饭店质量部门副经理帕特里克·米恩说的那样：“我们只要那些关心别人的人。”为了不失去一个客人，职员被教导要做任何他们能做的事情。全体职员无论谁接到顾客的投诉，必须对此投诉负责，直到解决为止。丽兹·卡尔顿饭店的职员还被授权当场解决问题，而不是需要请示上级。每个职员都可以花

2000美元来平息客人的不满，并且只要客人高兴，允许职员暂时离开自己的岗位。在丽兹·卡尔顿饭店，每位职员被看作是“最敏感的哨兵、较早的报警系统”。丽兹·卡尔顿饭店的职员们都理解他们在饭店的成功中所起的作用，正如一位职员所说：“我们或许住不起这样的饭店，但是我们却能让住得起的人还想到这儿来住。”丽兹·卡尔顿饭店承认和奖励表现杰出的职员。根据它的“五星奖”方案，丽兹·卡尔顿饭店向杰出的职员颁发各类奖章、“黄金标准券”等作为奖励。饭店的职员流动率低于30%，而其他豪华饭店的职员流动率达到45%。（来源：网络《丽兹·卡尔顿饭店的“照顾好那些照顾顾客的人”》）

过程（Process）：服务通过一定的程序、机制以及活动得以实现的过程（亦即消费者管理流程），是市场营销战略的一个关键要素。

■案例：希尔顿酒店接待没有预订的顾客

在一个礼拜天黄昏时分，酒店来了一对老夫妇。老夫妇问：“有没有房间啊?”柜台内服务员答复：“哎呀，真抱歉，没有房间，今天是周末，如果你早点定就好了。不过，我们这附近还有些不错的酒店，要不要我帮你试试看?看看有没有房间?”老先生说：“那好。”服务员先是从柜台内掏出个卡片，签了个字，说：“给您。这个是免费的咖啡券，到大堂坐一下吧，我现在帮你查附近的酒店。”老夫妇来到了大堂吧，喝着免费的咖啡。一会儿，柜台服务员来了：“好消息，后面那条街的喜来登还有一个房间，等级跟我们的酒店是一样的，并且便宜20美元，请问您需要吗?”老先生说：“好的。要!”“行，那您先慢慢喝！我去帮您确认。”一小会，柜台服务员回来说：“喜来登酒店接您的车快到了，不过先生你可以慢慢喝，我会叫他们等你。”临走，老妇人说“下次来，我一定要住希尔顿的”。（来源：网络《企业优秀服务案例精选》）

物质环境（Physical Environment）：包括服务供给得以顺利传送的服务环境，有形商品承载和表达服务的能力，当前消费者的无形消费体验，以及向潜在顾客传递消费满足感的能力。

有形展示营销是指在服务市场营销管理的范畴内，一切可传达服务特色及优点的有形组成部分。在产品营销中，有形展示基本上就是产品本身，而在服务营销中，有形展示的范围就较广泛。事实上，服务营销学者不仅将环境视为支持及反映服务产品质量的有力实证，而且将有形展示的内容由环境扩展至包含所有用以帮助生产服务和包装服务的一切实体产品和设施。

■案例：回味无穷的仙踪林

“仙踪林”在环境设计上追求国际化潮流，在卖场线条、空间取向上更加简洁，在大厅里有大树、秋千、各种图形、雕塑，规划比较高档，充分体现潮流化和休闲化的特征。进入“仙踪林”，你马上会感觉到扑面而来的青春气息和浑然天成的绿树垂藤。置身其间，你会有点飘然成为绿林仙子的感觉。处处可见几人合抱的“参天大树”、原木桌椅、秋千式的吊椅，三五成群的年轻男女白领，在秋千上荡来荡去聊天品茶。而在门口的吧台前，调茶师正在把滚烫的红茶与冰块混合放在不锈钢的调酒器里，手法娴熟地摇晃着，一切显得那样轻松惬意。“仙踪林”经营的奶茶，不仅原料新鲜丰富，而且含有极高的营养价值，就连装奶茶的杯子也十分新奇。坐在绿树葱茏间，手握精致新奇的杯子，品尝着醇香可口的奶茶，倚窗而望马路上来去匆匆的人群，你会感觉仿佛来到了世外桃源……（来源：网络《服务有形展示案例：回味无穷的仙踪林》）

4. 10Ps 营销组合理论

1986 年 6 月，科特勒又提出在大市场营销的 6Ps 之外，还要加上战略 4P，即探查（Probing）、分割（Partitioning）、优先（Prioritizing）、定位（Positioning），即 10Ps 营销组合理论。

市场营销战略组合包括战略性要素和战术性要素。战略性要素包括探查、划分、优先、定位等 4 个战略原则；战术性要素包括产品、价格、分销、促销、政治权力和公共关系等 6 个策略。

探查（Probing）在营销学上，就是市场营销调研。其是指在市场营销观念的指导下，以满足消费者需求为中心，用科学的方法，系统地收集、记录、整理与分析有关市场营销的情报资料，从而提出解决问题的建议，确保营销活动顺利地进行。

■案例：云南白药牙膏的品牌定位战略

云南白药牙膏通过与消费者一对一的深度访谈，了解到：中国人牙龈出血、口腔溃疡、口臭等口腔健康问题日益突出，90%的成年人都有不同程度的口腔问题。而且，这些口腔“小问题”虽然不足以去医院，但大多困扰了人们的情绪，有快速解决的心理和生理需求，对高端口腔护理产品的需求会越来越强。

同时，牙膏市场上不管外资品牌还是国产品牌，大多定位在“防蛀和清洁”上，着重解决“防蛀、美白、口气清新”等问题，还没有一支能真正解决这些口腔问题的实效牙膏产品，而云南白药药物成分，对各种口腔问题恰好有显著效果。

在广泛探查的基础上，云南白药研发并生产了一支能专业解决“牙龈出血、肿痛、口腔溃疡等口腔问题”的“非传统牙膏”。该产品2005年进入市场，2006年销售额达到3个亿，2007年冲破6个亿，成为医药产品进军日化领域的成功典范。（来源：网络《云南白药牙膏的品牌定位战略》）

分割（Partitioning）就是市场细分。其是指根据消费者需要的差异性，运用系统的方法，把整体市场划分为若干个消费者群的过程。每一个细分市场都是具有类似需求倾向的消费者构成的群体。因此，分属不同细分市场的消费者对同一产品的需求有着明显的差异，而属于同一细分市场的消费者的需求具有相似性。

■案例：欧莱雅在中国的品牌框架

1996年，欧莱雅进入中国市场后，将其品牌框架定位为高、中、低端三个部分：高端产品约有12个品牌构成，中端产品包含两大块品牌，低端产品，即中国大众市场，共推行5个品牌。如高端产品中第一品牌的赫莲娜，无论从产品品质和价位都是这12个品牌中最高的，面对的消费群体的年龄也相应偏高，并具有很强的消费能力；第二品牌是兰蔻，它是全球最著名的高端化妆品牌之一，消费者年龄比赫莲娜年轻一些，也具有相当的消费能力；第三品牌是碧欧泉，它面对的是具有一定消费能力的年轻时尚消费者。（来源：网络《欧莱雅：品牌金字塔是怎样建成的?》）

优先（Prioritizing）就是对目标市场的选择，即在市场细分的基础上，企业要进入的那部分市场，或要优先最大限度地满足的那部分消费者。企业资源的有限性和消费者需求的多样性决定了企业不能经营所有的产品并满足所有消费者的需求。任何企业只能根据自己的资源优势和消费者的需求，经营一定的产品，满足消费者的部分需要。

■案例：资生堂的选择

资生堂推行“品牌店铺”策略，即结合各品牌的具体情况，在每一专卖店（柜）中只集中销售一种或几种品牌。例如在学校、游乐场、电影院附近年轻人较多的地方，设立 RECIEN 系列专卖店，在老年人出入较多的地方则设立 RIVITAL 专卖店。资生堂制订的战略是未来旗下的每一家店铺只出售一种品牌的资生堂产品。

资生堂强调其旗下各专卖店（柜）的销售人员必须有较强的咨询能力（couseling 即 CL），能把化妆品店变成美容咨询室，为入店顾客提供各种咨询服务。（来源：网络《资生堂》）

定位（Positioning）即市场定位，其含义是根据竞争者在市场上所处的位置，针对消费者对产品的重视程度，强有力地塑造出本企业产品与众不同的、给人印象鲜明的个性或形象，从而使产品在市场上、企业在行业中确定适当的位置。

■案例：多角度定位实例

实体定位

功效定位：美国百事可乐——不含咖啡因。

品质定位：无内胎轮胎——“保证车辆不会爆胎抛锚”。

市场定位：脑白金——今年过节不送礼，送礼就送脑白金。

质量定位：雀巢咖啡——味道好极了。

价格定位：沃尔玛公司——天天低价。

商标定位：百事可乐：新一代的选择。

造型定位：可口可乐的玻璃瓶。

色彩定位：百事可乐——蓝色风暴系列广告。

服务定位：海尔——真诚到永远。

心理定位：人头马——人头马一开，好事自然来。

观念定位

逆向定位：甲壳虫汽车——想想还是小的好。

是非定位：七喜——非可乐。

（摘选自：网络《市场定位的策略案例列举》）

5. 11Ps 营销组合理论

1986 年 6 月，菲利浦·科特勒教授在提出大市场营销 6P 之外加上战略 4P 的同时，重申了营销活动中“人（People）”的重要作用，认为这或许是所有“P”中最基本和最重要的一个，从而形成 11Ps 营销组合理论（有学者针对 1970 年后服务业迅速发展的情况提出，应该在 4P 的后面增加一个 P，即人 <People>，成为 5P。但是由于这位学者的名气太小，5P 理论胎死腹中）并将产品、定价、渠道、促销称为战术 4P，将探查、分割、优先、定位称为战略 4P，还要求营销人员（People）必须具备灵活运用公共关系（Public Relations）和政治权力（Politics Power）两种营销技巧的能力。

6. 12Ps 营销组合理论

因为包装在包装消费品营销中的重要意义，有人提出在 11Ps 营销组合中加上“包装”（PACKAGING）这一个“P”，形成 12PS 营销组合理论。

包装营销是指通过优美、精致的包装为商品增色添辉，进而吸引顾客，为商品的销售鸣锣开道的营销模式。

■案例三：褚橙——一颗互联网的橙子

本来生活网通过成功策划褚橙营销，也实现了自我营销。①褚橙。褚时健种的冰糖橙。人生总有起落，精神终可传承。这句话在网上传播非常广泛。该网用一些数字来概括褚老：85 年跌宕人生，75 岁再次创业，耕耘十载，结出 24000 万累累橙果。②个性化包装。其把包装作为核心传播的素材，并且，包装上带着 LOGO，图文被转发，LOGO 一目了然。③十大青年励志微视频。后续又出效果：褚橙柳桃潘苹果。几番营销过后，生活网在全国 100 个城市拥有注册用户几百万，均是收入较高、素质高的文化界、白领人士和家庭用户，年龄层 28－35 岁，女性占 55%。（来源：网络《盘点 2014 年中国互联网十大成功营销案例》）

7. 1P 营销理论

这是北京大学光华管理学院王建国教授在《1P 理论》中提出的。其源于 4P，认为企业的利润 = 1P - 3P。这里的 1P 是价格（Price），它是企业的收益同时是顾客的成本；3P 是产品（product），渠道（place）和促销（promotion），它们是生产者的成本同时是顾客的价值。营销就是营销 3P，收益 1P，赚取 1P 和 3P 之差。1P 理论说到底就是价格理论。

在此基础上，找到“第三方利益攸关企业”并通过为其创造价值而将其引入到 4P 营销中，从而使产品价格低于平均成本还能赢利，因此创造自动营销，同时把烦琐的营销理论归结为价格的竞争。

1P 营销理论本质上又可以叫第三方营销理论，就是利用网状经济形成的外部效果，在企业价值链环节之间、企业与企业之间、企业与顾客之间引入第三方利益攸关者分摊成本，把企业之间竞争博弈的赢利模式转化为合作共赢的赢利模式的理论。

该理论的实践可以归结为：企业在为自己选定目标顾客的时候，尽量使其同时成为某些利益攸关企业的目标顾客；在为自己制订产品、促销和渠道战略的时候，尽量使其同时成为某些利益攸关企业或顾客的产品、渠道和促销战略；在为自己的目标顾客创造价值的同时尽量为第三方利益攸关企业或顾客创造价值等等。王建国解释说，“1P 理论，就是利用网状经济的外部效果寻找第三方付费，降低目标顾客的成本，以达到自动营销和企业盈利的目的。它的本质是以合作赢利替代了红海血拼。”

■案例：用户免费——广告商付费

这种模式在线下我们已经喜闻乐见了。我们看的电视、收听的广播等都是不需要我们自己花钱的，电视台通过在电视剧里面插播广告来收费。在线上我们浏览网易、搜狐、博客、论坛帖子等不需要我们花钱，很多的个人网站也是通过卖广告来获得收入的。

互联网上一些主流的搜索引擎百度、谷歌、雅虎等也是用户免费，广告商付费，那些需要推广的广告商需要把钱给搜索引擎，搜索引擎将广告商的网站排在用户搜索结果的首页。（来源：网络《网络营销——五大免费营销策略》）

8. 3P 营销原则

在 1995 年以前，可口可乐一直遵循 3A 的市场原则，“买得起、买得到、乐意买”。后来发展为 3P 原则。即：

Pervasive（无处不在）——使可口可乐产品随手可得。

Price Relative To Value（物有所值）——可口可乐产品必须物有所值。

Preferred（情有独钟）——使可口可乐产品成为消费者的心中首选。

3P 策略的意义，在于使更多的消费者产生更多地购买可口可乐产品的冲动，是可口可乐的重要分销策略。“买得到”是诉求可口可乐产品能够被买得到，“无处不在”则着重强调了可口可乐产品在哪里都能够被“买得到”的市场化普及程度；“买得起”强调的是保证品质的前提下让产品更便宜，而“物超所值”就更多地倾向于在价格不变的情况下提供更好的产品；“乐得买”是指在保证品质的前提下让消费者愿意购买可口可乐产品，但消费者还是有选择其他品牌饮料的可能，而“情有独钟”就更多地倾向于成为消费者心中的首选饮料品牌。所以从 3A 到 3P，在某种程度上表现出可口可乐的战略理念——追求消费者的“品牌忠诚”。

二、C 营销组合理论

1. 3C 营销理论

3C 营销理论共有 6 个版本。

3C **战略三角模型**。其是由日本战略研究的领军人物大前研一提出的。他强调成功战略有三个关键因素，在制定任何经营战略时，都必须考虑这三个因素，即公司自身（Corporation）、公司顾客（Customer）、竞争对手（Competition）。

公司自身（Corporation）。公司战略旨在最大化企业的竞争优势，尤其是与企业成功息息相关的功能性领域的竞争优势：选择性和程序化；提高成本效益。

公司顾客（Customer）。顾客是所有战略的基础。毫无疑问，公司的首要考虑应该是顾客的利益，而不是股东或者其他群体的利益。从长远来看，只有那些真正为顾客着想的公司对于投资者才有吸引力。

竞争对手（Competition）。企业的竞争者战略，可以通过寻找有效之法，追求在采购、设计、制造、销售及服务等功能领域的差异化来实现。

该理论认为只有将公司、顾客与竞争者整合在同一个战略内，可持续的竞争优势才有存在的可能。

■案例：猪八戒网

猪八戒网是创办于2006年的全国最大的服务类电子商务交易平台。服务交易品类涵盖创意设计、网站建设、网络营销、文案策划、生活服务等多种行业。猪八戒网有百万服务商正在出售服务，为企业、公共机构和个人提供定制化的解决方案，将创意、智慧、技能转化为商业价值和社会价值。

买家把需要解决的问题放在猪八戒网上，通过悬赏模式获得多种方案，可以选到百里挑一的作品；通过速配模式，可以寻找到能力精准匹配的服务商来提供低成本、高效益的服务。

服务商，无论是个人还是机构企业，都可以在猪八戒网上做自己喜欢或擅长的工作，足不出户找到目标客户，挣得真金白银。而且工作环境更加自由，工作时间自己掌控。许多服务商通过在猪八戒网上做任务，不仅锻炼了专业技能以及客户沟通技巧，同时也加深了对行业市场的了解，积累了客户资源。（来源：网络《猪八戒网》）

内部动力3C。其是研究员 Alfie Kohn 在他的1993年由REWARDS出版的《The Trouble with Gold Stars, Incentive Plans , As, Praise, and Other Bribes》一书中提出的。基于现代管理理论认为，动机激励才是激励的切入点和根本点，激励一个人最为有效的方法是激励他做事情的动机。他建议经理们必须理解内在动力，必须注视被他称之为“内部动力的3个C”。

协作（Collaboration）：当员工受到合作的鼓舞或有机会互相帮助彼此成功时，会受到激励更加努力工作。

满意（Content）：当人们意识到他们的工作对组织的重要性的时候，当员工能理解他们的工作对组织的贡献的时候，员工会受到激励。

抉择（Choice）：如果员工在自己的工作中被授权进行决策时，会受到激励更加努力的工作。

Alfie Kohn 的 3C 理论是基于这样一个假设：激励员工关键是激励他做事情的动机，你不可能直接激励员工，你只能影响他们做某事的动机。

■案例：瑞典北欧航空公司员工的鸡心别针

一天，北欧航空公司一名 50 多岁担任门口警卫的老职工，下班回到家里的时候，老伴冲上来抱住他狠狠亲了一口，还说，汤姆，你真棒！老员工感到莫名其妙。老伴这才说，你知道你们的总裁给我们寄来了什么？汤姆一看原来是一个精制的鸡心别针，还有一张纸条，上面写着：

尊敬的汤姆逊太太：

感谢您一年来对汤姆逊先生的工作的全力支持，使得北欧航空公司的工作取得了很大的成就。我谨代表我个人向您表示衷心的谢意。杨·卡尔松（亲笔签名）

老汤姆看了激动得不得了，他只是个普通的警卫。老两口激动的一边喝酒庆祝一边探讨，我明年要怎么干才对得起总裁对我的关心呢。（来源：网络《倒金字塔管理法》）

微营销的3C 营销理念。其是炫橙传媒 2013 年在《3C 营销理念：移动互联网时代的微营销制胜法则》中提出的。其认为：微博由于其信息聚合的功能属性，更适合出现在营销战略前端，用以进行大数据的搜集、分析与整理；微信的价值在于纵向的精耕细作，需要响应基于大数据获取的核心信息的落地。因此，基于微信与微博营销配合的新媒体实战，“3C 理论”便应运而生：

careful to listen——仔细地聆听。以微博为营销基础平台，收集目标用户的基本属性与特征属性，包括年龄、性别、学历、收入、家庭状况、兴趣爱好及对品牌的认知，初步刻画用户群肖像，完成品牌策略中的用户洞察工作。

core of information——核心信息。以微博用户聆听数据为基础，从中界定核心消费群，重点进行行为数据跟踪，了解用户群的品牌喜好、品牌需求以及使用场景，与竞品用户进行横向对比，得出品牌或产品在用户群中的品牌印象，与品牌传播目标进行匹配，得出核心传播点。

customized——量身定制的内容设计。根据核心传播信息，针对不同类型的用户群进行个性化内容设计，以微信为沟通平台进行“狙击式”内容送达，深度沟通品牌理念；微博配合广泛吸引用户向微信转化，为品牌精准营销输送更多新用户群。

■案例：星巴克的“自然醒”和“新年星历”

星巴克在开展的“自然醒”和“新年星历”活动中，以微信+微博为手段为线下活动制造社会化舆论效应。

首先，对星巴克官微粉丝进行重点聆听，得出核心用户群肖像及用户特征，如：80/90后，偏女性化，集中在北上广、江浙等沿海一线城市，单身居多，时尚独立且经济自主等。

重点对资深“星粉”进行深度追踪，挖掘用户关注点及兴趣关键词，如：偏爱音乐、旅行、自拍，喜欢美食与分享，热衷于提升正能量的话题等。

将品牌理念与用户关注点进行有效结合，形成以“音乐”、“开运”为主线的传播焦点，设置多样化的传播内容，从微信端展开个性互动。

与微博形成传播回路，通过微博平台的信息扩散，吸引更多新用户关注、参与星巴克微信活动，持续引爆活动热度，为品牌输送更多新用户。（来源：网络《移动互联网时代的微营销制胜法则》）

移动互联网时代的3C 营销理论。其是由腾讯网络媒体事业群总裁、集团高级执行副总裁刘胜义 2013 年提出的，即 Content 内容、Context 路径、Channel 渠道。

从 Content 角度看，微博等社会化媒体对营销业界最大的影响就是剥夺了品牌经理的发言权，用户的体验、喜好和评论决定了产品的品牌美誉度。对于营销工作来说，做 Marketing 必须要做 Content Marketing。而在移动互联网年代应对社交化网络冲击的时候，做营销不能站在厂家角度，而应该站在用户的角度去思考在某一个时间段他们对产品的需求是什么。

从 Context 的角度来说，移动互联网时代的市场营销不仅要把握每一个消费者关注的机会点，把交易完成，还要有对用户的快速的即时反馈，时时刻刻关心每个消费者不同情景下的需求。

而 Channel，则指的是移动智能终端的普及带来了决策依据的变化，各种即时信息的介入，也让消费行为变得非线性，从而打破了传统的 AIDA 法则。大量的第三方开放平台带来的相关应用工具，也进一步加强了消费者的分析能力。随时随地的联网让用户的消费决策更加依赖网上的任何信息，并带来了决策依据的变化。

总的来说，3C 法则要求营销信息必须向“服务型的内容”升级，营销节奏需向“实时响应模式”升级，营销渠道应向“移动化”升级。

■案例：Visa、必胜客和埃森哲合作开发联网汽车商务体验

2015 年 3 月 4 日，Visa、必胜客和埃森哲宣布，三方正合作开发概念验证联网汽车以测试旅途中的移动和在线购物体验。

联网汽车理念由 Visa 提出，以旅途中繁忙的消费者为中心，结合了顶尖的支付安全、蜂窝网络和无线技术以测试联网汽车的消费支付体验。联网汽车商务演示属于业内首创，从快餐店点餐开始，逐渐应用于其他日常购物消费中，包括加油、交通和停车以及驾车购物零售商店。

在线支付服务 Visa Checkout 让消费者只需点击几下鼠标即可购物，通过将其融入联网汽车的仪表板中，消费者能够轻松地在汽车中点餐。借助交互式语音控制（IVR），消费者能够轻松安全地在车内进行购物。IVR 让驾驶员能够下单并进行支付验证，同时保持双手紧握方向盘并将注意力集中在开车上。

世界最大的比萨专卖连锁企业、按订单量计最大的比萨商务品牌必胜客已经将 Visa Checkout 应用于 pizzahut. com 以方便结账。作为联网汽车试验的一部分，该公司现将提供车内菜单、送餐和取餐选择，并测试餐厅内的“Beacon 技术”以通知团队成员客户的汽车已经抵达。

埃森哲在开发应用以及整合数项技术以构建安全、无缝车内购物的技术基础方面发挥了举足轻重的作用。这包括汽车的音响主机、蜂窝网络、Visa 支付技术、餐厅的电子商务平台、Beacon 和蓝牙技术。（来源：网络《Visa、必胜客和埃森哲合作开发联网汽车商务体验》）

营销阶段的 3C。这是企业由以“顾客导向（CI）”到“顾客满意（CS）”再到“顾客忠诚（CL）”为核心营销的“3C”。

顾客导向（CI）。20 世纪 80 年代后期至 90 年代中期的阶段，企业开始注重企业的自主经营、良好形象了。

■案例：佳能复印机的胜利

佳能对垄断市场近 10 年的施乐复印机调查发现，施乐复印机存在着价格太高、使用不方便和不利于保密等缺陷。

针对这些缺陷，佳能公司用一年多的时间创造出了造价降到原来的1/10、1/20 的小型复印机，而且复印机像傻瓜相机一样，简单易用，不用专人操作。

为了趁施乐尚未来得及做出反应的时候就迅速打开市场，佳能把自己的设计以非常低的价格转让给日本“兄弟企业”，如：美能达、理光和东芝等多家公司，共同宣传推广小型复印机“分散复印”的优点，拉动市场需求。结果，等施乐反应过来的时候，佳能等公司已经在市场上站稳了脚跟。（来源：网络《佳能奇迹：顾客导向从未过时》）

顾客满意（CS）。从 20 世纪 90 年代下半期以来，企业开始导入并迅速实践起“CS”（即顾客满意），以“顾客满意度”如何作为评价一个企业经营的成败标准。

■案例：挪威 DNB 银行——唱出来的客服热线

挪威 DNB 银行在圣诞来临前，让品牌所赞助的挪威广播男生合唱团以他们最为擅长的“歌唱”形式来录制客服电话的内容，如“您好，人工服务请按 2；自助服务请按 3……”这让原本枯燥而生硬的服务接听等待过程变得悦耳动听，拨打客服电话甚至成了当时人们的新体验新乐趣。数据显示，12 月 1 日到 27 日这 27 天时间里，DNB 的客服访问次数达到了 200 万人次。这相当于挪威总人口数（490 万）的 40%。（来源：网络《国外金融行业创新移动营销案例》）

顾客忠诚（CL）。1998 年底至 1999 年初，美国著名咨询公司盖洛普关于成功企业“三大法宝”——“顾客忠诚度、员工满意度和品牌”被引入了中国。企业认识到：核心能力的本质是核心价值观，最高境界体现在“顾客忠诚度”上。顾客忠诚度的高低，高忠诚顾客群的大小，决定着企业的命运。盖洛普公司认为 4V 是实现顾客忠诚的途径。

■案例：广发银行的“Lady Club”真情俱乐部

广发银行利用已有的真情卡平台，成立“Lady Club”真情俱乐部，为其会员持续提供美容美体、美容课堂、时装品牌新品发布会预览、美食大优惠等多元化的一站式服务。第一阶段的俱乐部活动已于近日正式开启，例如，金钻会员可享受法国娇兰提供的免费面部护理和美容课堂、MAX MARA 新品预览会等优惠；银钻会员可参加兰芝刷卡赠礼优惠及新品试用体验活动、西堤牛排刷卡买一送一优惠、周大福鉴赏会等优惠；粉钻会员可专享法国娇兰和兰芝刷卡赠礼、佐登妮斯优惠价美容护理及众多服饰品牌刷卡折扣。其中，银钻会员可以同时享受粉钻会员的专属礼遇，金钻会员亦可以同时享受银钻、粉钻会员的专属礼遇。（来源：网络《金融产品营销案例精选》）

网站分类3C模型。这是由易观国际提出的。网站按流量的大小可以分为三种类型：

第一种是内容型（Content）网站，内容的广泛性带来绝对的流量和广泛的用户群，以新浪为代表。此类网站以品牌广告收入为主要营收。

第二种类型是社区型（Community）网站，网站流量来自于为不同的细分人群提供不同的服务，针对性强但绝对值少于内容型网站，以淘宝、携程等网络社区类网站为代表。此类网站以广告收入和增值业务收入为主要营收。

第三种类型是电子商务型（Commerce）网站，网站靠用户群的持续购买行为或对购买行为施加持续影响产生流量，网站流量最小但商业价值最高，以阿里巴巴为典型代表，网站靠在线营销和代理交易获取收入。

从网站所实际获得的交易规模来看，第二、第三类型网站交易规模远比第一类网站大得多。其中的影响因素由不同类型网站用户附加值的差异所决定。这与传统的网站流量大，价值一定高的观点相悖。显而易见，与门户类网站相比，产生持续购买行为的电子商务网站用户，不仅能够为网站交易做出有价值的贡献，（对广告主）还具有更高的商业营销价值。

另外还有“3C产品”即“信息家电”。这是指计算机（Computer）、通信（Communication）和消费类电子产品（Consumer Electronics）。

“3C渠道销售”，是指“中国国家强制性产品认证（China Compulsory Certification）”的简称。实际上是将CCEE（中国电子电工产品安全认证）、CCIB（中国进口电子产品安全认证）、EMC（电磁兼容性认证）三证合一。在2003年5月1日后，国家主管部门强制执行3C认证。作为一种强制性标准，3C名录一旦公布就成为市场的准入券。生产厂家只有达到3C的认可，其产品才可进入市场。同时，一个合法的卖场也只能经营取得认证之后的产品。3C销售渠道就是在取得3C认证之后的销售产品的地方。

2. 4Cs 营销理论

该理论也称“4C 营销理论”，是由美国北卡罗林纳大学罗伯特·劳特朋教授 1990 年在《广告年代》上发表的著名的《4P 退休，4C 登场》一文中提出 4C 组合，即消费者（Consumer）、成本（Cost）、便利性（Convenience）和沟通（Communication）。

Customer（消费者）主要指顾客的需求。企业必须首先了解和研究顾客，根据顾客的需求来提供产品。同时，企业提供的不仅仅是产品和服务，更重要的是由此产生的客户价值（Customer Value）。

Cost（成本）不单是企业的生产成本，或者说 4P 中的 Price（价格），它还包括顾客的购买成本，同时也意味着产品定价的理想情况，应该是既低于顾客的心理价格，亦能够让企业有所盈利。此外，这中间的顾客购买成本不仅包括其货币支出，还包括其为此耗费的时间，体力和精力消耗，以及购买风险。

Convenience（便利），即所谓为顾客提供最大的购物和使用便利。4Cs 营销理论强调企业在制订分销策略时，要更多地考虑顾客的方便，而不是企业自己方便。要通过好的售前、售中和售后服务来让顾客在购物的同时，也享受便利。便利是客户价值不可或缺的一部分。

Communication（沟通）则被用以取代 4P 中对应的 Promotion（促销）。4Cs 营销理论认为，企业应通过同顾客进行积极有效的双向沟通，建立基于共同利益的新型企业/顾客关系。这不再是企业单向的促销和劝导顾客，而是在双方的沟通中找到能同时实现各自目标的途径。

它强调企业首先应该把追求顾客满意放在第一位，其次是努力降低顾客的购买成本，然后要充分注意到顾客购买过程中的便利性，而不是从企业的角度来决定销售渠道策略，最后还应以消费者为中心实施有效的营销沟通。

布鲁纳（Brunner）在 1989 年也曾提出 4C（概念、成本、渠道、沟通）组合方法，但学术界认为他的 4C 理论只是 4P 名称上的变化，无本质的不同。

■案例：7 天连锁酒店 4C 营销

7 天连锁酒店将“顾客感受第一”的理念贯彻始终，以将核心消费者锁定并提供个性化服务。

（1）以消费者需求为核心，通过全面提高产品质量、营造快乐服务氛围等，注重品牌体验式服务。

(2) 以“经济”性为中心，通过改变传统的配置，注重增添客房“家”的温馨感和实用性，力求控制客户成本。

(3) 以“便捷”为重心，通过交通环境便捷、预定方式高效、网络信息分享便利，为客户创造方便快捷。

(4) 以“真诚相待”为宗旨，通过网络信息丰富实用、信息反馈积极互动、精彩活动推陈出新等方式，实现交流方式多样化。

如在全面提高产品质量方面，7天连锁酒店高度关注顾客“天天睡好觉”的核心需求，在保持原有价格优势的前提下，通过配置高质量淋浴设备、五星级标准大床；改善营养早餐搭配、提供睡前牛奶；实现洁净毛巾封包；升级隔音设施、室内拖鞋等措施，全面提高各项产品品质及舒适度。

在交通环境便捷方面，7天分店一般位于交通便利的地方，如市内交通枢纽附近（市内长途汽车站、火车站等）；主要会所附近（会展中心等）。市内各大地标附近（如重庆解放碑、成都春熙路等），极大程度上满足了顾客出行方便的要求。等等。（来源：网络《经济型连锁酒店4C营销策略分析：以7天连锁酒店为例》）

3. CCDVTP模型

该模型是2006年底，菲利浦·科特勒做《迈向品牌与全球化之路》重要演讲时首次提出的。建立该模型的主旨就是企业针对目标市场，通过创新、沟通和价值传递，实现赢利。科特勒指出企业要创造好品牌，必须不断和顾客沟通（Create，Communicate）、传递（Delivery）品牌的独特价值（Value），同时要清楚自己的目标市场（Target），才有机会创造利润（Profit ）。

CCDVTP是指：创新（Create）、沟通（Communicate）、价值传递（Deliver Value）、目标市场（Target）和获利（Profit），与以前的“4P”模型比较，CCDVTP模型不再静止地把营销分割成四个部分，而将“产品”（product）与“价格”（price）融合为“创新”（Create），将“促销”（promotion）转化为“沟通”（Communicate），将“渠道”（place）改为“价值传递”（Deliver Value）。

科特勒指出品牌的七大共同元素：创业故事（creation story）、信念（creed）、仪式（rituals）、神奇口号（scared words）、标识（icon）、对手

（nonbelievers）、领导者（leadership）。

建立品牌的四大步骤：第一是定义目标市场；第二步是定位；第三步是价值主张；第四步是品牌推广。

■案例："今年过节不收礼，收礼只收脑白金"的脑白金

目标市场——想延缓衰老的有一定收入的中青年人群。

定位——一是可以改善由于衰老引起的睡眠不良，肠道不好，并可以美容，延缓衰老等消除中老年人各种疾病，恢复其保持青春活力的"年轻态"功能；二是"今年过节不收礼，收礼只收脑白金"的"礼品"；三是中等层次，走城市化路线的中国本土化产品。

价值主张——保健功效"年轻态"，"送礼送健康"。

品牌推广——硬广告，央视广告轰炸，整合营销传播。软广告，脑白金在正式推出之前，在报纸刊登上推出了信息量丰富、数字确切具体、文笔轻松夸张、可读性极强的"看似科普文章"的《98 年全球最关注的人》《人类可以长生不老》《两颗生物原子弹》等新闻炒作软文。央视广告轰炸，几乎没有人不知道两个穿草裙跳舞的老人和"今年过节不收礼，收礼只收脑白金"的广告词。整合营销传播，信息传播以"一个声音"为主，全国范围内产品形象统一、产品诉求统一，附加文化统一。（来源：网络《脑白金案例分析》）。

三、R 营销组合理论

1. 3R 组合策略理论

20 世纪 90 年代初，哈佛大学瑞查德（Riochheld）和塞斯（Sasser）两位教授根据服务性企业的数据，研究了企业的市场份额与利润的关系，发现市场份额对利润并没有太大的影响，而顾客忠诚度较高的服务性企业更能赢利，因此提出服务营销的理念，并在"4Ps"的基础上增加了"3Rs"组合。3Rs：尽力留住顾客（Retention）、销售顾客关注的产品和服务（Related sales）、鼓励顾客向亲友介绍其满意的消费经历（Referrals）。中文翻译成了客户维持或顾客保留（Retention），多重销售或相关销售（Relation Sales），客户介绍或顾客推荐（Referrals）。

1994 年，哈佛的赫斯凯特（Jamew L. Heskett）等教授，在前人研究的基础上，提出了服务利润链管理理论。

客户维持（Retention）。优秀的客户维持可以维持稳定的客户群体，节省成本，提高利润率。这主要表现在两个方面稳定客户群的建立，一方面可以节省重新争夺新客户的费用，另一方面也节省了重新调查审核客户信用的成本。总之，通过各种策略，努力把客户尤其是优质客户留下来，并培养成忠诚客户群。

■案例：客户维持——美国信用卡公司听取持卡“跳槽者”意见

MBNA 是美国最大的信用卡公司之一。为了留住每一位持卡者，该公司采取了一系列增强持卡者忠诚感的措施，如深入了解“跳槽者”的意见，改进服务程序，开发新服务项目，尽力留住每一位持卡者，持卡者“跳槽”率明显降低。1990 年，该公司持卡者“跳槽”率已比竞争对手低一半左右。在 8 年时间里，该公司的利润增加了 16 倍，在美国信用卡公司中的排名也从第 38 位上升到第 4 位。（来源：网络《什么是 3R 营销》）

多重销售（Relation Sales）。即向同一客户销售多种商品。据日本 BOOZ · ALLEN&HAMILTONH 咨询公司调研，同一客户使用的产品数量与客户维持存在密切关系。多重销售可以为客户提供更多的选择机会，促进客户多重购买，并增强顾客的忠诚度，减少顾客流失。

■案例：卖鱼钩的故事

一个乡下来的小伙子去应聘城里“世界最大”的“应有尽有”百货公司的销售员。老板问他：“你以前做过销售员吗?”

他回答说：“我以前是村里挨家挨户推销的小贩子。”老板喜欢他的机灵，“你明天可以来上班了。等下班的时候，我会来看一下。”

一天的光阴对这个乡下来的穷小子来说太长了，而且还有些难熬。但是年轻人还是熬到了 5 点，差不多该下班了。老板真的来了，问他说：“你今天做了几单买卖”。“一单。”年轻人回答说。“只有一单?”老板很吃惊地说：“我们这儿的售货员一天基本上可以完成 20 到 30 单生意呢。你卖了多少钱?”

“300000 美元。”年轻人回答道。

“你怎么卖到那么多钱的?”目瞪口呆，半晌才回过神来的老板问道。

“是这样的。”乡下来的年轻人说，“一个男士进来买东西，我先卖给他一个小号的鱼钩，然后中号的鱼钩，最后大号的鱼钩。接着，我卖给他小号的渔线，中号的渔线，最后是大号的渔线。我问他上哪儿钓鱼，他说海边。我建议他买条船，所以我带他到卖船的专柜，卖给他长 20 英尺有两个发动机的纵帆船。然后他说他的大众牌汽车可能拖不动这么大的船。我于是带他去汽车销售区，卖给他一辆丰田新款豪华型‘巡洋舰’。”

老板后退两步，几乎难以置信地问道:“一个顾客仅仅来买个鱼钩，你就能卖给他这么多东西?”

“不是的，”乡下来的年轻售货员回答道，“他是来给他妻子买卫生棉的。我就告诉他‘你的周末算是毁了，干吗不去钓鱼呢’?”(来源：网络《卖鱼钩的故事》)

客户介绍（Referrals）。即通过现有客户的推介扩大客户数量。顾客的口碑很重要。因此，提高原有顾客对企业的满意度并鼓励客户对企业的口碑宣传，可以帮助企业扩大新顾客群体，争夺优质客户。

■案例：客户介绍——美国直觉公司的客户营销

美国直觉公司（Intuit）是创立于 1983 年的世界最著名的个人理财软件公司。当年营业额达到 3000 万美元时，该公司只有两名推销员。但是，该公司却拥有成千上万“兼职”推销员———满意的用户。这些满意的用户向亲友大力推介他们的“加速”软件，为直觉公司招徕大批新顾客，而直觉公司却不必向这些“兼职”推销员支付工资和奖金。直觉公司采用 3R 营销策略，将顾客转化为终身顾客，向他们销售相关产品和服务，并通过满意的顾客的口头宣传，不断地增加新顾客。充分理解终身顾客的重要性，是直觉公司能不断地提高经济收益的主要原因。该公司至 2005 年的财政年度利税达到 20 亿美元。(来源：网络《什么是 3R 营销》)

2. 4Rs 营销理论（The Marketing Theory of 4Rs）

该理论是 2001 年由美国整合营销传播理论的鼻祖唐·舒尔茨（Don E.

Schuhz）在4C营销理论的基础上提出的新营销理论。4R分别指代Relevance（关联）、Reaction（反应）、Relationship（关系）和Reward（回报）。

关联（Relevancy），即认为企业与顾客是一个命运共同体，建立并发展与顾客之间的长期关系是企业经营的核心理念和最重要的内容。（案例详见顾客保持）

反映（Reaction），在相互影响的市场中，对经营者来说最现实的问题不在于如何控制、制定和实施计划，而在于如何站在顾客的角度及时地倾听和从推测性商业模式转移成为高度回应需求的商业模式。（案例详见顾客导向）

关系（Relation），在企业与客户的关系发生了本质性变化的市场环境中，抢占市场的关键已转变为与顾客建立长期而稳固的关系。与此相适应产生了5个转向：从一次性交易转向强调建立长期友好合作关系；从着眼于短期利益转向重视长期利益；从顾客被动适应企业单一销售转向顾客主动参与到生产过程中来；从相互的利益冲突转向共同的和谐发展；从管理营销组合转向管理企业与顾客的互动关系。（案例详见顾客忠诚）

回报（Reward），任何交易与合作关系的巩固和发展，都是经济利益问题。因此，一定的合理回报既是正确处理营销活动中各种矛盾的出发点，也是营销的落脚点。（案例详见互惠营销）

4R理论认为，随着市场的发展，企业需要从更高层次上以更有效的方式在企业与顾客之间建立起有别于传统的新型的主动性关系。因此该理论以关系营销为核心，重在建立顾客忠诚。它既从厂商的利益出发又兼顾消费者的需求，是一个更为实际、有效的营销制胜术。

3.5R理论

唐·舒尔茨在提出4R没多久，又给4R加了一个R，即接受或感受（Receptivity），变成了5R。他认为应该用4C和5R来代替4P。他指出：对于营销组织的最大的挑战是更多地去理解他们的客户和潜在客户的需求，在竞争的市场环境中营销公司必须从原来营销的4P理论转移到5R理论。

接受或感受（Receptivity），指客户什么时候想买或什么时候从生产厂商那里认知产品。

简而言之，营销活动必须从以产品为中心的方式转向以客户为中心的方式，这也是现代整合营销传播的精髓。

■案例：小米的参与感

有人问黎万全："小米用什么方法让口碑在社会化媒体上快速引爆?"黎万全回答："第一是参与感；第二是参与感；第三是参与感。"

如："开放参与节点"把做产品做服务做品牌做销售的过程开放，筛选出对企业和用户双方获益的节点，双方获益的参与互动才可持续。开放的节点应该是基于功能需求，越是刚需参与人越多。

"设计互动方式"根据开放的节点进行相应设计，互动建议遵循"简单、获益、有趣和真实"的设计思路，把互动方式要像做产品一样持续改进。（来源：网络《小米口碑的核心：参与感三三法则》）

4. 新 4R 营销理论

该理论是美国学者艾略特·艾登伯格在 2001 年出版的《4R 营销》一书中提出的。艾登伯格认为传统的 4P 组合必将被 4R 组合即关系（Relationship）、节省（Retrenchment）、关联（Relevancy）、报酬（Reward）所替代。该理论名称之所以冠以"新"字，是为了与 20 世纪 90 年代唐·舒尔茨的 4R 相区别。

唐·舒尔茨 4R 有"反应"，艾略特·艾登伯格有"节省"。

■案例：ZARA 的 4R 营销

一流的形象，二流的产品，三流的价格，是 ZARA 与顾客建立稳定需求关系的前提和基础。缩短前导时间是服装业的制胜法宝之一。ZARA 公司的前导时间只有 12 天，远低于同行业 3 至 6 个月的平均时间。ZARA 不只是卖服装，它卖给顾客的是对流行时尚的承诺，是对顾客追求时尚的责任承担。ZARA 依靠独特的"高速、少量、多款"销售策略与顾客建立起了稳定而良好的关系。ZARA 几乎不做广告宣传，它的广告成本仅占其销售额的 0－0.3%，而行业平均水平则是 3.5%。ZARA 公司 16.2% 的利润率远远高于美国第一大服装零售商 GAP 公司的 10.9%。（来源：网络《从 ZARA 模式细看 4R 营销理论的应用》）

5. 精益营销6R 策略

该理论是基于汽车销售终端的营销实践提出的，其最实用的领域就是耐用消费品，如汽车、商品房等大宗消费品。精益营销 6R 主张在建立强大客户数据库的基础上，在最适当的时候，以最适当的方式、适当的价格向最适当的客户提供最适当的产品，并不断地提供最适当的服务。在客户满意的基础上，形成客户忠诚，与客户建立长期稳定的、互惠互利的合作伙伴关系。

“6R”是指汽车终端在精益思想的基本原则下，其营销的组合在 4P 组合的基础上可以概括为 6 个互相影响有密切逻辑关系的因素，即恰当的时机（Right moment）、恰当的方式（Right way）、恰当的顾客（Right customer）、恰当的产品（Right product）、恰当的价格（Right price）、恰当的服务（Right service）。这里的“恰当”是指恰如其分，不多不少之意，就是指精益思想中的尽善尽美。它包含了持续改进的动态含义，即汽车、商品房等大宗消费品终端营销将始终围绕这 6 个“R”持续改进地开展工作。

■案例：上汽 O2O 电商平台

2014 年 3 月 27 日，由上汽集团打造的中国汽车市场首个 OTO 电子商务平台“车享平台”（www. chexiang. com）宣布正式上线。

“车享平台”将通过线上线下无缝对接的电子商务模式，为用户提供一站式解决方案，100%品质保证及全方位的汽车生活服务。首批进驻“车享平台”的有上汽集团乘用车品牌荣威（微博）、MG（微博）、别克、雪佛兰、凯迪拉克、大众、斯柯达、宝骏和上汽集团商用车品牌上汽大通。同时，该平台选择上海、南京、杭州、苏州、宁波、天津、成都、深圳八个城市超过 120 家经销商率先试点。而此次与车享网同步启动的“车享汇”，是上汽旗下各整车厂品牌俱乐部的会员联盟合作载体。通过与整车厂、经销商伙伴及其他汽车服务提供商的合作，“车享汇”将开发创新型的后市场服务产品，逐步为消费者提供全方位的汽车生活服务。（来源：网络《上汽 O2O 电商平台上线 实现线上卖车及服务》）。

四、E 营销组合理论

4E 营销理论

1. 布赖恩 · 费瑟斯通豪版本

该版本是 2007 年奥美互动全球主席兼首席执行官布赖恩 · 费瑟斯通豪在北京举行的 AdTech 会议上做的一场主题演讲时提出以“4E”替换“4P”。

（1）产品（product）→体验（Experience）。以技术上的差异化带来市场优势能够维系的时间越来越短，像手机也就是几个月的时间，金融产品也就是一个月时间，网站的某项功能甚至也就是几分钟时间。营销者应该把重点从单纯的产品转移到全面的顾客消费体验上来。

■案例:“三无餐厅”

美国得克萨斯州有一间类似便利店的 24 小时营业的餐厅，其面积不大，装修一般，地点偏僻，但却顾客盈门。原来这个餐厅是一个没有厨师、没有侍应生、没有收费员的“三无餐厅”，顾客通过投币从自动售食物原料机上取得原料，然后使用餐厅的厨房设施自己制作加工食物。这种方法适应了现代人对成就感、怀旧感、猎奇感的需要，增加了生活情趣，因而取得了成功。(来源：网络《顾客参与下的新价值创造》)

（2）地点（place）→无所不在（Everyplace）。过去分销主要就是商店终端，大家研究产品如何在货架上陈列。我们现在可以做 21 世纪的大厨了，过去我们的材料就是鸡肉和米饭，而现在我们有各种各样的材料，足以让我们为顾客做出丰盛的大餐。

■案例：餐急送网站

餐急送网站是由北京迦里天下有限公司于 2010 年创建的当时国内最大网上订餐行业的 B2B、B2C 电子商务网站，同时也是一个生活服务类的网站，包括了酒店、特色餐厅、风味小吃店，中西餐饮店、快餐店，家庭式厨房、农家乐等多种形式的餐饮自选平台。该网主要是为中国大陆和全球华人服务的 B2C 电子商务网。该网为通过网络来订餐的网民提供每天二十四小时，不用出门就能享受美食美味的网络订餐服务。（来源：网络《餐急送》）

（3）价格（price）→交换（Exchange）。价格只是一个标签，顾客关注的、能够打动顾客的是价值，而且价值是因人而异的。营销者需要重温奥斯卡·王尔德的这句名言：cynic knows the price of everything，but the value of nothing（纨绔子弟们知晓任何东西的价码，但不知道他们的价值）。

■案例：巴西汉堡王的创意营销

巴西汉堡王推出“WhopperFace”。他们在柜台架了一部隐藏式摄影机，当顾客在点餐的同时，摄影机已经拍下顾客的大头照，并从印表机印出，而后方的厨房人员就用印上顾客肖像的包装纸，来包装顾客所点的汉堡包。从侧拍中可以看到，每位顾客都露出惊喜的表情，甚至在用餐区用餐的顾客，也用手机拍下印有自己相片的包装纸，因为这是为了他所制作，独一无二的汉堡包。（摘选自：网络《汉堡王 whopper 的各种营销案例分享》）

（4）促销（promotion）→布道（Evangelism）。好的品牌一般都会蕴含一个伟大而深刻的理念。例如，苹果相信“如果人们有工具让他们释放自己的潜能，这个世界会变得更加美好”；可口可乐相信“如果人们看到的是半瓶满而不是半瓶空，这个世界会变得更加美好”；以及……（某品牌）相信“如果……这个世界会变得更加美好。”另外，好的营销活动也往往提供一个有吸引力的创意，让人们主动来分享。

■案例：多芬真美运动

2004 年 2 月，多芬发起并赞助“美丽的真谛——女、美丽和幸福全球调查”。

2004 年 3 月，多芬紧肤乳液的 6 位“真人广告”在伦敦露面。这 6 位女性都不是专业模特，而是根据多芬在《TIME OUT》杂志上刊登的“寻找欣赏自己曲线的乐观女”广告报名，然后在众多候选人中脱颖而出的。

2004 年 10 月，“多芬真美运动”正式拉开帷幕。多芬推出一组年龄从 22 岁到 95 岁的 6 位“典型女”，展现她们自信、生动、充满活力的一面。受众可以登录网站进行投票。

多芬公司的发言人说:“我们聘请‘真人’模特做广告，是想挑战当今社会那种鼠目寸光、思想狭隘的美女观念，把更多的“自然美女”呈现给大家。通过这项活动，向全世界的人们表明，美丽是多元化的。我们希望能够抛砖引玉，让社会接受更加现实、更加宽容的美女概念。”多芬营销经理艾里·依思也表示说:“多芬希望能通过另外一种视角，给美丽一种全新而有力的诠释。”

真人广告一经推出，多芬产品销售数量就大幅增长，在英国销售量急升700%，德国300%，荷兰220%，创下历史纪录。(来源：网络《多芬真美运动研究》)

2. 丁兴良版本

该版本是由丁兴良在其出版的《4E 营销理论——工业品战略营销新模型》中提出的针对工业品营销行业的营销理论。该理论是以项目为龙头，以价值为导向，以渠道为主，以信任为原则的营销组合模式。

项目—project。工业品行业产品更多地被定义为产品的客户化——项目。一个项目似乎就是产品，把产品更加扩大化，把产品更好地结合到了客户，产品决策更多地体现在了一个项目的决策。

价值—Value。工业品营销往往不是仅仅看中价格，更多看中的是价格、质量、交货周期、服务、成功案例、业绩证明等。

渠道—process。工业品往往面对的是企事业单位，技术含量比较高，渠道短，直销（0 级渠道）或短渠道（1 级渠道）。

信任—belief。工业品的用户涉及技术交流、参观考察、成功业绩、样板工程等来证明企业的实力，用户更看中市场上的口碑，更看中美誉度，更看中信任感。

（选自丁兴良 - 工业品营销的新浪博客 2013 - 05 - 20《工业品营销 4E 模型的运用》）

工业品营销，就是针对工业品的一系列营销策略，包括产品信息、技术信息、客户信息、财务信息、订单信息。由于工业品的购买主要由一个团队来负责进行，而且购买者、使用者、收益者等与购买决策有关系的人一般情况下是不一致的。因此，这就要求工业产品的营销必须考虑到相关信息对这些对购买行为有影响人的传递和作用。

■案例：GE 的“绿色创想”

2005 年，在与北京奥组委合作的同时，GE 启动了与其产品主题、奥运会主题以及全球资源主题相关的“绿色创想”战略。为此，GE 从各个业务集团抽调近百名专业人员组成了 2008 年奥林匹克业务团队，分为五个纵向的业务销售团队：奥运场馆团队、商业楼宇团队、交通运输团队、能源与水处理团队和奥组委及政府关系团队。这个团队由 GE 的市场营销方面的领袖领导，在场馆、交通、能源、水资源以及商业楼宇等领域为 GE 寻找市场机会。

结果是“这个团队和北京奥组委紧密合作，为包括鸟巢和水立方在内的 37 个奥运场馆提供 GE 先进的技术和解决方案”。“GE 的一位项目负责人和奥运场馆的负责人沟通合作，通过这种方式，GE 可以提高整合营销的销售量，从能源到水，到照明，再到安保，GE 可以整合销售多种技术产品。同时，这支团队已经开始和温哥华奥组委以及伦敦奥组委一起工作了”。（来源：网络《贝思 – 康斯托克：GE 的绿色创想整合营销》）

五、S 营销组合理论

1. 4S 服务

该服务是指满意（ satisfaction）、服务微笑、服务待客（service）、速度（ speed）、诚意（ sincerity）的英文首字母组成。

满意（ satisfaction），是指顾客满意。

服务微笑、服务待客（service），是指随时以笑脸相迎客人，因为微笑是诚意最好的象征。包括：

E—即精通业务上的工作；

R—即对顾客态度亲切友善；

V—将每位顾客都视为特殊和重要的人物，顾客是我们的老板；

I —即要邀请每一位顾客下次再度光临；

C—要为顾客营造一个温馨的服务环境；

E—行销人员用眼神表达对顾客的关心。

速度（speed），是指不让顾客久等，而能迅速地接待、办理。

诚意（sincerity），是指以具体化的微笑与速度行动来为客人服务。

■案例：星巴克的体验式营销

星巴克的价值主张是：星巴克出售的不是咖啡，而是人们对咖啡的独特体验。他们给顾客提供了从感官体验上的享受，情感体验上的放松，思考体验上的刺激，行动体验上的娱乐，关联体验上的归属。例如在感官体验上的享受：

从视觉上，星巴克公司聘请专业的设计师和艺术家为星巴克咖啡在各地建设专门的星巴克咖啡店。他们根据当地的商业氛围为星巴克设计出独特的咖啡店，给消费者以强烈的视觉冲击。

从听觉上，星巴克选择合适的音乐适应顾客的需求。在美国，星巴克甚至买下一家音乐公司专门出版星巴克音乐，以使顾客在咖啡店内得到充分的放松。

从触觉上，星巴克的店内家具等都采用木质材料，给消费者一种温馨、典雅、舒适的感觉，让顾客体会到一种无拘无束的氛围。

从味觉和嗅觉上，星巴克以独创的“星巴克烘焙法”来烘焙咖啡豆，在磨豆以及煮咖啡时会产生一种浓郁而独特的香味来吸引顾客的注意。此外在星巴克内禁止吸烟，禁止员工擦香水，以保证咖啡店内充满自然而又浓郁的咖啡香味。（来源：网络《星巴克的成功之道——体验式营销》）

2. 4S 网络营销组合

该营销组合来源于对电子商务市场（E－Marketing）四种管理要素的辨析：范围、网站、协同、系统。主要被应用于以下几个方面：全新网站设计、现有网站评估/升级、B2C 商业环境下的应用。4S 网络营销组合的实施步骤、流程：范围－战略和目标，网站－架网经验，协同－资源整合，系统－技术应用、技术要求及网站管理。

3. STP 理论

该理论是由菲利普·科特勒在其《营销管理（分析，计划，执行和控制）》（第 9 版）中提出的，S、T、P 分别是市场细分 Segmenting、目标市场选择 Targeting、市场定位 Positioning 三个英文单词的缩写。市场细分是 1956 年美国市场学家温德尔·史密斯提出的，目标市场是杰罗姆·麦卡锡 1960 年提出的，定位理论是 20 世纪 70 年代美国著名营销专家艾·里斯与杰克·特劳特提出的。

STP 理论是指企业在一定的市场细分的基础上，确定自己的目标市场，最后把产品或服务定位在目标市场中的确定位置上。（案例详见细分营销、目标营销、定位营销）

4. STV 营销三角

该营销理论是由菲利普·科特勒与何麻温·卡塔加雅在合著《亚洲重定位：从经济泡沫到持续发展》中提出的营销战略模型。该模型将整个营销体系设计成三个维度：公司战略 S、公司策略 T 和公司价值 V。公司战略由市场细分、目标市场、市场定位三个要素构成；公司策略由差异化、营销组合、销售三个要素构成；公司价值由品牌、服务、流程三元素构成。这些就是 STV 三角营销体系结构的核心九元素。

首先，战略在这里被描述为“赢得消费者记忆份额”，属于战略业务单元（SBU）层次。一是市场细分，即“划分战略”，是企业创造性地以独特视角去看待市场，在把握整个市场状况前提下，对市场范围进行清晰界定的活动过程。二是目标市场选择，即“适应战略”，是综合考虑市场规模，在全面把握企业竞争优势及竞争环境等基础上，优化配置自身资源，选择恰当目标市场的过程。三是市场定位，即“存在战略”，是针对所选目标市场的特点，明确为消费者提供什么，从而使企业及其产品能够驻入消费者记忆的过程。

其次，策略在这里被描述为“赢得市场份额”，属于业务经营层次。一是差异化，即“核心策略”，是整合企业资源，为消费者提供产品和服务的内容、方式以及基础设施的活动。差异化是企业市场定位及其成功的决定性支持因素。二是营销组合，即“创造策略”，是通过实际的市场营销组合模型（4Ps），即通过产品、渠道、价格、促销等手段，在满足消费者需求的内容、方式等方面，实现差异化。三是销售，即“获取策略”，是企业通过提供产品和服务与顾客建立长期关系的过程，目的是获取财务回报。

再次，价值在这里被描述为“赢得情感份额”。一是品牌，即“价值指示器”，是企业提供给顾客的价值的反映。二是服务，即“价值提升器”，产品及服务是企业提升价值的手段。三是过程，即“价值捕获器”，包括供应链管理流程、市场资产管理过程以及新产品研发过程，是为消费者创造价值的路径。

5. SME 持续营销模型

该模型是 2007 年科特勒与其亚洲团队在出版的新著《反思——可持续营销》中从“可持续营销企业”的新视角提出的一个战略营销模型。他认为，“作为一种职能的营销即将消亡，营销必须作为一种战略性的经营理念，营销不只是企业组织的躯体，而是其灵魂”。他提出“市场比营销本身更为重要”的观点，以纠正在《营销管理》中强调 4P 造成的对营销的误解。

SME 是一个经过重新定义的全面的、简易的、有效的模型。包含了持续性、营销和企业等三个子模型，营销模型是核心，持续性模型和企业模型是双翼，起到导航作用。

持续性模型是如何创造持续性以在变化的环境中生存的模型。持续性是企业在变化的市场环境中生存的首要因素，企业在调整或转型过程中必须在组织内进行行政、技术、文化等的变革。行政变革是组织内分配权利的变革，技术变革是如何规划和建设新的经营体系的变革，文化变革是树立共同的价值观和行为模式，并贯彻执行，以支持新的经营体系。

企业模型包括激励、文化、制度等。激励包括理念和目标，理念上公司必须规划“使命”和“愿景”，为组织提供指导作用和“存在的理由”。目标上公司必须确定其经营范围和经营目标。经营范围是使命的具体化，经营目标是愿景的具体化。文化则包括共同价值观和共同行为。制度则是指公司的使命与愿景必须是有完善的组织架构才能形成经营目标，目标的实现情况要能够度量。

营销模型是 SME 模型的核心，包括愿景、体系结构、计分卡等，均是有关如何分析企业愿景，如何设计经营体系，以及如何平衡消费者、雇员、股东之间利益的。愿景包括变革、竞争者、公司，同时考虑顾客，形成 4C 钻石模型。计分卡模型主要是平衡员工、顾客、股东利益，即 PCS 环。体系结构即 STV 战略三角。

六、其他营销组合理论

1. 4A 心灵营销

该营销理论是 JOYLIFE 商业咨询公司 CEO Michael Yu 和临格机构 CEO 全生先生提出的，旨在研究消费者的心灵，试图从消费者心灵的维度解析营销行为的原则，提倡品牌烙印于心的力量，呼吁基业长青的中国品牌做法，主张传播必须紧紧抓牢消费者的心灵。

触动心灵（Arouse）。企业主广告传播策略首先必须触动消费者的心灵，主张满足人心灵的需求应当引导人的心灵上升而不是堕落。

抓住心灵（Apprehension）。抓住品牌在消费者心灵建立起的欲求，给予充分而丰满的理由抓牢消费者的心灵。

充满心灵（Abouding）。品牌不断提供丰富而充满的理由触动、充满消费者的心灵。

覆盖心灵（Adoration）。覆盖心灵的词语是 Adoration ——意思是崇拜、爱慕、喜欢，甚至有敬重的意思。传播必须赋予品牌灵魂，建筑品牌宗教。

品牌宗教是指一个品牌通过制造一种与消费者之间的“亲缘关系”，通过各种手段培育、加强消费者对其的忠诚度，形成消费者做到类似于信徒对宗教的信仰。品牌宗教的四构架：精神载体（SPIRIT）、形象载体（APPEARANCE）、物质载体（SUBSTANCE）、组织载体（ORGANIZATION）。

■案例：安利的“四大基石”

安利营销的四大基石是家庭、自由、奖励、希望。安利对产品质量所带来的健康益处避而不谈，因为在产品同质化越来越严重的健康产业，产品的差异化优势已不明显，安利则用“四大基石”的品牌差异代替了产品的差异。

“家庭”，关爱家人，承担责任，不爱家人就不会爱别人；爱家人、爱别人，才能得到最大的事业支持。

“自由”，你将有足够的时间与家人、朋友团聚，或聊天，或旅游，或做自己有兴趣的事，你将有更多的发展空间，不必再受老板、工作的羁绊。

“奖励”，关爱自己、关爱家人，享受自由，人人都想，可是没经济来源，这一切只是梦想。

“希望”，希望的满足是人类心灵最高的满足。

安利的成功是心灵营销的成功，是品牌宗教化的成功。（来源：网络《4A 心灵营销》）

2. 4F 营销理论

产品给消费者“想要”的感觉（wished feeling）；

价格让消费者有“超值”的感觉（Cost – efficient feeling）；

渠道让消费者有“流行”的感觉（Fashionable feeling）；

促销要让客户有“难得”的感觉（Hard – won feeling）。

实质是如何做好 4P 的措施或要求。

■案例：宿务航空的“雨代码”

香港的季风气候让人头疼，少见晴天，多是阴雨，让人心情持续低落。宿务航空却抓住“下雨”这个场景，吸引大家到阳光明媚的地方旅游。雨代码，即利用防水喷漆在大街上喷二维码广告，平时隐形，一下雨就冒出来诱惑人——下雨太烦人？快扫二维码，来菲律宾跟阳光玩游戏。（来源：网络《宿务航空“雨代码”：下雨才现形的促销广告》）

3. GC 营销理论

GC 是准确选择的英文单词 Good Choice 的缩写。GC 营销的核心思想是企业要时刻进行准确选择，即企业要时刻站在效率的角度，选择开展最直接有效的营销活动，使得运作效率最大化。其核心步骤就是打造企业的好产品、好终端、好顾客和好宣传这四个基础，从而逐步使企业的运转形成一套良性的机制并提高竞争力。

G 代表 Good，主要包含以下几个方面：好产品（Good Product）、好终端（Good Terminal）、好顾客（Good Customer）、好宣传/好广告（Good Adverting）

C 代表 Choice，主要包含以下几个方面：选择产品——产品必须要能为顾客带来利益，即产品对顾客有消费诱惑力；选择终端——选择和建设终端来销售产品，终端必须有助于让顾客和产品进行“沟通”，以提高产品的认知度和形象；选择顾客——顾客必须对产品有较高的付费能力和忠诚度。

■案例：可口可乐的四步走

重返中国的可口可乐采取了四步走的策略：

第一步，委托寄售。从1979年到20世纪80年代初，从香港用火车把可口可乐产品运进内地，采取委托寄售方式，代销者可以无本得利，最初的年销量只有约200吨。

第二步，赠送设备。从1981年起先后向上海、北京等地赠送灌瓶用的生产设备，但条件是必须进口可口可乐公司配方保密的原浆。灌浆量达万吨以上，所用外汇最多年份达100万美元。

第三步，投资办厂。1988年中美合资的上海申美饮料食品有限公司成立，年销量达17万吨。

第四步，扩大社会影响。从20世纪90年代起，可口可乐在中国积极参与各项社会公益、体育活动，扩大影响，提高声誉，成为畅销饮料。（来源：网络《可口可乐在中国的营销广告策略》）

4. IDIC 模式

该模式是行销专家和一对一营销专家唐·佩珀斯（Pepper）与玛莎·罗杰斯（Rogers）提出作为企业进行顾客关系管理的基本参考架构。他们认为有四个阶段至关重要：

识别你的客户（Identify）：要和顾客发生关系得先知道顾客是谁，企业要设法找出和了解顾客，并掌握其基本资料；

对客户进行差异分析（Differentiate）：企业要进一步将顾客依照其对企业的价值加以分析和分类，找出并设法留住有价值的顾客，避免花过多的力气在无价值的顾客上；

与客户保持互动（Interactive）：和顾客互动、对话与交换信息，让顾客乐于和企业互动，就能有效了解顾客的需求、掌握顾客的反应，让对手难越雷池一步；

调整产品或服务以满足每个客户的需要（Customize）：塑造出产品与服务

的独特性，加强顾客对企业的忠诚度。

■案例：太太药业太太口服液

太太药业从太太口服液的“十足女人味”“做女人真好”到静心口服液的“女人更年要静心”都堪称是我国保健品广告的经典之作。之所以能想出贴心的广告创意，是因为太太药业在进行营销活动时是以顾客为中心的。太太口服液在 1993 年上市，当时中国职业妇女正不断增多，太太药业针对这一消费群体注重时尚、注重外表的特点把产品定位为养颜、打造魅力女性这一新鲜诉求，立即吸引了职业女性的视线。1999 年太太药业推出第二种保健产品－静心口服液针，对中年女性的生理特征在广告中强调关怀和理解很好地契合了目标消费群的心理需求，同样取得了极大的成功。（来源：网络有关太太药业太太口服液的文章）

5. 4Is 营销理论

该理论是指清华、北大总裁班授课专家刘东明提出的社会化媒体营销的“趣味、利益、互动和个性化”这四个原则。4Is 营销理论不仅是电商社会化媒体营销的实施理论基础，更是电商营销突围方向，帮助企业强化营销深度。

趣味（interesting）。互联网产品立足点多数集中在“娱乐”上，以充满趣味的文字、图片和视频展现内容。

利益（interests）。利益是指企业要通过话题或活动，不断给社会化媒体粉丝以物质和精神两方面的利益，以吸引粉丝的持续关注、分享。

互动（interaction）。互动是社会化媒体营销的最大特性，企业可以通过平台与目标用户直接对话，及时回复反馈的问题，且能够感知到用户对企业的评价和好感度。这是企业进入用户内心世界的桥梁，也是赢得用户的必经之路。

个性化（individuality）。自营媒体和社会化媒体都具有生命力，是一个鲜活的个体，拥有自己的性格和态度。企业需要将自身的特点和文化，使用个性化的言语，让媒体屹立于群雄之中，摆脱惯用的模式，采用左脑思维，反其道而行之。

■案例：大众汽车的“夜摄会”

2011 年，大众汽车“尚酷”针对喜欢夜生活的潮流一族，精心打造了一款名为“夜摄会”的手机 APP，鼓励网友探索城中有型去处，使用 APP 拍照上传精彩夜生活照片，集齐徽章赢得“尚酷”1 年免费使用权。该 APP 使用了人人网的移动社交组件，网友可以用人人账号登录，并为照片标记地理位置。

活动 2 个月，上传 20 万张照片，人人网公共主页新增 7 万名粉丝，20，000 个销售线索，6000 人参与试驾，售出 200 台“尚酷”新车。（来源：网络《大众/SPARK 有“你”参与的社交营销》）

6. 无线营销 4I 模式

该模式是指在移动互联时代下的一种“精细化”的关系营销，包括了 Individual Identification（个体的识别）、Instant Message（即时信息）、Interactive Communication（互动的沟通）和 I（“我”的个性化），其核心是数据库营销。

Individual Identification（个体的识别），即识别沟通分众对象并与其建立“一对一”的关系。分众的精细化就是个众。“个众”是指目标消费者已经不是抽象的某一个群体了，而是活生生的个体。移动营销就是利用第五媒体的手机与活生生的个体进行“一对一”的沟通。

Instant Message（即时信息），体现出了移动营销的随时性和定时性。手机的便利性使得移动营销可以及时地与目标消费者进行沟通。移动营销的即时性可快速提高市场反应速度。

Interactive Communication（互动的沟通）。互动就是参与。要保持顾客的忠诚度，赢得长期而稳定的市场，就需要“一对一”的无线互动营销，与消费者形成一种互动、互求、互需的关系。

I（“我”的个性化）。个性化就是人性化。4G 时代，人们对于个性化的需求将比以往任何时候都更加强烈。

■案例：“虾米音乐”乐享音乐盛宴

2014 年，虾米音乐与第三季《中国好声音》建立合作关系，推出“好声音特别版”手机客户端（APP）。根据双方协议，作为“好声音”唯一网络音乐试听下载渠道，歌手演唱完之后，音乐将立即在虾米音乐上同步上架。虾米用户不但可以全程试听下载与节目同步的好声音曲目，更可以即时吐槽、分享，参与跟节目形态绑定的有奖活动。选手通过虾米音乐排行榜情况可以再一次回到导师面前，让导师进行选择。此案例获评为“2014 移动营销十大经典案例”。（来源：网络《“虾米音乐”乐享音乐盛宴——点入广告营销案例》）

7. 4Ts 文化营销系统

该营销系统也称惯力营销（Custom Marketing），是胡峻基于对文化经营与企业边界的结合需要，全面提出东方思维下中式营销 4T 观点：传统（tradition）、特性（trait）、气质（temperament）、类型（type）。4T 理论结合品牌文化打造的需求，把企业和消费者双方的价值进行全面的整合重组，重新界定了关于品牌文化的主动传递和受众的无形接纳间的结合要素，使品牌文化的企业运营有了可靠的执行依据。

传统（Tradition）：品牌在确立自己的文化传播机制前，必须首先了解消费者所在地域的传统，建立与当地特殊文化间的关系，确定品牌传播前比较活跃的文化适应性和便利性。这些传统包括消费者的使用习性、消费决策、外界影响、价值评估、信息传递边界等主要的文化习惯。

特性（Trait）：品牌文化的建立需要长期的消费依赖与客户黏性，因此品牌要拥有一个足够维持原传统文化的稳定格局的特性。这类特性允许是提炼于原商业链条中的某一方面也可以是创新的一个新的链条，但是作为加入到商业链条循环中的品牌，必须使文化习性不至于断裂传统并且可以持续继承下去形成历史价值。这一特性可以作为品牌文化的核心竞争力，它可以是技术层面的优势也可以是价值层面的优势。这两种优势均体现了品牌的魅力值和消费吸附能力。消费者通过使用该品牌获得长期的价值认同和物质便利。比如，某些品牌拥有某种传统技术是不可再生的或者品牌具备极为强大的文化个性感染力。

气质（Temperament）：品牌文化经过时间验证和价值的不断积累后，将形成特性的感染力逐步放大并呈现价值定势，即成为传统的一部分。当消费者开始为品牌注入价值的持续共鸣，一个被消费者认定见证的品牌历史就塑造了品牌应该具备的气质感，从而获得消费者持久的垂青并与之一同成长形成精神的载体。

类型（Type）：品牌一旦被接纳为传统的一分子，那么势必形成自己的独特架构和体系，并逐步被消费者所归类，形成稳定的价值认定。因此，品牌应注意自我价值的类型，其核心主张的价值观不可做朝令夕改的变化。

4T营销的关键在于：认识文化作为营销载体的发展规律和在品牌文化建立过程中的循循善诱，并基于这四个评判标准，才具有确定经营对策和确立品牌文化沉淀的可能性。

■案例：百年润发

百年润发，提炼出“植物一派”“草本”等差异化产品诉求。周润发版的百年润发广告，将“文化”与“商业气息”完美融合，“青丝秀发，缘系百年”的动人故事具有浓厚的人文色彩和文化底蕴，令人过目不忘。纳爱斯的新“100年润发”宣传，在传承百年润发的基础上，推出“滋养”这一符合中国社会的传统观念的独特价值主张。刘德华为品牌代言，广告故事延续旧版，以“分离”为主线，刘德华饰演的军人与女友的生离死别，荡气回肠，大气磅礴，感人肺腑。（来源：网络《日化企业品牌文化营销案例》）

8. 4Vs 营销理论

该理论最早是我国台湾学者罗文坤在1994年提出的。2001年6月，中南大学教授吴金明在《中国工业经济》上发表了《新经济时代的4V营销组合》一文，把“4V”营销组合称之为第三代营销模式，是指“差异化”（Variation）、“功能化”（Versatility）、“附加价值”（Value）、“共鸣”（Vibration）的营销组合理论。

差异化（Variation）。顾客是千差万别的，在个性化时代，这种差异更加显著。差异化营销就是企业凭借自身的技术优势和管理优势，生产出性能上、质量上优于市场上现有水平的产品；或是在销售方面，通过有特色的宣传活动、灵活的推销手段、周到的售后服务，在消费者心目中树立起不同一般的良好形象，包括产品差异化、市场差异化和形象差异化。

（案例详见差异营销）

功能化（Versatility）。是指根据消费者消费要求的不同，提供不同功能的系列化产品供给，增加一些功能就变成豪华奢侈品（或高档品），减掉一些功能就变成中、低档消费品。消费者根据自己的习惯与承受能力选择其具有相应功能的产品。

■案例：时尚型和运动型的奥迪 A4 allroad

采用标配的即为奥迪 A4 allroad 时尚型；加装防炫目内后视镜、全液晶仪表盘、倒车影像、自动泊车及在座椅和方向盘等处采用更高级皮质材料进行包裹的是奥迪 A4 allroad 运动型车型，两者价格分别是 42.38 万元和 46.88 万元。

附加价值（Value）。该价值与基本价值构成企业产品价值，是由技术附加、营销或服务附加和企业文化与品牌附加三部分所构成。当代营销新理念的重心在“附加价值化”，即更强调产品的高附加价值。

■案例：卢武铉大米

韩国的卢武铉总统卸任后来到家乡时，看到田野荒芜，很多村民赶去城市打工，觉得很心痛，所以亲自带领村民发展亲环境农业。即在农作物种植时，不使用农药和化肥。首先，放鸭到稻田，它们的排泄物成为现成的有机肥料。收集牛粪、猪粪、狗粪等各种粪便，中间混入木屑、稻米糠等做成固体肥料。同时田里放养鸭、田螺等能防病虫害，鸭子在稻田里走来走去，爪子扒泥土觅食虫子，大虫又吃小虫，田螺则吃小的微生物，如此通过一条天然的生物链，翻松了土质，吃掉了害虫。村庄成立了微生物培育中心，矿物质发酵后的微生物是天然农药，利用广域播撒器，在无风的情况下，可以喷撒到100－150 米远。这些微生物能让害虫吃到后或死亡或抑制活动能力甚至繁殖能力，达到保护庄稼的作用。卢武铉还和乡亲们一起清除了15 吨垃圾，种植了600 多种生物植物，使该村的花浦川湿地成为全国100 个最美丽的河川之一。这一切，使得当地观光农业兴起，年游客量达到80 万人次。（来源：网络《卢武铉大米：韩国生态农业的典范》）

共鸣（Vibration）。企业在经营活动中不仅要创造价值，而且更要关注顾客在购买产品和服务时所倾注的全部成本。只有顾客整体价值达到最大化后，顾客才乐意倾注顾客整体成本的全部，而企业也只有在“价值提供”上达到顾客要求时才能获得顾客整体成本的全部，从而使“利润最大化”，达成供求双方的共鸣。

（案例详见共鸣营销）

9. 三维市场营销

该营销理论是由麦肯锡咨询公司提出的。他们指出：企业、企业所提供的产品与服务以及顾客三者之间除了存在功能利益以外，还存在流程利益及关系利益。而且，大多数顾客既关注功能利益，也关注流程利益和关系利益，但对这三种利益的价值取向分布却又并不完全相同。功能利益、流程利益和关系利益构成了三维市场营销的三个支点，是当代市场营销的三大诀窍。

所谓功能利益是指企业所提供的产品与服务中所包含的基本功能，即能为顾客带来什么样的享受或取代部分劳动并蕴含在产品中的一些东西，比如双频手机、WAP 手机，再比如环保冰箱、节能冰箱、无氟冰箱、变频冰箱等。这些都隐含着产品的某些独特的功能。也就是说，功能利益与产品的品质、性能及各种技术参数有关。

所谓流程利益是指各种使买卖双方的交易变得更为简单、快捷、便利、经济的交易流程和交易措施。它蕴含在交易过程中，比如特约维修、送货上门、个性定制、客户响应、刷卡交费等。它们增加了顾客的自由度，减轻了顾客在交易过程中的各种麻烦或不便利因素，使交易、消费变得更为轻松愉快。

所谓关系利益是指对那些愿意透露自身情况、显示他们购买行为的顾客给予回报，如各种“会员优惠”制、星级客户等，它加强了企业与顾客，尤其是一些长期客户之间的关系，使他们成为一个紧密的利益共同体。

■案例：化妆品三维市场营销的建立

一种中等价格高质量的化妆产品（功能利益），在 INTERNET 的药品和折扣商场中开设了“个人电子顾问”（流程利益），根据电子顾问建立起来的顾客个人购买历史，推出“化妆品俱乐部”连续关系的营销计划（关系利益）。（来源：网络《三维市场营销》）

10. 6W +6O 理论

国外市场营销学家把消费者的购买动机和购买行为概括为 6W 和 6O，从而形成消费者购买行为研究的基本框架。

市场需要什么（What）——有关产品（Objects）是什么。通过分析消费者希望购买什么，为什么需要这种商品而不是需要那种商品，研究企业应如何提供适销对路的产品去满足消费者的需求。

为何购买（Why）——购买目的（Objectives）是什么。通过分析购买动机的形成（生理的、自然的、经济的、社会的、心理因素的共同作用），了解消费者的购买目的，采取相应的市场策略。

购买者是谁（Who）——购买组织（Organizations）是什么。分析购买者是个人、家庭还是集团，购买的产品供谁使用，谁是购买的决策者、执行者、影响者。根据分析，组合相应的产品、渠道、定价和促销。

如何购买（How）——购买组织的作业行为（Operations）是什么。分析购买者对购买方式的不同要求，有针对性地提供不同的营销服务。在消费者市场，分析不同的类型消费者的特点，如经济型购买者对性能和廉价的追求，冲动型购买者对情趣和外观的喜好，手头拮据的购买者要求分期付款，工作繁忙的购买者重视购买方便和送货上门等。

何时购买（When）——购买时机（Occasions）是什么。分析购买者对特定产品的购买时间的要求，把握时机，适时推出产品，如分析自然季节和传统节假日对市场购买的影响程度等。

何处购买（Where）——购买场合（Outlets）是什么。分析购买者对不同产品的购买地点的要求，如消费品种的方便品，顾客一般要求就近购买，而选购品则要求在商业区（地区中心或商业中心）购买，非凡品往往会要求直接到企业或专业商店购买等。

■案例：TRAVELOCgy 网站

美国航空公司（AA）的母公司 AMR，通过 TRAVELOCgy 网站来吸引顾客，游客们可以在网站上很便捷地找到旅行路线、时间，然后自动查找各家航空公司（不仅仅是 AA）的机票情况以及票价。AA 的网站在时间上自动地调整对用户的回应，于是公司的重点更多地放在了客户喜欢的航线上面。不同类型的顾客——高层管理人员、休假游客、寻求廉价商品的消费者、希望削减差旅费或需为雇员提供出差补助的公司，在这里均能得到适合的服务。你花费越多，服务就越个人化。（来源：网络《三维市场营销》）

11. 中国式营销

该营销理论可以从三个方面进行理解：

微观方面理解——营销是如何掌握目标消费者心智的工作，或者说是做目标消费者的思想工作。简单说即：洞悉人性、洞悉人心。

宏观方面理解——营销是中国人的“商道” +美国式的理论框架。

从中国的特色方面理解：中国的哲学+营销工具（包括：4P、4C 等）。

■案例：可口可乐的中国式营销

自从2001 年起，可口可乐开始在中国实施本土化的营销策略。2002 年推出“春联篇”，2003 年推出“剪纸篇”，2004 年推出“滑雪篇”，2005 年则推出“金鸡舞新春”篇。

特别是2005 年，可口可乐以亚洲飞人刘翔为主角，以刘翔回家为主题，把刘翔和阿福、阿娇合理的融汇在一起，传递一个更为深入人心的情怀——回家团圆。

在特色包装上，2002 年春节期间，推出了全新的以阿福为创作元素的贺岁新包装，喜庆的大红色加上中国传统的阿福娃娃的形象，堪称地道中国味，大阿福包装，春节对联、灯笼、福到等极具中国风味卖场 POP。此后的2003 年、2004 年，可口可乐均推出具有浓郁中国民俗特色的产品如以中国12 生肖为设计元素的易拉罐新包装等。

在产品组合上，可口可乐连续数年在春节期间推广其2L 及2. 25L 等符合节日家庭消费的特大容量包装；在产品口味的组合上，将可口可乐与雪碧、芬达进行捆绑销售，满足家庭不同人群、不同口味的需求。

在销售情境营造上，春节对联、灯笼、福到等极具中国风味的装饰充斥卖场。2005 年春节，更是在上海、北京等地的著名商业街用3 万多个易拉罐搭建而成11 米高的吉祥金鸡造景，创下了可口可乐新春造景中国之最。（来源：网络《地道中国味可口可乐的春节营销》）

12. 七步营销论

七步营销体系强调整体运营的系统性、秩序性和连贯性。它主张把产品营销的每一阶段的相互关系和执行细节准确、清晰地阐述出来，然后严格按步骤实行运作。这是产品营销成功与否的基本保证。

七步营销体系把产品的整体运作分成七个阶段，每一阶段主题间的相互关系不仅是单向流通的，同时也是相互融合的。这七个阶段既是单向流通的过程，又是相互融合的连接形式，从而形成一个密切交织的网络，相互支持、互为补充，形成产品流通的无限循环性。

概念，即是产品的卖点，也就是消费者购买产品的理由。

定位，即是为产品建立个性特征——“它是什么样的产品、卖给什么样的人、作什么用途、价格多少、在什么地方卖……”定位包括产品定位、价格定位、渠道定位。

创意，即是将“产品定位”以独特的方式进行表现的思维和形式。“创意”是满足人们个性化需求的手段，它通过个性化的思维将产品塑造成不同形态、然后以个性化的方式进行传播，从内心影响着消费者对于产品的认识和选择。

包装，其不仅指的是为产品披上件外衣，而是指在与消费者接触的各类场合，把产品的个性特征以各种载体形式进行塑造和推广的行为。

推广，即将产品和品牌信息告诉经销商、消费者的行为。第一是推广的内容，即我们要告诉消费者什么；第二是推广的媒体，也就是我们通过什么渠道传递我们要告诉消费者的信息。推广包括品牌推广、产品推广、促销推广。

体验，即是让消费者在特定的场合感受产品特点的行为。

交易，即是产品的销售，是消费者付钱购买产品的行为，是产品的价值最终得以体现的行为。

■案例：乐视 TV

2013 年 5 月 7 日，乐视 TV 推出第一个互联网公司打造的智能电视品牌超级电视，依托对“平台 + 内容 + 终端 + 应用”的乐视生态的垂直整合，超级电视完成了智能电视从“看”到“玩”的转变，为用户打造了互联网时代的极致大屏体验，引领了一场客厅革命。超级电视 X60、S40、S50 先后夺得各自尺寸段的销量冠军，成为家电市场的新宠，并且不断创造销量奇迹，超越了海信、康佳、TCL 等国产家电品牌，也把三星、索尼等“洋品牌”甩在身后。（来源：网络《乐视 TV 获得 <新营销>“创新营销案例”大奖》）

第三篇　各个历史时期其他重要营销理论

各个历史时期除有不同的营销观念和不同的营销组合外，还有很多具有重要影响的营销理论。这里以偏概全的介绍一些。

一、20世纪50年代及以前

1. 市场调查

市场调查就是指运用科学的方法，有目的有系统地搜集、记录、整理有关市场营销信息和资料，分析市场情况，了解市场的现状及其发展趋势，为市场预测和营销决策提供客观的、正确的资料。

其内容包括市场环境调查、市场状况调查、销售可能性调查，还可对消费者及消费需求、企业产品、产品价格、影响销售的社会和自然因素、销售渠道等开展调查。

1911年，美国科蒂斯出版公司率先成立市场研究部，其主要研究汽车销售。

1923年，美国人A·C·尼尔森创建了专业市场调查公司，其研究食品店和杂货店的货架，以计算货物的流动情况，以此来估计整个市场的销售规模和各个品牌或公司的市场占有份额。1936年，A·C·尼尔森在麻省理工学院试验采用一种被称为“收听测量仪”的机械测量装置来进行广播收听率调查。这一方法一直沿用至今。他的“每千元成本”概念影响着与广告相关的媒介实施计划、促销计划、分销模式、招待和活动制作的决策工作。

现在的尼尔森市场调查公司是2000年被荷兰VNU购并后于2007年改名而来。该公司目前在全球156个国家开展业务，在世界品牌实验室（World Brand Lab）编制的2006年度《世界品牌500强》排行榜中名列第二百七十五位。

1986年6月30日，科特勒提出在大营销的6Ps之外，还要加上战略4P，即探查或研究（Probing）、分割（Partitioning）、优先（Prioritizing）、定位（Positioning）。

Probing（探查或研究）是一个医学用语，本意是指医生对病人进行深入细致的彻底的检查。在营销学上，Probing 实际上就是市场营销调研（MarketingResearch），其含义是在市场营销观念的指导下，以满足消费者需求为中心，用科学的方法，系统地收集、记录、整理与分析有关市场营销的情报资料，比如市场由哪些人组成，市场是如何细分的，都需要些什么，竞争对手是谁以及怎样才能使竞争更有效等，从而提出解决问题的建议，确保营销活动顺利地进行。市场营销调研是市场营销的出发点。“真正的市场营销人员所采取的第一个步骤，总是要进行市场营销调研”。

应该说，所有的营销活动都是在市场调查基础上进行的，即使在生产观念时期，也都需要做一些市场调查。市场调查是营销活动的基础。

■案例：吉列女用“刮毛刀”

1973 年，吉列在市场调查中发现，美国 8360 万 30 岁以上的妇女中，大约有 6490 万人为了保持自身美好的形象，要定期刮除腿毛和腋毛。在这些妇女中，除约有 4000 多万人使用电动刮胡刀和脱毛剂外，有 2000 多万人主要是通过购买各种男用刮胡刀来美化自身形象，一年的费用高达 7500 万美元。这是一笔很大的开销，丝毫不亚于女性在其他化妆品上的支出。根据市场调查结果，吉利公司在 1974 年推出了针对女性特点的雏菊牌刮毛刀，结果一炮打响，畅销全美国。（来源：网络《女性刮毛刀风靡全美》）

2. 产品生命周期理论

产品生命周期（product life cycle），简称 PLC，是产品的市场寿命，即一种新产品从开始进入市场到被市场淘汰的整个过程。

20 世纪 50 年代，乔尔·迪安在他的关于有效定价政策的讨论中采用了“产品生命周期”的概念。他阐述了市场开拓期、市场扩展期和成熟期等阶段，是对产品从进入市场到被市场淘汰退出市场的全部运动过程的理论分析。

1965 年，西奥多·莱维特在发表于《哈佛管理评论》上的《利用产品生命周期》一文中对这一概念给予了高度的肯定。

1966 年，美国哈佛大学教授雷蒙德·弗农（Raymond Vernon）在其《产品周期中的国际投资与国际贸易》一文中首次提出产品生命周期理论。弗农认为：产品生命是指市场上的营销生命，产品和人的生命一样，要经历形成、成长、成熟、衰退这样的周期。就产品而言，也就是要经历一个开发、引进、成长、成熟、衰退的阶段。而这个周期在不同的技术水平的国家里，发生的时间和过程是不一样的，期间存在一个较大的差距和时差。正是这一时差，表现为不同国家在技术上的差距。它反映了同一产品在不同国家市场上的竞争地位的差异，从而决定了国际贸易和国际投资的变化。

为了便于区分，弗农把这些国家依次分成创新国（一般为最发达国家）、一般发达国家、发展中国家。

20 世纪 90 年代，产品生命周期又被赋予了满足可持续发展要求的产品研制开发新模式的内涵。从此，产品生命周期是一个多义的理论概念。

■案例：诺基亚手机——曾经的最爱

从 1996 年开始，诺基亚手机连续 15 年占据手机市场份额第一的位置，2009 年发货量约 4.318 亿部，2010 年第二季度，在移动终端市场的份额约为 35.0%，领先当时三星和摩托罗拉的市场占有率 20.6%、8.6%。2013 年 9 月 3 日上午，微软宣布将以约 71.7 亿美元收购诺基亚手机业务，以及大批专利组合。（来源：网络《诺基亚》）

3. 品牌形象

品牌形象是消费者对传播过程中所接收到的所有关于品牌的信息进行个人选择与加工之后留存于头脑中的有关该品牌的印象和联想的总和。

20 世纪 50 年代，西德尼·莱维提出了“品牌形象”的概念。这个概念演绎了企业广告投入的价值与理由，尤其为广告人员、公关人员所偏爱，也得到著名学者戴维·奥吉尔维的赞赏和大力推广，随后更是因为广告大师现代广告教皇奥美广告公司创始人大卫·奥格威的发扬光大，使品牌营销逐渐成为当今营销界具有深远影响的营销流派。

1955 年，广告大师奥格威在美国广告代理协会的一次讲话中就指出：“速卖、强卖的广告形式已经成为过去，广告应该是为了构建品牌形象而进行的长期投资。”

■案例：万宝路的品牌定位

1854 年起家，1908 年注册登记，1919 年成立公司，1924 年定位为女性香烟的万宝路，一直默默无闻。

1954 年重新包装后的“万宝路人”，是一个目光深邃、皮肤粗糙、粗犷豪放的西部牛仔：袖管高高卷起，袒露出多毛的手臂，指间夹着一支烟雾缭绕的万宝路香烟，胯下骑着一匹威猛的高头大马驰骋在辽阔的美国西部大草原。万宝路自此开启了香烟霸主的地位，到 2012 年，其品牌价值位列全球第 7 位。全球平均每分钟消费的万宝路香烟有 100 万支之多。

万宝路在人们心目中树立起“哪里有男子汉，哪儿就有万宝路”的品牌形象，那纵横驰骋、自由自在的西部牛仔代表了在美国开拓事业中不屈不挠的男子汉精神。(来源：网络有关万宝路香烟品牌的文章)

4. USP 理论

20 世纪 50 年代，美国达彼思广告公司董事长 R · 雷斯罗瑟 · 里夫斯（Rosser Reeves）提出 USP 理论，要求向消费者说一个“独特的销售主张”（Unique Selling Proposition），简称 USP 理论。

雷斯第一本也是最重要的著作是《实效的广告——USP》（Reality in Advertising)，该书于 1960 年写出作为公司的训练教材，1961 年正式出版发行，立即成为畅销书。

USP 理论（unique selling proposition）独特消费主张包括以下四个方面：

（1）强调产品具体的特殊功效和利益——每一个广告都必须对消费者有一个销售的主张；

（2）这种特殊性是竞争对手无法提出的——这一项主张必须是竞争对手无法也不能提出的，必须是具有独特性的；

（3）有强劲的销售力——这一项主张必须很强，并足以影响成百万的社会公众。

（4）20 世纪 90 年代，达彼斯广告公司将 USP 定义为：USP 的创造力在于揭示一个品牌的精髓，并通过强有力的、有说服力的证实它的独特性，使之所向披靡，势不可挡。

USP 理论的三个特点：

第一，必须包含特定的商品效用，即每个广告都要对消费者提出一个说辞，给予消费者一个明确的利益承诺。

第二，必须是唯一的、独特的，是其他同类竞争产品不具有或没有宣传过的说辞。

第三，必须有利于促进销售，即这一说辞一定要强有力，能招来数以百万计的大众。

■案例：舒肤佳——后来者居上称雄香皂市场

1992 年 3 月，“舒肤佳”进入中国市场，利用几年时间把“力士”从香皂霸主的宝座上拉了下来。根据 2001 年的数据，舒肤佳市场占有率达 41.95%，比位居第二的力士高出 14 个百分点。

舒肤佳的成功自然有很多因素，但关键的一点在于它找到了一个新颖而准确的“除菌”概念。舒肤佳进入中国后，就开始了对中国人长达十几年的“教育工作”，要中国人把手真正洗干净——看得见的污渍洗掉了，看不见的细菌你洗掉了吗？在舒肤佳的营销传播中，以“除菌”为轴心概念，诉求“有效除菌护全家”，并在广告中通过踢球、挤车、扛煤气罐等场景告诉大家，生活中会感染很多细菌，用放大镜下的细菌“吓你一跳”。然后，舒肤佳再通过“内含抗菌成分‘迪保肤’”之理性诉求和实验来证明舒肤佳可以让你把手洗“干净”。另外，舒肤佳还通过“中华医学会验证”增强了品牌信任度。（来源：网络《舒肤佳——后来者居上称雄香皂市场》）

5. **市场细分**（Market Segmentation）

市场细分概念是美国市场学家温德尔·史密斯（WendellR. Smith）于 1956 年提出来的。

市场细分（market segmentation）是指营销者通过市场调研，依据消费者的需要和欲望、购买行为和购买习惯等方面的差异，把某一产品的市场整体划分为若干消费者群的市场分类过程。每一个消费者群就是一个细分市场，每一个细分市场都是具有类似需求倾向的消费者构成的群体。

市场细分的要素有地理、人口、心理、行为、受益等。

■案例 1：地理要素细分——麦当劳卖鸡

在全世界从来只卖牛肉产品的麦当劳进入中国以后改变了原来的策略，推出了鸡肉产品。正是这一针对地理要素所做的改变，加快了麦当劳在中国市场的发展步伐。

■案例 2：人口要素细分——麦当劳叔叔俱乐部

麦当劳以孩子为中心，把孩子作为主要消费者，十分注重培养他们的消费忠诚度。在餐厅用餐的小朋友，经常会意外获得印有麦当劳标志的气球、折纸等小礼物。在中国，还有麦当劳叔叔俱乐部，参加者为 3 ~ 12 岁的小朋友，定期开展活动，让小朋友更加喜爱麦当劳。

■案例 3：心理要素细分——59 秒快速服务

麦当劳针对方便型市场，提出“59 秒快速服务”，即从顾客开始点餐到拿着食品离开柜台标准时间为 59 秒，不得超过一分钟。

针对休闲型市场，麦当劳对餐厅店堂布置非常讲究，尽量做到让顾客觉得舒适自由。麦当劳努力使顾客把麦当劳作为一个具有独特文化的休闲好去处，以吸引休闲型市场的消费者群。（以上三个案例来源：网络《市场细分》）

■案例 4：行为要素细分

全聚德将顾客分为多血质 - 活泼型、黏液质 - 安静型、胆汁质 - 兴奋型、抑郁质 - 敏感型等四类，针对不同类型顾客采取不同的服务措施。如对多血质 - 活泼型顾客的服务对策：服务员在可能的情况下，要主动同这一类型的消费者交谈，但不应有过多重复，否则他们会不耐烦。要多向他们提供新菜信息，但要让他们进行主动选择，遇到他们要求退菜情况，应尽量满足他们的要求。（来源：网络《顾客细分》）

■案例 5：受益要素细分——海尔进军海外市场

海尔小冰箱进入传统需要大冰箱的美国市场时，主攻美国学生群体，取得了成功。

海尔洗衣机进军日本市场时，推出小型的适合单身白领使用的洗衣机。

海尔的“定制冰箱”服务，消费者可以根据自己的喜好选择“金王子”的外观，“大王子”的容积，“欧洲型”的内置，“美国型”的线条等来订制冰箱。（来源：网络《市场细分》）

6. 目标市场

著名的市场营销学者麦卡锡提出了应当把消费者看作一个特定的群体，称为目标市场。即：目标市场就是通过市场细分后，企业准备以相应的产品和服务满足其需要的一个或几个子市场。

菲利普·科特勒指出所谓目标市场，就是指企业在市场细分之后的若干“子市场”中，所运用的企业营销活动之“矢”而瞄准的市场方向之“的”的优选过程。菲利普·科特勒的这个定义实质是目标市场选择。

根据各个细分市场的独特性和公司自身的目标，共有三种目标市场策略可供选择。

无差异市场营销。详见无差异性营销。

密集性市场营销，是指公司将一切市场营销努力集中于一个或少数几个有利的细分市场。

■案例：日本的尿布大王

日本尼西奇起初是一个生产雨衣、尿布、游泳帽、卫生带等多种橡胶制品的小厂，由于订货不足，面临破产。总经理多川博在一个偶然的机会，从一份人口普查表中发现，日本每年约出生250万个婴儿，如果每个婴儿用两条尿布，一年需要500万条。于是，他们决定放弃尿布以外的产品，实行尿布专业化生产。一炮打响后，尼西奇公司又不断研制新材料、开发新品种，不仅垄断了日本尿布市场，还远销世界70多个国家和地区，成为闻名于世的“尿布大王”。（来源：网络《小故事大道理：尿布大王》）

差异性市场营销，也称差异营销、差异化营销、差异性市场战略、差异性市场策略。差异性市场营销是指面对已经细分的市场，企业选择两个或者两个以上的子市场作为市场目标，分别对每个子市场提供针对性的产品和服务以及相应的销售措施。企业根据子市场的特点，分别制定产品策略、价格策略、渠道（分销）策略以及促销策略并予以实施。

■案例：依云矿泉水——原料方面差异化

依云矿泉水是世界上最昂贵的矿泉水，传说每滴依云矿泉水都来自于阿尔卑斯山头的千年积雪，然后经过15年缓慢渗透，由天然过滤和冰川砂层的矿化而最终形成。大自然赋予的绝世脱俗的尊贵，加之成功治愈患病侯爵的传奇故事，依云矿泉水成为纯净、生命和典雅的象征，以10倍于普通瓶装水的奢侈价格来销售。

■案例：Swatch 手表设计方面差异化

苹果公司的Swatch手表创新性地定位于时装表，以充满青春活力的城市年轻人为目标市场，以“你的第二块手表”为广告诉求，强调它可以作为配饰搭配不同服装，可以不断换新而在潮流变迁中永不过时。Swatch的设计非常讲究创意，以新奇、有趣、时尚、前卫的一贯风格，赢得“潮流先锋”的美誉。苹果公司不断推出新款手表，并为每一款手表赋予别出心裁的名字，5个月后就停产。

■案例：真功夫快餐——制作工艺方面差异化

真功夫快餐挖掘传统烹饪的精髓，利用高科技手段研制出“电脑程控蒸汽柜”，自此决定将“蒸”的烹饪方法发扬光大。为了形成与美式快餐完全不同的品牌定位，真功夫打出了“坚决不做油炸食品”的大旗，一举击中洋快餐的“烤、炸”工艺对健康不利的软肋。

■案例：安利和雅芳的直销——渠道方面差异化

安利和雅芳的人员直销，与走大卖场、专柜路线的化妆品和保健品形成了差异化。当然这种差异化是否对顾客创造了额外的价值，则仁者见仁，智者见智。

■案例：采乐去屑——功能方面差异化

在以营养、柔顺、去屑为代表的宝洁三剑客潘婷、飘柔、海飞丝几乎垄断了中国洗发水市场的绝对份额情况下，西安杨森生产的“采乐”去头屑特效药，通过治病为突破口，把洗发水当药来卖，“各大药店有售”，“头屑是由头皮上的真菌过度繁殖引起，清除头屑应杀灭真菌；普通洗发只能洗掉头发上的头屑，我们的方法可以杀灭头发上的真菌，使用8次，针对根本”等营销策略，成功地在市场中占有了一席之地。（来源：网络《中国十大经典差异化广告营销案例解析》）

■案例：迪士尼——服务方面差异化

迪士尼公司认为首先应该让员工心情舒畅，然后他们才能为顾客提供优质服务；首先让员工们快乐，然后他们才能将快乐感染给所接待的顾客。别忘了人们来到迪士尼就是为了寻找欢乐，如果对服务不满意，扫兴而归，那还会有什么人再来呢？因此公司注重培训和员工福利，重视构建团队及伙伴关系，以此提高服务水准。

■案例：万宝路——形象方面差异化

万宝路让同质化的香烟与众不同，秘诀就在于为品牌注入了豪迈阳刚的牛仔形象。赋予品牌某种精神和形象，可以满足顾客的某些精神需求，这种精神沟通以实体商品为基点，又脱离于商品实体之外，为顾客创造了附加的心理价值，可以建立与顾客之间更加牢固、更加密切的情感联系。

（本条未注明出处的案例来源：网络《差异化营销的经典营销案例》）

7. 营销审计

1959年，哥伦比亚大学的艾贝·肖克曼提出了“营销审计”的概念。他认为，众多的公司被关在生产产品或推销导向的圈子里，不知如何去寻找公司的发展机会和途径；许多公司濒临倒闭，或正在走向死亡却浑然不觉。公司应该定期进行营销审计，以检查它的战略、结构和制度是否与它们最佳的市场机会相吻合。

此后，菲利普·科特勒在《营销管理——分析、计划和控制》中进一步对营销审计进行了界定，指出“营销审计是对一个公司或一个业务单位的营销环境、目标、战略和活动所做的全面的、系统的、独立的和定期的检查。其目的在于决定问题的范围和机会，提出行动计划，以提高公司的营销业绩。”他详尽归纳了营销审计的六大组成部分：营销环境审计、营销战略审计、营销组织审计、营销制度审计、营销效率审计及营销功能审计的具体内容。

■案例：通用公司内部审计的相关规定

GE 为其公司审计部门规定的工作目标：超越账本、深入业务。

在审计工作中，审计人员首先从查账入手，但决不止步于单纯查账，而是花费更多的时间和精力去研究可能有问题的业务，包括业务流程和有关策略、措施，意在从中发现经营效果、公司内部资源的开发利用、产品质量和服务等各个方面有无可以改进之处。他们对于风险大、一般利益也大的方面尤其注意。因为人们习惯于在风险面前明哲保身，往往出现低效率、浪费、不求进取等种种弊端。而这些领域又恰好是审计人员应当关注的重点。

为了实现审计目标，他们可以做他们认为需要做的任何工作，目的只有一个：找出问题的解决方案。

即便找到了解决办法，事情也远未结束。实施方案的具体建议一般由审计小组提出，而且他们总是要把新方案变成一种日常工作，具体落实后才肯罢手，以便在他们离开后能够把新方案坚持下去。（来源：网络《通用公司内部审计成功案例分析》）

8. 营销管理的诞生

20 世纪 50 年代，一些市场营销研究者正式把营销从经济学研究转入管理学研究，使营销从经济学母体中分离出来，成为今天指导企业最有用的科学之一。其中，霍华德是一个具有影响的人物。在其著作《营销管理：分析与决策》一书中，他用管理学观点研究了营销的应用性。该书的四个特点是，第一，以管理决策为导向；第二，运用了分析方法；第三，具备企业营销经验；第四，融合了经济学、心理学、社会学与行为科学的分析手法。管理是如此凝重，以至书中“营销”一词几乎总是与“管理”一起使用。他说：“营销管理是公司管理的一个部分，它涉及销售更广的领域。”事实上，霍华德的著作标志着营销管理时代的来临。

营销管理是指为了实现企业或组织目标，建立和保持与目标市场之间的互利的交换关系，而对设计项目的分析、规划、实施和控制。营销管理的实质，是需求管理，即对需求的水平、时机和性质进行有效的管理。

■案例：耐克的“耐克数码运动”（Nike Digital Sport）

耐克公司于2010年新设立了“耐克数码运动”部门。该部门的目标是研发各种设备和技术，帮助用户在参加体育运动的时候监测个人相关的统计数据。最广为人知的产品是Nike+跑步传感器。这款与苹果公司联合研发的产品可以监测慢跑者在运动中的表现，一面市就受到热捧。现在，共有500万人借助这个工具查看自己的运动状态。上个月，“数码运动”部推出了首款重量级后续产品——监测能量输出“燃料腕带”（FuelBand）。

同时，“数码运动”部有望利用消费者数据追踪消费者，创建在线社区，从而与消费者建立前所未有的牢固关系。耐克制定了庞大的计划，准备将其大部分营销活动转向数字领域，而这就是其中的一部分。这是耐克成立以后所迎来的最重大的转变。（来源：网络《耐克解密新营销策略 调整模式大胆行动》）

二、20世纪60年代

1. 营销短视症

《营销短视症》是西奥多·莱维特撰写于50年代末的一篇文章。它最初刊登于1960年《哈佛商业评论》，一经发表即大获成功，1000多家公司索要了35000份重印版。40年来，《哈佛商业评论》总共已售出850000多份。这是《哈佛商业评论》历史上最为畅销的文章之一。

在《营销短视症》这篇营销学经典文章中，莱维特提出了一个使他声名远扬的观点：由于大多数企业过于偏重制造与销售产品，使营销成了“后娘养的孩子”。这就是“营销短视症”，强调的是从卖方需求着眼的销售，忽视了从顾客需求着眼的营销。现代营销学的核心理念就是两句话：一是要强调营销，而不是销售。二是营销要从顾客出发，而不是从产品出发。

西奥多·莱维特是现代营销学的奠基人之一，是市场营销领域里程碑式的偶像人物，他曾经担任《哈佛商业评论》的主编。

营销短视症是指企事业管理者，对于企业生产的产品和技术盲目乐观与自信，认为只要产品质量好、性能优越，就一定会有市场；将产业等同于某一种具体的产品，对于产业发展所面临的替代品和潜在竞争者的威胁浑然不觉；忽视顾客的需求及其变化，一味执迷于现有产品的改进，忽视产品的创新和企业的变革。这就是营销短视症。

■案例：铁路停止增长

西奥多·莱维特说，铁路停止增长，不是因为客运和货物运输的需求萎缩了，需求仍在增长。铁路陷入今天的困境，不是因为需求被其他工具（轿车、卡车、飞机甚至电话）满足了，而是因为铁路自己没能满足这些需求。铁路公司的管理者任由其他交通工具夺走他们的客户，因为他们认为自己做的是铁路生意而不是运输生意。他们之所以错误定义了自己的行业，是因为他们以铁路为导向，而没有以运输为导向；以产品为导向（product - oriented），而没有以客户为导向（customer - oriented）。（来源：西奥多·莱维特《营销短视症》）

2. 价值观与生活方式营销

1963年，威廉·莱泽将“价值观”与“生活形态”这样一个社会学所应用的概念引入到了营销学领域。由于这一概念比社会阶层更为生动地揭示了人们的消费方式，他告诉企业某种生活方式下人的购买行为是什么，他们会选择什么样的品牌，从而以此推导其购买与消费行动。而生活方式又是可从其媒体习惯、休闲活动、对社会政治影视作品态度等中间反映出来。企业越来越多地按照以某一特定生活方式生活的群体的需要来设计产品。

价值观营销就是针对目标顾客去营销企业或品牌价值观的过程。价值观营销是企业传播品牌价值观和顾客认同品牌价值观的双重过程，二者的完美结合就是成功的价值观营销。

■案例：价值观营销——苹果公司的“愿者上钩”

“认同我价值的人，就是我的消费者，请跟着我走。”苹果在用精神和价值观来号召和统领消费者，超越了纯粹的产品层面。在苹果面前，消费者不再是上帝，产品站在最高点上，拥有它的人主动和苹果站在一起。

苹果无论是产品、销售方式，还是精神领袖乔布斯，都在传达一个价值信号，强势、高傲、与众不同。它不再将目标人群分成不同的年龄、不同阶层，去分析其性格特点、消费特性，而是将这一切搅浑，只分为追求生活品质、个性展示的张扬派，和追求功能性价比的务实者，并为前者提供最大的价值支持。这些人最希望通过炫耀自己的爱机获得更多的价值肯定。苹果产品就是苹果价值观的载体，即使抹去那个著名的LOGO，人们也能一眼看出那是苹果。拥有苹果的人愿意和它一起特立独行。（来源：网络《苹果：姜太公钓鱼，愿者上钩》）

生活形态营销是指企业通过对消费者心理、价值观、消费行为、视听接触的了解，让一群有着相同的支配时间和金钱模式的同质消费者产生一种感同身受相融合的认知并获得消费者自发性认同，创造出真正让消费者感动的商品的一种营销方式。

■案例：生活形态营销——农家乐的兴起

农家乐是20世纪80年代兴起的一种新型旅游形式，是随着人们物质文化生活水平的不断提高和返璞归真回归大自然的诉求下应运而生的。它是以农业、农村、农事为载体，主要利用庭院、鱼塘、果园、农场等场地，在一些城郊和旅游景点的周边逐渐发展起来的，以展示民族风情和民俗农事为特色，以“吃农家饭、住农家屋、干农家活、享农家乐”为主要内容，为游客提供集游览、体验、娱乐等功能为一体的旅游活动。（来源：网络有关农家乐的文章）

3. 大卫·奥格威的广告理论

举世闻名的“广告教父”，又称广告教皇——大卫·奥格威，1948年与人一起创建了Hewitt Ogilvy，Benson & Mather，奥美广告（Ogilvy & Mather）的前身。

1963年，奥格威出版了他的第一本著作《一个广告人的自白》，销售量超过100万册，共被译为14种文字，畅销全球，成为欧美广告专业学生的必读书。后来，他又发表《血，思想与啤酒》和《奥格威谈广告》，两本书对现代广告业的影响同样深远。

经典的名言：

“做广告是为了销售产品，否则就不是做广告。”

“不要设计那些你甚至不愿你的家人看到的广告。”

“广告业需要注入大量的天才，而天才极有可能在不循规蹈矩者、特立独行者与反叛不羁者中产生。”

“最重要的决定是如何定位你的产品。”

“我们认为，每一个品牌都是一个产品，但不是所有的产品都是品牌。”

“除非你的广告建立在伟大的创意之上，否则它就像夜航的船，不为人所注意。”

“我欣赏那些亲切待人的彬彬有礼之士。”

“如果你发现一个比你优秀的人——雇请他，给予他重金，如果需要，甚至可以超过你自己的薪酬。”

“顾客不是白痴，她是你的妻子。”

“鼓励创新。变革是我们的生命源泉；停滞是为我们鸣响的丧钟。”

奥格威留下了最后的愿望和宝贵的经验：

创作成功的广告是一门手艺，一部分靠灵感，但是基本上是靠知识和勤奋。如果你具备一定的天赋，而且知道什么技术对收银机有作用，那你就能长久地干下去。

去逗人乐而不是去销售的诱惑，是一种接触传染疾病。

一个广告和另外一个广告之间的差异是用销售力的尺度来衡量的，它可以是 19 ：1。

在你动手写你的广告之前，先研究产品是值得的。

成功的关键在于允诺给消费者好处——诸如更好的味道、清洗得更白、每一加仑可以多跑些路、肤色更好等。

绝大多数广告的职责不是劝说人们来试用你的产品，而是劝说他们在日常生活中比使用其他品牌产品更多地使用你的产品。

在一个国家里有效的方法，几乎总在其他国家也有效。

杂志编辑是比干广告的人更好的传播人员。拷贝他们的技术。

大部分广告方案都太复杂。它们反映了太多目标，而且试图迎和太多的客户主管的不同的看法。企图涵盖太多的东西，就什么事也成不了。这样的广告看上去就像是一个委员会的会议记录。

不要让男人写妇女们购买的产品的广告。

好广告可以使用多年而不会丧失销售力。

奥格威认为“标题代表着为一则广告所花费用的80%”。他最喜欢的标题——①治疗脱发的羊毛脂广告：你见过不长毛的羊吗？②痔疮药广告：给我们寄钱来，我们给您治痔疮；要不就留着您的钱，也留着您的痔疮。

■案例：奥格威的经典创意

劳斯莱斯汽车——在时速六十英里时，这辆新款劳斯莱斯汽车上的最大噪声来自它的电子钟。

多芬香皂——多芬香皂不但能深层清洁皮肤，同时它对皮肤还有保护和润泽作用，洗澡特别舒服。

“戴黑色眼罩的男人”。奥格威用一个戴眼罩的男士穿着海撒威衬衫，表示衣服与众不同，个性独特。以最快的速度最低的广告预算，让默默无闻了116年的海撒威制衣厂一夜走红。（来源：网络《大卫·奥格威》）

4. 买方行为理论

该理论也叫消费者行为理论或效用理论。它研究消费者如何在各种商品和劳务之间分配他们的收入，以达到满足程度的最大化。

1967年，约翰·霍华德和杰迪逊·西斯提出了精湛的“买方行为理论”。约翰打算为他们合写的文章取名《买方行为通论》，而杰迪逊则想采用《买方行为初探》的标题，最后他们达成了协议，标题定为《买方行为理论》。后来当他们在1969年将此文扩写为一本书，标题就定为《买方行为理论》。

买方行为理论系统地分析了影响消费者购买行为的四大因素和决策过程，认为消费者购买物品是为了效用最大化，而且物品的效用越大，消费者愿意支付的价格越高。在购买消费达到一定数量后因效用递减就会停止下来。

《买方行为理论》是运用行为学理论研究消费购买行为的学术成果。从此，需求理论与购买行为作为理论基础，营销方法和策略研究具有更明确的针对性。企业在决定生产什么时首先要考虑商品能给消费者带来多大效用。同时，消费时尚也受广告的影响。所以说，企业行为从广告开始。消费者连续消费一种产品的边际效用是递减的。企业要进行创新，生产不同的产品满足消费者需求，减少和阻碍边际效用递减。

■案例："海雷夫"牌啤酒的再定位

20世纪60年代末，美国啤酒业排名第八的米勒啤酒公司通过调查发现，啤酒饮用者有轻度饮用者和重度饮用者，而前者人数虽多，但饮用量却只有后者的1/8。他们还发现，重度饮用者多是蓝领阶层，每天看电视3个小时以上，爱好体育运动。

米勒公司决定把目标市场定在重度饮用者身上，对米勒的"海雷夫"牌啤酒进行重新定位。他们首先在电视台特约了一个"米勒天地"的栏目，广告主题变成了"你有多少时间，我们就有多少啤酒"，以吸引那些"啤酒坛子"。广告画面中出现的尽是些激动人心的场面：船员们神情专注地在迷雾中驾驶轮船，年轻人骑着摩托冲下陡坡，钻井工人奋力止住井喷等。

结果，到了1978年，这个牌子的啤酒年销售达2000万箱，仅次于AB公司的百威啤酒，在美国名列第二。（来源：网络《美国米勒酿酒公司》）

三、20世纪70年代

1. 宏观营销（宏观市场营销）

消费者权益保护主义和环境保护主义兴起，促使营销学者关注营销活动的宏观效果，"宏观营销"被提上议事日程。尤金·麦卡锡在其《基础市场营销学》中就区分了宏观市场营销与微观市场营销，格拉绍和凯尔曼的《宏观市场营销导论》（1973）探讨了宏观市场营销系统与微观市场营销系统的整合，里德·梅耶、迈克尔·赫特的《宏观市场营销学》（1978）则集中研究了宏观市场营销学的诸多问题，提出宏观市场营销的焦点是社会福利。

宏观市场营销是把市场营销活动与社会联系起来，着重阐述市场营销与满足社会需要、提高社会经济福利的关系。它是一种重要的社会过程。宏观市场营销的存在是由于社会化大生产及商品经济社会要求某种宏观市场营销机构及营销系统来组织整个社会所有的生产者与中间商的活动，组织整个社会的生产与流通，以实现社会总供需的平衡及提高社会的福利。

■**案例：新能源汽车的补助**

中国2010年出台的《私人购买新能源汽车试点财政补助资金管理暂行办法》中第四章补助标准与规模中规定：

第九条　补助标准根据动力电池组能量确定。对满足支持条件的新能源汽车，按3000元/千瓦时给予补助。插电式混合动力乘用车最高补助5万元/辆；纯电动乘用车最高补助6万元/辆。

第十条　财政补助采取退坡机制。试点期内（2010—2012年），每家企业销售的插电式混合动力和纯电动乘用车分别达到5万辆的规模后，中央财政将适当降低补助标准。

第十一条　中央财政根据试点城市私人购买数量和规定的标准给予补助。采用电池租赁方式的企业，补助数量按其服务的新能源汽车数量确定。

2. 微观营销

该营销就是指企业必须研究消费者的特点，根据消费者的需求生产、销售产品和服务，使自己的产品、服务和营销方案与地理、人口、心理和行为因素相适应。

■**案例：特殊功能的精工表**

日本精工表公司开发了一种具有特殊功能的手表，即无论在世界什么地方，手表都能将当地时间转换成穆斯林时间，并能在应当祷告的时刻自动提醒戴手表的人，而且表上的一根“指南针”始终指着麦加的方向！这种手表一经投放市场，立即得到了穆斯林们的青睐，而精工表公司也得到了它应该得到的一切。（来源：网络《环境案例：文化——宗教信仰》）

3. 责任营销（社会责任营销）

1953年，学者Bowen提出了“公司社会责任”的概念。20世纪70年代，杰拉德·蔡尔曼和菲利普·科特勒提出了社会营销概念。1979年Carroll明确提出社会责任包含经济责任、法律和道德责任以及社会公益责任的观点。1989年Kotler专门出版了《Social Marketing》。针对经济竞争的日益激烈，营销过度现象的加剧，学者们重新提起企业的社会责任问题。

社会责任营销就是基于企业社会责任而开展的营销。企业社会责任是指企业在创造利润、对股东承担法律责任的同时，还要承担对员工、消费者、社区和环境的责任。企业的社会责任要求企业必须超越把利润作为唯一目标的传统理念，强调要在生产过程中对人的价值的关注，强调对消费者、对环境、对社会的贡献。

菲利普·科特勒在《正营销——获取竞争优势的新方法》一书中又提出正营销，就是企业通过参加公益活动、慈善活动等履行社会责任的正面活动，来创造利益相关者"共享价值"的"善"价值的营销方式。

■案例：C&S 杂货批发公司的植树抵消二氧化碳排放量

美国最大的食品批发商 C&S 杂货批发公司今年将继续与自然保育基金的"转到零（Go Zero）"项目合作，通过种植树木来抵消公司关键设施的二氧化碳排放量。

C&S 公司通过"转到零"项目监测在商业运作中所产生的二氧化碳量，在 5 个国家野生动物保护区种植能抵消其影响的相应数量的树木。截止到去年，公司已经种植了 4.6 万棵树木，占地面积达到 150 亩。今年计划种植的树木，将用来抵消 2012 年中包括两个企业总部大楼在内的 6 个设施所耗电力和燃烧丙烷所产生的二氧化碳，以及 1600 名员工通勤所产生的排放量。

C&S 公司通过与自然保育基金合作，利用能源监测和数据分析，扩大了公司的回收计划，以及能源投资效率的升级，实现了公司可持续发展战略的一部分。（来源：网络《全球最佳企业社会责任营销创意案例》）

4. 定位理论

1969 年杰克·特劳特首次提出"定位 Positioning"概念，用来表述和定义里斯公司提出的"用一种最简单最清晰的方式"来表述里斯公司的营销哲学。同年，定位理论的第一篇署名文章《定位——同质化时代的竞争之道》在《工业营销》杂志上正式发表。

里斯和特劳特认为，定位要从一个产品开始。那产品可能是一种商品、一项服务、一个机构甚至是一个人，也许就是你自己。但是，定位不是你对产品要做的事。定位是你对预期客户要做的事。换句话说，你要在预期客户的头脑里给产品定位，确保产品在预期客户头脑里占据一个真正有价值的地位。

定位理论的核心："一个中心两个基本点"——以"打造品牌"为中心，以"竞争导向"和"消费者心智"为基本点。

定位是定位理论中最核心、最基础和最早的概念和观点。正是定位这个概念和观点奠定了定位理论的基础，以至于人们把这种视心智为战场、打造品牌就是要在这场心智战争中取得主导地位的理论称为定位理论。

定位理论经典著作：《定位》《商战》《与众不同》《重新定位》《视觉锤》。1963 年，艾·里斯先生在美国纽约成立了里斯公司。

2001 年，"定位理论"击败瑞夫斯的" USP 理论"、奥格威的"品牌形象理论"、科特勒的"营销管理理论"、迈克尔·波特的"竞争价值链理论"，被美国营销学会评选为有史以来对美国营销影响最大的观念。

市场定位是指企业必须在外部市场竞争中界定能被顾客心智接受的定位，回过头来引领内部运营，才能使企业产生的成果（产品和服务）被顾客接受而转化为企业业绩。

定位营销，就是通过发现顾客不同的需求，合理定位，并不断地满足它的过程。

■案例：情侣苹果

元旦，某高校俱乐部前，一老妇守着两筐大苹果叫卖，因为天寒，问者寥寥。

一教授见此情形，与老妇商量几句，然后在附近商店买来节日织花用的红彩带，与老妇一起将苹果两个一扎，接着高叫道："情侣苹果哟！两元一对!"

经过的情侣们甚觉新鲜，用红彩带扎在一起的苹果看起来很有情趣，因而买者甚众。不一会儿，苹果全卖光了，老妇感激不尽，赚得颇丰。（来源：网络《情侣苹果——目标市场定位营销案例》）

5. 战略营销

20 世纪 70 年代早期的经济冲击导致了"战略计划"这一概念。波士顿咨询公司说服客户不要对其所有的业务一视同仁，应该有所选择和侧重，决定哪些业务必须建立，哪些应该保留，或者收获，或者淘汰。他们就销售增长率和市场占有率两个变量基于企业有限资源的有效投入提出了著名的波士顿矩阵（BCG）法（业务经营组合法）。对营销者而言，营销并不仅仅意味着增加销售额。从这一思想中产生了“战略营销”这个概念。它和“战术性营销”的界线现在日趋明朗化。

随后，美国通用电气公司设置了战略营销部门，基于业务力量和行业吸引力两个变量又提出了著名的通用电气矩阵法（多因素投资组合法）。

新的主要论述战略营销的课程和教科书出现。

科特勒提出 10ps。他把已有的 6ps 称为战术性营销组合，新提出的 4P：探查（Probing）、分割（Partitioning）、优先（Prioritizing）、定位（Positioning）称为战略营销。他认为，战略营销计划过程必须先于战术性营销组合的制订，只有在搞好战略营销计划过程的基础上，战术性营销组合的制订才能顺利进行。他指出：“从市场营销角度看，战略的定义是企业为实现某一产品市场上特定目标所采用的竞争方法，而战术则是实施战略所必须研究的课题和采取的行动。”（菲利普·科特勒等著《日本怎样占领美国市场》）

战略营销观念就是用战略管理的思想和方法对市场营销活动进行管理。它较之市场营销观念、社会市场营销观念，思考问题的层次更高，考虑的问题更全面、更系统，理论体系更丰富、更完善。

所谓战略营销，是指以营销战略为主线和核心的营销活动。战略营销观念认为，营销必须提升到战略高度来认识，要用全局的、长远的观点来策划企业的营销活动，因为企业的营销活动的成败决定企业的存亡，所以必须要有一个战略的观念。企业的一切营销活动必须有营销战略指导，保证营销战略的实施。

市场营销战略是企业市场营销部门根据战略规划，在综合考虑外部市场机会及内部资源状况等因素的基础上，确定目标市场，选择相应的市场营销策略组合，并予以有效实施和控制的过程 。

■案例：小白兔牙膏

20 世纪 80 年代初，我国牙膏市场一度供过于求。全国牙膏库存有 7 亿多支，杭州牙膏厂里也积压了 2000 多万支，企业压力很大。

杭州牙膏厂对牙膏市场进行一番细分，发现儿童牙膏市场潜力巨大，当时全国 11 亿人口中有 3 亿多儿童，而儿童患龋齿者十之七八。于是杭州牙膏厂果断决定以儿童为目标市场，他们采用国际防龋齿药剂，配以国际流行草莓香料，迅速推出新一代“小白兔”儿童专用牙膏。他们断然“买”下中央电视台“小喇叭”儿童节目全年广告，大作“小白兔吃萝卜”电视广告，再配以其他多种形式的公关活动。

就这样“小白兔”名声大振，每年销售3000多万支，独占儿童牙膏市场2/3以上的份额，连续7年被大商场推荐为“全国最受欢迎的轻工产品”。（来源：网络《目标市场营销策略经典案例》）

6. 低营销

针对短缺的预言，西德尼·莱维和菲利普·科特勒在1971年提出了“低营销”这一概念。他们认为，在某种环境中，营销经理必须掌握如何有选择地或者全面地减少需求水平的技能，就像他擅长扩大需求一样。他们阐述了如何把不同的营销组合工具用于降低市场需求。

低营销就是对顾客需求饱和度高的设法暂时或永久降低一般顾客或某特定阶层顾客的需求。一般的低营销就是不鼓励需求，它包括两个步骤：提高价格和减少服务。有选择的低营销则采用尽量降低来自盈利较少和服务需要不大的市场的需求量。低营销并不是杜绝需求，而是降低其需求水平。

■案例：提高卷烟税

中国自2015年5月10日起，卷烟批发环节从价税税率由5%提高至11%，并按0.005元/支加征从量税。这是中国继2009年5月之后时隔六年再度调整烟草消费税。有研究人员指出：卷烟消费税如能提高2倍，卷烟零售价格可增加约1倍，而卷烟消费将至少降低30%，同时还会增加国家税收。（来源：网络《中国大幅提高烟草消费税 香烟价格或将上涨》）

四、20世纪80年代

1. 营销战

1981年，雷维·辛格和菲利普·科特勒考证了“营销战”概念以及军事理论在营销战中的应用。几年后，艾·里斯和杰克·特劳特出版了《营销战》。

《营销战》被美国企业界誉为企业营销的《战争论》。它阐述了当今市场营销的战略、计划和战术原则。市场营销就是战争，要想击败对手，只把目标瞄准顾客是不够的。今天的市场营销，其本质并非局限于为顾客服务，而是在与对手的竞争中，如何去防御、进攻、迂回和游击。在这场战争中，敌人就是竞争对手，而顾客就是要占领的阵地。

《营销战》重点阐述了市场营销战役中的四种常用的战略形式，如防御战、进攻战、侧翼战和游击战，针对每一种形式又提出了三条应遵循的原则，以及如何在具体的市场营销战役中应用这些原则等。

艾·里斯和杰克·特劳特租用了一辆军用坦克，沿着纽约第五大街，兜售他们的《营销战》一书。

■案例：可乐大战

1886 年一次完全意外的机遇诞生了可口可乐，1892 年百事可乐诞生，一个多世纪的产品战、价格战、市场战、促销战等等的可乐大战精彩纷呈。

如 2006 年 7 月 5 日，就在全世界的球迷都将目光聚焦在德国的时候，从美国传来一个令人震惊的消息：世界著名饮料巨头可口可乐的“内鬼”，企图将包括其新饮料样品在内的商业机密出卖给其主要竞争对手百事可乐。但幸运的是百事可乐拒绝了这一不正当的交易，并将这一信息及时通报给了可口可乐。世界为两大可乐一片哗然之声。全世界的人把注意力转移到“可乐”上来。(来源：网络《百事与可口可乐的营销战》)

2. 内部营销（员工关系营销）

该营销是与外部营销相对应的概念，是指成功地雇佣、训练和尽可能激励员工很好地从事为顾客服务的工作。

1981 年，瑞典经济学院的克里斯琴·格罗路斯发表了论述“内部营销”概念的论文。他认为，“只有拥有满意的员工才能拥有满意的顾客”，“将雇员当作顾客，将工作当作产品，在满足内部顾客需要的同时实现组织目标”，“通过创造满足雇员需要的工作来吸引、发展、激励和保持高质量的雇员，是将雇员当作顾客的哲学，是一种使工作符合雇员需要的战略”。内部营销的目的是“激励雇员，使其具有顾客导向观念”，强调在企业内部管理活动中使用类营销方法以使员工具有主动的销售意识，从而使得内部营销成为整合企业不同职能部门，促进企业战略有效实施的一种工具。

内部营销实质是对服务营销 7P 中人这一要素的营销。企业对员工更多体现的是管理，这与内部营销是有本质区别的。（案例详见 7P 中的人员案例）

3. 营销文化

菲利普·科特勒在内部营销基础上，进一步提出了“营销化”的理论，指出要使公司营销化，就是要在公司里创造一种营销文化，即培养和训练公司员工以满足顾客需求作为宗旨和准则，并逐步在意识上和行为上产生认同感。

企业营销文化是贯穿于企业整个营销活动过程中的一系列指导思想、文化理念以及与营销理念相适应的规范、制度等的总称。营销文化的精髓是营销理念与其价值观。

营销文化包括宏观营销文化和微观营销文化 。宏观营销文化即企业营销行为的文化环境，是社会生活中涉及宏观营销的所有文化要素，包括社会价值取向、营销法律法规、顾客文化、消费流行风尚等。微观营销文化是微观营销所涉及的所有文化要素，包括营销理念文化、营销行为文化、营销物质文化等。

■案例：肯德基二进香港

1973 年，肯德基高调进入香港。到 1975 年 2 月，首批进入香港的肯德基全军覆没，全部关门停业。

分析其原因，香港评论家认为是鸡的味道和宣传服务上出了问题。如用鱼肉饲养本地鸡，破坏了中国鸡特有的口味；“好味到舔手指”不符合香港居民观念；价格太昂贵；店内不设座位，不符合香港一群人或三三两两买了食品后坐在店内边吃边聊的习惯等。英国市场营销专家史狄尔评价说：“当年家乡鸡进入香港市场，是采用与美国一样的方式。然而，当地的情况，要求它必须修改全球性的战略来适应当地的需求，产品的用途和对产品的接受，受到当地的风土人情影响，食物和饮品类产品的选择亦取决于这一点。当年的鸡类产品不能满足香港人的需求，宣传的概念亦不适当。”

肯德基1985 年再次进入香港后，首先进行市场细分，明确目标市场。其次，革新食品项目。价格上将家乡鸡以较高的议价出售，以免被看成是一种低档快餐食品；其他杂项商品如薯条、沙拉和玉米等采取与周围同类食品有竞争力的价格出售。广告口号改为具有浓厚港味的“甘香鲜美好口味”等。香港才接受了它。（来源：网络关于肯德基二进香港的有关文章）

4. 双枝营销

1983 年，西奥多·莱维特提出了“全球营销”的概念，呼吁多国公司向全世界提供一种统一的产品，并采用统一的沟通手段。他发现，过于强调对各个当地市场的适应性，将导致生产、分销和广告方面规模经济的损失，从而使成本增加。这个概念激起了一场暴风雨式的争论。争论的几年后，有人提出了“当地化营销”的概念。菲利普·科特勒将全球营销与当地化营销并存称之为“双枝营销”。

■案例：可口可乐的双枝营销

可口可乐的广告无论怎样变换主题和口号，来满足不同国家、种族、文化消费者的不同诉求点，始终贯彻一条主线：力图传达一种世界性语言——“A touch of thirst makes the whole world kin”（口渴的感觉成就四海一家）。这一口号是可口可乐全球广告宣传的灵魂。它告诉不同的消费者，一罐可口可乐不只是一罐饮料而已，它还是消费者的朋友。以此来表达一种基本的人类情感——饮情。可口可乐对不同国家、种族、文化的消费者都力图传达这种世界性语言。

同时，可口可乐在不同国家又推出了各具特色的本地化营销。如 2001 年，请中国跳水名将伏明霞、香港红星张柏芝作为代言人开展市场推广活动。2002 年初，又出人意料地将中国传统的“泥娃娃”形象作为自己电视广告片的主题形象予以发布，并推出“泥娃娃阿福”和“十二生肖”新包装。中国男子足球队刚刚才打破历史纪录地冲入了世界杯，可口可乐立刻筹备推出了庆祝中国队打入世界杯的纪念罐。（来源：网络有关可口可乐的文章）

5. 本土化营销（当地化营销或本地化营销）

全球地方化营销是与全球营销相对的一个营销策略。其是指“从全球的角度思考问题，从当地的角度去运作”，即一些跨国经营的企业、公司为了在所在国或所在地区获得最大化的市场利益，充分满足目标市场国的市场需求，适应本地区的文化，利用本地区经营人才和经营组织生产、销售适应特定地域的产品和服务，而实行的一系列生产、经营、决策的总和。简单地说就是企业要想融入目标市场、努力成为目标市场中的一员所采取的一种营销策略。

■案例：肯德基着唐装

2003 年春节，肯德基的山德士上校开始在中国 170 个城市的 800 余家分店统一换上唐装迎接顾客，表现出中国传统的家庭、亲情、友爱和默契。同时三管齐下使产品本土化：第一、对异国风味进行中式改良，如墨西哥鸡肉卷、新奥尔良烤翅和葡式蛋挞等在口味上进行中式改造；第二、推出符合中国消费者饮食习惯的中式快餐，如饭（寒稻香蘑饭），汤（芙蓉蔬菜汤、榨菜肉丝汤），粥（皮蛋瘦肉粥、枸杞南瓜粥等）等；第三、开发具有中国地域特色的新产品，如京味的老北京鸡肉卷，川味的川香辣子鸡，粤味的粤味咕咾肉等。（来源：网络《肯德基入乡随俗欲穿“唐装”（行业焦点）》）

6. 直复营销

该营销又称直接营销，直效营销或数据库营销、无店铺营销、零级渠道营销、直接渠道营销、直销营销、个人化营销。这是一种不通过营销中间人、使用消费者直接渠道进行的送达和交付商品和服务的行为。直销是直接营销的一种模式。

直复营销起源于邮购活动。1498 年，阿尔定出版社的创始人阿尔达斯 · 马努蒂厄斯（Aldus Manutius）在意大利威尼斯出版了第一个印有价目表的目录。这普遍被认为是最早有记载的邮购活动。20 世纪 80 年代以前，直复营销并不为人重视，进入 20 世纪 80 年代后，直复营销得到了飞速的发展。

直接营销类型有购货目录营销、直接邮购营销、电话营销、电视直接营销、电台、杂志、报纸直复营销，电子购物，顾客订货机购物等等。

目录营销是指经营者编制商品目录，并通过一定的途径分发到顾客手中，由此接受订货并发货的销售行为。

电话营销是指经营者通过电话向顾客提供商品与服务信息，顾客再借助电话提出交易要求的营销行为。

电视营销是指营销者购买一定时段的电视时间，播放某些产品的录像，介绍功能，告示价格，从而使顾客产生购买意向并最终达成交易的行为。其实质是电视广告的延伸。

■案例：法航——把会员制带给机票代理

2004 年 12 月，法国航空公司在中国市场创新性地推出了“感谢您与法航一起工作”的俱乐部奖励计划，任何有国际航协（IATA）会员资格且为法航 BSP 授权代理的中国大陆旅行代理公司，年满 18 周岁或以上的员工，都可以成为这一奖励计划的会员。会员因为销售法航的相关产品而获得积分，当积分达到一定程度时便可获得奖励。奖励的具体方式就是会员可以享有法航提供的某些产品和服务。实施后，会员的销售效率提升了两倍。（来源：网络《法航：把会员制带给机票代理》）

7. **价值链营销**

该营销是指企业提供对顾客有价值的产品或服务的一连串“价值创造活动”。顾客从最终产品消费中所得到的价值，是价值链中有机组合的各项活动所创造的价值的有机和。价值链营销通过不断完善、强化企业的内部价值创造系统，以维持持续、高效的价值创造能力，是一种“可持续发展”战略，能使顾客得到更多的不带水分的利益。

哈佛大学商学院教授迈克尔·波特于 1985 年提出了价值链概念。波特认为，“每一个企业都是在设计、生产、销售、发送和辅助其产品的过程中进行种种活动的集合体。所有这些活动可以用一个价值链来表明。”

“消费者心目中的价值由一连串企业内部物质与技术上的具体活动与利润所构成，当你和其他企业竞争时，其实是内部多项活动在进行竞争，而不是某一项活动的竞争。”

价值链有企业内部各业务单元的联系构成的企业内部价值链，上下游关联的企业与企业之间的产业价值链。企业内部价值链包括内部后勤、生产作业、外部后勤、市场和销售、服务等基本活动价值链，采购、技术开发、人力资源管理和企业基础设施等辅助活动价值链。企业基本活动价值链又包括材料供应、产品开发、生产运行的“上游环节”价值链和成品储运、市场营销和售后服务的“下游环节”价值链。

■案例：迪士尼的产业链

迪士尼经营业务包括了电影制作、媒体网络、主题公园、消费产品和互动媒体五大方面，覆盖了动漫产业链中的动画制作、传播、衍生品授权和开发等各个环节。目前迪士尼旗下拥有十多家影视制作发行公司，5 个大型主题公园，以及包括 ABC、ESPN 在内的庞大媒体网络。围绕着核心动画形象进行品牌价值的多轮次开发和利用，迪士尼逐渐形成了以迪士尼品牌为基础，通过多种方式的品牌经营、创新和扩张的对利润的累次迭代相乘，从而实现品牌价值最大化的“利润乘数”模式。（来源：网络《美国动漫产业链分析之迪士尼》）

8. 顾客满意

其是指一个人通过对一个产品的可感知效果与他的期望值相比较后，所形成的愉悦或失望的感觉状态。

顾客满意度是顾客满足情况的反馈。它是对产品或者服务性能，以及产品或者服务本身的评价；它给出了（或者正在给出）一个与消费的满足感有关的快乐水平，包括低于或者超过满足感的水平，是一种心理体验。当商品的实际消费效果达到消费者的预期时，就导致了满意；否则，则会导致顾客不满意。

顾客满意的思想和观念。早在 20 世纪 50 年代就受到世人的认识和关注，最早的文献可追溯到 1965 年 Cardozo 发表的“顾客的投入、期望和满意的实验研究”，研究兴起于 20 世纪 70 年代，大都围绕着“期望——差异”范式。这一范式的基本内涵是顾客期望形成了一个可以对产品、服务进行比较、判断的参照点。顾客满意作为一种主观的感觉被感知，描述了顾客某一特定购买的期望得到满足的程度。

顾客满意包括产品满意、服务满意和社会满意三个层次。

顾客满意营销或满意度营销是指企业的整个经营活动要以顾客满意为指针，要从顾客的角度、用顾客的观点而非自身的观点来分析、考虑消费者的需求。（案例详见 3C 第五个版本）

五、20 世纪 90 年代

1. 整合营销传播

整合营销传播（Integrated Marketing Communication，简称 IMC）。其概念是由担任过麦肯的首席执行官的马里恩·哈伯首创的。

1992 年，美国西北大学教授唐·舒尔茨及其合作者斯坦利·田纳本、罗伯特·劳特朋出版了全球第一部 IMC 专著《整合营销传播》，系统阐述整合营销传播理论。

整合营销传播，指将一个企业的各种传播方式加以综合集成，其中包括一般的广告、与客户的直接沟通、促销、公关等等，对分散的传播信息进行无缝接合，从而使得企业及其产品和服务的总体传播效果达到明确、连续、一致和提升。

整合营销传播 IMC 的核心思想是将与企业进行市场营销所有关的一切传播活动一元化。

整合营销传播一方面把广告、促销、公关、直销、CI、包装、新闻媒体等一切传播活动都涵盖到营销活动的范围之内，另一方面则使企业能够将统一的传播资讯传达给消费者。所以，整合营销传播也被称为 Speak With One Voice（用一个声音说话）即营销传播的一元化策略。

广义整合营销传播是指企业或品牌通过发展与协调战略传播活动，使自己借助各种媒介或其他接触方式与员工、顾客、其他利益相关者以及普通公众建立建设性的关系，从而建立和加强与他们之间互利关系的过程。

广义整合营销传播还有一个定义就是目前很多企业在做品牌推广建设的时候，以全网式的营销方式宣传品牌产品，提高企业品牌影响力和知名度的时候，借用类似于品牌联播机构这种大型的营销机构以达到企业品牌塑造的可能性的营销方式。

狭义整合营销传播是指确认评估各种传播方法战略作用一个增加价值的综合计划（例如，一般的广告、直接反应、促销和公关），并且组合这些方法，通过对分散信息的无缝结合，以提供明确的、连续一致和最大传播影响力。

■案例：康宝莱“永葆青春”整合营销

康宝莱是一家全球性的营养和体重管理直销公司，它的独立经销商网络遍布世界80多个国家，通过200多万的独立经销商进行销售。2015年开展了一次“永葆青春”整合营销活动，收到好的效果。

（1）搜索营销：根据alexa数据显示，网站的日均访问IP平均为27000个。

（2）论坛营销：截至目前，论坛营销所获得的浏览量累计已超过5，000，000次。

（3）微博营销：在康宝莱更换代言人的事件中，共邀请了10位微博红人对此事件进行了巧妙的传播，累计转发量超过了10000次，累计评论量达到了1000多次。

（4）微信营销：微信公众账号上线仅5天便获得了6000多个关注，1500多条留言。

（5）舆情检测与危机公关：服务期间，搜索引擎前十页无负面信息。同时，全屏覆盖以品牌、产品相关的科普信息或新闻。

（6）视频营销：康宝莱所上传的视频总的观看率超过30万次。

（7）知识平台营销：创造了50个以上分别针对品牌、产品、营销方式等的科普问答，所有问答的浏览量超过百万次。（来源：网络《康宝莱：“永葆青春”整合营销案例》）

整合营销是一种对各种营销工具和手段的系统化结合，根据环境进行即时性的动态修正，以使交换双方在交互中实现价值增值的营销理念与方法。整合就是把各个独立的营销综合成一个整体，以产生协同效应。

■案例：伊利巧乐兹的营销

伊利巧乐兹自2006年起开始进行品牌化运作，面向15－25岁的目标人群，传递其浪漫、时尚和自信的品牌个性。2013年，巧乐兹的营销传播利用优质的媒体平台，开展线上线下的整合传播，包括电视广告、网络活动、校园活动、终端促销等营销策略。

因此，伊利冷饮“‘喜欢你没道理’巧乐兹整合营销案例”荣获2013年挪威 IICC（国际冰淇淋协会简称）年会四项大奖中的最佳商业方案奖，标志着伊利集团冰淇淋品牌营销向“走出国门”迈出突破性一步。（来源：网络《伊利巧乐兹整合营销案例荣获国际大奖》）

互动整合营销是基于客户导向的服务营销理念，围绕整合数据库营销、多渠道运营管理、客户中心规划与再造、客户互动中心运营管理四个核心的服务营销运营关键点，帮助企业业务管理人员与运营管理人员将以客户为中心的服务营销战术运用到企业客户互动管理与整合服务营销运营中。

■案例：东风标致 301——30 岁前第 1 辆车

2013 年 10 月，东风标致 301 上市在即。东风标致将其定位为“新生代品质先锋中级车”，进行了“30 岁前第 1 辆车”的诠释。东风公司将最终传播策略锁定为：前期和中期，以微信、微博、论坛等社媒渠道为主要平台，通过话题炒作、病毒图片、移动端互动游戏、上市直播等多种手段持续整合传播，以递进式内容不断吸引用户关注产品，并积极引导互动，提升用户黏度。在传播后期，结合“301 之路”主线营销活动，以产品核心卖点与区域特色相结合的方式，促使产品信息不断下沉，夯实产品的落地传播。经过多样性、有节奏的强力传播，东风标致 301 吸引了大量网友及业内名人的关注，“30 岁前第一辆车”登上了新浪微博热门话题排行榜。（来源：网络《映盛中国闪耀金远奖 获互动整合营销案例奖》）

2. 定制营销

该营销亦称定制化营销或定制式营销，是指在大规模生产的基础上，将市场细分到极限程度——把每一位顾客视为一个潜在的细分市场，并根据每一位顾客的特定要求，单独设计、生产产品并迅捷交货的营销方式。它的核心目标是以顾客愿意支付的价格并以能获得一定利润的成本高效率地进行产品定制。

1970 年美国未来学家阿尔文·托夫（Alvin Toffler）在《Future Shock》一书中提出了一种全新的生产方式的设想：以类似于标准化和大规模生产的成本和时间，提供客户特定需求的产品和服务。1987 年，斯坦·戴维斯（Start Davis）在《Future Perfect》一书中首次将这种生产方式称为“Mass Customization”，即大规模定制（MC）。1993 年 B·约瑟夫·派恩（B·Joseph Pine II）在《大规模定制：企业竞争的新前沿》一书中写道：“大规模定制的核心是产品品种的多样化和定制化急剧增加，而不相应增加成本；范畴是个性化定制产品的大规模生产；其最大优点是提供战略优势和经济价值。”

大规模定制（Mass Customization，MC）是一种集企业、客户、供应商、员工和环境于一体，在系统思想指导下，用整体优化的观点，充分利用企业已有的各种资源，在标准技术、现代设计方法、信息技术和先进制造技术的支持下，根据客户的个性化需求，以大批量生产的低成本、高质量和效率提供定制产品和服务的生产方式。

■案例：道有道 APP 的大规模定制化生产

道有道是一家面向中小企业和商户的 APP 服务商，通过其所开发的 iDian 平台，客户可以在 1 到 2 天的时间和至少低于市价 50% 的费用快速封装出一款定制应用，大大降低了中小企业参与移动商务的门槛。

抛开技术细节，理解该产品的理念并不困难：道有道将几十种不同类型的 APP 按照特定标准拆解、归集为百余个功能模块，用户按需选取一定的功能组合，最后通过道有道封装生成 Android 或 IOS 应用。从应用范围上看，道有道支持包括展示、移动电商在内的多种类型。而从模块上看，道有道 APP 则涵盖了图文、交易、社交分享、导航、权限、用户评论等常见功能。得益于模块化的设计，客户可以在保障 APP 适用、独特的前提下降低开发周期和成本。（来源：网络《APP 的大规模定制化生产：道有道帮助中小企业低成本拥有原生 APP》）

3. 服务利润链

该利润链是表明利润、顾客、员工、企业四者之间关系并由若干链环组成的链，是 1994 年由詹姆斯·赫斯克特等五位哈佛商学院教授组成的服务管理课题组提出“服务价值链”模型时提出的。他们认为：服务利润链可以形象地理解为一条将“盈利能力、客户忠诚度、员工满意度和忠诚度与生产力之间联系起来的纽带，它是一条循环作用的闭合链，其中每一个环节的实施质量都将直接影响其后的环节，最终目标是使企业盈利。”

简单地讲，利润是由客户的忠诚度决定的，忠诚的客户（也是老客户）

给企业带来超常的利润空间；客户忠诚度是靠客户满意度取得的，企业提供的服务价值（服务内容加过程）决定了客户满意度；最后，企业内部员工的满意度和忠诚度决定了服务价值。简言之，客户的满意度最终是由员工的满意度决定的。

服务利润链由员工能力循环，员工满意度循环，顾客忠诚度循环，企业盈利循环组成。

服务利润链的思想认为：利润、增长、顾客忠诚度、顾客满意度、顾客所获得的产品及服务的价值，与员工的能力、满意度、忠诚度、劳动生产率之间存在着直接、牢固的关系，这些都是和服务的利润以及利润的增长有着直接的联系。

其核心内容是顾客价值等式，顾客价值 =（为顾客创造的服务效用 + 服务过程质量）/（服务的价格 + 获得服务的成本）。该等式和内部员工及外部顾客都有关系。

■案例：服务利润链——你学不会的海底捞

海底捞副总经理袁华强说：“超越顾客期望为海底捞赢得了名声，而让为顾客创造感觉的员工过得舒适才是海底捞的安身立命之道。”

海底捞考核一个店长或区域经理的主要标准是顾客满意度和员工满意度。

海底捞差异化服务：要超出客人的期望，让人们在海底捞享受在其他火锅店享受不到的服务。要做到这点不能仅靠标准化的服务，更要根据每个客人的喜好提供创造性的个性服务。

雇佣员工最有价值的部位——大脑。让客人满意不可能完全靠标准化的流程和制度，只能靠一线服务员临场靠自己的判断完成。如果碰到流程和制度没有规定的问题，就需要大脑去创造了。

海底捞制胜的法则是：让员工“用心”服务每一位顾客。可是，如何让服务员也像自己一样用心呢？把员工当成家里的人：良好的福利，晋升通道——用双手改变命运，信任与平等，平台与授权，培训员工——“造人”。

在海底捞的公司目标里，“将海底捞开向全国”只排到第3 位，而“创造一个公平公正的工作环境”，“致力于双手改变命运的价值观在海底捞变成现实”则排在前面。（来源：黄铁鹰《海底捞你学不会》）

4. 营销网络

全球性的竞争催生了“营销网络”（marketing network）概念的形成。20世纪90年代瑞典的约翰逊等人研究了“营销网络”问题。这种“网络”超出了单纯“营销渠道”的概念范畴，认为在营销网络中，公司可以找到战略的合作伙伴，开展联盟营销，以获得更广泛更有效的发展空间。

营销网络是指公司在国内外寻找“战略伙伴”或“同盟者”，并与他们结合起来，以获得更广泛、更有效的地区市场的一种发展战略。营销网络的建立，为某一公司在世界各地的市场上同时推出同一新产品提供了可能，因而也减少了由于种种原因的限制，使产品在进入其他国家和地区市场的时间上的延误而导致被仿制者夺走市场的风险。

■案例：大众汽车公司

德国大众汽车公司在欧洲的11个国家和美洲、亚洲及非洲的7个国家共经营着45家制造工厂，如在中国就有上海大众、一汽大众等14家企业。每个工作日可生产超过21，500辆汽车，同时提供各类汽车相关服务。大众汽车的产品在全球超过150个国家均有销售。据车主之家2015年01月12日在《2014年全球汽车企业销量排行榜 大众终夺魁》中说，大众以9919305辆的销量领先，首次站上世界车企榜首位置。

5. 非营利性组织营销

该营销是指非营利性组织为了在与其相关的公众中推动有利于实现它自身目标的行为而运用的所有手段和方法。

非营利性组织营销是从扩大的营销概念衍生出来的概念。科特勒出版的《非营利组织战略营销》和《地方营销》专门阐述了非营利性组织营销问题。他认为营销是一种非常普遍的社会活动，它不仅仅是销售牙膏、肥皂和钢铁，政治竞选提示我们那些候选人就像肥皂一样需要营销；学生升入大学提示我们高等教育需要营销；筹款提示我们其“理由”需要营销等等。虽然特定的商业概念在非营利组织中有不同的功能，但它们可以用来提高非营利组织的运作效率。各种非营利组织如果能够更加认真和仔细的应用营销观念，他们会变得更富有效率。

非营利组织的主要营销任务有三个：资源吸引、资源分配和教育公众。

■案例：中国扶贫基金会的微博营销

中国扶贫基金会在2009 年9 月14 日入驻新浪微博，并用这一平台不断地与社会各界进行沟通交流。如：玉树地震发生后，它发出的帖子，@张杰刚才来到我们的办公室，向中国扶贫基金会“情系玉树”抗震救灾行动捐款10 万元 谢谢张杰 http：//sinaurl. cn/hEV4f 我们心系玉树，我们共同行动（转发：2068 评论：1259）。请@微博小秘书协助转发：第一个“中国扶贫基金会——加多宝公益吸氧站”已经在玉树结古镇玉树州委门口对面建立起来并投入使用，提供免费吸氧服务（30%浓度氧气，对轻度和中毒高原反应者有作用），欢迎在玉树的志愿者、医生、救援人员、记者前往使用 http：//sinaurl. cn/hEV4f 我们心系玉树！我们共同行动！（转发：627 评论：181）。（来源：网络《NGO NPO 微博营销案例——中国扶贫基金会》）

六、新世纪

1. 顾客关系营销

1993 年，唐·佩特和马莎·罗杰斯在其《The One - to - One Future》一书中就提出了“顾客关系营销”（CRM）的概念，希望通过有效利用每个客户的信息，为其提供优质的实时服务以获取、保留和发展客户。这是一种基于顾客数据库的营销，旨在通过数据库和数据挖掘，为顾客提供个性化的营销服务，以实现顾客价值和公司价值。科特勒在其《营销管理》（第 11 版）中也明确将“顾客关系管理”提升为“顾客关系营销”。CRM 的兴起，是关系营销的深化发展，体现了新时期营销学的关系导向。

顾客关系营销，是关系营销在顾客关系方面的具体化。其实质就是通过互动和交流，与客户建立一种超越买卖关系的非交易关系。其目的就是促使顾客形成对企业及产品的良好印象和评价，提高企业及产品在市场上的知名度和美誉度，为企业争取顾客、开拓和稳定市场关系，保证企业营销成功。

■案例：特仑苏名仕会

特仑苏名仕会将“品牌宣传”与“会员互动”合二为一，为会员提供全方位一站式服务。注册成为名仕会会员，不仅能够享受到丰厚营销回馈，如联名商户优惠、积分换礼、幸运抽奖等，还可以专享名仕会为其会员量身定制的多项顶级活动及尊贵服务，例如高尔夫体验活动、观影活动、特仑苏城市音乐会等，为精英高端人士的品质生活增添了更多时尚元素，在物质极大丰富的今天，为其带去了精神上的愉悦与满足。

如2011年10月第三季“特仑苏名仕会影院之约”重庆站活动在江北UME电影院进行，约200名会员共同观看了最新电影《画壁》。观影之前，主办方带来了精彩的模特走秀节目，为现场观众介绍了特仑苏的四大口味牛奶，并通过现场沙画表演，精彩演绎出特仑苏的演变之路。电影结束后主持人还进行了现场秒杀和有奖问答互动环节，在场会员积极参与，场面十分热闹。据悉，在本次观影会上，特仑苏还向会员们推出了新品——纯纤牛奶，它特别添加了植物甾醇酯，搭配膳食纤维，让营养均衡合理。（来源：网络《第三季“特仑苏名仕会”观影活动圆满落幕》）

2. 交叉营销

该营销是促成交叉销售的各种策略和方法。

交叉销售，通常是发现一位现有顾客的多种需求，并通过满足其需求而实现销售多种相关的服务或产品的营销方式。

交叉营销的实质是在拥有一定营销资源的情况下向自己的顾客或者合作伙伴的顾客进行的一种推广手段。这种营销方法最大的特点是充分利用现有资源，在两个具有相关用户需求特点的企业间开展交叉营销，能使各自的潜在用户数量明显增加而不需要额外的营销费用。同时，以交叉营销为基础建立起良好的合作关系对两个（或多个）企业间的发展具有更多的战略意义。

■案例：《阿凡达》的交叉跨界营销

2010年，电影之王詹姆斯·卡梅隆筹划了15年的号称史上最贵的电影《阿凡达》与影迷见面，引起了强烈反响。同时，阿凡达的跨界营销故事比3D外星人本身还精彩……阿凡达交叉式的跨界，伸出八爪鱼之手，可口可乐、麦当劳、育碧、松下、LG 等大公司都加入其中，它们和 20 世纪福克斯公司一起打造了这次有史以来空前规模的跨界大战。（来源：网络《老鼠嫁给猫跨界营销经典案例》）

3. 事业关联营销

该营销是企业在承担一定社会责任（如为慈善机构捐款、保护环境、建立希望小学、扶贫）的同时，借助新闻舆论影响和广告宣传，来提高企业形象、提升品牌知名度、增加顾客忠诚度，最终增加销售额的营销形式。事业关联营销体现了社会营销观念，是最高层次的营销观念。它不仅注重营销的效率和效果，还考虑社会与道德问题。

■案例：同仁堂的家庭药箱进万家

“家庭药箱进万家”活动是由北京同仁堂集团协办的一系列涉及家庭药箱建立与管理、家庭养生等内容的宣教项目，旨在通过女性带动家庭关注健康，进一步推动中国女性及整个家庭健康水平的全面提高，从而促进建设和谐家庭与和谐社会。

据介绍，“家庭药箱进万家”活动自 2012 年 12 月启动，将分 3 个阶段历时 5 年，在全国 30 个省区市展开，预计 5000 万户家庭将从中得到健康关爱。从项目启动至今，组委会办公室开展了一系列宣教活动，包括免费发放了 400 万份宣传手册和宣教资料以及千余个实用药箱；在 20 个重点城市开展了 100 余场健康知识专家大课堂宣讲。组委会希望通过这些生动新颖的宣教方式，广泛传播家庭小药箱的理念，宣传健康管理的科学知识。（来源：网络《全球最佳企业社会责任营销创意案例》）

4. 绩效营销

菲利普·科特勒在《营销管理》第 13 版中提出：公司要把营销看作是对顾客的投资，因此应该测量营销投资回报及其对股东价值的作用。他主张关注营销业绩，提出“绩效营销（performance marketing）”的新概念，重视营销与财务的紧密结合，同时强调顾客价值与顾客资产。

狭义的绩效营销是指企业从注重财务绩效的角度开展营销活动或提升营

销能力。这里的绩效是指狭义的财务绩效。

广义的绩效营销是指营销者更加关注营销活动及其投入带来的商业回报，并更广泛地关注营销对法律、伦理、社会和环境的影响和效应。

无论广义还是狭义的绩效营销，都强调营销与会计、财务、金融的融合，强调从关注短期利益转向关注营销带来的长期价值。

完整的营销绩效模型共有 24 个指标，分别为销售量（额）、市场份额、顾客满意度、顾客忠诚度、老顾客的维持率、尝试顾客的再购率、顾客购买频率、产品美誉度、品牌/产品利益的认知程度、竞争对手顾客的尝试率、品牌知名度、品牌的回忆、更换品牌的可能程度、品牌的差异化程度、新顾客的尝试率、购买产品的可能程度、第一选择品牌的提及率、渠道覆盖率（铺货率）、渠道知名度、渠道满意度、渠道对品牌/产品利益的认知度、渠道对顾客的主动推荐程度、产品陈列的受注意程度、渠道忠诚度。

■案例：埃森哲的“成功之技”

2014 年 2 月 19 日，埃森哲公司宣布在“成功之技”项目中的受益人数达到了 32 万人。这个数目已经超过了公司从前拟定的 2015 年达到 25 万人受益的目标。

“成功之技”项目是埃森哲公司在全球范围内推出的一个促进就业和创业的企业公民意识项目。公司与全球数个非营利组织进行合作，开展了 200 多个促进技能学习和就业的活动。

在中国，埃森哲已在中西部地区建立多所希望小学，并开展“彩色梦想——埃森哲儿童夏令营”；通过与救助儿童会合作，帮助城市流动青少年学习就业技能；携手国际青年成就组织走进高校，为在校大学生提供技能培训。

埃森哲计划到 2013 年底对这个项目的投入超过 1 亿美元。此外，公司还将提供给自己的员工志愿服务和无偿服务的机会。（来源：网络《全球最佳企业社会责任营销创意案例》）

第四篇　按营销主体命名的营销策略

营销其实是人类的一种社会实践活动。人是营销的主体，但发起营销的人属于不同的团体，真正发起者是属于不同团体中的人，按团体不同，营销的主体也就不同。

1. 国家营销

菲利普·科特勒在其《国家营销》一书中提出：一个国家，也可以像一个企业那样用心经营。国家其实是由消费者、制造商、供应商和分销商的实际行为结合而成的一个整体。致力于自我营销的国家，必将极大地增加世界经济的份额和他们所服务的世界。作者向全世界的领袖们提供了未来繁荣的交通图，告诉我们日益扩大的全球市场如何为政府政策以及政府与商界的合作提供新的机遇和挑战。

■案例：瑞典的哥德堡号复古重游

2006 年 7 月 18 日，“瑞典商船哥德堡号复古之旅”在哥德堡号沉没 261 年后重返中国。瑞典国王卡尔十六世·古斯塔夫、王后西尔维娅、瑞典副首相博塞·林霍尔姆、瑞典驻华大使雍博瑞等瑞方官员带领瑞典企业高层向中国推销瑞典及他们的品牌、文化、技术、旅游以及瑞典人对中国人的善意。

（1）文化营销：哥德堡号重走“古代海上丝绸之路”，途经十多个国家，一路给小朋友们赠送瑞典儿童文学大师林格伦的《长袜子皮皮》，同时，哥德堡号复航系列图书，如《哥德堡号历险记》《“哥德堡”号带我到中国》已经在中国发行。

（2）经济营销：瑞典商船哥德堡号抵达广州后，7 月 22 日广州—瑞典经贸交流洽谈会在广州举办，共同探讨“穗瑞产业合作新商机”、“贸易：穗瑞经贸发展的纽带”以及“企业社会责任与竞争力发展”三个方面话题。

（3）体验营销：哥德堡号抵达中国后，向中国人开放，体验瑞典商船的做工及传奇，预计有数万中国人参观及体验。

哥德堡号引起媒体的高度关注及相关公关活动是通过外交途径解决不了的。哥德堡号——瑞典国家式营销非常成功。（来源：网络——瑞典的哥德堡

号复古重游的有关文章）

2. 政府营销

菲利普·科特勒在《区域营销》中首次提出了政府营销的概念。他认为，一个国家的各省、各市相互之间都会为了自己的区域利益进行事实上的竞争，这种竞争关系的存在，决定了各省、各市为取得自己的相对竞争优势进行区域营销。各级政府营销绩效的大小，影响当地经济发展的快慢和居民生活质量的优劣，也直接决定着企业发展的大环境。在这一过程中，各级政府充当着营销主体，并产生各种旨在促进和扩大交换的营销行为。

在菲利普·科特勒看来，国家不仅是一个巨大的消费市场，更是一个庞大的营销机器。站在这个视角上看，政府是这个庞大营销机器的监管者，而企业则是使之不断良性运转的轴承。因此，政府不仅要时时刻刻给高速运转的企业添加润滑剂，更要激活自己的能量。

■案例：张家界市政府的营销

张家界市政府一直努力进行政府营销。如1999年12月8日—12月11日，组织“穿越天门”世界特技飞行表演。来自美国、匈牙利、俄罗斯等9个国家的15名运动员（包括进入世界排名前10位的特技飞行员），为人类历史上演了一场征服自然、挑战极限的“前无古人”的“空中芭蕾”。此次活动让张家界闻名世界。

2009年，张家界市政府借助《阿凡达》的上映，悬赏10万元找悬浮山的“真迹”，然后开展与黄色的悬浮山原型之争，接着开展山的冠名，将乾坤柱更名为“哈利路亚山”，甚至还有后续的黄龙洞一表演场地命名为“哈利路亚音乐厅”的营销。这次营销影响深远，很多国外游客就是通过《阿凡达》影片顺藤摸瓜的更加了解了张家界。张家界境外旅游市场得到有力的开拓。（来源：网络《给力的张家界营销 回顾网络营销事件》）

3. 城市营销

城市营销来源于菲利普·科特勒的“国家营销”理念。这是运用市场营销的方法论，对城市的政治和经济资源进行系统的策划与整合，以求找到符合市场经济规律的发展路线，通过树立城市品牌，提高城市综合竞争力，广泛吸引更多的可用社会资源，来推动城市良性发展，满足城市人民物质文化生活需求的营销科学。

城市营销力求将城市视为一个企业，将具体城市的各种资源，以现代市场营销手段，向目标受众或目标客户宣传或兜售。这里的资源包括产品、企业、品牌、文化氛围、贸易环境、投资环境、人居环境及至城市形象等。其营销市场既包括本地市场、国内市场以及海外市场，还囊括了互联网络上的虚拟市场。

■案例：成都的营销

成都通过"一座来了就不想离开的城市"、第四城、新天府、网络营销、《I love this city》、金沙、美食、李宇春、《二十四城》和熊猫、茶馆、小吃、火锅等等概念进行广泛营销，取得了理想的效果。如在汶川大地震一个月后，成都推出了以《I Love This City》为主题的城市宣传片，其推出速度之迅速、制作之精美、意境之深远，可以作为同类作品中的翘楚。这并非一部简单的城市宣传片，而是显现出成都这座城市在危机公关时的魄力，化危机为先机，化被动为主动，在最快的时间里展现给世人一座仍然美丽、平静、安定、充满生机的城市。（来源：网络《中国城市营销史上的经典案例》）

4. 社区营销

社区有实体社区与网络社区，实体社区就是一个聚居在一定地域范围内的人们所组成的社会生活共同体，俗称小区。

网络社区，有两层含义，一是指包括 BBS/论坛、贴吧、公告栏、群组讨论、在线聊天、交友、个人空间、无线增值服务等形式在内的网上交流空间。同一主题的网络社区集中了具有共同兴趣的访问者。

二是指实体社区的网络化、信息化，简而言之就是一个以成熟实体社区为内容的大型规模性局域网，涉及金融经贸、大型会展、高档办公、企业管理、文体娱乐等综合信息服务功能需求，同时与所在地的信息平台在电子商务领域进行全面合作。"信息化"和"智能化"是提高物业管理水平和提供安全舒适的居住环境的技术手段。

实体社区营销，就是营销者针对实体社区开展的一切营销活动，也称小区营销。

■案例：华夏陶瓷的专场团购

华夏陶瓷西安店，在2011年6月18日晚19点—22点，举办了以“西安核物理研究所”为主的小区业主专场团购会，现场人气火爆，短短3个小时，一举创下1000多万的销售业绩，成为门店夜场销售之最。（来源：网络《“营销需要三分法”——从小区开发成功案例畅谈门店精准化营销》）

5. 网络社区营销（论坛营销或BBS营销）

该营销就是利用论坛这种网络交流的平台，通过文字、图片、视频等方式发布企业的产品和服务的信息，从而让目标客户更加深刻地了解企业的产品和服务，以最终达到宣传企业品牌、加深市场认知度为目的的网络营销活动。

■案例：相宜本草的网络社区口碑营销

相宜本草以唯伊网作为核心传播载体，以唯伊社区为营销传播中心，整合浙江本地社区及线下高校资源，实现了线上线下互动整合营销。该营销活动分五个环节进行：

第一个环节为免费申请品牌试用装。

第二个环节是收集申请者的数据资料（包含：真实姓名、性别、住址、邮箱、电话、QQ、品牌消费习惯等信息）。相宜本草对这些潜在消费者进行了电话营销，并邮寄了会员杂志。

第三个环节为网络整合营销传播。唯伊网联合国内知名社区站点，做联合推广，包括覆盖高校人群的线上线下交叉互动。

第四个环节为用户分享试用体验。相宜本草以奖品为诱饵，吸引试用用户分享产品体验，引导消费者的正向口碑。

第五个环节为试用达人BlogMedia推荐。（来源：网络《2014年三大网络口碑营销案例》）

6. 组织营销（组织间营销、组织化营销、行业用户营销）

该营销是指发生在组织与组织之间的营销，其目的是在两个或多个组织之间交换产品与服务。特布尔将组织简单定义为通过协调活动追求同一目标的一群人。因此，组织营销是发生在“一群人与一群人之间”的营销，而不是像消费者营销那样是对一个人的营销。

■案例：莱卡的推广

“莱卡”是美国杜邦公司 1958 年推向市场的氨纶的一个品牌。在中国，莱卡通过举办一系列的比赛，如“莱卡加油好男儿”“莱卡风尚颁奖大典”“莱卡我型我秀”等活动，成功引起大家的关注，推广了“莱卡”这一品牌，使其成为中国时尚精神的一种象征。

1995 年起，莱卡在中国国内首先与内衣品牌开展合作。六年后，中国市场上几乎所有的内衣品牌均推出了含莱卡的产品，其中除了黛安芬等世界名牌，也有三枪、豪门、猫人、铜牛等中国内衣品牌。莱卡在内衣领域一统天下的脚步声当当作响。设在上海青浦的杜邦莱卡生产厂的产量也在逐年扩大，年生产量已经从 1997 年设厂之初的 2500 吨，增加到了 2001 年的 1 万吨。在上海等大城市，莱卡的市场知名度更是达到了 70%。

在很多消费者心中似乎“莱卡”就是氨纶，氨纶就是“莱卡”。一个品牌的名称变成了一个品类的名称，莱卡在氨纶原料供应商中的优势地位是显而易见的。莱卡将氨纶原料品牌化，将一个复杂不容易表述的工业产品演化成为一个时尚、流行，能够带来美好生活可以感知的品牌。（来源：网络《品牌建设案例分析4（杜邦莱卡）》）

7. 企业营销

该营销是指将企业拥有的产品或商品从本企业转移到购买者（顾客）手中的企业经营活动。

■案例：晶石灵“最美世界杯”

2014 年 7 月 8 日，正当世界杯进入捉对厮杀的火热时刻，一群欧洲名模在巴黎集体发起“最美世界杯”行为艺术，高呼“We are the Best”，呼吁反思世界杯所引发的社会问题，请男人们从世界杯中抬起头来，关注身边伴侣！由晶石灵联袂法国名媛会打造的彩宝顶级臻品，价值近千万欧元的“最美世界杯”同时亮相。

高逼格的行动，席卷巴黎时装周。欧洲时报、雅虎等全球各大权威媒体纷纷以头条、焦点关注、专题跟踪等进行报道，并且很快在全球范围引起轰动。在系列的运作下，公众对“最美世界杯”的关注，一下子转变成对晶石灵品牌及晶石灵年度盛会的关注。（来源：网络《2014 年八大最牛创意营销案例盘点》）

8. 全员营销

该营销是一种以市场为中心，整合企业资源和手段的科学管理理念。即指企业所有员工对企业的产品、价格、渠道、促销（4P）和需求、成本、便利、服务（4C）等可控因素进行互相配合、最佳组合以满足顾客的各项需求（即指营销手段的整合性）；同时全体员工应以营销部门为核心，研发、生产、财务、行政、物流等各部门统一以市场为中心，以顾客为导向，进行营销管理（营销主体的整合性）。所有员工关注或参加企业的整个营销活动的分析 、规划和控制，尽量为顾客创造最大的让渡价值，使顾客满意度最大化，使公司从中获得市场竞争力，以从中获得长期利润及长远发展。

全员营销是企业内部整合营销的结果，体现在企业内人人营销、事事营销、时时营销、处处营销、内部营销、外部营销。

■案例：重庆润鹏自由经纪人奖励——全员营销

重庆润鹏房地产开发有限公司 ，今年上半年对其旗下的力帆棠悦、力帆时代、力帆枫樾三个项目启动了自由经纪人奖励活动，即任何人只要介绍新客户成功认购力帆棠悦、力帆时代或力帆枫樾任何物业项目，都可获得每套3万元的丰厚奖励。该奖励政策是卖一套算一套的奖励，并且上不封顶。（来源：网络《全员营销大手笔力帆棠悦》）

9. 专业化营销

该营销是相对于全员营销而言的，指具有专业知识和专业理论水平的专业人士，实现知识营销、智慧营销、方案营销，实现企业价值观念、服务意识、文化理念的推销，从而让客户认识、接受乃至享受企业的业务。

■案例：沃尔沃科技带来新体验

在日内瓦车展上，人们只要手持 iPhone 或者 iPad，对准展台上放着的那辆沃尔沃车，手中的移动设备就瞬间变成了 X 射线扫描仪，让用户可以“深入”到车子的内部，了解汽车的各个细节，全方位解读车子的内部结构。看着屏幕上呈现的红色射线，用户就感觉自己身处科技大片中。（来源：网络《技术带来新思维 几则增强实境营销案例》）

10. 团队营销

该营销是指从企业内抽调业务纯熟的人员通过周密的规划和充分协调来围绕目标客户开展销售工作，目的是满足客户组织内一些决策者的各种需求。简言之，团队营销就是运用恰当的人为恰当的客户提供恰当的服务。

■案例：商业银行的营销团队

商业银行营销团队是 20 世纪 90 年代以来营销实践和管理实践探索的结果，主要有客户经理作业小组、客户经理团队、客户服务小组、高级营销团队等四种形式。

如客户经理作业小组。这是一种简单的营销团队形式，通常由 2~3 名客户经理组成，主要用于客户经理在客户开发和维护过程中的合作。其中，有人担任主访的角色，有人担当陪访的角色，相互合作。还有的由客户部经理带队，进行客户的访问，以提高沟通和公关的效果。（来源：网络《商业银行营销团队建设》）

11. 自我营销

自我营销（Marketing Yourself）是一种由个人或者团体作为主体参加的活动，个人或者团体通过自我介绍履历表等形式手段，采用包括惊奇性、创意性、幽默性等策略，展示自我形象、人品以及情感，以达到个人或团体预期目的的活动。

自我营销是以个体为出发点，在个人成长发展过程中，完成自我定位、为自己设计规划4P营销组合、建立竞争优势等的过程。自我营销要与自我推销相区分，自我营销发生在自我培训过程中，而非仅仅凭借销售技巧将自己推销出去。正如“营销就是让销售成为多余”，自我营销的目标就是塑造出一个有核心竞争力，有独特的社会需求的自己。

■案例：多才多艺的普京

弗拉基米尔·弗拉基米罗维奇·普京，2000年当选为第2任俄罗斯总统，2004年赢得连任，2008年出任俄罗斯总理，2012年再度当选俄罗斯第四任总统，任期六年。

他工作作风干练谨慎，生活中兴趣爱好广泛。弹钢琴、手风琴、游泳、骑射、垂钓、拳击、摔跤、柔道和山地滑雪，样样精通；深山射虎、水中戏鲸、驾轰炸机上天、乘潜水艇下海、下场打冰球、拿麦唱歌、试驾方程式赛车，无所不能。他精力旺盛和能力非凡，兼具力量和柔情的硬汉形象已经深入人心。有网友称，“普京是女人眼中的好男人，男人眼中的真男人。”

2015年2月13日，俄罗斯人对普京信任度高达85% ，创历史新高。（来源：网络《弗拉基米尔·弗拉基米罗维奇·普京》）

12. 领袖营销

领袖营销就是领袖个人魅力的营销。这其中包含了企业领导人多方面的组合：高尚的人品、坎坷的人生、事业的追求、拼搏的精神、榜样的力量、广博的知识、风趣的谈吐、真挚的情感等。以领袖为主的广告片，媒体软文、高端访谈、高层论坛、重大事件的立场陈述、演讲等，均是领袖的营销行为，不同的场合就是他们的宣传载体，都是公司的广告。

在国外，20世纪初就有了专门为国家领导人设计形象的专业机构，他们很早就意识到了公众人物的传播价值。公众人物的一言一行，一举一动都是经过专业设计的，如同影星。而比尔·盖茨、杰克·韦尔奇等企业领导人也是经过公司品牌传播设计者的精心策划和设计，运用多种传播渠道和手段推出后，才成为今天人们心目中与其企业、品牌相映生辉的传奇人物和偶像。

■案例：张朝阳树立个人品牌

1999 年，由四通利方与华渊合并而成的新浪拥有 8000 万美元，其迅猛的成长势头令没有完全认清方向的张朝阳不知所措。而此时新生代门户网站也依靠近乎疯狂的烧钱一夜成名。对于只有两岁的搜狐，它随时可能被遗忘。由于融资不利，可供其使用的资金只有新浪的 1/10——按照当时的游戏规则，几个月之内就可能弹尽粮绝。为了确保搜狐不被遗忘，张朝阳选择了最便宜也最有效的方法：树立个人品牌。一度，他像其他所有 CEO 一样大谈“泡沫就是互联网的革命”，并不时出现在各种新闻场合，而自己却在紧张地压缩成本。

这样做的结果成效显著。搜狐的销售人员至今津津乐道的是，当时很多不愿见搜狐销售队伍的企业听说张朝阳亲自来谈合同，一切就变得极为容易。甚至当年很多企业的员工在门口等着，就是想亲眼见见这个明星。（来源：网络《总裁营销 7 大法则》）

13. **地点营销**

该营销是菲利普·科特勒在其《地方营销》一书中提出的，是关于地方营销的开山之作、奠基之作。所谓地方营销就是为在目标受众中突显地面的某一个特定地区，并增加其影响范围和吸引力而应用现代营销理论所做的一切活动。如商业地点营销与休假营销。

商业地点营销（Businesssite Marketins），指开发、销售或租赁商业地点，用于建厂、存贮、办公、货栈、休闲等。

■案例：万达广场情人节微博活动

2012 年 2 月 9 日至 2 月 14 日情人节期间，万达集团开通@万达广场官方微博，在全国 44 个万达广场以线上加线下的互动营销模式，整合全国品牌，制造了一场具有持续影响力的全国性事件的品牌营销活动。

线上活动。120 部 iPhone 免费送。关注@万达广场并转发活动微博，即有机会获得 2 月 14 日分 12 次送出的 120 部 iPhone4S。活动同时还每日送出 1000 份万达影城双人情侣套票。

每日转发抽奖活动。关注@万达广场 并转发微电影视频微博，即有机会获得每日 2 份马尔代夫双人往返机票及情人节当天送出的 39999 元日本冲绳岛婚礼产品 1 份。

线下活动。情人节浓情有约活动：分为全城热恋为爱告白、百万玫瑰为爱传情、爱情仙子甜蜜相伴、情人节相亲狂欢大派对、趣味爱情运动会、情人节爱情婚纱秀场等多种形式的活动。

情人节优惠有约活动：2 月 14 日，万达广场主力店联合推出优惠活动，百货、步行街服装、服饰情人节特别促销；2 月 14 日当天于广场内购买服装、饰品类商品均送礼品。万达影城、万达百货、大玩家电玩城、大歌星 KTV、沃尔玛、国美电器、万达广场内部众多商户，全部参与了此次活动。

通过多种类的媒体渠道扩散宣传。总部推广：包括新浪微博活动首页专题推广、门户网站、论坛、QQ 群、统一海报等。地方推广：报刊、电台、网络、各地官方微博、广场内部 LED 大屏同步宣传。

2012 年 2 月 9 日至 2 月 14 日，@万达广场粉丝新增 54 万人，各地万达广场微博粉丝总共增加 36 万人，整个活动的参与人数超 173 万人次，并创下了同期官博转发、评论量第一的纪录。万达广场官方微博连续 6 天在新浪微博的全站影响力排名第一。万达广场情人节系列活动，连续占据新浪微博 24 小时活动热榜榜首，全部活动均入围新浪微活动前两屏，被微博网友戏称为新浪微活动“万达占领周”。（来源：网络《微博营销案例之万达广场情人节微博活动》）

休假营销（Vacation Marketing），是指为吸引游客到某一特定地点（如游览胜地、疗养地、城市、国家）休假而进行的营销活动；旅行社、航空公司、摩托车俱乐部、石油公司、酒店等常进行休假营销。

■案例：私奔圣地天台山

王攻权 516 深夜宣布私奔。恰逢 519 中国旅游日和 520 天台山旅游日。作为中国旅游日发源地的天台山正在双节同庆，举办“读万卷书，行万里路，重走霞客路”活动。有网友开始在网上八卦十大私奔胜地，520 私奔微博借机推出“私奔天台山宣言”活动，网友结合私奔的热点尽情发挥。“@520 私奔“私奔天台山宣言”王功权和王琴私奔了，奥特曼和 PP 猪私奔了，中国旅游日源自天台山，天台山 5 月 18 日到 20 日 3 天免费迎客，一起组团私奔到天台山吧。”“佛国仙山，私奔好去处”。简短的几句话激起网友的兴趣。同时通过互动微博“一切皆可私奔”“我爱你，爱着你，就像私私爱奔奔”“私奔是大奔的兄弟”“别和我谈恋爱，有本事和我私奔”等的话题被激发，为互动用户提供互动思路，瞬间激发大家当年的才华横溢，满腹笔墨一吐为快。天台山私奔营销受到网络媒体、网友以及平面媒体的高度关注，大家纷纷跟进、报道，天台山借此打造了中国旅游日的金名片。（来源：网络《最新事件营销十大经典案例》）

14. 区域营销

该营销是菲利普·科特勒在其《区域营销》一书中提出的。其不是传统企业产品的区域营销，而是指区域政府或政府联盟以及各种区域利益相关者为了增强区域竞争力利用市场营销理念和方法将整个区域进行企业化、品牌化经营，整合区域内各种资源，以吸引和满足各类目标客户需求和愿望的同时最终实现本区域发展目标的过程。

■案例：印象·刘三姐

2003 年国庆期间，大型桂林山水实景演出《印象·刘三姐》试演，2004 年 3 月 20 日正式公演；2004 年 7 月 1 日，《印象·刘三姐》百场纪念演出。这种以桂林漓江真山实水为舞台的演出却是人们从未见过的，加上刘三姐形象在中国和东南亚地区的广泛影响，中国著名导演张艺谋担任总导演的名人效应，《印象·刘三姐》成为桂林旅游的最大亮点。

《印象·刘三姐》是桂林实施旅游精品营销战略的一大成果，演出对景区和桂林目的地营销发挥了巨大的拉动作用。截至2013 年 1 月份，仅《印象·刘三姐》景区接待游客就已累计突破 900 万人次，年均接待游客超过百万人次。（来源：网络《国内旅游营销经典案例》）

15. 跨区营销

该营销是指公司企业或者营销部门将营销的范围扩大到其他区域，而不是局限在之前固定的营销区域内。

■案例：碧桂园“史上最强让利风暴”

2014年9月25日，碧桂园打出“史上最强让利风暴”的促销宣传。即日起碧桂园老业主凭1元钱在项目销售中心或IEC（国际展销中心）即可换购1张面值1万元的购房券，可按已购产品的类型兑换相应数量。

其中，洋房业主最多可换购10张（即10万），别墅（含200平方米以上大平层及复式单位）业主最多可换购30张（即30万），钻石墅业主最多可换购50张（即50万）。购房券会因不同区位和价格而异，但“该优惠活动将在碧桂园全国所有在售项目进行推广，时间持续到10月底。”该购房券可由业主自用，亦可转赠使用。（来源：网络《碧桂园打出“史上最强让利风暴”冲1280亿目标》）

16. 众筹营销

众筹营销字面上的意思是集中大家的智慧来做营销，具体含义是指由消费者发起产品的订购邀约以及提出一些DIY的柔性需求给厂家，而厂家在下单之时起，就可以全程给出生产排期和产品追踪。

众筹营销一是让消费者可以提出自己的需求，实现有针对性的生产；二是改变了过去按照批次生产的方式，而由订单来驱动生产。说得通俗点就是，“我们不存在缺货的情况，只要你要，就一定能有，你要什么样的，就有什么样的”。

■案例2：乐视的“我签C罗你做主”

2014年3月18日，乐视网牵手众筹网开启“世界杯互联网生活体验季”活动，并上线首个众筹项目——“我签C罗你做主”，只要在规定期限内，集齐1万人支持（每人投资1元），项目就宣告成功，乐视网就会签约C罗作为世界杯代言人。届时，所有支持者也会成为乐视网免费会员，并有机会参与一系列的后续活动。这可能是国内第一次用众筹方式邀请明星。（来源：网络《盘点那些颠覆行业的众筹案例》）

17. 合作营销（联合营销、品牌联合营销）

该营销是指两个或两个以上的企业为达到资源的优势互补、增强市场开拓、渗透与竞争能力联合起来共同开发和利用市场机会的行为。

■案例：携程的平台化战略

2013 年末，携程宣布全面推行平台化战略，向旅行社业界开放其旅游 B2C 服务体系，提供包括产品代理、技术支持、营销推广、客户服务等在内的一站式旅游电子商务开放平台，所有业务趋于平台化，推动传统旅游行业网络化、移动化。

推行平台化，携程采取了更为开放的方式，在不损害自营产品销量的前提下引入第三方作为补充。此外，携程还从消费体验出发，制定了一套通用于自营和第三方商品的搜索排序规则。

2014 年 12 月，在实行平台化一年后，携程向供应商宣布取消收取点击费，其机票平台以后永远免费。（来源：网络《OTA 价格大战 携程让利保老大之位》）

横向合作营销是指不同企业在某一营销活动内容上的平行合作。一般都是在同行业企业中展开。它能实现共享资源、共担风险、降低成本，强化市场竞争力等。合作形式有共同开发、共同销售、特许经营、联合生产、联合服务、共享资源等方面。

■案例：宝马 & 奔驰互送秋波

在 2014 年足球世界杯期间，宝马和奔驰同时在其官方微博上贴出了世界杯德国队的加油微博，并共同推出“We are one team”这样一个主题精神，为了支持国家而“化敌为友”。两大品牌还纷纷以国家之名来进行各种致敬，奔驰以致敬德国国家足球队的球星为主，而宝马则是向一个个被淘汰的球队致敬。当然在致敬的同时两大品牌也都巧妙地突出了自身汽车的性能特点，全面展现了这是两个强势品牌双方一起精心策划过的世界杯营销。（来源：网络《2014 巴西世界杯十大数字营销案例》）

纵向合作营销是指企业把供应商、分销商和消费者均纳入自己的市场营销渠道系统，企业通过与供应商、分销商在营销理念上整合，共同面向市场，寻找调动消费者购买的积极性，从而实现企业、供应商、分销商、消费者多方共赢的结果。

■案例：埃克森美孚润滑油经销商的忠诚度

埃克森美孚润滑油经销商的忠诚度在行业内颇有口碑。原因：美孚公司较早地关注了经销商的发展问题，并且成立有专业部门——经销商渠道发展部（DBD）来关注经销商能力的培养、赢利模式、商业状态的变化等，从而进一步对经销商的运作行为进行有益指导，将厂方的战略意图与经销商的发展愿景进行有机结合。因此，美孚的经销商更多被称为战略合作伙伴。

具体如：美孚公司对经销商网络结构调整，使每个经销商都负责一大片市场区域，让经销商可以放心的精耕细作；将利用产品优势和通过与大量的OEM 客户的紧密合作中获得的大量车厂及原始设备制造商（OEM）吸引到的大客户，按区域分配给经销商，实现利润共享；以 B2B 的模式来操作 B2C 方式运作车用润滑油市场；给经销商销售上的指标压力不是特别高，它更看重产品结构的调整，比如卖更多利润更高的产品。美孚公司还为经销商能力的发展提供很多帮助。（来源：博锐管理在线2013 年 6 月《润滑油市场：厂商协同下的供应链共赢》）

交叉合作营销，又被称为全方位合作营销或全面合作营销。其是指企业在营销活动中全方位、多角度的合作。交叉合作营销主要在不同行业的企业之间进行。这种合作对市场的启动和渗透具有重要作用。如苹果生态联盟系统案例。

■案例：Spirited 宝马行空

2001 年，宝马携手宝姿，开设多家以时尚细节阐述生活观点的 BMW Lifestyle，宝马生活方式专卖店。2002 年宝马和宝姿联合举办“Spirited 宝马行空”时装秀，不仅展示了具有专业功效的滑雪服和整套自行车装束，更有优雅的高尔夫外套。曾经是 NASA（美国国家航空航天局）专用的 Sympatex 面料，被运用到这三个系列。“轻松都市”和“街头休闲”系列，则更体现了 BMW Lifestyle 平易近人的气质。其间精彩的车技表演充分显示了宝马最新杰作 BMW Q6 STR 山地车，以及街头滑板 StreetCarver 的非凡表现力。在此期间

一同展示的还有太阳镜、皮件、丝贴等时尚饰物。(来源：网络《Spirited 宝马行空——宝马生活方式时装秀》)

18. 共生营销

该营销是两个或两个以上的企业通过分享市场营销中的资源，达到降低成本、提高效率、增强市场竞争力为目的的一种营销策略。

1966 年，艾德勒（Adler）在《哈佛商业评论》上发表的《共生营销》文章中首次提出了共生营销的概念。共生营销是一种横向的合作经营系统，通过与水平方向相关或者不相关的企业建立营销方面的联盟来达到企业自身和联盟的目标，共同开拓营销机会。

■案例：加多宝与好声音的合作

以一句“正宗好凉茶，正宗好声音”，让加多宝和好声音成为一个“共生体”——说到好声音，必说加多宝；提到加多宝，必提好声音。在某种程度上，“加多宝中国好声音”已经成为一个新的品牌。

在这种营销思维的指导下，加多宝与好声音的合作，其实是一个不断递进的进程：品牌与节目绑定，在消费者心目中将两者等同起来；培养好声音，扩大其覆盖人群广度和影响力，打造其标志性的符号——V 形标志；最后，利用品牌与节目之间的“共生关系”，将节目的标志性符号 V 形标志移植到品牌外包装上，同时也给品牌注入新的内涵。(来源：网络《商业案例：好声音与加多宝的共生法则》)

19. 协同营销

协同营销主要是指厂商之间通过共同分担营销费用，协同进行营销传播、品牌建设、产品促销等方面的营销活动，以达到共享营销资源、巩固营销网络目标的一种营销理念和方式。

■案例：黄山头厂商协同营销模式

2013 年，湖北黄山头酒业有限公司推出了厂商协同营销模式，即由厂商各出资百分之五十的资金组建营销团队，营销团队由经销商负责管理和运营。

经销商完成年度销售任务，厂方将享有的年收益的50%作为奖金奖励给经销商；对于超额完成年度任务50%以上的经销商，厂方将年度收益全部作为奖金奖励给经销商。

厂家还实行九大扶助政策。包括树立必胜信心；预计投入2个亿的广告支持；利用已有的凯乐科技资源，想方设法帮助经销商完成任务；聘请中国白酒顶尖级营销专家作为策划顾问，帮助经销商深入开发市场；组建了一支专业的市场服务队伍，按照一城一策的战略战术，精心规划、开拓和维护市场，最大限度确保经销商有钱可赚。（来源：凯乐科技2013年10月《黄山头：开创厂商协同营销模式》）

20. 互补营销

互补营销就是两个或两个以上的经营性企业或事业性单位，在对某一产品的各个营销环节中，如市场调研、新产品开发、促销、分销、售后服务等方面，各自发挥本企业中的营销长处或特点，实行通力合作，以实现该产品在市场营销中获胜的一种营销方式。

■案例：华为海尔签合作协议：技术营销互补 加码智能家居

2015年8月13日，海尔与华为正式签订战略合作协议，双方将围绕智能家居方面启动全方位、多层次的深度合作。主要合作将围绕智能路由与模块、移动智能终端与家电互动、云平台对接与数据共享、通讯互联的标准与协议。其包括在智能路由与模块/芯片方面，华为HI－LINK协议（Lite OS）将与海尔U＋协议深度兼容，实现双方在底层的对接。在移动智能终端与家电方面，华为消费者BG将逐步在智能手机和穿戴式产品的UI上集成对海尔家电的控制与交互。

此外在渠道及市场推广、品牌建设等方面形成全方位的合作关系。海尔将开放自有的线下门店、渠道资源，为华为消费者BG的产品提供展示、销售和市场推广；同时华为的电商平台也进行海尔智能家电类产品的销售与推荐。双方合作的产品、整体解决方案可以在各自渠道进行推广和销售，或者进行联合营销，未来还可进一步推广到全球。（来源：网络《华为海尔签合作协议：技术营销互补 加码智能家居》）

21. 联动营销

联动营销是指两个以上的企业或品牌拥有不同的关键资源，而且彼此的市场有某种程度的区分，为了彼此的利益，进行战略联盟，交换或联合彼此的资源，合作开展营销活动，以创造竞争优势。联合营销的最大好处是可以使联合体内的各成员以较少费用获得较大的营销效果，有时还能达到单独营销无法达到的目的。

■案例：携程“平台化”的战略转型的外化路径

2014 年 1 月，携程完成对途风旅游网的战略投资，“途风旅游”成为携程旗下的独立品牌；4 月，携程先后入股在线旅游企业同程、途牛，并投资 5000 万元控股德国开元旅游集团；8 月，携程斥资近 6 亿元投资华远国旅，成后者最大股东；8 月至 10 月，携程接受了国际 OTA（Online Travel Agent，指在线旅游社）巨头——美国旅游服务网站 Priceline3 次增持共计 10 亿多美元。除在线旅游领域的动作，携程在 2014 年度还有线下旅游的投资和并购，如去年 9 月，携程以约 3 亿美元购入皇家加勒比邮轮公司精致世纪号邮轮，随后与皇家加勒比邮轮公司共建天海邮轮合资公司。精致世纪号邮轮正在新加坡改造修整，今年 5 月将以上海为母港正式起航。（来源：网络《旅游电商走向平台化“资本争夺 + 战略转型”并进》）

22. 嫁接营销

嫁接营销是指“采取合作的方式，一方借用另外一方或者合作各方相互借用对方的营销资源或营销平台营销自己的产品，将产品的营销嫁接在其他合作方的营销资源或营销平台之上，从而为己方或者合作各方创造出更大的营销收益，同时降低营销成本，达到更广泛的消费群体。”

■案例：渠道嫁接——飞利浦借用 TCL 的渠道

2002 年 8 月 22 日飞利浦与 TCL 集团在上海共同宣布：两大品牌公司即日起在中国五地的市场进行彩电销售渠道的合作。根据双方协议，TCL 将利用其销售渠道及网络优势在国内五地的市场独家销售飞利浦彩电。

■案例：促销嫁接——娃哈哈巧借腾讯使“激活”占领市场第一

2004 年，娃哈哈“激活”活性维生素水与腾讯网的虚拟货币 Q 币开展“喝激活赢 Q 币”的活动，每月送出 10 万 Q 币，先注先得。2005 年 10 月 18 日，双方又正式签署了战略合作协议。合作第一期的规模是 2 亿瓶——娃哈哈所有“营养快线”饮料上将打上腾讯游戏产品的图标，腾讯为此提供总计 1.5 亿个小时的游戏时长。在腾讯的帮助下，“激活”水成为 2005 年中国维生素水市场的唯一赢家。

■案例：品牌嫁接——华硕与兰博基尼

华硕笔记本电脑为进入高端产品市场，与世界著名跑车品牌之一的兰博基尼合作，达成了将兰博基尼的品牌印制在华硕笔记本计算机上的协议。借用兰博基尼在世界范围内的强大影响力和号召力，以及其高档、尊贵、一流、稀有、珍奇的品牌联想，华硕得以成功地跨入了高端笔记本市场。

（以上 3 个案例来源：网络《嫁接营销》）

23. 杂交营销

杂交营销最重要的一句话，就是跳出行业看行业、跳出产品看产品。专业的理解，就是要善于运用不同行业、不同领域的理念、方法、手段、思路来突破自己、找到机会、快速成长；就是要善于整合运用不同行业、不同领域的思想、观念、手段、做法来为自己的企业、自己的行业、自己的产品服务；要敢于想、敢于试、敢于做。

■案例：曼妥思“造人运动”

2012 年曼妥思为宣传新推出的一款主题薄荷糖“我爱新加坡”（I Heart SG），于 8 月 9 日新加坡国庆节的前一周发布了一支自己创作的国庆歌曲“国庆之夜”（National Night），鼓励国民以一种新方式来庆祝节日：为新加坡造人。

不断下降的出生率一直是令新加坡头疼的国家难题。国庆日除了政府领袖出席的盛大巡游和阅兵表演，亦是宣传“多生孩子”的主论坛。

正是基于这样的背景，曼妥思应景地发布了自己创作的国庆歌曲“国庆之夜”，号召大家多尽国民责任，以一种新方式来庆祝节日：“为新加坡造人”。露骨的言辞，酷劲十足的曲调，未必能获得保守人士的欢迎，却广受年轻人喜爱。由于极具病毒性，一经推出迅速流行于网络，在 YouTube 上吸引了近 40 万的点击量。其点击量将近新加坡官方国庆歌曲的一半。“为新加坡造人”的责任正是这群人。如此稍具戏谑的口吻，或许反倒要比政府的说教来得更容易被接受，带给人们一丝触动。何况，他们亦正是曼妥思薄荷糖的目标客户。(来源：网络《盘点2012 年口碑营销成功案例》)

24. 置换营销

置换营销就是通过价值置换，改变实际销售标的，从而为消费者带来震撼的价值体验，从而推动商品的销售和企业的利润增长。

■案例：东风雪铁龙的原价回购置换 C5 活动

2012 年 1 月 20 日起至 2 月 29 日，凡 2009 年（含 2009 年）以后购买的北京牌照车辆，购车发票票面金额在 10 万元以内车型，同时车辆无重大事故、无火烧、无水泡、车身喷漆面积不超过 30%、公里数不超过 6 万公里的私家车等(具体整车质量由各 4S 店二手车评估师现场评估为准)，到东风雪铁龙元丰正通 4S 店即可享受按购车开票金额回购置换 C5 和原厂价值 18000 元的装饰礼包优惠套餐。(来源：网络《东风雪铁龙 C5 享原价置换 现车充足》)

25. 竞争性营销

在营销管理过程中，管理者不仅要考虑顾客的需要，还要考虑企业在本行业中的竞争地位。企业的营销战略和战术必须从自己的竞争实力地位出发，并根据自己同竞争者实力对比的变化，随时加以调整，使之与自己的竞争地位相匹配。

■案例：《藏金屋》“砰，我们打中了”

英国成人杂志《藏金屋》要进入《花花公子》垄断下的美国市场。

1969 年 6 月的某一天，美国各大报纸上都出现了一幅巨大的名为：“我们在打兔子”的广告，一支来复枪的瞄准器里，一只象征《花花公子》的白兔

（《花花公子》的刊徽是一只白兔）正匍匐在十字准星的死亡点焦点上。画面的下面是一行小字写着："一家名为《藏金屋》的杂志将要进行一场猎兔之战。"在下面的广告则是毫无讳言地说："《藏金屋》在英国和法国捉到了这只兔子。我们的英国版发行量超过了它两倍。现在，围猎场已移到兔子的后院，我们的美国版将于8月12日面世。"

不久，在同一报纸的同一版面上又出现了另一幅广告："谁惹恼了兔子"。广告上画的是一只惶恐不安的《花花公子》的那只刊徽兔子。在画面的下面，写着粗大的广告语："兔死谁手？非《藏金屋》莫属！"

紧接着，第三幅广告几天后又出现了，广告上还是那只兔子，但它暴怒了。而在画面的下面，这次却是一行意味深长的星号、着重号和感叹号。下面的广告词是："看到《藏金屋》风行美国，兔子的痛苦和我们的喜悦都是难以言表的。"

之后，《藏金屋》又根据市场的变化，制作了几则强烈针对《花花公子》的广告，最"明目张胆"的一则广告是：画面中兔子竟然在读《藏金屋》，而广告的标题则是"《藏金屋》真令人羡慕"。

到1975年4月，《藏金屋》的发行量终于第一次在美国和加拿大地区超过了《花花公子》。第二年，他们又搬出了那幅"我们在打兔子"的广告，只是这一次在广告的下面用大号的字体再加上了一句广告词："砰，我们打中了。"（来源：网络《一个非常经典的竞争性广告案例》）

26. 竞合营销（竞争者市场关系营销、共赢营销）

经济战略伙伴研究专家詹姆斯·穆尔在《竞争的消亡》一书中提出：企业竞争不是要击败对方，而是要联盟广泛的共同力量创造新的优势。

竞合营销就是企业与竞争者保持良好的竞争合作关系，摆脱恶性竞争，协调利益，优势互补，共同开发市场机会，最终取得多赢的结果。竞争者包括现有竞争者、潜在竞争者、替代品生产者。

■案例：阿里巴巴与苏宁云商的合作

2015年8月10日下午，阿里巴巴与苏宁云商联手宣布：互相出资成为对方股东，全面打通电商、物流、售后服务、营销、大数据等线上线下体系，打破场景限制、提升配送效率、完善售后服务，更好地服务于用户，提升消费体验。改变零售平台，并将形成包括大数据、云计算等在内的更加丰富的商业生态，展现数字时代商业的全新面貌，大幅提升竞争力。通过全球化平台的打造及信息技术的推动，实现供应链上的平台商户、供应商等伙伴共赢，促进以满足消费者需求为目的的整个生产制造业的转型。（来源：网络《“阿里+苏宁”将打破场景限制 提升配送效率》）

27. 隐性营销

隐性营销理论认为，消费者口碑是最有效的产品推广方式，实际上这一理念很早就零星地应用于商战，直到因特网等新技术的广泛普及才使它大放异彩。与传统营销相比，隐性营销不是向所有消费者都进攻性地“大声广播”，而是透过传统广告的喧嚣“低空飞行”，只向特定的少量消费者“低声耳语”，使产品信息进入消费者的“雷达视野”。隐性营销的主要目标就是找到合适的人来谈论产品或服务，使消费者看不出是公司发起的。隐性营销的关键是要创造一种正面口碑的环境，消费者愿意自发传播产品或服务信息。隐性营销追求的效果是消费者喜欢产品和品牌，并兴奋地把它介绍给朋友，而且期望他们像他一样，也喜欢这一产品或品牌。产品信息借助这一效果从领导时尚的中心圈消费者扩散到大众消费者，扩散方式包括物理的（可见到品牌的名人或时尚领先者），口头的（人们在公开或私下交流产品品牌信息），或者其他组合方式。

隐性营销传播是一种营销传播的技巧，它在于传播者利用各类技巧将传播内容较为隐蔽地结合在影视节目、运动场上、音乐，以及近年来出现的网络游戏中。这种传播技巧注重的是受众接受度，反对赤裸裸的植入广告。

美国专家凯加蒂总结了六种典型的隐性营销技术，分别是病毒营销、常人营销、名人口碑、诱导营销、电子游戏营销和歌曲营销。病毒营销、口碑营销、诱导营销案例详见其他部分。

■案例：上海浩博椅业的奥运赞助

上海浩博椅业与北京奥组委签订合约，免费为“鸟巢”提供五千多把总价四百多万元的座椅；免费为国家网球中心、水上运动场、北京工人体育馆等十多个体育场馆更换座位。在三十多个奥运比赛场馆中，半数以上的场馆将使用印有该公司LOGO图标的座椅，座位总数估计至少在10万以上。这意味着，在整个北京奥运会期间，有上百万名观众亲身体验该公司舒适的座椅，大大提升公司的知名度。（来源：网络《2008 北京奥运会隐性营销经典案例评析》）

■案例：沃尔沃的试驾游戏

沃尔沃利用 AR 为其运动款车型 S60 打造的一款虚拟试驾游戏。下载沃尔沃的 S60 应用，就可以“驾驶着”这款 S60 穿越你所在的任意一个房间，比如你在办公室，这款游戏中所显示的背景就将你的办公环境融在其中。所以，你在虚拟驾驶的时候，不仅需要躲避游戏中设置的重重障碍，还需要避免撞上办公室的“障碍物”，如你同事的办公桌。这个营销活动收到了纽约时报的高度评价，“对于一个以安全著称的汽车品牌，沃尔沃在营销上从不保守”。293% 的官网流量增长率也从侧面证明了这次的营销有多成功。（来源：网络《技术带来新思维 几则增强实境营销案例》）

■案例：“猪之歌”之争

2005 年，“猪头猪脑猪身猪尾巴，从不挑食的乖娃娃，每天睡到日晒三竿后，从不刷牙，从不打架……”网络歌手香香的一首《猪之歌》引来重庆、四川等地几个养猪大县的争抢。更有媒体传闻香香签约的北京世纪飞乐影视传播公司向重庆市荣昌县开出了 188 万元的天价；而四川省广安市武胜县为请香香免费代言，甚至打算邀请其担任荣誉县长。除上述两县以外，四川的三台、安岳、仁寿等养猪大县也纷纷与香香联系。通过《猪之歌》之争，使四川、重庆，尤其是荣昌和武胜两县的养猪业获得了极大的知名度。（来源：网络《猪之歌与品牌的公关营销案例分析》）

第五篇　按营销客体命名的营销策略

不同的客户有不同的需求，同一客户在不同地点不同时期需求也不相同。任何营销活动都不可能满足所有客户的需求或同一客户的所有需求。因此，每次的营销活动就有了不同营销客体，即营销对象，也就是顾客或客户的不同需求。

1. 客户营销

客户营销是以客户为中心的营销方式，它是一个全新的体系。它是企业利用存量客户信息，为增加存量客户的销售支出和提升客户价值，而进行的一种主动营销方式。

客户营销（customer marketing）理念——一种实施利用 CRM 的系统方法论，是荷兰客户营销机构主席杰伊·柯里（Jay Curry）首创的。

■案例：理发店的数据库营销

艾伦史密斯是一家英国小镇上的发廊老板。2002 年开始，史密斯决定采取新的促销手段。他建立起客户数据库，每周可以搜集到 160 个客户名单。其中三分之一是新客户。他分析发现，6 个月时间里，流失了 500 个客户。于是，史密斯决定开展 2 类邮件促销：

第一类是“流失客户挽回计划”。史密斯每年检查一次，统计一下总共流失的客户数。然后，向这些流失的客户发出信件，说：“由于你是我们的老客户，所以，可以为你提供一次免费理发服务。”该举措获得了 60% 的响应率，也就是说，挽回了 60% 的流失客户。

第二类是“定期提醒计划”。史密斯每周给到了该理发时间的客户发出邮件进行提醒，将近 70% 的客户愿意定期回来理发。

同时，他还销售某染发产品，多数顾客会购买染发品和其他产品。（来源：网络《一句话换回老客户》）

2. 大客户营销

大客户营销就是针对大客户的一系列营销组合。大客户是相对于一般消费者而言的，一般指的是企业客户或者渠道商，其价值相对比较大，需要一对一地进行客户管理与营销战略实施。

大客户又被称为重点客户、主要客户、关键客户、优质客户等。这有两个方面的含义，其一指客户范围大，客户不仅包括普通的消费者，还包括企业的分销商、经销商、批发商和代理商；其二指客户的价值大小，不同的客户对企业的利润贡献差异很大，20%的大客户贡献了企业80%的利润。因此，企业必须要高度重视高价值客户以及具有高价值潜力的客户。

在大客户营销战略中的大客户是指后者，是指公司所辖地域内使用产品量大或单位性质特殊的客户，主要包括经济大客户、重要客户、集团客户与战略客户等。其中经济大客户是指产品使用量大，使用频率高的客户。重要客户是指满足党政军、公检法、文教卫生、新闻等国家重要部门的客户。集团客户是指与本企业在产业链或价值链中具有密切联系、使用本企业产品的客户。战略客户是指经市场调查、预测、分析，具有发展潜力，会成为竞争对手的突破对象的客户

■案例：宝马的大客户营销

宝马的大客户营销体系中，折扣只是一个组成部分。在面对每一个不同的大客户时，宝马都会拿出一套完整的“购买方案”。这其中包括产品定制、服务定制、员工购买计划、回购计划等。比如，针对业务用车中的五星级酒店或者航空公司，4S店会为他们开辟绿色通道，节省时间；针对需要精确核算用车成本的企业，宝马公司会提供回购计划，在新车交付时，客户的二手车处理价格就已经是确定的了。通过制定完善的购买方案，宝马品牌在国内中小企业市场中占据了40.2%的绝对优势市场份额。（来源：网络《BMW与海尔大客户业务全面启动》）

3. 购物者营销

购物者营销是指基于对购物行为的了解，将来店顾客转变成购物者，或借以构建品牌资产的营销方式。

■案例：Burberry 的创意营销

Burberry，2011 年将其伦敦时装秀通过现场网络直播的形式呈现给全世界观众；2012 年为其台北旗舰店开张呈上了全球3 - D Stream 时装秀；2013，进行了一次 BurberryKisses——以吻封缄的信件活动。顾客首先使用 Google 的 Chrome 登陆 kisses. burberry. com；然后对准电脑摄像头，送上一个 big kiss；再从最新 5 款口红中，选出你认为最代表你的那一款；写下你想说的话，中英文都可以；最后通过逼真的 3D 效果场景看着自己的吻漂洋过海，最终抵达目的地——把你的浓情送到你爱的人眼前。这个应用不仅仅针对女性消费者，也为男士预留了无口红选择。（来源：网络《【案例】Burberry：奢侈品行业的数字营销创新巨星》）

4. 长尾营销

长尾（The Long Tail）这一概念是由《连线》杂志主编 Chris Anderson 在 2004 年十月的“长尾”一文中最早提出的。“长尾”实际上是统计学中 Power Laws 和帕累托分布（Pareto）特征的一个口语化表达。长尾有两个特点：小和大。

小指份额很少的市场，在以前这是不被重视的市场或没有条件重视的市场；大指的是这些市场虽然很小，但是数量众多。很多数量的微小市场占据着市场中可观的份额，这就是长尾的思想。

首先“长尾营销”是去开发那些过去没有去开发的或没有办法去开发的产出小的大量的小市场。其次长尾营销是在低成本甚至零成本开拓这些市场成为可能的现代技术帮助下去开拓这些市场的。

其实这些大量的小产出的小市场对于掌握现代技术的企业而言已经不是从前的开拓成本高见效少的长尾了，而是一个小投入高产出的大市场了。这样就印证了“二八定律”的核心观点：最小的投入获得最大的产出，企业利益最大化。从这个角度去理解“长尾营销”就是“长尾营销”丰富了“二八定律”。

■案例：Google 使广告商和出版商的“长尾”商业化

数以百万计的小企业和个人，此前他们从未打过广告，或从没大规模地打过广告。他们小得让广告商不屑，甚至连他们自己都不曾想过可以打广告。但Google的AdSense把广告这一门槛降下来了：广告不再高不可攀，它是自助的，价廉的，谁都可以做的；另一方面，对成千上万的Blog站点和小规模的商业网站来说，在自己的站点放上广告已成举手之劳。

Google目前有一半的生意来自这些小网站而不是搜索结果中放置的广告。数以百万计的中小企业代表了一个巨大的长尾广告市场。这条长尾能有多长，恐怕谁也无法预知。（来源：网络《长尾理论经典案例》）

5. 利基营销（缝隙营销、补缺营销、狭缝市场营销）

该营销是指企业为避免在市场上与强大竞争对手发生正面冲突，而采取的一种利用营销者自身特有的条件，选择由于各种原因被强大企业轻视忽视的小块市场（称“利基市场”或“补缺基点”）作为其专门的服务对象，对该市场的各种实际需求全力予以满足，以达到牢固地占领该市场的营销策略。其营销策略也被称为插位营销、插队营销。

菲利普·科特勒在《营销管理》中给利基下的定义为：利基是更窄地确定某些群体，这是一个小市场并且它的需要没有被服务好，或者说“有获取利益的基础”。

■案例：罗素·西蒙斯的“嘻哈帝国”

罗素·西蒙斯曾是美国著名的黑人饶舌说唱歌手。嘻哈文化（Hip－Hop）融合了饶舌说唱、街头涂鸦艺术、黑人装扮等文化形式，一度被认为是黑人帮派和街头流氓的不入流的草根文化，仅在很小一部分黑人青年中流行。从20世纪80年代末期开始，饶舌说唱音乐形式逐渐走出了贫民窟，受到越来越多年轻人的喜爱。罗素·西蒙斯也在这一时期成了明星。

此时，罗素发现了隐藏在嘻哈音乐之后的巨大商业价值。1992年，罗素·西蒙斯推出了用自己昵称命名的嘻哈时装品牌——Phat Farm，把目标市场定位为更有针对性也更狭小的那些喜欢嘻哈文化的年轻人。罗素最大限度地利用嘻哈文化，同时也通过公司的营销活动为嘻哈文化的发展推波助澜。

以嘻哈文化为基础，他又创立了Def Jam唱片公司，与众多一线说唱歌手签约，并建立了Rush基金，专门赞助尚未成名的说唱艺术家和街头涂鸦艺术家，牢牢把握了嘻哈文化的发展潮流。

接着，罗素又推出了 Rush 维萨卡和 Baby Phat Rush 维萨卡，上市第一年就吸引了超过 10 万的用户；罗素公司推出的 DefCon3 碳酸饮料也大获成功，被美国的青少年视为最酷的功能饮料；罗素公司出版的《One World》杂志，订户也超过了 25 万。

罗素还专门成立了 dRush 公司，帮助其他公司从嘻哈文化的流行潮流中分得一杯羹。与罗素合作过的企业中不乏摩托罗拉、联合道麦克公司这样的世界知名企业。如今，嘻哈文化已经冲出美国，在全球范围内流行。

凭借自身在嘻哈文化中的影响力，以嘻哈文化为起点，罗素·西蒙斯在短短几年间建立了拥有电信、时装、媒体、金融、消费品和咨询等行业的庞大帝国，创造了利基营销的神话。以至于包括哈佛和麻省理工学院在内的30多家大学都开设了专门研究嘻哈文化和罗素·西蒙斯的课程。（来源：网络《利基营销的案例》）

利基营销也就是小众营销，是分众营销、聚焦营销、精准营销的结果，相对的是大众营销、平民营销、聚众营销、族群营销、威客营销或众包营销、微众营销，也可以是精众营销、超终端营销中的一部分。

6. 小众营销

小众营销就是针对小众市场开展的营销。所谓小众市场就是某个产品所针对的消费者、购买者不是绝大多数公众，而是一个相对狭小和特殊的市场。小众市场是大众市场细分的结果，或产品的本身面对的就是一个特殊的市场。小众市场的核心是个性化。

■案例：多洛库的多肉植物经营

创办于 2011 年年初淘宝多肉植物销售的多洛库，通过淘宝本土直通车推广、注册 Doroq 多肉植物馆微博账号、建立豆瓣多肉植物爱好者联盟等 SNS 营销方式，获得了较好效果。

淘宝指数显示，2011 年 8 月 1 日，多肉植物的搜索指数为 482，到 2012 年情人节当天达到了 3522。2012 年 7 月中旬到 8 月中旬“多肉植物”的搜索指数环比上升了 1.4%，比去年同期上升了 432%。在搜索多肉植物的人群中，白领占到了 60%，学生占到了 8%。多洛库的微博粉丝有四万多。多洛库店铺到现在是 4 钻，接近皇冠的信誉。（来源：网络《小众产品 SNS 营销案

例：多肉植物馆 售卖一种生活》）

7. 分众营销

分众营销就是通过周密的市场调研后，将产品的大类的目标消费群体进行细分，锁定一个特定的目标消费群，然后推出这一特定群体最需要的细分产品，以适应这一特定群体的特定价格，通过特定的渠道和传播、促销方式进行产品营销的精确营销手段。

■案例："玩具熊制造工场" 商店

美国有家"玩具熊制造工场"的商店，孩子们可以在店里制作自己的玩具熊或其他软式玩具。

孩子们到店后，先是挑选到一台机器上（在店员的指导下）进行填充。接着从一个盒子里拿出一个心形的小布包，按店员教的那样抚摸并亲吻一下，然后许个愿，再把那颗心放到玩具里缝好。然后，孩子们再为小动物填写一张出生登记表，并给它起个名字，也可以在带回家之前给它买件小衣服和别的饰物。

给小动物起名字、填写出生记录、按自己的喜好给它穿衣服……专门针对孩子们的服务使"玩具熊制造工场"大获成功。（来源：网络《分众营销》）

8. 集中营销（Concentrated Marketing）

集中营销亦称聚焦营销，是指企业不是面向整体市场，也不是把力量分散使用于若干个细分市场，而只选择一个或少数几个细分市场作为目标市场开展营销。

■案例：昆仑山矿泉水高端体育赛事营销

2011 年，昆仑山矿泉水与中国网球公开赛达成合作协议，成为中国网球队的唯一指定用水白金赞助商。昆仑山矿泉水将中国网球公开赛作为其全新的与目标消费者亲密接触的平台之一，从更深层次上加强与高规格网球赛事的合作。与其他品牌单纯赞助不同，昆仑山更将其变成了一个深度"体验式营销”综合平台：昆仑山为所有运动员、工作人员等全程提供饮水服务的同时，还携手“中网”设立“昆仑山最有价值中国球员奖”，奖励“昆仑山最有价值中国球员”奖杯及奖金。此外，昆仑山还与观众“零距离”互动，让更多消费者了解昆仑山，了解“中网”。

除了“中网”赛事，昆仑山在体育营销方面可谓全面出击，不仅在环青海湖国际公路自行车赛上风光无限，还在2012 年别克中国高尔夫球俱乐部联赛上备受瞩目，近日也成为 WTA“深圳龙岗金地公开赛”唯一指定用水。

昆仑山荣获了“2012 年度十大体育营销经典案例奖”。(来源：网络有关昆仑山营销的有关文章)

9. 大众营销

大众营销是在实施营销活动中，企业对同一产品或服务，向消费者传播同一种信息，以吸引目标消费者购买，从而实现产品的规模市场价值。

互联网的发展使这个市场更加庞大，正如曾在惠普、美国应用材料公司和 AMD 担任过高级营销总监，著有《湿营销》《起跳点》的汤姆·海斯(Tom Hayes) 在《成功营销》中说：“互联网上一个庞大的市场正在形成，类似于全球大众市场，参与其中的人高达十几亿人，他们表现出混乱、快速变化、追逐流行的特点，为企业创造了大量的商机，但却很短暂。这就像是在逛一个世界上最大的户外市场：激动人心但是让人精疲力竭，到处都是叫卖声，还有招摇过市的‘街头骗子’，虽然会吸引我们消费，但不会让我们满意。全球规模经济呈现出繁荣但却充满风险的景象。”

全球化大众市场营销需要采用简洁、非语言似的营销信息。

■案例：百度——王思聪同款输入法

2014 年 9 月，在西半球的 iPhone6 以“比更大还更大”的姿态刷屏互联网时，东半球的百度输入法也首度打出了“比你更懂你”的概念，掀起了一场“懂你”风潮。连“全民老公”王思聪也加入其中，并在微博上与林更新眉目传情，上演一出“懂你”戏码：9 月 19 日，王思聪晒出了还没有正式开售的 iPhone 6 Plus，同时体验了目前上架 AppStore 的百度和搜狗两款输入法，并用已完善支持 iPhone 6 手机的百度输入法喊演员林更新“今晚洗干净在家等我”，引发网友一场骚动，瞬间引发 2 万多条评论。有网友说：“虽然不能跟‘国民老公’用同款的 iPhone 6 Plus，但是，终究可以跟老公用同款的输入法啦！”乃至有很多网友统一队形说：“今晚，我们都是林更新。”（来源：网络《满世界疯转的九个互联网营销成功案例》）

10. 平民营销

平民营销以满足平民百姓需求为核心，人人都可参与，参与者主体是平民大众，活动形式也是平民百姓喜闻乐见的“日常事”的营销。

■案例：361°的娱乐篮球

2006 年 12 月 17 日，361°与央视 5 套共同打造“361°娱乐篮球”，采取“给平凡人一个梦想，无门槛海选全民总动员”的完全超女打造模式，将针对 15～24 岁的年轻人，在全国 20 个城市的赛场举行 600 多场包括“三对三”“三分远投”“扣篮”“趣味投篮”“花式篮球自选”等 15 项擂台赛的公开比赛，是体育用品行业营销的首次突破。（来源：吕红涛 2007 年 6 月 18 日《平民营销的八大准则》）

11. 广泛市场营销（广泛营销、大量市场营销）

该营销是指营销者以相同的方式向市场上所有的消费者提供相同的产品和进行信息沟通，即大量生产、大量分销和大量促销。

■案例：苹果手机

苹果手机每次只推出一款，每次都是通过未曾营销先造势、饥饿式营销、体验营销——让用户享受不一样的神秘感受、打造苹果文化，培养疯狂的苹果粉丝、口碑营销——让手机从通信工具变成时代玩具等极致的人性营销套路进行营销。（来源：网络《苹果手机》）

12. 集客式营销

集客式营销是一种主动营销策略，透过各种不同的管道，做到分众且精准的网络营销。这是科技信息发展在营销界的影响产物。网络给予了消费者寻找、购买和研究品牌及产品的替代方法，从而新的传播方式集客式营销成了一个更好的营销模式。

哈里根、沙哈编著的《网络营销 3.0：Google，社会化媒体和博客引爆的集客式营销》是一本网络营销的高级指南。它将 Web 上各种形式的媒体有机地联系在一起，试图打造一个后数字时代的新型营销模式，即集客式营销。

■案例：360 的免费

360 是中国互联网安全软件与互联网服务公司之一，为中国互联网用户解决上网时遇到的各种安全问题。对于现在互联网上各种各样的病毒、欺诈网页等对人们的威胁，360 全方位地保护了人们上网的安全。

360 实行永久免费策略，而且产品效果很好，实用性大，因此带来了很多用户。现阶段互联网上有很多杀毒软件，360 是如何通过宣传从中脱颖而出的呢？360 运用了广告宣传，在网络、电视等渠道多方位宣传。同时，360 产品质量的提升，也使得 360 深入人心。

360 产品最大的一个特点是简单易操作，因此很多用户会选择 360。而且 360 还注重于与其他产品的差异和创新，推出了很多产品，如：360 安全卫士、360 杀毒、360 浏览器等。

虽然 360 是免费的，但由于 360 带来了大量的用户，使得 360 成了广告商的宠儿，因此 360 从中获得了很大的利润。（来源：网络耿安胜 2014 年 4 月 9 日《360 营销策略》）

13. 聚合营销

聚合营销是指在数字化的时代，基于消费者身上出现的新科技和人类持久的行为习惯的聚合，企业通过对不同类型的新科技、多渠道或多手段的组合，建立、保持和加强与顾客以及其他合作者的关系，以此使各方的利益得到满足和融合的一种社会和管理过程。

聚合营销是通过不同种类的新科技（互联网、手机、掌上电脑、电视）或多个渠道的组合，针对消费者在数字时代所呈现的传统与数字化相融合的价值和行为进行营销的方法。

■案例：inxx 的聚合营销

inxx 是一家国际高街潮流品牌集合店，B2C 官网于 2014 年 12 月初上线，12 月底在上海大悦城开出了第一家线下体验店。店内的每一款商品都附带一个二维码，扫一扫就能在手机上看到模特的试穿效果以及搭配建议。下单、付款、自提或配送，客户都可以任意选择在线上或者店内完成。

此外，店内还提供自制的酒水饮料、打碟娱乐等服务，目的在于营造一个潮人们喜欢的空间，甚至是一个聚会的场所。

在移动端，inxx 正在研发一款时尚行业社交 APP，一个依托明星、红人、设计师、艺术家、时装编辑、时尚潮人的特殊偏爱而设计的垂直社区。

无论是开线下店，还是做社交 APP，inxx 真正想做的是通过人、场所、社交工具等方式与目标客户建立有黏性的朋友关系，实现精准营销。（来源：网络《【营销案例】inxx：聚合用户的圈子营销模式》）

14. 集群营销

集群营销就是集合众多产品的营销，或统一品牌形象，通过统一销售和宣传渠道的产品群的营销。国外学者将其定义为高级的微观营销策略即零售商们把具有相似背景的市场或客户的商场组合成群。

■案例：潍坊中华茶博城商家联盟

中华茶博城是潍坊市最大的茶叶市场之一。潍坊银行根据该市场茶商发展特点，积极协调，将松散的茶叶行业会员以及其他相关小微客户整合成潍坊中华茶博城商家联盟，采用自荐与物业及银行推荐相结合的方式，第一批选出有贷款意向的50 余户商家作为联盟会员，共同出资设立互助担保金。潍坊银行通过该组织帮助小微企业抱团发展、抵御风险，享受潍坊银行全方位的金融服务，包括信贷业务、卡业务、pos 机具、网上银行等。（来源：网络王华庆2014 年 8 月 25 日《集群营销 细分市场 错位竞争》）

15. 族群营销

族群营销就是对于顾客族群采取的营销模式的总和。

互联网这个虚拟平台，赋予了现实社会中个人和群体这样一种新联结的能力，就是让不同地点的不同的人能够迅速汇聚到一起的能力。这个汇聚的群体在商界被称为“顾客族群”。他们具有经历爱好行为的同一性，与经营者有着较强的互动性，同时具有一定的规模等特点。

顾客族群，不单单是虚拟族群，以各类会员俱乐部为代表的实体顾客族群也越来越多和越来越强大，在营销中越来越有话语权。企业要想在新经济背景下找到突破口，就必须重视对顾客族群的分析、提取和应用，然后采取一系列的营销方案和工具来支撑企业探索、创造和传递顾客价值。这将是未来企业的根本生存利基，而不单单是高新企业和网络概念企业。

■案例：缤智的定位

广汽本田首款SUV缤智（VEZEL），以先锋设计引领潮流，瞄准80后这群率先接受新事物，敢于体验并乐于传播的“潮流先行者”。作为一款开拓80后新世代用户市场的前瞻车型，缤智（VEZEL）代表了一种契合年轻群体的世界观——勇敢打破界限，放胆颠覆世界，鼓励人们不被束缚、勇于践行，摒弃被其他人鼓吹的样式模板，自主定义生活内容，让所有内心年轻的人们，在缤智（VEZEL）不拘一格的设计理念中，在缤智（VEZEL）不被束缚的颠覆态度中，感受到冲破乏味生活的热情与勇气。（来源：网络《广汽本田首款SUV缤智（VEZEL）炫彩上市》）

16. 微众营销

微众营销就是通过微传播开展的众包营销。

微传播有广义与狭义之分。广义的微传播是指以微博客、手机短信、彩信、飞信、QQ、MSN、户外显示屏、出租车呼叫台等为媒介的信息传播方式。狭义的微传播是以微博客为媒介的信息传播方式。

微传播的核心特征就是“微”，即传播的内容是“微内容”（一句话、一个表情符号、一张图片等等）；传播体验是“微动作”（通过简单的按键操作、鼠标点击就能完成选择评价、投票功能）；传播渠道是“微介质”（手机等介质）；传播的对象是“微受众”（小众、对象性传播）。

微传播集合了自我传播、人际传播、组织传播、大众传播的特点，在互联网平等、去中心化和反权威精神的基础上，融入了个人性、即时性、互动性，将微博打造成了信息交流的平台。

■案例：小米与微众传媒合作

在小米手机准备推向市场时，小米决定重兵布阵社交媒体。于是，小米与微众传媒的前身——问天公司开展合作。

2011 年 6 月，小米与问天运用微众运营系统，进行市场信息监测，为市场战略提供有效市场反馈信息，同时配合以饥饿营销、微博营销、网站营销、口碑营销等方式对小米手机广为传播。到 9 月 5 日，通过官方网站这个唯一通道开放购买，从 5 日 13 时到 6 日晚上 23：40 两天内预订超过 30 万台。同年 12 月，随着合作的深入，小米升级到微众营销系统，进行企业微博矩阵管理，在微博上发现更多营销机会。

2012 年 3 月以后，小米进行战略型转型，全面转到微客服运营策略。微众则根据小米需求和营销流程订制小米微客服营销系统，支持扩张后的 30 多人微博运营团队进行统一平台操作和管理。

与小米的合作让微众在舆情监测功能的基础上开始更多关注社会化营销服务领域的机会。小米模式的成功也让问天团队明白，搭建沟通渠道，是众多企业的最重要需求之一，恰恰也是问天的核心价值所在。

2012 年年初，问天（北京）信息技术有限公司，转型打造社会化营销管理平台和服务，同期更名为“微众传媒”。到 2012 年年末，微众的客户名单已经积累了小米、凡客、招商银行、广发银行、聚美优品、乐蜂网等知名公司。(来源：网络《小米营销案例》和赵娜 2014 年 3 月 28 日《微众探路社会化营销：能否复制小米模式?》)

17. 精众营销

精众营销就是对精众人群的营销。

精众是拥有积极向上的价值观，追求并引领高品质生活，具有活跃的、共同的消费符号的人群聚合，具备精选、精英、精致、精明的特点。与大众不同的是，精众是消费潮流的引领者而非追随者，是品牌的创造者而非附和者。精众是依据品牌传递的信任感来驱动其消费行为，而不是靠简单的广告轰炸来驱动消费行为。同时，精众又在建构着大众的时尚。

■案例：别克英朗 XT“帅在骨子里”

别克英朗 XT 于 2013 年推出“帅在骨子里”营销主题，同时在媒介选择上除了选择大众媒体及网络媒体进行铺面告知之外，更以精众平台——健身媒体为主战场，打出“这是我的帅，你怎么帅”的宣传口号，拉近与精众之间的距离，建立强关系。

别克英朗结合健身会所各区域特性，创新各种创意表现形式，全面覆盖健身会所的出入通道、力量区、器械区、跑步区，同时以创意贴、立牌、玻璃贴、大型喷绘打造立体化英朗动感健身空间；运用突出健身动感形象的视觉，辅以个性化、场景化的文字表达，以达到神形兼备的深度沟通。例如在杠铃的创意贴的文案“有种你就举过头”，跑步机立牌的文案“跑够10 公里，才有安全感”。这一切让健身人群从进入健身会所起，既感受无处不在的英朗 XT 动感创意，更是贴身感受别克英朗 XT 的个性见解和体会。

在此次媒体投放中，共覆盖 143 万目标消费者，高达 82.5% 的健身人群表示通过此次投放增加了对别克英朗的喜好度，并且在实际转换也有很好的表现。（来源：网络《精众营销经典案例：别克英朗 XT 风之子——用“心”打动精众》）

18. 超终端营销

超终端营销就是销售企业按照交互营销原理，把超级终端既作为消费终端来营销，又作为营销终端来经营，重新构建商业价值链，使超级终端成为既是消费者，又是经营者的一系列营销的总和。

终端一般指营销链条上的最后端。所谓的超终端，即超级终端，有两层含义：一是打破原有营销体系，把营销链条延长，超越原有的终端；二是营销链条延长后，把消费能力强、消费要求高、追求独有和尊享的消费群体纳入到营销链条中，作为超级终端。此含义与精众相类似。

超级终端具有分布散、层次高、层面窄、人脉广的群体特征。

■案例：“好邦客”车行

长沙市“好邦客”汽车销售有限公司，实行会员制。客户注册成为会员后，按正常的程序开展租车业务，根据车辆租用时间、所付费用进行累计积分，当积分达到相应标准后，可以从“好邦客”拿走一辆相应型号和相应新旧程度的车辆。

如果客户的积分已达到相应车型的标准，客户不愿要车，“好邦客”可按累计使用费的30%返还给客户现金。“好邦客”的客户如果突然出现经济上的困难或意外可以中断使用，等经济出现好转后再继续使用，原有的积分继续有效。客户也可以选择中途退出，“好邦客”同样返还客户已消费的30%使用费。

客户除了租车自用外，还可以在“好邦客”允许的范围内代亲戚、朋友、单位租车，既方便了亲戚、朋友、单位，又不断地为自己积累了积分。“好邦客”可以容纳大量这类既是消费者，又是经营者的具有双重身份的经纪人。

“好邦客”仅用20万元起家，一年时间就启动了长沙、湘潭、株洲等地的市场，实现净利润3000多万元，会员数和利润均以50%的速度在递增。（来源：网络李天保2007年2月7日《“好邦客”车行逻辑》）

19. 性别营销

性别营销即把消费人群区分为男性与女性，企业选择男性市场、女性市场或者中性市场作为目标市场，并由此展开基于男女两性差异的视角而进行的营销。

■案例：沃尔沃 YCC 女性概念车

2004年沃尔沃公司推出的YCC女性概念车，是由120多名女性职员组建女人设计团队一手打造的。她们站在女性消费者的立场，从女性驾驶的亲身体验出发，描绘出YCC的目标购买者的形象：独立的职业女性。除去所有男性购买者所关注的速度、性能之外，YCC满足了一些特殊的要求——放置坤包、手机的空间；易停车；上下车优雅自如；保养简便等，向世人展示了该车独一无二的女性风采。YCC正是凭借其明确、出色的产品性别定位，将几乎所有女性需求的细节都纳入考虑范围，在汽车领域独树一帜。（来源：网络《沃尔沃YCC——完全女人概念车》）

20. 年轻派营销

该营销是由年轻派营销咨询机构出版的《年轻派营销》所提出的概念，就是针对 80 后、90 后年轻人及具有年轻态人群的营销。

提出要做年轻态营销，就必须去寻找在观念和心态上始终保持年轻的消费群体。这一类人或许从年龄上来说已经并不年轻，但正因为他们和社会长时间的接触，才能对流行保持着高敏度的触觉。

好的营销行为不是在顺应市场，而是在改变市场上的销售法则。优秀的年轻态，最终的结果是把所有人以及所有环节都化作年轻状态，把不可能变作可能，这才是关键所在。

■案例：动感地带 M－ZONE

2003 年 3 月，中国移动推出了针对 ARPU 值（每用户月花费值 Average Revenue per User）中低，但数据业务比重高，15 岁到 25 岁的年轻一族的动感地带 M－ZONE。

定位："新奇"，"时尚、好玩、探索"。

口号：我的地盘听我的！没错，我就是 M－ZONE 人！我的地盘，到哪都是自己人！我的地盘，3G 生活听我的！

代言人：周杰伦、潘玮柏、SHE。

该营销活动最大的卖点在于学生套餐，包括了针对年轻人的短信与上网需求相对优惠的短信套餐和移动数据流量套餐，用不断更新变化的信息服务和更加灵活多变的沟通方式来演绎移动通信领域的"新文化运动"，受到了年轻人的喜欢。（来源：网络《动感地带 M－ZONE》）

21. 第三方营销

第三方营销在传统营销和网络营销中具有不同的含义：

在传统营销情况下，第三方营销有两层含义。第一层含义是指企业将营销工作以各种方式委托给第三方负责。严格讲除企业自有营销渠道外的营销渠道都是第三方营销。第二层含义是指企业找到愿意为产品支付费用的第三方，让第三方支付企业的相关费用，企业用低于其成本的价格或免费销售其产品或服务给消费者的营销过程。

■案例：加油站的零成本促销

加油站通过各种方式与第三方合作，如为第三方在促销品上植入广告、发放宣传单、摆放海报等，由第三方直接提供促销品或支付促销费用，加油站为加油客户免费赠送促销品。

在网络营销情况下，第三方营销是指第三方平台营销。第三方平台泛指独立于产品或服务的提供者和需求者，按照特定的交易与服务规范，为买卖双方提供但不限于供求信息发布与搜索、交易的确立、支付、物流等服务的网络服务平台。这就是建在互联网上的交易市场，也叫电子商务平台，常见的有 B2B、B2C、C2B、C2C、O2O 等。

第三方平台营销又有两种情况。

第一是建立第三方平台者的营销，此时的第三方营销就是第三方平台为积聚平台人气，吸引更多使用者而开展的一系列营销活动的总和。

■案例：谷歌公司的盈利模式

Google 作为全球规模最大的搜索引擎，通过为使用者提供免费的包括网页、图片、音乐、视频、地图、新闻、问答等等全方位搜索服务来积聚人气，然后吸引更多商家来做广告，实现其通过“广告＋互联网增值服务”的营业模式实现盈利。凭此模式，Google 称霸了整个互联网。（来源：网络《谷歌》）

第二是使用第三方平台者的营销，可以是企业也可以是个人，统称为销售者。此时第三方平台营销就是销售者借助于第三方平台完成一系列营销环节，达到营销目标的过程。

■案例：“双十一”购物节

2009 年，天猫（当时称淘宝商城）开始在 11 月 11 日“光棍节”举办促销活动，销售额为 0.5 亿元；

2010 年，天猫“双十一”的销售额提高到 9.36 亿元；

2011 年，天猫“双十一”的销售额已跃升到 33.6 亿元；

2012 年，“双十一”当日支付宝交易额实现飞速增长，达到 191 亿元，其中包括天猫商城 132 亿元，淘宝 59 亿元；订单数达到 1.058 亿笔。

2013 年，数据显示，淘宝“双十一”交易额突破 1 亿只用了 55 秒；达到 10 亿用了 6 分 7 秒；50 亿用了 38 分钟；凌晨 5：49 阿里当日交易额突破 100 亿；13：39 达 200 亿元；17：31 突破 250 亿；11 月 11 日总交易额 350.19 亿。这个数字，大概是 2012 年美国网络星期一交易额的两倍。

其他电商也大有斩获。京东官方微博宣布，“双十一”期间三天（10 日 ~12 日）销售额 25 亿元，三天订单总量超过 680 万单，是 2012 年 11 月 11 日当天订单量的 3 倍多，网站流量是平时的 2.5 倍；苏宁门店销售同比增长近 100%，总计订单量近 600 万单，“双十一”整体超过 1000 万单；腾讯易迅下单金额突破 10 亿，微信渠道得到扩充。

2014 年 11 月 11 日，阿里“双十一”全天交易额 571 亿元。（来源：网络《双十一》）

第六篇　按营销内容命名的营销策略

从营销总体而言，各种营销方式都是为客户创造价值，但价值体现是不相同的，具体营销时突出的价值点也是不同的，依据价值点不同就有了不同的营销方式。

1. 内容营销

内容营销广义讲是一个总称，包括所有的营销方式，是指为改变品牌导向，提高品牌知名度，改变消费者对品牌的认识，刺激购买欲，并促成购买行为，而由企业向目标顾客传递企业理解客户的需要并愿意与客户建立某种联系的有价值的信息的营销活动。

■案例：谷歌的小女孩凯蒂蜡笔信

“亲爱的谷歌工人，你可以在我爸爸上班的时候，给他放一天假吗？比如让他在周三休息一天。因为我爸爸每周只能在周六休息一天。凯蒂。附笔：那天是爸爸的生日。再附笔：这是夏天（暑假）。”

“亲爱的凯蒂，感谢你的来信和你提出的要求。你的父亲在工作上一直很努力，他为谷歌和全世界千千万万人设计出了很多漂亮的令人欣喜的东西。鉴于他的生日已快到来，以及我们也意识到了在夏天挑个周三休息一下的重要性，我们决定让他在7月的第一周休假一个星期。祝好！丹尼尔．席普蓝克夫。”

这个故事在全球范围获得广泛报道，Facebook、Twitter等社交网络上也有大量转载，Google搜索到的相关记录超过7500万条。（来源：网络《2014年八大最牛创意营销案例盘点》）

狭义的内容营销，就是创造和发布原创内容——包括博文、案例研究、白皮书、视频和照片等，以带来询盘，增加品牌可见度，并建立公司在领域内的专业形象。他们所依附的载体，可以是企业的LOGO（VI）、画册、网站、广告，甚至是T恤、纸杯、手提袋……根据不同的载体，传递的介质各有不同，但是内容的核心必须是一致的。

■案例：杜蕾斯的鞋套哥

2011 年 6 月，正值北京傍晚临近下班时，大雨猛然间落下，微博上网友开始讨论如何回家。此时一个叫“地空捣蛋”的账号发出一条微博：北京今日暴雨，幸亏包里还有两只杜蕾斯。他在配图中，详细介绍了自己怎样把杜蕾斯作为鞋套。

此微博一发出，便被网友疯狂转发，在1 小时之内便被转发了 1 万多条。24：00，这条微博转发量已经超过 5. 8 万条，牢牢占据了 6 月 23 日新浪微博转发排行第一名。3 天内，最高转发超过了 9 万条。如果以传统媒体的传播达到来比较，这次没花费一分钱预算的事件传播可以与 CCTV 黄金时间点的 3 次 30 秒广告效果媲美。一周后，《中国日报》英文版将此案例评为 2010 年最有代表性的社交网络营销案例之一。

2. 价值营销

价值营销就是赋予抽象的品牌以顾客可感知的价值，让品牌具有明确而实在的价值基础，并把价值表达出来，达成现实销售。

价值营销最早可能是英国著名营销学教授多伊尔在 2000 年所著的《Value - Based Marketing》一书中给出的定义，准确的概念是“基于价值的营销”，翻译为“价值营销”。多伊尔给出营销的定义：营销就是通过开发与富有价值的客户之间的关系以及创造竞争优势来寻求股东回报最大化的管理过程。

价值营销实际操作主要有四个步骤：价值发现、价值重估、价值匹配和价值点睛。

价值营销提出的营销组合：产品价值、品牌价值、服务价值、终端价值、形象价值。

■案例：O2O 营销模式的价值

O2O 营销模式又称离线商务模式，是指线上营销线上购买带动线下经营和线下消费。O2O 通过打折、提供信息、服务预订等方式，把线下商店的消息推送给互联网用户，从而将他们转换为自己的线下客户。这就特别适合必须到店消费的商品和服务，比如餐饮、健身、看电影和演出、美容美发等。

O2O 对用户而言：

获取更丰富、全面的商家及其服务的内容信息。

更加便捷地向商家在线咨询并进行预购。

获得相比线下直接消费较为便宜的价格。

O2O 对商家而言：

能够获得更多的宣传、展示机会吸引更多新客户到店消费。

推广效果可查、每笔交易可跟踪。

掌握用户数据，大大提升对老客户的维护与营销效果。

通过用户的沟通、释疑更好地了解用户心理。

通过在线有效预订等方式、合理安排经营节约成本。

对拉动新品、新店的消费更加快捷。

降低线下实体对黄金地段旺铺的依赖，大大减少租金支出。

对O2O 平台本身而言：

与用户日常生活息息相关，并能给用户带来便捷、优惠、消费保障等作用，能吸引大量高黏性用户。

对商家有强大的推广作用及其可衡量的推广效果，可吸引大量线下生活服务商家加入。

数倍于 C2C、B2C 的现金流。

巨大的广告收入空间及形成规模后更多的盈利模式。（来源：网络《O2O 营销模式》）

3. 客户化营销

客户化营销就是在以客户为中心的经营原则指导下，深入理解客户需要和需要背后的动力，从客户的角度思考问题，并从客户的角度定义价值，而进行的一系列市场营销活动。客户化营销的本质就是企业和客户之间的“合作生产”。

客户需求既有组织影响因素，又有个人影响因素。客户化营销是基于组织需求与个人因素在这两个层面上进行的，所提供的解决方案不仅要帮助购买者实现组织目标，而且要满足他们的个人需求。

4. 顾客化营销

其也称为定制营销，是根据每个顾客的不同需求制造产品并开展相应的营销活动。其优越性是通过提供特色产品、优异质量和超值服务满足顾客需求，提高顾客忠诚度。顾客化营销 20 世纪 80 年代在西方兴起，20 世纪 90 年代呈现蓬勃发展趋势，将成为 21 世纪最重要的营销方式。

■案例：亚马逊书店网站的“点播”

亚马逊书店网站可以为客户提供“点播”广告服务。这种广告是由客户主动发起，而且是应客户的要求而出现的。客户可以登录自己感兴趣的主题，此后每当有该主题的新书、唱片或录像带问世时，书店就会应客户的要求向他们发出电子邮件信息，也会运用资料库中的资讯在网站上为客户推出专属的横幅广告。（来源：网络《逆向营销》）

5. 功能营销

功能营销概念中的功能含义特指的是商品与物质属性直接关联的使用价值，它并不包括商品超越物质属性的文化、心理意义上的使用价值。

功能营销的概念特指人们围绕商品的物质使用价值而进行的营销努力。它所反映的是一种以商品物质使用价值为诉求核心的营销模式。

该营销模式包括：功能创造模式和功能优化模式。功能创造模式强调的物质需求匹配的产品的原创性；功能优化模式则是物质需求匹配的产品的精细化。（来源：贾利军的博客 2011－10－23《物质生存的镜像——功能营销范式解读》）

■案例：电视机的产生与发展

电视机是“电视信号接收机”的通称。1923 年，俄裔美国科学家兹沃里金申请到光电显像管、电视发射器及电视接收器的专利。他首次采用全面性的“电子电视”发收系统，成为现代电视技术的先驱。1924 年，英国电子工程师约翰·贝尔德发明的第一台电视机面世。1928 年，美国的 RCA 电视台率先播出第一套电视片《FelixTheCat》。1939 年，美国 RCA 推出世界上第一台黑白电视机，到 1953 年设定全美彩电标准以及 1954 年推出 RCA 彩色电视。现在电视科技已发展到了液晶电视、3D 电视、数字电视、网络电视等。（来源：网络有关电视机的文章）

6. 超值营销

超值营销是指在营销过程的各个环节上，通过增加使顾客可以感觉到超过期望的或比竞争对手高的额外价值，赢得顾客。其包括在产品质量、性能、价格、服务等方面增加产品的额外价值。

■案例：一元销售术

美国人卡尔开了家小店，开始时生意萧条，后来他经过精心计算做出决定，只要顾客拿出一美元，便可以购买店里的任意一件商品。于是招来了大批顾客，销售量超过了附近几家大的百货公司。后来他改行经营绸布店，又在经营方式上出新，决定凡在该店购买10美元商品，可获赠白券一张，积5张白券可兑换蓝券一张，积5张蓝券可兑换红券一张，一张红券可以任意挑选店中的一件商品。这种“卡尔销售术”，使他成为百万富翁。（来源：网络《几个经典促销案例》）

7. 低成本营销

低成本营销并不是想象中的绝对低成本，而是相对的。换言之，即是营销技巧、营销策略等实施需要的资金，如果有利于整体营销战略和品牌核心及相关识别体系演绎，就可以称为低成本营销。

■案例：“水煮鱼皇后”

“水煮鱼皇后”是淘宝千千万万卖家中的一个。她的小店主要经营服装、时尚用品等。但是店主年纪轻轻却月入两万，被网友们封为“淘宝第一美女”。“月入两万、淘宝第一美女”的定位诱发了全方位的口碑，阿里巴巴、酷六、全球购资讯网等多家媒体纷纷邀请“水煮鱼皇后”做专访报道；土豆网、新浪播客竟然邀请“水煮鱼皇后”参加2008年的新春节目。网友们在热烈地讨论她的事迹，论坛中有她很多美丽身影的照片，视频更有一群铁杆FANS还为她布置维护了个人贴吧。淘宝第一美女一时间可以称得上淘宝的品牌形象符号，吸引更多的买家、卖家涌入淘宝交易。（来源：网络《低成本创造高收益 盘点口碑营销成功案例》）

8. 品牌营销

品牌营销是通过市场营销使客户形成对企业品牌和产品的认知过程。

品牌是一种错综复杂的象征，它是品牌属性、名称、包装、价格、历史声誉、广告方式的无形总和。品牌同时也因消费者对其使用的印象，以及自身的经验而有所界定。

■案例：宝洁开品牌管理之先河

1931 年 5 月 31 日，一份备忘录改变了宝洁的发展史，“将品牌作为一项事业来经营”从此成为宝洁的信念之一。

在新的品牌管理体系之下，品牌经理要对某一品牌的营销全权负责，且其收入与该品牌业绩相挂钩。宝洁要求它旗下的每个品牌都是“独一无二”的，都必须自我建立顾客忠诚度。同类产品上的多种宝洁品牌相互竞争但又各有所长，为消费者提供不同的好处从而保持各自的吸引力。如洗发水品牌各自承诺不同的利益：头屑去无踪，秀发更出众（海飞丝）；洗护二合一，让头发飘逸柔顺（飘柔）；含维他命原 B5，令头发健康，加倍亮泽（潘婷）。《时代》杂志称宝洁是个“毫无拘束、品牌自由的国度”。（来源：网络《世界经典大品牌营销实例》）

9. 品牌授权营销

品牌授权又称品牌许可，是指品牌的拥有者在一些商定的条款（如使用品牌的商品类别、商品销售的地理地区和使用的时间段）的基础上通过有关协议，允许被授权商使用授权商的品牌生产销售某种产品或提供某种服务，并向品牌授权商支付商定数额的权利金的经营方式。

■案例：snoopy（史努比）的使用

snoopy（史努比）是美国著名卡通画家查理·舒兹（charles m. schulz）先生创作的著名卡通形象。从 1950 年开始，全球共有 75 个国家、3 亿多读者在 2500 多家不同的报纸上看到了一万八千多套 snoopy（史努比）的漫画。通过漫画和卡通片的传播，snoopy（史努比）成为风靡世界的著名卡通人物。带给舒兹先生庞大财富的不是“稿费”，而是“卡通商品授权”，2002 年全球就超过2万种与snoopy（史努比）有关的商品，包括0～4岁婴儿装；浴巾、挂毯等家用纺织品；卡通钟表、体育用品、主题电脑、手机促销、流行食品饮料促销、特色机车、主题公园等，每年利润高达11亿美元。（来源：网络有关的《snoopy（史努比）》）

10. 副品牌营销

副品牌营销是指用一个成功品牌作为主品牌，来涵盖企业生产制造的系列产品，同时又给产品系列中的不同产品另起一些生动活泼、富有魅力的名字作为副品牌，以主品牌展示系列产品的社会影响力，而以副品牌凸显各个产品不同个性形象，加深消费者对每种产品的印象和好感，形成消费者对副品牌的信任，从而扩大产品销路的营销策略。

■案例：喜之郎的水晶之恋

“喜之郎”是中国驰名商标。喜之郎系列产品连续多年被评为“中国名牌产品”，后又针对青春少女推出了蕴涵“纯情、浪漫”的“水晶之恋”果冻系列。“水晶之恋”也成为知名品牌。（来源：网络《喜之郎》）

11. 无品牌营销

无品牌营销是指不使用生产者或者经销者的标记，不给产品定品牌，以节省销售费用。

■案例：淘宝无名良品店铺

无名良品是阿里巴巴携手中小企业及外贸厂商共同搭建的综合性购物平台，是按照B2C管理模式运营的商城。

无名良品的使命是帮助众多具备良好制造能力，但暂时没有自主品牌或缺乏知名度的中小企业及创业者，利用新型的电子商务零售体系，创造新的营销模式，提升销量，孵化品牌，真正将质优价廉的商品以及优质的服务提供给广大消费者。（来源：网络《淘宝店铺》）

12. 符号营销

符号营销是指当消费方式逐渐成为社会地位、文化身份、个人声望的评价依据，人们力图借助一些品牌符号来展示自己的地位和身份。通过对顾客长期的、全面的、独特的、根深蒂固的符号理念灌输，使顾客认同其品牌的价值观，并将品牌的符号铭刻在顾客心底。

■案例：N°5 香水

香奈儿在 1921 年推出第一款香水 N°5，5 是香奈儿的幸运数字，是前沙皇宫廷调香师恩尼斯·鲍提供的第五个香水样本，有八十多种成分，是第一款人工合成的“抽象”香水。N°5 一推出就以其名称与瓶身设计震撼了当时潮流。N°5 这个名称极其独特，与众不同，而且便于记忆。而香奈儿女士亲自为 N°5 设计的瓶身简单得就像实验室的烧瓶，配有几何圆角，成为简约设计的代表。1959 年，N° 5 的香水瓶作为二十世纪的象征之一，被纽约现代艺术博物馆纳入永久藏品。（来源：fighting 的博客 2012 – 11 – 20《符号香奈儿》）

13. 品类营销（品类式营销，分类营销）

品类营销就是有目的地创造开发出新的产品类别。品类就是用概念在原有的产品类别中或在它的旁边，开辟一个新的领域，然后命名这个领域，把你开辟的新领域作为一个新品类来经营，把自己的产品作为这个新品类的第一个产品来经营，首先在自己开辟的市场中独占独享。

■案例：盛大网游收费模式

盛大公司在 2001 年 7 月借代理质量相对优良的韩国游戏《传奇》之机，开创了以往网络游戏依靠网络广告、电信分成等赢利模式之外的新赢利模式——直接面向终端消费者收费模式。其同时通过渠道扁平化，提高销售终端的覆盖率和控制力度；通过向游戏玩家提供优质的售后服务，让玩家建立起忠诚度。（来源：网络《创新营销模式 开创新品类市场》）

14. 奢侈品营销

奢侈品营销是指企业通过利用消费者的高端品牌需求，创造奢侈品价值，最终形成奢侈品效益的营销策略和过程。

■案例：路易威登——推出移动购物平台

2013 年 12 月，全球时尚鳌头路易威登（Louis Vuitton）在美国正式发布一款乐趣盎然的移动购物平台，不仅在线上展示这个顶尖名牌最 IN 时尚装备，还为买家精心打造全方位视听体验。

这款移动购物应用目前适用于美国境内的移动电话和平板电脑。只要一个点击，买家便可以随时随地轻松访问这间顶级时尚殿堂。买家可以一边观看生动的时装真人秀，一边将关于该品牌的最新时尚资讯尽收囊中。最妙之处不外乎趣味十足的“换衣秀”，屏幕上性感美艳的 LV 麻豆帮你实现试衣的愿望，听凭差遣。这样全方位的鲜活购物互动，绝对让买家大呼过瘾，乐在其中。（来源：网络《2013 年度奢侈品公关事件盘点》）

15. 资源营销

资源营销就是以资源为核心的营销活动，它是通过整合有限的可利用资源，来调控开发全社会无限的资源，从而实现资源价值最大化的目标。

资源营销就是资源开发、资源整合的过程。企业在进行资源营销过程中，其出发点和最终目标都是资源。资源的增殖与增值就是靠资源转换来实现的。它可能是将资本资源转化成了市场资源，或将市场资源转化为网络资源、品牌资源等。企业就是在资源转化过程中实现资源的增殖，同时也实现赢利，而利润只是其中一种表现形式。

营销资源，是指在市场营销中形成的为组织或个人占有的核心技术、经验积累、产品及个人声誉、客户关系、市场网络等资源。

经济学中将营销资源定义为在一定的市场环境中，为发掘和说服消费者，并充分满足之需要，引导物品及劳务从生产者流通至消费者或使用者，并最终实现企业目标的企业活动而投入的资财消耗。

■案例：电子商务平台

电子商务平台即是一个为企业或个人提供网上交易洽谈的平台。企业电子商务平台是建立在 Internet 网上进行商务活动的虚拟网络空间和保障商务顺利运营的管理环境，是协调、整合信息流、物质流、资金流有序、关联、高效流动的重要场所。

企业、商家可充分利用电子商务平台提供的网络基础设施、支付平台、安全平台、管理平台等共享资源有效地、低成本地开展自己的商业活动。不仅仅是初级网上购物的实现，它能够有效地在 Internet 上构架安全的和易于扩展的业务框架体系，实现 B To B（企业对企业）、B To C（企业对用户）、C To C（用户到用户）以及 ABC 模式（代理商、商家、消费者）等应用环境。(来源：网络《电子商务平台》)

16. 势能营销

势能营销就是企业为了使产品向顾客流动过程中形成增值差（即势）而进行的营销活动。任何产品都是有价值的，当这种产品被市场接受后，在交易中会产生一种让渡价值。这种让渡价值越大，对顾客来说越具有吸引力。从顾客价值到产品价值，就形成一种高低差，我们可以把这种高低差称作“势”。建势就是开展产品价值到顾客价值的增值活动，使顾客对产品形成并保持高度吸引力的过程。

■案例：旧上海的永安公司

旧上海有一家永安公司，以经营百货著称。永安的经营宗旨是：在商品的花色品种上迎合市场的需要，在售货方式上千方百计地使顾客满意。商场的显眼处用霓虹灯制成英文标语：Customers are always right（顾客永远是对的）作为每个营业员必须恪守的准则。永安的服务方式：一是为重点顾客送货上门；二是鼓励营业员争取顾客的信任，密切与顾客的关系，对那些“拉”得住顾客的营业员特别器重，不惜酬以重薪和高额奖金；三是针对有钱人采取一种凭“折子”购货的赊销方式，顾客到永安公司来购物，不用付现款，只需到存折上记上账；四是争取把一般市民顾客吸引到商店里来。永安公司成为无论上流社会和一般市民，只要光顾这里，都能满意而归的商场。（来

源：盛炎祥的博客2010－09－14《第一章市场营销：创造顾客价值和满意案例二》）

17. 信仰营销

信仰营销是指企业以自身发展战略和品牌诉求为主体，在管理者、生产者、经销商、消费者以及相关市场群体之间组成一个“核心圈”，并将企业的经营理念奉为核心圈全体约定的行为准则和活动指南，从而建立起来的一种新型合作共赢的市场营销关系。其实质是充分运用信仰的力量进行市场管理与模式创新，从而实现核心圈每位成员的发展目标。信仰营销是文化营销的最高表现形式。

■案例：汾酒的信仰营销

2009年底汾酒集团提出了“汾酒中国酒魂信仰体系”。在研究众多史实及工艺技术的基础上，明确了汾酒的定位，回答了“什么是汾酒”，概括为三个词，汾酒是“国酒之源，清香之祖，文化之根”，凝聚成一个词，就是“中国酒魂”。

汾酒的信仰营销，也就是坚持诚信营销。2010年6月18日，汾酒在北京人民大会堂举办“汾酒唯一荣获巴拿马万国博览会中国白酒品牌甲等大奖章95周年”纪念活动，向白酒行业文化虚假宣传宣战。2011年9月18日，“汾酒——共和国第一国宴用酒62周年纪念大会”在北京召开，会上，亲历者、知情者、采访者纷纷发言，还原汾酒是第一国宴用酒的真实历史。汾酒坚持诚信营销的精神，正影响越来越多的白酒品牌回归理性文化传播。

经过信仰营销，汾酒2012年底提前3年实现百亿目标。而在世界品牌实验室发布的2012年（第九届）《中国500最具价值品牌排行榜》上，汾酒集团“杏花村”品牌以73.26亿元的品牌价值，连续第九次登上榜单并跻身中国白酒行业十强。（来源：网络《汾酒信仰营销 传递白酒正能量》）

18. 观念营销（理念营销）

观念营销就是把一种新的积极健康的主意、念头、思想、计划、打算、意见等传播给消费者，以影响和改变消费者传统的思维、习俗、方式等，使消费者的社会生活更上一个新的层次的营销行为。

■案例：美国西南航空公司廉价航空服务模式

美国西南航空公司首创了廉价航空服务模式。为了降低成本，西南航空采取了一系列措施，如为降低旅客服务成本：在机上只供应花生和饮料，没有主食；登机票是可以反复使用的塑料卡片；西南航空精简到没有集中服务。它甚至不负责为旅客提供运输工具搬运行李。西南航空根据“谁先来谁先坐”的原则安排座位，这样就节省了预订机票和安排座位的部分费用等。西南航空公司以低成本战略赢得了在美国航空业日渐衰退的大环境下的大胜利。（来源：网络《西南航空公司》）

19. 概念营销（卖点营销）

概念营销是指企业在市场调研和预测的基础上，将产品或服务的特点加以提炼，创造出某一具有核心价值理念的概念，通过这一概念向目标顾客传播产品或服务所包含的功能取向、价值理念、文化内涵、时尚观念、科技知识等，从而激发目标顾客的心理共鸣，最终促使其购买的一种营销新理念。

■案例：婷美的“美体修形，一穿就变”

1999 年初入“江湖”的婷美依靠“美体修形，一穿就变”的概念，和性感迷人的婷美广告及买断专柜等方式，使“婷美内衣”12 天火爆京城，26 天风靡全国，在京城创造了日销售额突破 200 万元、超过了长期在中国内衣市场占据霸主地位的六大名牌内衣一个月销售综合的纪录，成为内衣行业全国第一品牌。

婷美进行了一场内衣革命，打破了内衣销售的游戏规则，使女人的塑身方式不再是羞羞答答的隐私。创造了一个新的市场——美体塑身市场，带来了一个新产品，创造了一种新观念，发现了一个新行业。婷美也促使“保健内衣”市场很快地成熟起来。（来源：创业管理营销的博客 2008 - 11 - 16《婷美的概念营销》）

20. 知识营销

知识营销指的是向大众传播新的科学技术以及它们对人们生活的影响，通过科普宣传，让消费者不仅知其然，而且知其所以然，重新建立新的产品概念，进而使消费者萌发对新产品的需要，达到拓宽市场的目的。

■案例：劲酒的知识营销

2006 年，劲酒发行了《劲牌健康饮酒手册》。2008 年，中国第一部针对健康饮酒的专业指导书《饮酒指南》正式出版。《指南》由中国劲酒联合中华医学会组织专家组编纂而成，为公众提供科学、健康的饮酒方法，由此中国人饮酒有了“科学指导”。

此外，劲酒连续 3 年发布警示性年度调研报告。报告用翔实的数据、科学的分析对国人的饮酒状况进行了警示，也为中国医疗与研究机构提供了第一份完备的中国饮酒人群档案资料。

2009 年，劲酒策划出版，旨在解读中国酒文化精髓，倡导“健康饮酒”的大众类科普丛书——《请朋友少饮，让“敌人”多喝》。该书从饮酒文化、养生保健、健康饮酒等多角度入手，阐述了健康饮酒的意义。

2010 年，劲酒正式推出《十大健康饮酒指引》，指引从饮健康酒、适量饮酒、饮酒时间间隔、未成年人不饮酒、病时不饮酒、酒后不驾车等 10 个方面，针对目前中国人工作生活中频频酒聚，经常过量等不健康的饮酒现状，以通俗易懂、朗朗上口的歌谣形式，进行“健康饮酒”的大众普及传播。（来源：网络 2013 -6 -4 程飞《劲酒特色营销：行业龙头的完胜模式》）

21. 三点营销

在市场营销时，企业的产品必须同时具备“奇异点”“利益点”和“欲求点”，只有这样，企业的产品才会有强有力的“卖点”。否则，企业的产品就不能达到预期目的。

“奇异点”。没有“奇异”之处的产品是缺乏市场吸引力的。

“利益点”。不能给消费者提供“利益”的产品是缺乏市场吸引力的。

“欲求点”。不能满足消费者“欲求”的产品是缺乏市场吸引力的。

三点营销诊断法的公式：

奇异点＝利益点＝欲求点＝卖点

奇异点×利益点×欲求点＝卖点

公式的解析：

（1）在产品中要找出与众不同的“奇异点”；

（2）产品的“奇异点”必须等于“利益点”；

（3）产品的“利益点”必须等于“欲求点”；

（4）公式中的“三点”不用加号而用乘号连接，表示有一个点为零，“卖点”就为零；

（5）只有“三点”一致，产品才会有出色的“卖点”。

■案例：通用公司的洗碗机

美国通用电气公司为减轻人们的家务劳动负担，适应现代人的快节奏，率先推出自动洗碗机，并通过广告媒体，对消费者实施心理上的轮番“轰炸”。但此后，消费者对洗碗机仍是敬而远之，使其最后在试销期内夭折。

自动洗碗机的设计构思和生产质量都是无可挑剔的，但为什么一上市就遭此冷遇呢？消费者究竟是怎样想的呢？

第一，传统价值观念的作祟，消费者对新东西的偏见，技术上的无知，消费者的风险和消费能力的差距，使自动洗碗机难以成为畅销产品。

①持传统观念的消费者认为，男人和十几岁的孩子都能洗碗，自动洗碗机在家庭中几乎没有什么用处，即使使用它也不见得比手工洗得好。

②家庭主妇则认为，自动洗碗机这种华而不实的“玩意儿”有损“勤劳能干的家庭主妇”的形象。

③在现实生活中，大多数家庭只有三、四口人，吃顿饭不过洗七、八个碗和盘子而已，你让他花上千元买台耗电数百瓦的洗碗机去省那点举手之劳，消费者怎么算怎么划不来。

第二，有些追赶潮流的消费者倒是愿意买洗碗机以换取生活方便，但：

①机器洗碗事先要做许多准备工作，这样费时费事又增添了不少麻烦，到最后还不如手工洗来得快。

②家庭厨房窄小，安装困难也使消费者望“机”兴叹！

③一些消费者虽然欣赏洗碗机，但认为它的价值难以接受。

第三，自动洗碗机单一的功能、复杂的结构、较多的耗电量和较高的价格也是它不能市场化、大众化的原因之一。（来源：网络《市场营销：通用营

销缘何失利》)

22. 产品概念创新营销

产品概念创新营销是企业将其产品（或服务）的特点与消费者的需求（潜在需求和现实需求）紧密结合，在差异化战略的基础上，通过推出一个特定的新奇概念，借助大众传媒向消费者传播产品（或服务）所包含的时尚观念、文化情愫、科学技术知识及其对生活的积极影响，从而获得消费者的认可，引起他们的共鸣，进而使其萌发对产品（或服务）需求的一种营销模式。

产品概念是用有意义的消费术语表达的精心阐述的构思，就是能够满足消费者某种需求的产品特征。

■案例：“七喜”——“非可乐”

“七喜”是1929年10月就上市的一种饮料，原名是“围裙牌氧化锂柠檬苏打”，后从因生产七种不同口味的巧克力棒而取名“七喜”的糖果公司那儿买下“七喜”这个名称。七喜的品牌形象一直一般。

直到1968年2月，七喜提出了“非可乐”的概念，并在广告中形容“七喜”：“清新，干净，爽快，不会太甜腻，不会留下怪味道，可乐有的，它全有，而且还比可乐多一些。七喜……非可乐。独一无二的非可乐。”

同时，七喜在非可乐的广告主题中，契合当时美国的社会环境，把可乐定位成是年老、保守、落伍的“他们”，而把自己定位成是时髦、新潮、进取、爱闹爱玩的“我们”。这是娱乐圈以外，第一个采用这种反权威立场的商业性产品。

正因为“非可乐”的定位，使得七喜的销路大增，在一年内就增加了14%，到了1973年增加了50%。（来源：网络《差别化战略：七喜的非可乐化战略3》）

23. 延伸营销

延伸营销是在本行业、本产品为主物的基础上，再延伸生产出本行业的另一个产品。这个产品与主物既可配套操作，有的还可以独立使用。它使主物产品的功能进一步得到延伸，从而使主物产品在使用效果上达到多元化。

其包括：

配套延伸——即以原有产品的作用为起点，开发出新的与原有产品相配套的新产品。

功能延伸——即以原有产品的功能为起点，不断增加新的附件产品，以充实和扩大原有产品的使用功能。

行业延伸——即以原有产品的模型为起点，大胆革新、创造、发明，跳出原有产品的使用行业，扩展新领域，占领新高地。（来源：孔鸿声的个人空间 2008－11－2《营销百术谈之四十：身在山中要识宝——延伸营销》）

■案例：Hello Kitty 卡通形象

Kitty 是 1974 年日本三丽鸥公司为新推出的一款小钱包而设计的卡通人物凯蒂猫的英文名字。三丽鸥公司采取的营销策略是：只要不给 Kitty 可爱单纯的形象抹黑，对任何产品（除了烟、酒及枪支）几乎都会答应给予使用授权。先后向日本超过 500 家公司以及海外的数百家企业进行了授权。Hello Kitty 被印在每一种你可以想象的产品，小至贴纸、笔、笔记本、衣服、玩具、手表、杯子、盘子、筷子、手机、烤面包机、垃圾桶，大至电脑、跑步机、汽车，以及让人们置身其中的冒险主题乐园，甚至超出商业领域，渗透到文化、政治事件中。如今 Kitty 独特的形象已经出现在约 2.2 万种不同的产品上，畅销 40 多个国家。（来源：网络《Kitty》）

24. 道德营销

道德营销是指企业处处遵循较高的道德标准，并把道德作为自己的价值传递给消费者的一种营销战略。企业制定道德营销战略，实施道德化营销可以保护消费者和社会利益，符合社会发展的要求，形成基于道德价值的营销竞争力，最终实现可持续性发展。

■案例：美体小铺的道德营销

1976 年，艾妮达·罗狄克在英国的布莱顿市开了第一家美体小铺，现在已成为跨国的美肤美发用品制造者和零售业者。美体小铺成立之初就确立并持续坚持“支持原则的获利”的营销哲学，不但自己生产或销售天然美肤美发品，还长期践行并支持绿色环保事业。

如在绿色环保方面，成为绿色和平的赞助商，合办了“拯救鲸鱼”活动；成功推广“反对用动物进行测试”计划，使英国于1998年11月全面禁止使用动物测试化妆产品和原材料；成为首间实行由国际保护动物组织发起的化妆品人道准则的公司；与国际绿色和平组织发起使用再生能源的国际宣传活动，并向在约翰内斯堡举行的世界持续发展高峰会递交六百万个顾客签名；成为全球首个加入可持续发展的棕榈油圆桌会议的零售商等。（来源：网络《美体小铺》）

25. 态度营销

态度营销是指品牌在营销的过程中，通过营销内容表达品牌“态度”，与精准用户实现深度沟通，获得目标用户对于品牌的认同与信赖，并转化为对品牌的消费。

■案例：舌尖上的中国2——《心传》

有一千双手，就有一千种味道。中国烹饪无比神秘，难以复制。从深山到闹市，厨艺的传授仍然遵循口耳相传，心领神会的传统方式。祖先的智慧，家族的秘密，师徒的心诀，食客的领悟，美味的每一个瞬间，无不用心创造。

……

对于靠菜籽油生活的徽州人来说，一切都是从榨取第一滴油开始的。木榨榨油，传承一千多年的古老工艺。电力机械时代，血肉和草木之间的对决，依然焕发着原始的生命力。重达100公斤的撞锤，敲打木楔子，对榨膛中的坯饼施加巨大的压力。依靠这种物理压，迫使油脂渗出，反复榨打，持续三个小时，在追求利益和效率的今天，这，也许是对祖先智慧最好的继承。

26. 政治营销

政治营销是特定政治行为主体（政治候选人、政党、政府、利益集团、说客等）在全面调查和评估政治和社会环境基础上，明确价值，定位目标，选择战略，并运用有效的营销手段与众多社会行为体进行信息沟通、理念交流和产品服务交换，以获取民众（选民）的认同和合法性支持，最终改变社会行为体的行为，进而实现其政治目标并取得政治权力或权利的活动、形式、关系和过程。

政治营销有狭义和广义两种理解。狭义的政治营销就是指政治候选人和政党的竞选策略和选战过程，广义的政治营销则不仅包括政治候选人和政党开展的竞选活动，而且包括政府获取民众支持行为、利益集团游说政府改变决策行为以及大众传媒操纵公众舆论对政府施加影响进而左右政治家行为的活动，还包括国际政治领域中的政治交换活动。

政治营销具有四个本质特征：一是目标的政治性。二是手段的商业性。三是行为的互动和交易性。四是运行的法治性。

竞选营销是政治营销的典型形态，也是竞争最为激烈的一种营销形态。

■案例：美国总统大选

18 世纪末，美国总统竞选活动刚开始的时候，竞选信息主要经由报纸、演讲、集会等形式传播；二战前后，新的通信方式广播问世，罗斯福抓住时机，通过“炉边谈话”深深地打动了美国选民。20 世纪 60 年代，新兴传媒电视在美国日趋成熟。1960 年，美国历史上首次总统候选人电视辩论应运而生，成为一次划时代的事件；20 世纪 90 年代初，互联网在美国总统大选中开始崭露头角；而在 2008 年和 2012 年的选举中，互联网无疑已经成为美国总统大选舞台上事关成败的因素。（来源：网络 2009 年 11 月 04 日 CuteSEO 的《奥巴马竞选的整合网络营销分析》）

27. 主题营销

主题营销是指通过有意识地发掘、利用或创造某种特定主题来实现企业经营目标的一种营销方式。即企业通过对销售的产品或品牌的历史渊源、文化背景、风土人情等方面进行挖掘，创造一个注入一种思想、一种理念、一种象征等意义的营销主题，让顾客在购物中得到精神享受，并在心理上产生共鸣，从而激发顾客的购买欲望。

主题营销有主题产品营销、主题品牌营销、主题文化营销。

■案例：主题产品营销——奥迪 A7　灵感天成

“奥迪 A7　灵感天成”主题，在内容创意上紧扣“灵感天成”主题，文案“比艺术创作更伟大的，是坚持灵感的纯粹呈现”诠释到位，画面上以灵感为主要突出元素，画笔舒缓勾勒 A7 轿车的优美流水线条，想法新颖，有较强的吸引力和趣味性。在广告形式和技术上，运用富媒体技术，通过疯狂流媒体的浮层动画效果以及 iCast 视频的全方位视角，来突出展示 A7 轿车，投放在网易、搜狐、凤凰、新浪等综合门户类网站的汽车主页，流畅动感展示广告效果，意在向受众传达奥迪 A7 不同于其他座驾，它是设计师对汽车最纯粹的解读。

■案例：主题品牌营销——奥迪　突破科技　启迪未来

奥迪品牌拥有超过百年的传奇历史，秉承“突破科技 启迪未来”的品牌理念和“进取、尊贵、动感”的品牌价值，奥迪不断挑战现状，引领技术和设计创新。

■案例：主题文化营销——奥迪车标溯源

奥迪轿车的标志为四个圆环，代表着合并前的四家公司：奥迪、霍尔希、汪达尔和 DKW。这些公司曾经是自行车、摩托车及小客车的生产厂家。由于该公司原是由 4 家公司合并而成，因此每一环都是其中一个公司的象征。四个环同样大小、并列相扣，代表四家公司地位平等，紧密团结，联盟牢不可破。(以上案例来源：网络《奥迪》)

28. 情感营销（温情营销、感情营销、亲情营销、亲和营销）

情感营销就是把消费者个人情感差异和需求作为企业品牌营销战略的情感营销核心，通过借助情感包装、情感促销、情感广告、情感口碑、情感设计等策略来实现企业的经营目标。

■案例：石化双雄的情感营销

每年春节，中石油、中石化的一些分公司都会针对返乡摩骑大军开展情感营销。如中国石油已连续 4 年开展“铁骑返乡”温暖回家路活动。2014 年在福建、江西两省所有国道、省道，每 50 ~ 100 公里设置一座驿站，为铁骑返乡大军提供 9 项免费服务：

免费加油。凭中国石油特制铁骑返乡专用加油卡，将可在两省的 50 多座加油站免费加油。

免费快餐。沿途各站将备好一荤一素一热汤，为疲惫的铁骑补充能量。

免费姜汤热茶。用老姜、红糖熬制姜茶，将让长途铁骑带着温暖回家。

免费帮助联系摩托修理。铁骑途中如发生故障，只需给最近的加油站打个电话，修理技师将尽快赶到。

免费更换摩托机油。

此外，返乡铁骑还获赠一件交通反光背心、一副摩托护膝、一条围巾、一份30万元交通意外险。（来源：网络《为返乡摩骑大军免费加满一箱油》）

29. 感召催眠式营销

感召催眠式营销就是要找出人们在做什么、如何做、什么时候做、和谁在做以及他们为什么这么做，然后以你提供的服务帮助人们做得更好。

■案例：新西兰 westpac 银行——教你省钱的“理财师”

Westpac 是澳大利亚的四大银行之一，也是新西兰的第二大银行。为了让客户节省开支，开源节流，应对金融危机的泛滥，westpac 银行制作一款有着大大的红色按钮的 APP，按一下按钮，即可节省 5 美元（额度你可自己设定）。用户只需要将自己的银行账户和 APP 做出关联，在消费的时候，按下按钮便会提醒自己适度消费，冻结账户里相应额度的费用。显然，它是 westpac 银行为帮助用户节省开支而定制的小工具，却很好地传递了 Westpac 银行“理财好助手”的品牌特色。（来源：网络《国外金融行业创新移动营销案例》）

30. 平衡营销

平衡营销就是企业以消费者的情感为基本出发点，发现消费者的角色冲突点，并努力为该冲突营造一个有效的解决平台，实现消费者“短暂”的角色平衡和情感补偿。

■案例：贝尔电话的广告

一天傍晚，一对老夫妇正在用餐，电话铃响，老夫人去另一个房间接电话。回来后，老先生问："谁的电话?"回答："女儿打来的。"问："有什么事?"回答："没有。"老先生惊奇地问："没事，几千里打来电话?"老夫人呜咽道："她说她爱我们。"俩人顿时无言，激动不已。这时出现旁白："用电话传递您的爱吧！贝尔电话"。(来源：网络《怎样进行情感营销》)

31. 情结营销

情结营销就是通过一些感人的事件建立企业与消费者的联系；通过倾诉一个动人的生活细节，激起品牌在消费者情感上的涟漪；通过讲述产品专业的背景，使消费者对品牌真诚信赖，通过长期不懈双向的沟通使情感如火如荼、深之又深。情结营销通过单一情结的重复沟通，以及多种情结的多角度沟通，使消费者对品牌从有兴趣到喜欢，从尝试购买到最终成为忠诚使用者。

■案例：三九胃泰三行情书互动

三九胃泰在2011年开展了面向年轻人的营销活动。在情人节档电影《将爱》的宣传中，三九胃泰联手《将爱》在网络上发起了声势浩大的宣传，在三九胃泰官方微博发起"三行情书"大赛，得到网友的积极响应。三九胃泰新浪微博粉丝突破6万，微博上传三行情书超过7万封，同时进行的一次史上最透明微博有奖活动也备受网友好评。

到了2012年情人节，三九胃泰延续三行情书创意，掀起"'胃'爱加油"第二季三行情书大赛，活动除了继续在微博开展之外，还延续到线下，在3月14日白色情人节这天在全国百所大学校园进行。在年轻的潜在消费群中掀起一股写情书风潮。(来源：网络2012－04－18无敌小让编辑的《成功情感营销的案例分析》)

32. 回忆营销

回忆营销是情感营销的一种。营销者不卖价格，不卖商品本身，卖的是商品上承载的回忆。这是一种以物理属性商品为载体，销售其包含的感性内涵——回忆，或以回忆为焦点，引起关注与共鸣，继而促销产品的营销方式。

33. 怀旧营销

怀旧营销就是在营销活动中给予消费者一定的怀旧元素刺激，激发消费者的怀旧情怀，勾起他们记忆深处的共同记忆符号，以此来引发购买倾向。

回忆营销和怀旧营销是一回事。

■案例：大众汽车的“FANWAGEN”

大众汽车为了解决其 Facebook 上粉丝过少的问题，发起了一个名为“FANWAGEN”的 Campaign，通过将其 20 世纪 20 年代的两款明星车型推至社交网络，号召粉丝对两款汽车进行投票、定制改装以及作品分享。而第二阶段大众决定将粉丝的定制版虚拟大众汽车实施改装生产，摇身一变成了粉丝想要的经典新车，最终作为忠实粉丝奖品送给了参与这次定制活动的资深粉丝。(来源：网络《四大品牌怀旧营销案例分析》)

34. 梦想营销

梦想营销是指企业提供的产品或者服务能够帮助消费者去实现一些梦想，或者能够创造一些新的梦想去引导消费者的需求，从而使产品或者服务在市场竞争中脱颖而出，赢得更多的购买率、美誉度和满意度而进行的营销。因此，梦想营销既是一个贯穿于产品设计到销售的系统营销流程，也可以说是一个在产品销售阶段较为有效的营销方法。

■案例：哈雷摩托车

驶过 100 年历程的美国哈雷摩托车，由于在漫长的产品变革和市场推广中，机车本身的造型、轰鸣声、马力和速度感融合为一体，逐步通过哈雷这一品牌象征将美国人所崇尚的个人主义影射在物化的摩托车上。最后，哈雷品牌的老鹰标志在消费者心目中就变成了某种生活方式、某种体验和特定的表现自我个性的梦想工具。(来源：网络《哈雷摩托车》)

35. 项目营销

项目营销最早由 Pinto. Jk 和 Covin JG 于 1992 年提出，就是指在项目产品生产以前，对项目的构思、策划、设计、实施、性能、特点等全部内容进行描述，并对项目进行定价、投标、谈判，最终签订合同，实施交换以满足顾客需要，实现双赢的过程。

项目营销周期模型分为六个阶段：搜寻、准备、报价、谈判、实施、转变。

“搜寻”是指根据企业的战略目标，分析自己的资源、实力和特色，结合政治经济环境，确定项目目标，寻找项目信息，选择营销的目标项目。

“准备”就是指在选定营销的目标项目后，对即将营销的项目做好人员组织、机构组织和资金组织的准备工作，编制项目营销计划，确定提供的核心服务、创造性服务和个性化服务。

“报价”就是根据项目拟提供的服务，选择拟完成项目的技术方法和管理措施，编制项目各子项的价格，最后确定项目的投标报价，并参与竞标的过程。

“谈判”是指开标前的信息跟踪和开标后成为中标候选人与业主就技术方法和报价的商议，以及合同谈判签订等过程。

“实施”是指合同签订后，投标方根据合同要求，按时按质实施项目并完成项目生产的过程。项目营销的许多承诺都是通过项目实施得以实现。

“转变”是指项目按合同要求全部实施完成后的竣工验收、交底、结算的过程。

■案例：环球嘉年华

2001 年，欧洲历史最久的游乐园家族 Stevens 家族的第三代掌门人 WilliamFStevens 和 Hanslodders 与香港金海岸有限公司一起，合作成立了香港汇翔有限公司，注册商标“环球嘉年华”，专业经营巡回式游乐场。这是世界上最大型的巡回移动式游乐场。

“环球嘉年华”的经营模式的特点是：巡回性、多元性、自主性、互动性。场地一般是向当地政府租借使用，使用期限即为活动时间，大致在一个月到两个月之间。所选地址一般为经济发达地区，和政府实现双赢。大型游艺机是向欧洲各大家族租借，以保证其机械的更新换代和安全性能，并减少维护成本。用移动制造持续旺季，不为淡季付费；同时给人们带来一种过时不候的感觉，促使人们抓紧时间及时玩乐。依靠不断更新的项目，所到之处无不掀起一股“欢乐旋风”，这股旋风卷来丰厚的回报。良好的效应，潜在的巨大人流还吸引了众多商家。其与周边景区合作促进共赢。“环球嘉年华”在香港、上海举办时，主办方只有 20 多名正式职工，大部分员工都是临时找来的。

2003 年“环球嘉年华”在香港举办，58 天共吸引游客 190 万人次，总收入达到 1.2 亿港元；其在上海吸引了 220 万游客，人均花费 12.77 美元。（来源：网络《环球嘉年华》）

36. 设计营销

设计营销是指设计主体，为了达到一定的设计目标，依据专门的营销理论、方法和技术，对艺术设计对象实施市场分析、目标市场选择、营销战略及策略制定、营销成效控制的全部活动过程。

设计营销包括：色彩设计营销、风格设计营销、款式设计营销、功能设计营销、材料设计营销、设计师设计营销。

■案例：2014 款路虎发现四

外观方面：2014 款路虎发现四增加了一些时尚的元素，但依旧保持传统。这一点通过车灯就能很容易让人理解。另外，路虎发现也非常注重功能性。

内饰方面：2014 款路虎发现四不仅仅拥有米色内饰，消费者还可以更具自然喜好选择黑色内饰风格。不过无论是风格匹配方面还是耐用性方面，该车型还是配备黑色内饰更加合适一些。

空间方面：2014 款路虎发现四的车内空间用途广泛、功能实用。该车型最多可容纳七名成年人面向前方舒适就座，腿部空间亦十分宽敞，大开的车门进出非常方便，灵活多用的座椅组合方式可满足您的一切使用需要。（来源：网络《2014 款路虎发现四 人性化设计最低价现车》）

37. 方案营销

方案营销就是营销者不再是简单地把产品或服务销售给客户，而是关注客户遇到的难题，并为解决或改变这些难题而提供方案，为客户创造价值。

■**案例：数字黄河**

黄河水利委员会利用IBM大数据解决方案，成功实现大数据探索和可视化。IBM InfoSphere软件构建的黄河数据交换与共享服务平台，能够连接各个孤立的数据中心到统一的数据交换与共享服务平台，有效消除了各业务系统和各组织结构之间的信息孤岛，简单获取黄河数据资源的单一视图，并确保了数据的完整性、及时性、准确性和一致性，同时首次实现元数据的可视化统一管理——在防汛减灾、水量调度、工程管理、办公自动化、水土保持、遥感监测、档案管理等方面显著提升业务管理水平，推进更智慧的“数字黄河”。（来源：网络《IBM云计算及大数据和分析中国客户案例》）

38. 模块营销

模块营销是指企业将自己的品牌分成若干模块，并把这些模块分为“不可或缺模块”（即在任何条件下都必须遵守的规则）和“可选择模块”（即可根据实际情况灵活变通操作方法），然后根据不同的市场需求、文化传统、消费观念、风俗习惯，实施“可选择模块”与“不可或缺模块”之间有效的组合，达到兼顾不同消费者的需求，赢得更多消费者青睐的目的。

■**案例：雀巢的模块化营销**

雀巢公司总部对生产工艺、品牌、质量控制及主要原材料做出了严格的规定，而行政权基本属于各国公司的主管，他们有权根据各国的要求，决定每种产品的最终形成。具体有：

标签标准化：这只是一个指导性文件，它对标签设计组成的各种元素做出了明确的规定。

包装设计手册：这是一个更为灵活使用的文件，它提出了使用标准的各种不同方式。

品牌化战略：它包括了雀巢产品的营销原则、背景和战略品牌的主要特性的一些细节。这些主要特性包括：品牌个性、期望形象、与品牌联系的公司、其他两个文件涉及的视觉特征以及品牌使用的开发等。（来源：网络《经典营销案例【四】（转载）》）

39. 技术营销

技术营销有两层含义，一是以满足现代消费者对技术的需求为核心的市场营销方式，即营销的内容是一种技术，故称科技营销。

二是以技术为手段、方法对产品、营销渠道、品牌传播、售后服务、消费者培育、市场开拓等进行的一系列营销创新和变革活动，即营销的手段、方法是一种技术。故也称技术辅助式营销。

■案例：大众汽车“启停技术”广告

大众汽车启停技术（Start – stop System）是致力于最大限度减少发动机怠速时燃油的损耗。如何表现启停技术的核心概念呢？他们制作了一个 Chrome 扩展程序。这个扩展程序可以捕捉到用户的眼睛所看方向，当用户在浏览 Youtube 视频的时候，如果手机响起，用户的眼睛离开视频，那么视频就会停止；当眼睛又回到视频区域时，视频会自动开始。（来源：网络《大众汽车技术营销广告案例 <启停技术>》）

40. 时尚营销

时尚营销就是企业通过创造时下及在一个时间段内人们崇尚的高尚、高品位、领先的产品或服务及营销方式来满足顾客追求时代潮流的需要的过程。时尚营销中有时尚产品营销和时尚方式营销。

■案例：时尚产品营销——SUV 的诞生

1984 年，美国克莱斯勒公司针对越野通过性已经不再是市场的主要需求的变化，决定放弃车辆的部分越野性能，转而提高车辆的舒适性和高速弯道性能，于是便设计了第一代吉普切诺基牌汽车，定义为运动型多功能轿车 SUV。这就是第一代 SUV。

1990 年福特打造的“探险者”广泛吸引了大众的眼球，SUV 家族开始迅速壮大。目前每 4 辆新车中就有一辆是 SUV，仅美国 2001 年就生产了 350 万辆 SUV。（来源：网络《从越野车到 SUV 城市 SUV 的兴起》）

■案例：时尚方式营销——奔驰 smart 的电商营销

2012 年，奔驰选择京东作为 Smart 限量版网上销售的阵地。2 月 10 日至 19 日，首先是电视户外网络预热，结合微博为活动造势。随后，Smart 在 5 个重要销售城市的影院展出。同一时期，Smart 在中国当红的娱乐节目“非诚勿扰”中露出。2 月 20 日，Smart 正式销售时，奔驰采取了每推迟 1 小时购买价格增长 36 元，预售阶段购买还会额外奖励 1000 元京东抵用券的营销策略。300 辆 smart 在 89 分钟内销售一空，相当于每半分钟销售一台。同时，整个推广活动还搜集到数以千万的销售线索。（来源：网络 2013 - 02 - 22 刘萍的《盘点 2012 年口碑营销成功案例》）

41. 卖萌营销

卖萌营销就是营销主体，通过让人感到喜爱、欣赏、使人感到愉快等心情的小孩、小动物等萌的形象作为自己产品或品牌宣传、传播的形象，来刻意地显示自己产品或品牌的可爱，以此拉近产品或品牌与消费者的距离，实现友好的沟通，达到占据消费者心智的一切活动。

■案例：加多宝的“对不起”系列广告

加多宝在“红罐凉茶改名加多宝”这句广告语被裁定禁止之后，推出了四张“对不起”系列广告，在网络上迅速成为热点。

“对不起，是我们太笨，用了 17 年的时间才把中国的凉茶做成了唯一可以比肩可口可乐的品牌。”

“对不起，是我们太自私，连续 6 年全国销售领先，没有帮助竞争队友修建工厂、完善渠道、快速成长。”

“对不起，是我们无能，卖凉茶可以，打官司不行。”

“对不起，是我们出身草根，彻彻底底是民企的基因。”

四张海报分别以含泪的充满了委屈的外国小孩配图，让人瞬间产生怜悯之心，成功减少了品牌损失。（来源：网络《加多宝四个“对不起”系列广告　王老吉速回没关系体》）

42. 特色营销

特色营销是指利用具有独特品位和风格的产品来吸引消费者，满足消费者的猎奇心理，达到促销目的。

■案例：华美食品：会说话的月饼

华美食品在 2014 年临近中秋之际，用微信、微博、微视“三微”办了一场促销活动——华美“会说话的月饼”！

（1）用户购买华美月饼，扫描二维码，进入华美微信服务号活动主页面。

（2）定制祝福：拍摄微视频短片，录制并上传祝福视频，复制微视祝福链接，输入华美月饼独有的祝福编码，提交。

（3）分享祝福到朋友圈，就有机会抽取华美食品提供的万元钻戒、iphone5s、名牌手表、华美月饼等丰厚奖品，而收到月饼礼物，同样扫描二维码即可查看祝福视频。（来源：网络《2014 最具创意的十大微博营销案例》）

43. 诚信营销

诚信营销就是指企业将诚信原则贯彻到营销活动的各个环节中，坚持诚信理念，在整个营销过程中顾及社会、企业、消费者以及内部员工的利益，诚实守信，注重长远。诚信营销主要有两层含义，一是企业和消费者应始终坚持信息对称原则，保证营销活动的公开、公平和公正，没有欺诈等行为的发生；二是企业营销行为应遵守国家法规，符合社会道德规范，不能违背社会公德等。

■案例：日本雪印公司倒闭

2002 年 1 月曾被日本人视为“白雪公主”的雪印公司，以进口牛肉冒充国产牛肉卖给顾客，引起轩然大波。经信用中介机构曝光后，雪印公司于当年 4 月倒闭。（来源：网络《日本雪印乳制品公司因何倒闭》）

44. 信用营销

信用营销是企业通过分期付款、延期付款等方式向单位或个人销售商品或服务的信用交易方式，是市场经济中商业信用销售的基本形态，是生产经营者及消费者之间的直接信用。

■案例：信用卡

信用卡（英语：Credit Card）是一种非现金交易付款的方式，是简单的信贷服务。信用卡由银行或信用卡公司依照用户的信用度与财力发给持卡人，持卡人持信用卡消费时无须支付现金，待账单日（英语：Billing Date）时再进行还款。除部分与金融卡结合的信用卡外，一般的信用卡与借记卡、提款卡不同，信用卡不会由用户的账户直接扣除资金。

信用卡分为贷记卡和准贷记卡。贷记卡是指银行发行的、并给予持卡人一定信用额度、持卡人可在信用额度内先消费后还款的信用卡；准贷记卡是指银行发行的，持卡人按要求交存一定金额的备用金，当备用金账户余额不足支付时，可在规定的信用额度内透支的信用卡。我们所说的信用卡，一般单指贷记卡。（来源：网络《信用卡》）

45. 承诺营销

承诺营销是指以市场或顾客需求为中心，基于诚信机制的企业在规定时间、地点等预先约定条件下向顾客提供价值满足和实现的一种营销理念。

■案例：九芝堂三百年的承诺

九芝堂，前身“劳九芝堂药铺”创建于1650年。2004年2月，“九芝堂”商标被国家工商行政管理总局商标局认定为中国驰名商标；2006年9月，“九芝堂”被国家商务部认定为“中华老字号”；2008年6月，九芝堂传统中药文化被列入国家级非物质文化遗产保护目录。（来源：网络《九芝堂》）

46. 质量营销

质量营销就是企业在质量经营活动过程中，以产品的质量为营销中心，通过实施各种营销手段，来提高顾客对企业产品质量感知的程度，满足或者超越顾客的需求或期望，最终达到顾客满意的一种管理活动过程。

■案例：坦克压门——质量营销

1992 年 5 月 13 日。一辆军用坦克毫无顾忌地向一扇钟馗牌门凶猛地压去。坦克过后，门却毫无损伤。事实证明，钟馗保温门、防火门能承受数吨重坦克的碾压而不破损，这个卖点也成了河北钟馗门业迅速打开市场、成就国内门业大王的导火索。据介绍，截止到 2008 年，钟馗门业共销售木门近 1000 万套，服务全国各地数百万家庭。该公司总经理王树声曾说，坦克压门真功夫，眼见为实好营销。（来源：网络《“喝涂料”入列中国六大“暴力营销”》）

47. 全面质量营销

全面质量营销是以顾客需求为先导，以提高产品和服务质量为重点，通过全过程的营销努力来提高产品质量，驱动质量绩效，以实现顾客满意目标的一种新型营销理念。实施全面质量营销，要求营销者不仅仅要注重营销全过程的质量，实施营销全过程的质量管理（即营销全面质量管理），而且要关注产品（包含服务，下同）自身的质量，参与产品质量标准的制定和控制，使产品质量能符合消费者的要求。

一方面要通过外部营销的质量控制，提高顾客对产品的质量感知，从而提高顾客对产品的满意度；

另一方面要通过内部营销，来促进产品质量的提高。当产品质量不如意时，营销者要像顾客那样对有关部门进行呼吁，表示不满，要成为顾客的保护人、看门人和代言人。

■案例：奇瑞的国际标准

2007 年 4 月 20 日，奇瑞 A1 的重装上市为 AO 级车市带来了三个国际标准：国际技术标准，其拥有与国际同步的高端底盘技术、领先国际水平的 ACTECO 发动机技术、达到世界权威机构的安全标准；国际服务标准，4 年或 12 万公里国际标准保修承诺；国际销售标准，与国际接轨的网络客户订单销售模式。奇瑞将自主研发与国际先进资源相结合，打造了 A1 这一国际化的

"精灵"，时尚利落的造型风格、人性化的高配置，堪称全球性价比最高的A0级轿车。（来源：网络《奇瑞A1采用国际标准的网络客户订单销售模式》）

48. 无缺陷营销

无缺陷营销是指在整个营销过程中不给消费者留下任何遗憾的营销方法。其包括产品的设计无缺陷，以消费者满意为原则；生产过程的无缺陷，保证产品的质量；销售过程的无缺陷，使消费者能够挑选到称心如意的商品；售前、售中和售后服务无缺陷，以此建立和维系同顾客的良好关系，促进企业营销工作。

■案例：日本花王公司的新一代回声系统

日本花王公司新一代回声系统将顾客的资料依商品、地区、工厂、抱怨原因等存入数据库。全公司有300台终端机可以随时上线进行查询。研究所、工厂、销售等各部门可通过6种检索方式自由地查询、分析数据库资料。同时，该系统能提供及时、准确的产品、服务与生活信息给顾客，使顾客感到满意。（来源：网络《全面质量营销》）

49. 人力资源营销

人力资源营销是指合理运用与企业直接或间接相关的人力资源，以人力资源为根本，使用各种营销手段进行一系列的营销活动，达到企业预期目标的一种营销理念。人力资源营销同样要遵循"细分市场、满足客户需求"的原则。人力资源营销可分为企业内部人力资源营销和企业外部人力资源营销。

■案例：罗兹奖学金——"把世界纳入大英帝国的统治下"

1877年，英裔南非矿业大亨塞西尔·罗兹立下遗嘱，设立一个奖学金，以"把世界纳入大英帝国的统治下"。这笔奖学金也成为首个世界级奖学金，其评定标准除了优秀的学术表现之外，还包括个人特质、领导能力、仁爱理念、勇敢精神等。在迄今为止获奖的8000多名"罗兹学者"中，包括克林顿、澳大利亚前总理霍克等40多位领导人，以及迪士尼、CNN、麦肯锡等70多家跨国公司董事长或CEO，哈佛、普林斯顿等大学的校长，以及全球定位

系统（GPS）发明者等各界精英。（来源：网络《大国用奖学金打造海外“知己派”》）

50. 引资营销

引资营销是指地方政府为了区域经济健康协调发展和社会进步，将区域内的投资环境、政策法规、投资项目等经济的、非经济的要素，通过科学合理的营销战略，满足潜在的投资群体需求，从而实现引进外资目的的过程，称为“引资营销”或“政府营销型招商”。引资营销是政府营销理论的延伸和发展。

■案例：中国（上海）自由贸易试验区

中国（上海）自由贸易试验区（China（Shanghai）Pilot Free Trade Zone），简称上海自由贸易区或上海自贸区，是中国政府设立在上海的区域性自由贸易园区，也是中国大陆境内第一个自由贸易区，位于浦东境内，属中国自由贸易区范畴。

该试验区于2013年8月22日经国务院正式批准设立，于9月29日上午10时正式挂牌。2014年12月，上海自贸区由原先的28.78平方公里扩至120.72平方公里。

截至2014年11月底，上海自贸试验区一年投资企业累计2.2万多家、新设企业近1.4万家、境外投资办结160个项目、中方对外投资额38亿美元、进口通关速度快41.3%、企业盈利水平增20%、设自由贸易账户6925个、存款余额48.9亿元人民币。

2015年3月24日，中共中央政治局审议通过进一步深化上海自由贸易试验区改革开放方案。（来源：网络《中国（上海）自由贸易试验区》）

51. 生态营销

生态营销是指任何一个企业如同生物有机体一样，要同它们的生产环境相协调。企业必须从实际出发，善于把市场的需要和企业自身的资源与技术特长结合起来，扬长避短，生产既能满足市场需要，又符合企业自身擅长的产品，以求得企业的生存与发展。生态营销是一种社会的进步，是在可持续发展的战略思想指导下的一种市场营销观念的新发展，又是企业因应市场竞争的一种策略与手段。

■案例：C&S 杂货批发公司的植树抵消二氧化碳排放量

美国最大的食品批发商 C&S 杂货批发公司今年将继续与自然保育基金的“转到零（Go Zero）”项目合作，通过种植树木来抵消公司关键设施的二氧化碳排放量。

C&S 公司通过“转到零”项目监测在商业运作中所产生的二氧化碳量，在 5 个国家野生动物保护区种植能抵消其影响的相应数量的树木。截止到去年，公司已经种植了 4.6 万棵树木，占地面积达到 150 亩。今年计划种植的树木，将用来抵消 2012 年中包括两个企业总部大楼在内的 6 个设施所耗电力和燃烧丙烷所产生的二氧化碳，以及 1600 名员工通勤所产生的排放量。

C&S 公司通过与自然保育基金合作，利用能源监测和数据分析，扩大了公司的回收计划，以及能源投资效率的升级，实现了公司可持续发展战略的一部分。（来源：网络《全球最佳企业社会责任营销创意案例》）

52. 原生态营销

原生态营销即回到事物本源（身）看事物，讲究“塞入”与“取出”程序的融合。“塞入”为现象学专用名词，意为感知，即“自我”对某物之关注，意向地指向某物（质料与质性的统一），讲求“给予、当下、直接、切身、印象性、等同本原”；“取出”为现象学专门术语，意为想象或“立义”，讲求“被给予、间接、开放、拓展、新的生成”等。原生态营销即塞入某件“容器”里头，这容器可以是民俗形态、自然形态、社会形态，也可以是自然与社会形态嬗变的复合体，溯本追源，浸染到十足的“原生态”，然后“取出”，在确保原汁原味的基础上，配以各种调料，供不同口味的消费者体验或享用，于是便生成“次生态”“衍生态”等。

■案例：云南映象

《云南映象》以原生态环境为背景，结合各民族性格和原生态歌舞特色的艺术，演绎体现民族文艺无穷无尽的生命力，主要包括“序（混沌初开）”“太阳”“土地”“家园”“祭火”“朝圣”“尾声（雀之灵）”等，来自滇山村寨的数十名舞蹈演员将其演绎得淋漓尽致。它具有非凡的表现力和冲击力，展现了彝、苗、藏、傣、白、佤、哈尼等民族原生态歌舞的绚丽色彩，展示原汁原味的云南民族元素。（来源：网络《云南映象》）

53. 绿色服务营销

绿色服务营销是指服务企业在市场调查、服务产品设计、服务产品定价、服务产品促销活动等整个营销过程中，始终坚持“绿色服务理念”，不仅重视自身经济效益，而且充分考虑自然环境和全社会利益。其包括收集绿色服务信息、开发绿色服务产品、制定绿色服务价格、开展绿色服务促销、树立绿色服务形象、创立绿色服务品牌等。

■案例：格兰仕微波炉的以旧换新

2003 年 7 月格兰仕宣布，本周联手各大微波炉卖场对全城“残废”微波炉紧急“救死扶伤”：如果您已有一台“残废”微波炉，又希望一步到位消费格兰仕世界首创的数码光波微波炉，无论您的“残废”微波炉是何种品牌、破旧程度如何，格兰仕都愿意按每公斤 8 元折价（每台最高折价不超过 150 元）回收，让您享受“以旧换新”折价购买光波炉的权利，同时可以和所有光波炉消费者一样收到豪华电风扇、微波器皿三件套、烤盘、VCD 碟等价值 400 元的大礼。（来源：网络《格兰仕微波炉：以旧换新》）

54. 健康营销

健康营销有营销活动的健康和营销对象的健康。前者主要是指在营销的过程中，对营销对象进行精准定位，采取无“污染”的营销方法，避免营销中的资源浪费及对无关客户的骚扰以及不负责任采用搜索引擎作弊的方式进行推广营销。健康营销方法可以避免网络公司为了快速给用户达到排名效果，而无规划地采取一系列作弊措施，致使企业最终亏损。一般提健康营销多指此义。

■案例：清华大学 MBA、EMAB 招生

清华大学继续教育学院在向中国民营企业家开展 MBA、EMAB 培训课程

招生中，数据分析人员对其目标库人员进行深入研究，根据课程的内容与价格进行分类，总结出清华大学推出的MBA/EMBA培训班用户比较适合年营业额在1000万以上的企业管理层（全国年营业额在1000万以上的民营企业家共有100万多人），然后再根据各种限制条件筛选出其中的近十万人。随后，工作人员把介绍MBA/EMBA课程的DM信函准确地送到了目标客户手中，实现了点对点传播。在DM投放1个星期之后，许多民营企业家纷纷打来电话咨询。2个月左右，MBA/EMBA课程的报名人数达200多人，成功实现了精准营销的推广活动。（来源：网络2011-05-04娥子的《精准营销成案例》）

健康营销的营销对象的健康，是指对个人或人群健康管理的营销。

■案例：汇仁肾宝，他好我也好

凡进入补肾市场者都不得不仔细研读汇仁肾宝的传奇，其初期采取“人海”战术，凭着“飞机加步枪”的营销策略竭力强迫百姓接受产品信息，令汇仁肾宝开疆拓土势如破竹。

1998年底，该企业已在全国建立了9个销售大区、74家分公司、1500多个基层业务点，完成了全国性的销售通路建设。除了地面广告，汇仁肾宝的电视广告也在所到之处的卫视台、城市台全面开花，一句“汇仁肾宝，他好我也好”强烈而巧妙地完成了汇仁肾宝“性”话题的诉求，说出了消费者的需求，让多少男女为之心动！

极具战斗力的销售队伍、高密度的销售网络、高频次的电视广告、持之以恒的地面宣传，造就了汇仁肾宝的传奇。（来源：网络《我国十大保健品营销经典案例》）

第七篇　按商家与消费者的关系命名的营销策略

无论什么样的商家，都需要把为客户创造的价值告知客户并让客户体验这些价值，使消费者认可、接受和满意直至忠诚。在这一过程中，商家采用不同方式来实现营销的目的，不同的方式就形成与消费者不同的关系。

1. 共鸣营销

共鸣营销就是企业通过发现、捕捉、挖掘某个营销要素中与顾客心理上的共鸣点，以此为内容开展的营销活动。美国克雷格·斯图尔、菲尔·迈尔斯、戴维·斯科特等出版了《共鸣：打造突破性的产品和服务》。

■案例：西联汇款促进政府津贴发放

西联汇款是国际汇款公司（Western Union）的简称，是美国财富五百强之一的第一数据公司（FDC）的子公司。

西联汇款在海地将帮助学生父母、大学生和老人在全国各地的西联汇款代理处领取政府发放的应急津贴。除此之外，公司还计划在未来，能够使津贴发放的形式变得多样化，比如通过银行账户或者手机充值卡发放。海地政府已经开发出了一个通过政府现金救济的方式，解决失学儿童、大学生和残疾人的生活和经济问题的公益方案，大约20万人因此受益。西联汇款充分利用自身的业务特点，提供有助于促进海地国内各地的政府社会福利计划的服务。(来源：网络《全球最佳企业社会责任营销创意案例》)

2. 和谐营销

和谐营销是指在一定的制度及文化条件下，企业营销主体所进行的企业与自然、企业与社会群体之间协调发展的竞争博弈行为及过程。

■案例：可口可乐的和平贩卖机

2014年，可口可乐与李奥贝纳雄心勃勃的campaign，希望通过放置在两个国家拥有3D触摸屏技术的自动售货机，以减轻印度和巴基斯坦之间的紧张关系。活动现场，两个国家的人民通过内置在售卖机中的摄像头与 Skype 技术，可以互相看见对方，只要双方齐心协力完成触摸屏上的图案：笑脸、心形甚至一段舞蹈，双方会各自获得一听可口可乐。此时，两个国家的人民放下仇恨，很开心地享受“握手言和”的欢乐。此广告获得“2014 金铅笔互动类金奖”。（来源：网络《2014 年度可口可乐世界范围十大经典营销案例》）

3. 人文营销

人文营销有两层含义，第一层是企业在以人为本的营销理念指导下，将人文思想、理念注入营销活动之中，通过更加人性化和更具亲和力的营销手段进行营销管理和运作的一种新的营销方式。第二层是借助人类社会的各种文化现象来赋予产品或品牌以内涵，实现与消费者的情感共鸣而进行的营销活动。

■案例：一汽“雅仕”

2007 年，一汽丰田首次将皇冠品牌的核心价值定位于“和谐、儒雅、知性”，既指车，也指人。他们的诠释是，“雅仕”之雅，代表正统和高尚；仕，则表示成就和品格。“雅仕”指的是那些富有社会责任感、做出非凡成就而又行事低调的财富人士，完全符合中国传统文化对“君子”的要求。另一方面，“雅仕”也是皇冠品牌大气儒雅的精神内涵的准确概括，展现了皇冠车主的气质和追求。从更高精神层面来看，“雅仕”是一种值得推广的生活方式。

当时在中国的竹林之乡浙江安吉举办了一场竹林音乐会——以高洁、淡雅的竹林喻皇冠车主的包容、自信、积极进取的谦谦君子文化人格。

2010 年 12 月 11 日晚，国内知名高端社交杂志《Insider》携手一汽丰田皇冠品牌隆重举办颁奖盛典——经百万人次网络投票，12 位在环保和慈善领域做出突出贡献的商界精英荣获“2010Insider 年度皇冠雅仕”称号。当晚还举办了慈善拍卖活动，为山水基金会的“三江源保护项目”募集了善款。（来源：网络《阐释品牌精神 一汽丰田 CROWN 皇冠“竹林音乐会”》）

4. 人性化营销

人性化营销就是依照人性来进行市场营销活动，通过充分满足人性的需求来达成企业经营的目的。因而，这种营销也被称为“人本化经营”。

■案例：电商

在电商出现以前，懒人们最头疼的一件事就是买东西了，分批买总要出门，买太多又不好携带。但是电商和快递的出现改变了这一切，打开网页，挑选商品，一键下单，然后就躺着等收快递了。而电商网站也突出强调了便捷这一特点，一键下单、商品推荐等功能永远摆在最显眼的位置，你连点击鼠标都不需要几步。电商加快递的出现使得许多人毅然走上了宅男宅女的道路。足不出户购得万物，何乐而不为呢。(来源：网络《互联网产品如何利用“人性”做文章?》)

5. 人本营销

人本营销围绕以人为本的销售理念，实行非压迫式销售技巧、人际关系技巧、个人销售管理技巧、沟通技巧、自我管理技巧等销售模式。

人本营销，是以人为本的顾客价值创新模式；把价值创造关注的焦点由公司转向个人，开创以人为本的价值创造新领域；产生新的价值量度，创造新的商业模式，带来新的消费者和销售商的双赢。

人本营销包含以人为本、以员工为本和以顾客为本；把个人作为一个“团体”，进行资源投入，流程投入，产生价值，实现价值产出。

■案例：苹果公司的品牌和企业使命、价值观

苹果公司的品牌理念“人是这个世界变化的创造者，不应该服从于机器或创造者”。

苹果公司的企业使命“提供人们工具、让人们更有力量，帮助改变我们的工作学习和沟通方式”。

苹果公司的价值观“个人的、明确的、机智的”。(来源：《乔布斯传》)

6. 伙伴营销（伙伴式营销）

伙伴营销就是把营销中包括消费者在内的相关方作为平等的合伙人来对待的营销活动。

■案例：银行、零售商和电信公司生态系统

银行、零售商和电信公司的企业组成一个生态系统。在经由客户同意后，该生态系统的成员企业可以收集客户所在位置、每月支出、购物习惯等方面的数据，进而提供有针对性的个性化建议。如当一位消费者进入其生态系统中的某商户时，银行会通知零售商这位消费者刚刚领到了工资，零售商随之可以向该手机推送相关优惠券，比如：消费者如果在60分钟内使用该优惠券，可以享受一定的折扣。这样一来，零售商可以趁消费者还有可支配收入时，鼓励其进店消费。同时，该生态系统也可通过电信公司为零售业提供重要的统计数据，如月均收入一万元左右的女性通常会在每周哪几天的什么时间去购物，从而围绕着这些数据进行分析，并提供个性化的促销活动。（来源：网络《【营销案例】美的：在“互联网+”新竞合时代赢得先机》）

7. 交易营销

交易营销是指为了达成交易而开展的营销活动，是交付功能、基本产品的价值传递过程。交易营销关注一次性交易，较少强调顾客服务，交易营销与顾客保持适度有限的联系。

■案例：《都市118美女试睡员》

2013年都市118连锁酒店，用2万元的演出酬劳聘请公众形象争议巨大的“网络红人”干露露做《都市118美女试睡员》微电影的主演，展现一位美女试睡员的工作情况及其在试睡过程中遇到的啼笑皆非、忍俊不禁的故事。并约定本次微电影所获的全部收益全部捐赠雅安地震灾区。

发布会当天，即招引来自世界各地的300多家媒体，包括美国、日本、中国台湾、中国香港的权威媒体争相报道；上线3个小时，视频网站爱奇艺上点击量突破百万次大关；上线1个月，几乎全部覆盖国内视频网站，累计被疯转1千万次，观看人群覆盖1亿人次……

借助这部微电影，都市118成功上位，从一个二三流的酒店品牌一跃成为国内炙手可热的酒店品牌，并于当年成功开出200多家加盟店，为企业换来2000万的商业价值。（来源：网络《经典营销案例：2万元交易干露露 净赚2000万！》）

8. **一对一营销**（One – To – One Marketing）

该营销亦称“121 营销”“1 – 2 – 1 营销”或“1 对 1 营销”等，是人类历史上最古老的商品交换方式。现代的一对一营销，是一种客户关系管理（CRM）战略，它为公司和个人间的互动沟通提供具有针对性的个性化方案。一对一营销的目标是提高短期商业推广活动及终身客户关系的投资回报率（ROI）。最终目标就是提升整体的客户忠诚度，并使客户的终生价值达到最大化。

20 世纪 90 年代，唐·佩珀斯（Don Peppers）与马莎·罗杰斯（Martha Rogers）所开创的客户关系管理业已成了互动时代的商业规则，其所著的《一对一未来》《一对一企业》《一对一实战手册》《一对一经理人》在全球各地以 14 种语言出版，成了 21 世纪商界人士的圣经。由于其杰出的成就，唐·佩珀斯与马莎·罗杰斯荣登全球 16 位顶尖管理大师之列；2001 年 7 月在伦敦荣获全球技术大奖，被全球技术网络协会（World Technology Network）誉为“真正创造未来的革新家”。唐·佩珀斯与马莎·罗杰斯的“一对一战略”受到了全球商界的热烈推崇，影响力遍及汽车、零售、金融保险、医疗保健、电信和互联网等各行各业。他们的 17 个咨询服务机构分布在全球各地。

就本质而言，一对一营销实则是“忠诚度营销”的一种别称——旨在通过影响获利行为来树立客户忠诚度，实现客户终生价值的最大化。

■案例：保时捷的消费者追踪

保时捷公司为推销其新款汽车向曾经购买过保时捷汽车的每位车主都寄发一张独特的海报，画面上是一部保时捷新车，车牌上印有车主的名字。车主们收到这一海报十分惊喜，因为这是完全属于他自己的礼品。

保时捷公司绝妙地执行了一个犀利的消费者导向策略。由寄发个人海报为起点，保时捷公司利用赛车活动、电视、杂志广告和报纸附页，进行了一系列的整合广告活动。其中一项活动是将购买保时捷汽车车主的姓名铭刻在保时捷车内的底盘上，甚至向车主赠送有其姓名的车牌。这一系列的活动牢牢地将车主和保时捷联系在一起，并极大地发掘了潜在消费者。（来源：网络《广告策划与整合营销传播》）

9. DTC（Direct To Consumer）营销

DTC 营销是指直接面对消费者的营销模式，它包括任何以终端消费者为目标而进行的传播活动，它与传统媒体如电视广告等的传播方式相比，优势主要体现在更接近消费者，更关注消费行为的研究，更重视消费者生活形态的把握。DTC 营销模式作为营销理论很早就被提出，很多操作的手法就是 DTC 营销模式的体现，比如针对消费者宣传的印刷品投递、会员活动、产品网站等。

■案例：PLM 在线患者社交网站

PatientsLikeMe. com（PLM）是全球知名的患者社交网站之一。作为全球领先的在线患者社交网站，PLM 为全球患者提供病友交流的平台、疾病治疗最新进展等信息。制药或生物技术企业则向 PLM 购买患者基础数据库用于更为有效治疗手段的研究。UCB 是近期第一家与 PLM 合作的制药公司，通过建立其癫痫患者在线社区以便获得癫痫患者数据信息。（来源：网络《web2. 0 开启患者 dtc 营销新模式》）

10. 会员营销

会员营销亦称会员制营销或“俱乐部营销”，是指企业以某项利益或服务为主题将用户组成一个俱乐部形式的团体，通过提供适合会员需要的服务，开展宣传、销售、促销等活动，培养企业的忠诚顾客，以此获得经营利益。其营销方式有 VIP 会员制、连锁经营会员制、零售会员制、网络会员制营销。

■案例：伦敦城中心俱乐部街

19 世纪后半叶，伦敦城中心的俱乐部街，坐落着为数众多的英国特色的绅士俱乐部。

这些俱乐部内部陈设十分考究，有古香古色的房间和美轮美奂的装饰。俱乐部一般都设有书房、图书馆、茶室、餐厅和娱乐室，除了定期组织社交活动外，还向会员提供餐饮、银行保险、联系和接洽等各项服务。因为标准的英国绅士是不会随便下馆子、去银行的，他们总是在自己的俱乐部里完成这些事情。就连写信、写短笺他们也都尽量用所在俱乐部的纸张，因为这样才得体。

绅士们将自己所持有的俱乐部资格视为自己的身份和地位的象征，因为这些俱乐部实在有名。比如成立于1693 年的怀特俱乐部、成立于1838 年的陆海军俱乐部、成立于1890 年的卡尔顿俱乐部以及凡尔纳《80 天环游地球》中的主人公所在的成立于1841 年的改革俱乐部。而要想申请加入这些俱乐部绝非易事，除非你是全英国15000 个大家族中的一员、贵族血统或者议会成员。（来源：网络《安利玫琳凯依靠会员制营销模式成为世界巨头》）

11. 积分营销

积分营销是会员营销的一种，是指将积分作为一种消费行为的累计记录，获得的积分不仅仅对消费者的下一次消费产生营销，同时也会对未来的一定时间的选择产生影响的营销模式。

■案例：凡客诚品会员计划

会员分为普通会员、VIP 会员和 SVIP 会员。

消费者注册并购买凡客诚品产品，即可成为凡客诚品普通会员。从第一次购物开始，即可享受各类促销、购物积分和积分奖励。

普通会员一次购物超过800 元，或累计购物超过2000 元，或参与其他特别的促销活动，即可获得 VIP 会员资格，有效期1 年。除可以享受普通会员的所有权益外，还可享受正价产品98 折（特殊标记商品除外）和正价产品1.5 倍积分（特殊标记商品除外）。

普通会员一次购物超过1500 元，VIP 会员一次购物超过1200 元或在有效期内累计购物超过2500 元，或参与其他特别的促销活动，即可获得 SVIP 会员资格，有效期1 年。除可以享受普通会员的所有权益外，还可享受正价产品95 折（特殊标记商品除外）和正价产品2 倍积分（特殊标记商品除外）。（来源：网络《凡客诚品会员计划》）

12. 互动营销（互动式营销、协作营销、顾客参与型营销）

该营销是指企业在营销过程中充分利用消费者的意见和建议，用于产品的规划和设计，为企业的市场运作服务。互动营销的实质就是充分考虑消费者的实际需求，切实实现商品的实用性。

■案例：锐步的互动营销

锐步 Reebok 的本义是指非洲一种羚羊，它体态轻盈，擅长奔跑。Reebok 公司希望消费者在穿上 Reebok 运动鞋后，能像 Reebok 羚羊一样，在广阔的天地间，纵横奔驰，充分享受运动的乐趣。近年来，Reebok 在互动营销领域进行大胆尝试，将羚羊纵横驰骋的天地也搬进了虚拟世界 secondlife 中。在 secondlife 的 Reebok 虚拟店面里，通过 3D 技术，游客不仅可以和漂亮性感的前台小姐随意合影，还可以在新款运动鞋的展示台前随意改变鞋子的颜色和款式，挑选出自己最满意的产品。（来源：网络《十大经典互动网络营销案例解析》）

13. 交互营销（交互式营销、互惠营销、互愿营销、多层次营销、超终端营销）

菲利普·科特勒（Philip Kotler）指出："关系营销的最终结果是建立起公司的独特资产，即一个营销网络（Marketing network）。营销网络由公司与所有它的利益关系方（顾客、员工、供应商、分销商、零售商、广告代理人、科学家和其他人）建立互利的业务关系。这样竞争不是在公司之间进行，而是在整个网络之间进行。一个建立了更好关系的'营销网络'的公司将获胜。该操作原则是很简单的：与关键的利益关系者建立良好的关系后，利润自会滚滚而来！"

交互营销就是消费者与经营者共同建立起一个营销网络。在营销网络中的消费者，既可以作为普通网络成员进行消费，又可以介绍其他消费者成为网络成员消费或直接消费，并按消费额获得收益，因此而成为再经营者，与经营者成为合作伙伴；也可以推荐诚信经营的企业加盟，按相应规则获取收益，因此又成为再加盟商。消费者在该营销网络中可以有三种角色，即消费者、再经营者、再加盟商，以此来平等参与社会财富分配，且这些角色是消费者的"私人财产"，可以继承、转让和拍卖。

■案例：淘宝店铺

淘宝店铺广义上分为四类：

淘宝商城店铺，简称淘宝商城（现更名为天猫商城），是亚洲最大网上购物网站——淘宝网打造的在线 B2C 购物平台。迄今为止，淘宝商城已经拥有超过 1.8 亿买家，15000 个商户，20000 个品牌。

淘宝权威店铺导航，简称淘店铺，是淘宝网推出的淘宝购物频道之一，是淘宝网频道中的一大特色版块。收录淘宝商城（天猫）旗舰店，金冠店等各类淘宝网精品店铺，提供最简单快捷的淘宝购物导航服务。

淘宝无名良品店铺，是阿里巴巴携手暂时没有自主品牌或缺乏知名度的中小企业或外贸厂商及创业者，共同搭建的综合性购物平台，是按照 B2C 管理模式运营的商城。

淘宝集市店铺，是淘宝免费向淘宝用户开放的 C2C 购物平台，淘宝对集市店铺不收取技术服务费。（来源：网络《淘宝店铺》）

■案例：威瑞森公司的促销

2012 年威瑞森电信（简称 Verizon）做了一次成功的促销活动，推动销量增加了 200%。顾客在店内扫描二维码后，在 Facebook 上分享他们的比赛信息。假如有朋友通过该链接购买了一台 Verizon 手机，原顾客就有机会赢得一台智能手机。Verizon 投入了 1000 美元，而获得了 35000 美元的回报。此外，Verizon 还在 25000 名 Facebook 用户中增加了品牌认知度。（来源：网络《"码"到成功：十大经典二维码营销案例（2）》）

14. 威客营销（众包营销）

该营销就是利用威客或众包这种网络应用形式开展网络营销。

威客是由刘锋在 2005 年提出的，并建立了威客网 witkey.com。威客是指那些通过互联网把自己的智慧、知识、能力、经验转换成实际收益的人。他们在互联网上通过解决科学、技术、工作、生活、学习中的问题从而让知识、智慧、经验、技能体现经济价值。

众包是美国《连线》杂志记者 Jeff Howe 在 2006 年 6 月刊上提出的。Howe 在维基百科上为众包下了一个定义：众包指的是一个公司或机构把过去由员工执行的工作任务，以自由自愿的形式外包给非特定的（而且通常是大型的）大众网络的做法。众包的任务通常是由个人来承担，但如果涉及需要多人协作完成的任务，也有可能以依靠开源的个体生产的形式出现。

■案例：美国的创新中心网站

由医药制造商礼来公司资助，创立于2001年的“创新中心”网站上，聚集了9万多名科研人才，他们共同的名字是“解决者”(Solver)，形成了这个研发供求网络用户的“半边天”。与此对应的是“寻求者”(Seeker)，成员包括波音、杜邦和宝洁等世界著名的跨国公司，他们把各自最头疼的研发难题抛到“创新中心”上，等待隐藏在网络背后的高手来破译。

“创新中心”现在已经成为化学和生物领域的重要研发供求网络平台。公司成员（寻求者）需要向“创新中心”交付一定的会费，为每个解决方案支付的费用仅为1万至10万美元。“创新中心”上的难题破解率为30%。“创新中心”的首席科技官JillPanetta认为，在网上广招贤士的做法“和传统的雇佣研发人员的做法相比，效率要高出30%”。攻破一个难题，赚个上万美元，对于“解决者”来讲“只需要花上几个星期，挺不错的”。（来源：网络《众包》）

15. 诱发营销（诱导营销、引导营销）

该种营销就是凡是能够诱发目标受众产生营销者所期望的反应所采取的种种行为。

菲利普·科特勒在《营销管理》（第12版）一书中，对“营销”一词有这样的解释：从最广义上讲，营销者追求的是诱发另一方的行为反应。商业企业需要的反应是购买，政治候选人需要的反应是投票，教堂需要的反应则是入教，社会组织需要的反应就是接受某种观念。营销就是诱发目标受众产生营销者所期望的反应所采取的种种行为。

■案例：大堡礁招聘看护员

2009年1月9日澳大利亚昆士兰旅游局网站面向全球发布招聘通告，并为此专门搭建了一个名为“世上最好的工作”的招聘网站，招聘大堡礁看护员。网站提供了多个国家语言版本，短短几天时间网站吸引了超过30万人访问，导致网站瘫痪，官方不得不临时增加数十台服务器。

看护员工作时间比较有弹性，其主要职责是探索大堡礁的群岛，以更加深入地了解大堡礁。他/她须通过每周的博客、相簿日记、上传视频及接受媒体的跟踪访问等方式，向昆士兰旅游局（以及全世界）报告其探奇历程。

接受申请两个月之后，共吸引来自全球200个国家和地区的近3.5万人竞聘，包括11565名美国人、2791名加拿大人、2262名英国人和2064名澳大利亚人，来自中国的申请者也有503位。

在中文搜索键入“大堡礁+工作”，搜索结果有36万个；同样的关键词换成英文搜索，搜索结果高达62万个。（来源：网络《大堡礁全球推广的绝妙策划》）

16. 教育营销

教育营销有三层含义，第一层是对消费者进行教育，就是把新的消费理念、新的生活方式等观念与思想通过会议营销（含讲座、座谈、聚会、观摩、新技术展示、演示会、产品发布会）、人际传播营销、知识营销、体验营销、文化营销、体育营销等各种营销形式来教育与引导消费者和潜在消费者，使消费者和潜在消费者接受新的消费理念与生活方式，改变原有的思维习惯、消费习俗、生活方式，使消费者的生活品味提升一个档次，使营销水平更上一个新的层次的营销理念和营销模式。其也称为培训式营销。使用过程中，其也多指本层次的含义。很多的内容营销都需要进行教育营销。

■案例：皇明的太阳能公益科普行动

早在1997年，太阳能市场在中国几乎是一片空白的时候，皇明就单凭一己之力启动了声势浩大的太阳能公益科普行动，广为散发科普资料，为民众讲解以太阳能为主题的知识，提供咨询服务。如今皇明太阳能科普车队的行程已超过8000多万公里，每期印量300万份的太阳能科普刊物《皇明太阳能科普报》至今累计达近亿份，如果按照体积计算足可装满一列火车。持之以恒的公益科普行动使皇明形成了循环往复的良性发展模式。（来源：网络《公益营销的抉择：要么获取名，要么获取利》）

第二层是教育行业，狭义地讲专指教育机构，广义地讲即指向社会公众进行倡导道德或行为规范及普及各类知识的主体本身，向客体传播相关内容的过程。

■案例：新东方的校园营销

在大学校园里，新东方的宣传随处可见。针对不同需求的大学生，他们提供了完善的培养模式。例如，在国内谋求发展的学生注重全国大学英语四六级考试，意欲走出国门的学生关注国外各种考试。他们以市场为导向，覆盖了消费者的所有需求。（来源：说东说西的博客2013－12－26《新东方的营销战略与战术》）

第三层是指营销主体在向客体营销过程中，向消费者、同行和社会吸收新观念新知识新方法及好的经验，不断补充和完善自己的营销管理的过程。

■案例：安利的培训

安利对新人培训，都会讲这个故事。说：从前，在古印度有两个将军带领军队与异邦作战，取得了胜利。国王想赏赐他们，他俩可以自由选择任何一样自己喜欢的东西。于是，第一个将军说想要300磅黄金，国王一听心里很不高兴，认为这个人太贪心了，竟然一次就要这么多黄金。第二个将军带来了一张围棋盘，他指着棋盘说：我要的东西不多，只要数棋盘上的格子按我要求的方式给我大米就可以了，即第一个格子给我1粒米，第二个格子给我两粒米，每数一个格子将米的数量翻一番，依此类推。国王听了很爽快地答应了他的要求。心想，这个将军也太不贪财了，要大米都是按粒数要而不是按吨位要。但很快，意想不到的事情发生了。快到中午的时候，仓官来报"大事不好"，棋盘的格子还没数到一半，全国所有粮仓的粮食已经全部属于那个将军的了。由此可见，数字的几何级数的增长是非常可怕的。（来源：张微的博客2008－09－03《安利营销案例》）

17. 顾客份额营销

顾客份额营销就是如何通过网络的互动特性来联合应用大众营销和直接营销，向已有顾客销售更多产品，有效地增加顾客份额，同时增进顾客关系的营销过程。

顾客份额营销理念是佩伯斯和罗杰斯在20世纪90年代提出的，这两个人也因此进入了世界顶尖管理大师之列。

顾客份额是指一家企业的产品或者服务在一个顾客该类消费中所占的比重，还可以更贴切的称为顾客的钱袋份额。

■案例：丹尼的服装

丹尼个子矮小，只穿38号的小尺码的衣服，所以每次在换季中选择合适的流行男装对丹尼来说的确是件难事。

但这年秋季，来自罗杰彼尔百货公司的一个电话解决了他的这一系列麻烦。罗杰彼尔百货公司的店员打电话来，告诉丹尼有七八款合适他的尺码的新款西服到货了，建议丹尼在他们还没有卖完之前去看一看。

在店员的手中有一张从百货公司数据中心发过来的3＊5英寸的小卡片，上面记录着丹尼的姓名、电话、衣服的尺码以及上一次在罗杰彼尔选购服装的记录。两个月前，在罗杰彼尔公司的一次酬宾活动中，凡是选购当季夏装的顾客只需要填写一张客户数据采集卡就可以享受到购物8折的优惠。

丹尼就是那一次在罗杰彼尔公司的数据库里留下了自己的信息。罗杰彼尔公司的营销数据库系统对丹尼的客户信息进行了预处理，把丹尼对男装的特殊要求作为一个重要信息记录在了数据库中。当商店新进的服装中有适合丹尼的尺寸时，信息系统就自动向当日的值班主管发出了提示，而值班主管也很自然地将这一信息转到了负责男装销售的部门。(来源：奇迹的博客2009－10－25《一个数据库挖掘老顾客消费潜力的案例》)

18. 忠诚度营销（忠诚营销）

忠诚度营销就是在营销时以培养顾客的忠诚度作为主要诉求点，不仅仅将顾客的需求作为营销侧重点，而在满足顾客需求的同时，让顾客在自己的产品上产生一种习惯和感情。

顾客忠诚度是指顾客出于对企业或品牌的偏好而经常性重复购买的程度。

■案例：Aeroplan的联盟忠诚计划

Aeroplan是一家专业积分运营公司，所从事的业务并不复杂，简而言之就是“买卖”积分——为不同行业、不同地域的商家搭建一个统一的积分平台，对消费者进行集中的积分奖励。Aeroplan 集团旗下拥有针对加拿大航空公司和星空联盟各航空公司打造的积分平台 Aeroplan，针对英国国内消费者的 Nectar，以及面对中东地区阿联酋、卡塔尔和巴林航空公司常旅客“飞行里程”计划 60% 的股份。每一个平台上都集合了从金融、零售到旅行休闲的各类商家，消费者一旦申请加入后在协议商家消费时就能实现一卡通积分，而反过来，这些积分不仅能兑换成各种实用的奖品，还可以在合作商家处直接抵付一定的消费款。（来源：网络《客户忠诚计划新趋势》）

19. 细节营销

细节营销就是指企业在营销工作的每一细节都设身处地为消费者着想，借以最大限度满足其物质和精神需求的营销工作。

■案例：日本东京一家贸易公司的订票服务

日本东京一家贸易公司一位小姐专管为客商购买车票的事务，其中包括为德国一家大公司商务经理购买来往于东京与大阪的火车票。不久，这位德国经理发现：每次去大阪，座位总在右窗口；从大阪返回东京，座位又总在左窗口。经理问小姐，小姐笑答道：“车去大阪时，富士山在你右边；返回东京时，富士山又回到了你的左边。我想，外国人都喜欢日本富士山的壮丽景色，所以我替你买了不同位置的车票。”德国经理听完大受感动，“在这样一些微不足道的小事上，这家公司的职员能够想得这么周到，那么跟他们做生意还有什么不放心的呢?”他决定将与这家日本公司的贸易额由400 万马克提高到 1200 万马克。（来源：网络《印刷企业如何提高客户忠诚度》）

20. 饥饿营销（饥饿式营销、饥渴营销）

饥饿营销是指商品提供者有意调低产量，以期达到调控供求关系、制造供不应求“假象”、维持商品较高售价和利润率的目的。

■案例：Windows7 上市

2009 年 10 月 22 日，微软 Windows7 在长达 5 个月的铺天盖地的宣传营销攻势后开始全球公开发售，但都希望在第一时间买到 Windows7 的中国消费者却失望了。由于货源紧张，仅仅上市两天以后，到 2009 年 10 月 27 日，这款产品就出现一货难求的情况，Windows7 在北京全面缺货。对此，微软方面回应称，目前正在加大供货力度。(来源：网络《五粮液饥饿营销案例分析》)

21. 期货式营销

期货式营销就是透过签订标准化合约（期货合约），同意按指定的时间、价格及其他交易条件，利用期货的跨时间的特点，为需要的客户交收指定数量现货产品。一般把这种利用期货特点来营销产品的方式称作为期货式营销方式。

■案例：小米手机的营销

小米手机 2 代，在 2012 年 8 月进行发布，9 月中旬接受首批工程机预订，10 月正式上市销售。原因是其使用的高通 APQ8064 处理器当时尚未能实现大规模量产。(来源：网络《小米“期货模式”已被其他品牌采用》)

22. 饱和营销

饱和营销是美国学者詹姆斯・A. 菲茨西蒙斯在《服务管理》一书中提出的。詹姆斯认为饱和营销是一种公司为发挥明显形象效应来吸引消费者注意力的独特的市场定位。该策略的指导思想是在城市和其他交通流动大的地区集中定位许多相同的公司或商店，使消费者在这些地段能多次接触到企业的标志，给消费者留下深刻的印象，使消费者一旦产生消费的需求首先想到的就是该企业。

■案例：日本的自动售货机

日本自动售货机的商品销售额为世界之冠，素有“售货机王国”之誉。2000 年达到高峰，售货机应用量为 561 万台，商品销售额为 7.11 万亿日元。这其中一部分是销售商品的售货机，如饮料售货机和香烟售货机等；另一部分是自动服务机，如兑钞机、租赁机、计时收费机等。

售货机经销的商品品种丰富多彩，饮料类有可乐、茶水、矿泉水、清凉饮料、牛奶、咖啡和啤酒等，食品类有巧克力、糖果、面包、饼干、面条、快餐、冰淇淋等，日常用品类有邮票、明信片、电池、报纸、杂志、玩具、袜子、保险刀片、生理用品等。

日本每23人就拥有1台售货机，平均每个日本人每年在售货机上购买5万多日元（近500美元）的商品。（来源：网络《“自动售货机”成为日本零售业一大主角》）

23. 情调营销

情调营销就是企业的营销管理者为了满足目标顾客的需求，综合地利用企业的论调、产品的品调、装饰的色调、音乐的曲调、员工的语调、行为的步调和空间的格调等营销组合要素（即情调营销的“七调”），一同引发顾客联想和共鸣，从而提高企业盈利水平和竞争能力的一种营销思维和策略。简单地讲，情调营销就是以情调为卖点的营销。

■案例：麦斯威尔的情调

1907年，美国前总统罗斯福在首次品尝麦斯威尔咖啡后，惊异于它的美味，大赞“滴滴香浓，意犹未尽（Good to the last drop!）”，这句话成为麦斯威尔咖啡的金字招牌，也是百年广告的经典之作。

“我不在家，就在咖啡馆；我不在咖啡馆，就在去咖啡馆的路上。”

“总是留一杯咖啡的时间，给朋友……时间你定，咖啡我准备”。

麦斯威尔有不少带有浪漫情调的歌曲，被到处传唱。如香港歌星苏永康唱的那首《意犹未尽》，“让眼睛默默合上，回味那路过芳香”。（来源：网络《麦斯威尔咖啡》）

24. 旋转营销 SPIN（顾问式营销）

旋转营销 SPIN 是尼尔·雷克汉姆创立的。这是一种当客户没有充分了解自己需求的时候，销售人员作为客户的顾问帮助客户意识到自己需求的技巧。

—— S Situation 客户的现状，了解有关客户组织与现状的背景信息。

—— P Problem 问题，发现和理解客户的问题、困难和不满。

—— I Imply 暗示，发掘问题不解决将给客户带来的不利后果。

—— N Needs 需求，取得客户对于解决问题后的回报与效益的看法，将讨论推进到行动和承诺阶段。

顾问式营销就是销售人员以专业销售技巧进行产品介绍的同时，运用分析能力、综合能力、实践能力、创造能力、说服能力完成客户的要求，并预见客户的未来需求，提出积极建议的营销方法。

■案例：老太太买李子的故事

在经典的老太太买李子的故事中，第三位店主在成功卖给老太太李子以后，继续与老太太聊天。

“是啊，怀孕期间的营养是非常关键的，不仅要多补充些高蛋白的食物，听说多吃些维生素丰富的水果，生下的宝宝会更聪明些！”

“是啊！那么吃哪种水果含的维生素更丰富些呢？”

“很多书上说猕猴桃含维生素最丰富！”

“那你这有猕猴桃卖吗？”

“当然有，您看我这进口的猕猴桃个大，汁多，含维生素多，您要不先买一斤回去给您儿媳妇尝尝！”

这样，老太太不仅买了一斤李子，又买了一斤进口的猕猴桃，而且以后几乎每隔一两天就要来这家店里买各种水果了。

第八篇　按照具体营销方式命名的营销策略

孙子兵法云："夫兵形象水，水之形，避高而趋下，兵之形，避实而击虚。水因地而制流，兵因敌而制胜。故兵无常势，水无常形。能因敌变化而取胜者，谓之神。"商场如战场。市场营销也需要像战场一样，根据天时、地利、人和，选择不同的战术以赢得胜利。

1. 战术营销

战术营销就是企业对定位后的产品或服务进行价值创造、价值传播、价值实现、价值分享及客户保留的过程。

■案例：斯沃琪（Swatch）的差异化营销

差异化定位。为了夺取丢掉的市场份额而诞生的瑞士斯沃琪（Swatch）手表，成立之初就定位：斯沃琪（Swatch）不只是报时的手表，时尚的、运动的、音乐的、艺术的……用激情去创造。它以"你的第二只手表"为广告诉求，斯沃琪这个缩写代表的是"第二只手表（Second Watch）"，由包括休闲，娱乐及附件所代表的新的手表理念所引入的新一代手表。

开与知名艺术家合作的先河，赋予手表时髦青年新的特立独行的标签。自 1984 年起，每一款手表都有别出心裁的名字。2005 年 12 月，斯沃琪发布了适合戴在右手手腕的手表等。

差异化促销。斯沃琪不断推出新款，每款推出后 5 个月就停止生产；在里斯本博物馆设有斯沃琪陈列专柜，有拍卖行对不再销售的斯沃琪进行拍卖，斯沃琪专卖店在人多的时候要叫号入内。

差异化的营销使斯沃琪不辱使命。到 1992 年，瑞士手表全球市场份额从 1983 年的 15%提高到 53%。并成为 1996、2000、2004 及 2008 年奥运会官方指定计时器。（来源：网络《斯沃琪》）

2. 渠道营销

渠道营销是指针对渠道特点定位，采取市场推广模式、数据库营销、网络营销等手段，利用数据信息进行市场分析和营销策略的修正，整合策划市场活动，以达到在终端提高品牌到达率和推动产品销售的营销目的。

营销渠道，美国市场营销学权威菲利普·科特勒："营销渠道是指某种货物或劳务从生产者向消费者移动时，取得这种货物或劳务所有权或帮助转移其所有权的所有企业或个人。"简单地说，营销渠道就是商品和服务从生产者向消费者转移过程的具体通道或路径。

■案例：华龙方便面的"农村包围城市，最后夺取城市"

1994 年华龙方便面诞生之初，面对中国方便面市场的惨烈竞争和占据市场绝对地位的"康师傅"和"统一"，确定了"大众面铺市场，中档面创效益，高档面树形象"的产品三部曲战略。首先，避开大中城市超市中的高档面锋芒，把产品准确定位在 8 亿农民和 3 亿工薪阶层的消费群上，立足于农村和中小城镇，然后随着市场占有率的扩大和覆盖面的提高，进军中、高档面市场，即采用"农村包围城市，最后夺取城市"的战略，最终与来自中国台湾省的"康师傅""统一"形成了三足鼎立的市场格局。（来源：网络《渠道营销》）

3. 全渠道营销

全渠道营销就是企业通过一切可以产生销售的所有渠道与消费者互动整合营销传播，包括网站、实体店、服务终端、直邮和目录、呼叫中心、社交媒体、移动设备、游戏机、电视、网络家电、上门服务等。这些渠道相互整合，相互呼应，成为全方位的营销力量。

全渠道零售（Omni - Channel retailing），就是企业为了满足消费者任何时候、任何地点、任何方式购买的需求，采取实体渠道、电子商务渠道和移动电子商务渠道整合的方式销售商品或服务，提供给顾客无差别的购买体验。

■案例：Argos 的多渠道销售

Argos（中文名爱顾）是一家在英国和爱尔兰境内有 748 家分店的零售企业，超过 95% 的英国人驾车不到 10 英里就能光顾到一家 Argos 门店。销售的商品除了不卖吃的外，几乎无所不包，共计有 33000 多种目录商品和网络专供商品。每年 Argos 网络迎接超过 4 亿人次的访问量，拥有超过 2000 万的固定顾客。

Argos的购买方式包括网站购买、手机应用、电话购买、门店购买、送货上门等方式。例如网站购买：顾客在网站下单，可到门店自提，也可送货上门，但有送货门槛费用。手机应用：即消费者在app store等平台下载Argos手机软件，即可查询门店库存，了解销售折扣，可选择在手机上下单或者到店购买；电话购买：提供24小时的免费咨询电话，随时接受顾客查询和订单下达等。（来源：网络2013－1－10王蓁的《从跨渠道向全渠道推进》）

4. 多渠道营销

多渠道营销是指使用直接和间接的多种沟通渠道与客户进行交流互动。这些渠道包括网站、零售门店、邮购目录、邮件、电子邮件、移动电话等，让客户可以选择自己喜欢的渠道来做出响应，让他们更倾向于购买您的产品或服务。简而言之，多渠道营销所做的一切就是围绕客户选择。

■案例：LACOSTE的多渠道营销

2013年法国服装品牌LACOSTE在中国地区的运营商借三亚举办的第四届“海天盛筵”活动的契机，精心筹划了——尊贵会员，优雅旅程LACOSTE邀您共赴三亚“海天盛筵”活动，从LACOSTE会员中抽取三名幸运会员免费飞往三亚，与LACOSTE一起参加“海天盛筵”。

活动采取“结合线上线下、移动社交，覆盖多渠道用户”的总体营销策略。线上以精准度高、针对性强、性价比高的邮件营销作为主要活动营销推广渠道，配合影响大、互动性强的社交媒体微博，实现活动传播扩大化。采用二维码作为线下会员招募的重要渠道，配合便捷高效的MMS、SMS，以保证活动在最低成本控制的前提下，实现最佳的营销效果。（来源：网络《多渠道整合营销推广案例：LACOS“海天盛筵”》）

5. 覆盖式营销

覆盖式营销是指在很短的时间之内，建立起一个面向全国市场，能够迅速将产品覆盖到市场中去的销售体系，从而获得较大销售收入。

■案例：格力空调

格力空调从一个亏损严重的小企业起步，1992年转产空调器，当年销售空调2万台，并且在没有很大广告支持情况下，迅速占领了中国南方县城和中等城市的市场。到1995年，仅用了两年时间，其就成为中国最大的空调器生产企业。1997年销售量达到一百二十万台左右，其超过了中国影响最大的春兰空调，成为中国最大的空调器生产企业。（来源：网络《覆盖式营销》）

6. 店面营销（店头营销、店头行销）

店面营销是以店面为一个点，沿着市场需求和时间纵深展开。它强调销售员的主观能动性、阶段性重点事件处理和时效延续性。

■案例：卡尔销售术

美国人卡尔开了家小店，开始时生意萧条，后来他经过精心计算做出决定，只要顾客拿出一美元，便可以购买店里的任意一件商品。于是招来了大批顾客，销售量超过了附近几家大的百货公司。后来他改行经营绸布店，他又在经营方式上出新，决定凡在该店购买10美元商品，可获赠白券一张，积5张白券可兑换蓝券一张，积5张蓝券可兑换红券一张，一张红券可以任意挑选店中的一件商品。（来源：网络《几个经典促销案例》）

7. 连锁营销

连锁经营制度是依据社会化大生产原理，结合经营特点加以运用，在专业分工基础上通过系统化和规模化，达到规模效益与灵活方便的统一的经营制度。

连锁营销包括直营连锁型（又称正规连锁、公司连锁、联号商店等）、自愿连锁型（又称自由连锁、任意连锁）、合作连锁型和特许连锁型（商品商标型特许、经营模式特许、分支特许和转换型特许）。

■案例：7 天连锁酒店

7 天连锁酒店集团（7 Days Group Holdings Limited）是铂涛酒店集团旗下品牌之一。它创立于2005 年，2009 年 11 月 20 日在美国纽约证券交易所上市（股票代码：SVN）。2013 年 6 月 27 日，它从美国退市。同年 7 月 17 日，它被铂涛酒店集团私有化收购。7 天连锁酒店秉承让顾客“天天睡好觉”的愿景，致力为注重价值的商旅客人提供干净、环保、舒适、安全的住宿服务，满足客户核心的住宿需求。七天连锁酒店集团现已拥有分店超过 1500 家。7 天连锁酒店覆盖全国近 30 个省和直辖市共 200 个主要城市，业已建成经济型连锁酒店全国网络体系。（来源：网络《7 天连锁酒店》）

8. 网格化营销

网格化营销是指按照某一个或某几个特定的标准，利用各种有效的营销方式和工具，使企业营销资源重新组合和分配成网格化状态，即将整个实体市场分割成为多个网格，每个网格对应一类具有相同特征的用户群体，这样无数个网格最终组成一张基本可以覆盖到所有消费群体的大网，充分达到可能到达的每一个极度细分的消费群体，从而使得有限的营销资源发挥出充分的作用。由于企业的营销资源和营销模式按照网格化状态存在，所以称之为网格化营销。

■案例：工行山西大营盘支行网格化营销

工行山西大营盘支行，将太原市行政区域进行块状划分，把营销目标辐射区域绘制成地图，根据地图中包含的各类商业街区，初步进行摸排。团队成员每人一本黄页，在初步摸排的基础上，明确了院校、高档写字楼、酒店等作为重点对象，通过电话以及上门的形式进行逐户拜访。成立负责人亲自带队的三个营销小组，通过为客户量身定做合适的金融产品，对重点摸排对象中建立的目标客户进行开发。（来源：网络《工行山西分行营业部大营盘支行实施区域网格化营销 提升企业拓户增容力度》）

9. 蜂鸣营销（口头宣传营销、口头营销）

蜂鸣营销是传统的“口耳相传”方法在新经济下的创新营销方法。是一种主要通过人们（可以是消费者，也可以是企业的营销人员）向目标受众传播企业产品（或服务）信息而进行的非常廉价的营销方法。蜂鸣营销主要基于人们对于企业产品和服务的直接体验。

10. 推荐营销

推荐营销是口碑营销的一种主要方式，就是建立在顾客忠诚的基础上，企业通过对顾客的引导让忠诚的顾客自发地为企业做营销，从而达到企业和顾客良好的感情沟通，实现以顾客为中心，顾客与企业之间的真实互动的一种营销方法。

美国销售专家比尔·凯茨出版了《引荐式营销》，告诉营销人员：成功的秘诀在于获得更多引荐。要以优质服务为基础，形成口口相传的好口碑，将每一次的业务接触转变成更深一层的客户关系，进而获得更多引荐的机会。

■案例：Airbnb（空中食宿）的推荐营销

Airbnb（空中食宿）成立于 2008 年 8 月，总部设在美国加州旧金山市，是一家联系旅游人士和家有空房要出租的房主的服务型网站。Airbnb 在营销上采用直接推荐的方法，即通过邮件给自己的老用户发送邀请函，让他们将 Airbnb 的业务推荐给新人。当老用户介绍的新用户第一次通过 Airbnb 下单时，推荐者将会获得价值 25 美元的旅游抵用券；而当这些新用户第一次入住所预定的地方后，推荐者将拿到额外的价值 75 美元旅游抵用券。（来源：网络《案例分析：Airbnb 和 Dropbox 的推荐营销秘籍》）

11. 拜访营销

拜访营销是无店铺销售的最早形式。它是通过推销员访问顾客，给顾客看样品和商品目录，并口头介绍各种商品的性能，从而达到推销目的的一种销售方式。

■案例：日本寿险“推销之神”原一平

日本寿险“推销之神”原一平。在日本有近百万的寿险从业人员，其中很多人不知道全日本20家寿险公司总经理的姓名，却没有一个人不认识原一平。原一平曾创造连续15年日本保险业全国个人业绩第一，因对日本寿险的卓越贡献，荣获日本政府颁赠“绀绶褒章”和日本天皇颁赠“四等旭日小绶勋章”，并荣获美国人协会颁赠的学术奖章。（来源：网络《原一平》）

12. 会议营销（数据库营销、服务营销、会务营销）

会议营销就是企业通过各种途径收集消费者的资料，经过分析、整理后建立数据库，然后从中筛选出所要针对的目标消费者，运用组织会议的形式，并结合各种不同的促销手段，进行有针对性的销售的一种营销模式。

■案例：“融化的企鹅”

国外某次关于“大气臭氧层”国际性会议，会议组织者在主会场门前道路旁，放置了一些冰雕的企鹅。因为阳关的照耀，冰雕的企鹅在融化。那天，当地和全世界新闻都出现了“企鹅在融化”图片及关于“大气臭氧层”相关新闻报道。（来源：网络《世界十大著名策划案会议策划案》）

13. 买断式营销

买断式营销是指一家或多家经销商买断企业销售权的一种营销方式。

■案例：斯柯达温州买断营销

2013年4月，温州某4S店买断100辆1.8T 6速手自一体的昊锐，分3批投放温州市场，首批在温州国际车展前运抵温州。车辆配置：1.8T涡轮增压发动机、保时捷技术Tiptronic 6速手自一体变速箱、天窗、来自奥迪A4的β真皮座椅、倒车雷达、导航、轮胎气压检测、定速巡航、一键启动等多种人性化装备一应俱全。（来源：网络2013年4月7日沁乐的《斯柯达买断营销策略分析》）

营销外包不仅是一种商业工具，更是一种全新的商业思维。营销外包是企业将营销活动尤其是渠道的开发与管理全权委托给一个拥有专门技能和网络的外部机构，企业只是在战略上进行全程监控和规定收益回报的下限，其他的营销风险全部由外包机构承担；加之将生产、人力资源管理、财务管理等价值链环节也外包给了专业的外部机构，企业可以将核心能力集中于“产品研发 + 品牌经营”的关键性领域，以获取巨额“净值”回报。

■案例：汽车 4S 店

汽车 4S 店是 1998 年以后才逐步由欧洲传入中国的舶来品。4S 店是由经销商投资建设，按照汽车生产厂家规定的标准建造，店内外设计统一，投资巨大，动辄上千万，豪华气派，环境舒适，只能销售由生产厂家特别授权的单一品牌汽车，能够为顾客提供更低廉的价格、更专业的技术支持和更深入的售后服务。4S 店与汽车厂家共同组成汽车品牌联盟，代表汽车品牌文化，体现品牌价值，维持品牌忠诚度，为汽车生产厂家树立汽车品牌的知名度和信誉。（来源：网络《汽车 4S 店》）

14. 捆绑营销（关联营销）

捆绑营销是共生营销的一种形式，是指两个或两个以上的品牌或公司在促销过程中进行合作，从而扩大它们的影响力。它作为一种跨行业和跨品牌的新型营销方式，开始被越来越多的企业重视和运用。对此，也有称套餐式营销。互补营销是捆绑营销的一种主要方式。

■案例：“边看边买”——观剧新风尚

2015 年 1 月，在东方卫视开年大戏《何以笙箫默》中，电视机旁的观众不仅能看到明星的精彩演出，还可以掏出手机，在天猫上买到明星身上的华丽服饰，实现“边看边买”。而优酷也宣布和阿里巴巴合作推出了一个产品叫“边看边买”，在视频内容中直观地呈现出购物通道，用户观看视频的时候把出现的商品放到购物车里，等到整个视频内容看完以后，网站会提醒已将××件商品放入购物车。（来源：网络《【案例】从 2015 年开年十大案例看营销风向》）

15. 错位营销

错位营销是差异营销的一种具体方式。错位营销就是在营销竞争中避开趋同性的竞争手段，竞争理念和竞争策略独树一帜、别具一格，以此来拓宽自己的市场空间，引导品牌树立自我特色和自我风格，走一条个性化的产品推广和品牌宣传之路，以此激活竞争氛围，让消费层面从三维空间得到无限的拓宽和延展。

■案例：奇瑞 QQ

令人惊喜的外观、内饰、配置和价格是奇瑞公司占领微型轿车这个细分市场成功的关键。

奇瑞 QQ 的目标客户是收入并不高但有知识有品位的年轻人，同时也兼顾有一定事业基础，心态年轻、追求时尚的中年人。一般大学毕业两三年的白领都是奇瑞 QQ 潜在的客户。人均月收入 2000 元即可轻松拥有这款轿车。

许多时尚男女都因为 QQ 的靓丽、高配置和高性价比就把这个可爱的小精灵领回家了，从此与 QQ 成了快乐的伙伴。

奇瑞公司有关负责人介绍说，为了吸引年轻人，奇瑞 QQ 除了轿车应有的配置以外，还装载了独有的“I－say”数码听系统，成了“会说话的 QQ ”，堪称目前小型车时尚配置之最。据介绍，“I－say”数码听是奇瑞公司为用户专门开发的一款车载数码装备，集文本朗读、MP3 播放、U 盘存储多种时尚数码功能于一身，让 QQ 与电脑和互联网紧密相连，完全迎合了离开网络就像鱼儿离开水的年轻一代的需求。（来源：冰点的博客 2006－10－22《奇瑞 QQ 营销策略解析》）

16. 比附营销

比附营销就是攀附名牌的定位策略，即企业通过各种方法和同行中的知名品牌或与其他名人名物等建立一种内在联系，使自己的品牌迅速进入消费者的心智，占领一个牢固的位置，借它们之光而使自己的品牌生辉的营销方式。

■案例：蒙牛的广告

蒙牛在上市之初的第一块广告牌子上写的是“做内蒙古第二品牌”；宣传册上写着“千里草原腾起伊利集团、蒙牛乳业……我们为内蒙古喝彩”；在冰激凌的包装上，蒙牛打出了“为民族工业争气，向伊利学习”。（来源：网络《蒙牛之道》）

17. 碰瓷营销

碰瓷营销是比附营销的变异出现在企业营销中的一种炒作方式，通常是弱小企业主动发声，指控行业中比较强大的企业侵犯自身权益，在引起舆论关注后，企业的知名度也随之提高。

碰瓷，属北京方言，泛指一些投机取巧，敲诈勒索的行为。例如故意和机动车辆相撞，骗取赔偿。此外，“碰瓷”也是古玩业的一句行话，意指个别不法之徒在摊位上摆卖古董时，常常别有用心地把易碎裂的瓷器往路中央摆放，专等路人不小心碰坏，他们便可以借机讹诈。

■案例：Cinnabon 的错误碰瓷

2016 年，《星球大战》莉娅公主的扮演者 Carrie Fisher 因心脏病突发，救治无效死亡。美国烘焙食品品牌 Cinnabon 在 Twitter 上发布了一条营销意味明显的悼念推文，引起了众多网友的不满，最终 Cinnabon 官方删掉了这条推文并表达了歉意。（来源：网络《碰瓷营销为何在互联网江湖大行其道?》）

18. 对比营销（比较营销）

对比营销就是企业通过各种直观的方法将本企业的产品或服务与竞争对手的产品或服务在实际功能、质量上的异同清晰地展示在消费者面前，方便消费者判断、选购。

■案例：褚橙品质对比

黄铁鹰在《褚橙你也学不会》中说：“通过调查问卷、盲测实验等方法对比褚橙与云南橙、湖南橙、平均橙、外国脐橙的品质，最终发现，从统计意义上看，尽管褚橙在外观、剥皮难易、甜度、酸度、水分、化渣率、籽数量上与其他橙子各有优劣，但在总体口感所依赖的甜度、水分、化渣率、剥皮难易四个指标上几乎完胜，这说明褚橙成功最重要的一环，是产品的品质。”

19. 基准营销

基准营销是对比营销的一种，对行业的领先者或企业最强劲的竞争对手的一些经营要素进行排列，并同本企业自身相应的经营要素一一进行比较，发现问题，以竞争者的优势指标为基准，进行学习和赶超。基准营销的核心在于使竞争行为基准化，使一定时期的竞争行为有明确的目标。

■案例：淘宝完胜 eBay

2002 年美国 eBay 全球收入已经超过了 20 亿美元，同年进入中国，其营销模式是向在其网站上展示产品和服务的用户收取费用。

2003 年，阿里巴巴创建淘宝，实行不收费策略，并强调自己是一家土生土长的中国企业。同时，不断为客户推出各种服务工具，如即时通信工具阿里旺旺，在线支付系统支付宝，在线广告公司淘宝联盟等。

2006 年底，eBay 关闭了在中国的主站，与总部位于香港的 Tom 在线（Tom Online）建立了一家合资企业，业务重心转移到跨境电子商务方面。（来源：网络《案例解析之淘宝在中国战胜 eBay 筑竞争壁垒》）

20. 精益营销（精益化营销）

精益营销是以占有有效市场为目标，采用细分市场、聚焦、速度等策略建立根据地市场和战略性区域市场，提升营销的战略管理能力，对战略性市场进行有效规划，依据市场规划进行营销资源的合理配置与安排，对战略性区域市场进行精耕细作。

精益营销包含三个发展层次，即精细化营销、精确化营销和精准化营销。

精细化营销的始祖莱斯特·伟门（Lester·U·Weidman）曾将它定义为：改变以往的行销渠道及方法，以生产厂商的客户和销售商为中心，通过电子媒介、电话访问、邮寄、国际互联网等方式，建立客户、销售商资料库。但薄朗思的定义似乎更直接，他认为，精细化营销就是恰当地、贴切地对你的市场进行细分。

精细化营销要求对市场进行细致区分，采取精耕细作式的营销操作方式（例如一对一营销），将市场做深做透，进而获得预期效益。

■案例：TESCO 的成功

1995 年特易购的营销主管特里·莱希推出了一个叫作“俱乐部卡”的培养客户忠诚度的项目。“通过给客户经常购买的产品打折来牢牢吸引他们的注意力。每位持卡人在每个季度结束时都会收到一封邮件，里面包含折扣券，优惠的金额相当于他们平时消费金额的 1%。特易购还会根据数据库来判断客户喜欢哪些产品，并在这些产品方面给特定客户提供优惠，像亚马逊那样向客户推荐可能会感兴趣的产品。”

如今，许多的英国家庭都有一张特易购俱乐部卡，持卡人超过了 1600 万，特易购也成为世界第三大零售商。（来源：营销讲师李健霖的新浪博客《精准营销案例分享——TESCO 的成功》）

精确化营销则在精细化营销的基础上强调通过营销信息的充分量化和及时掌握来提高营销水平，其主要手段是建立度量和保证体系，特别是发展基于计算机网络的营销数据库，并以数据挖掘和数据分析的结果为依据使营销过程标准化、高效化。

■案例：沃尔玛的销售时点数据系统（Point of Sale POS）

沃尔玛的 POS 系统即是销售时点数据系统（Point of Sale），包含前台 POS 系统和后台 MIS 系统两大部分。在门店完善前台 POS 系统建立的同时，后台的管理信息系统（Management Information System，MIS）也同时建立，在全球任一连锁店商品销售过程中的任一时刻，商品的经营决策者都可以通过 MIS 了解和掌握 POS 系统的经营情况，实现了门店库存商品的动态管理，既为分析各地消费者情况提供依据，也使商品的存储量保持在一个合理的水平，减少了不必要的库存。（来源：网络《沃尔玛》）

精准化营销是更高的一个层次，它强调系统思考和把握重点，它是以市场需求为导向，以企业整体营销成效最优进行目标的准确设定，以精确化为手段来进行准确的资源配置，即要求营销和营销决策不但要做到精细精确，而且要做到科学准确，从而实现真正的低成本、高效率和高效益。等级营销、圈层营销都是精准营销的具体形式。

■案例：Target 给一位高中女生寄去婴儿用品优惠券

Target 是美国最大的连锁超市之一。该超市基于数据挖掘系统分析结果给一位高中女生寄去婴儿用品优惠券，其父亲发现后投诉 Target 误导未成年人，但却在之后了解到他女儿已经怀孕的事实。（来源：网络《精准化营销》）

21. 位置营销

位置营销就是企业和商家基于自己的位置，针对处于或进入其商业半径范围内、具有位置属性的目标客户进行的精准营销。

LBS（基于位置的服务），是指通过电信移动运营商的无线电通信网络或外部定位方式，获取移动终端用户的位置信息，在地理信息系统 GIS 平台的支持下，为用户提供相应服务的一种增值业务。它包括两层含义：首先是确定移动设备或用户所在的地理位置；其次是提供与位置相关的各类信息服务。

■案例：新加坡红十字的位置急救

为了对心脏病突然发作者能够在最佳急救时间四分钟内进行即时救援，新加坡红十字协会推出了一款 APP，以众包的形式让有救护能力的人登记入册，而普通民众可以下载这款 APP，当发生紧急情况的时候，可以按下 APP 上的求救按钮，系统数据就会为用户找到距离最近的救护人员，向他发出求救信号，就可以立即通过地理位置信息定位来快速匹配周边救护人员进行施救。（来源：网络《新加坡红十字广告 APP 案例 <位置急救>》）

22. 心智营销（心理营销、攻心营销）

定位理论提出“心智”是营销的主战场，为现代营销奠定了基础。心智，简单地说，就是指一个人的心思与智慧。从消费的趋向和角度上说，心智就是消费者蕴藏在内心深处的对待各种产品理性而又明智的看法或价值认知认同的程度。

心智营销就是研究了解和高度把握消费者的心智规律，利用其成熟的心智并促其转化为购买动机，达到营销产品的目的。

■案例：娃哈哈的营养快线

娃哈哈的营养快线并不是简单以“牛奶 + 水果 + 营养素”混搭的概念出现，而是以“最营养的蛋白饮品 + 含维生素最丰富的果汁饮品 = 最营养的饮料”和“15 种营养素一步到位”这一心智认同在消费者心中落地。它的广告语“早餐喝果汁，不够；早餐喝牛奶，也不够”很好地诠释了这一点。

营养快线的命名，一是体现营养，二是现代都市白领生活节奏很快，为了获得一天的营养，他们需要快速地补充全面的营养素。所以“营养快线”就准确的定位为“快速补充营养素的营养饮料”。

娃哈哈营养快线开创性地采用了“大瓶口”PET 是在包装层面对定位“快速补充营养素的营养饮料”的体现。（来源：网络 2010 - 10 - 20 李亮的《【营销案例】营养快线》）

23. 接触点营销（接触营销、触点营销）

接触点营销是指在统一目标的统领下，综合、协调地运用各种形式的传播手段，传递一致的产品信息，以实现与消费者双向沟通，以图建立良好的顾客关系这一营销的核心目的的过程。

接触点管理（Contact Point Management）是全球最大的单体广告公司——日本电通公司在 2003 年提出的。其含义就是运用科学、合理的手段管理顾客与品牌发生接触的点，优化接触环境，使接触点发挥最大效用，提升营销信息传播效果。换句话说，就是用恰当的手段，通过适当的媒介，在正确的时间与地点和消费者进行有效的双向沟通。

所谓接触点（Contact Point）就是品牌与消费者产生信息接触的地方，即运送营销信息的载体。它不局限于广播、电视、杂志、报纸、户外、因特网等媒体，还包括直邮、产品包装、销售人员、店面布置、企业网站等，只要能成为传播营销信息的载体，就可以视为接触点。

■案例：ICICI BANK 的接触点管理

ICICI BANK 全称是印度工业信贷投资银行。它是印度第二大银行，也是最大的私营银行。

ICICI银行通过对各类客户接触点进行研究，他们把所有的接触点归为三大类（远程、面对面、自助）及27个点，并针对这些接触点的影响、企业掌控力、运营成本、知识及采用率（竞争对手采用率及未来的发展趋势）等进行分析。

在进行接触点分析后，ICICI银行发现，对大多数客户来说，分支机构将成为次要的分销渠道。同时，ICICI决定在ATM、网上银行、电话银行、直接代理人以及各类代理机构几类接触点上进行投资。（来源：网络《从印度ICICI银行案例看如何进行接触点营销》）

24. 敏感点营销

敏感点营销就是研究如何让消费者对某品牌产品的诉求产生极快的敏感，在产品中能够从中嗅出与众不同的好感觉，让消费者迅速产生购买动机，产生极想买的欲望，让消费者关注你，大量的人气向你的品牌弥漫过来，甚至是排队抢购。

■案例：非日系车的营销

在钓鱼岛事件之前，非日系汽车品牌在市场推广活动中，就曾多次有意无意地涉及“抗日”主题，克莱斯勒Jeep品牌及上海通用科帕奇均推出过重走被称为“抗日生命线”的史迪威公路的活动，大众进口车曾赞助抗日题材影片《南京，南京》。而以“展现爱国精神、致敬英雄”为营销主题的上汽荣威W5更是推出了从二战题材的宣传片到“丈量边关致敬英雄”，再到赞助揭秘二战远征军背后故事的《梦回滇缅》等一系列活动。（来源：网络《荣威W5推“抗日”广告 敏感题材引争议》）

25. 弱点营销

弱点营销就是针对人们与生俱来的人性弱点和后天养成的世俗判断而进行的各类营销活动。

斯拉沃伊·齐泽克说：“我们需要知道自己想要什么。”而弱点营销所做的，就是引导人一直需要、永不满足。《善恶经济学》作者托马斯·赛德拉切克对《新周刊》说：不满足成为让我们进步和成长的引擎，也会让我们自己成为一个永不满足的引擎。

■案例：汉堡王的删除朋友换汉堡活动

美国的汉堡王在 facebook 上开展了一个名为“王牌的牺牲品”的游戏营销活动。

顾客首先下载设置在汉堡王企业主页一个应用程序里的游戏软件，然后只要删除 10 位 facebook 上的好友，就可以免费获得一份王牌汉堡。不过，当你删除好友的时候，你的好友是会被通知的。信息是这样写的：“我为了一个免费的王牌汉堡，把你从我的好友名单中删除了！”结果是数以万计的人删除了共 234000 位好友，共 13000 个博客网站报道过这个活动，在搜索器上有超过 14 万的帖子。（来源：网络《社会化营销：人人参与的营销力量》）

26. 兴奋点营销

所谓兴奋点，是指人在潜意识里所具有受到刺激极易引起兴奋的敏感区域。

兴奋点营销就是企业自身或与同行业或跨行业联合，开展针对目标客户群的兴奋点进行营销活动，也称感动营销。

■案例：霍利菲尔德的耳朵

20 世纪末世界拳击史上的一场闹剧在泰森与霍利菲尔德之间展开，泰森的“世纪之咬”使老霍损失了少半个耳朵。比赛后的第二天，在美国的各大型超市内竟然出现了许多叫“霍利菲尔德之耳”的巧克力，其栩栩如生的耳朵形状，使好奇幽默的美国市民们争相购买，将老霍的“耳朵”带回家中“一咬为快”。该巧克力生产商利用比赛中出现的轰动性新闻效应，突发奇想，超乎寻常地分析了顾客的心理需求，及时开发出外形新颖的产品，因此美美地赚了一回顾客口袋中的钞票，大捞一笔。（来源：网络《质量管理的10 个案例》）

27. 痛点营销

痛点营销就是企业构建让消费者足够满意和愉悦的痒点和兴奋点，然后再制造出一种痛点，让他感觉不购买会后悔或不满等，这样能更好地激发消费者去购买你产品的欲望，也会达成企业营销的目的。

消费者的痛点是指消费者在体验产品或服务过程中原本的期望没有得到满足而造成的心理落差或不满，这种不满最终在消费者心智模式中形成负面情绪爆发，让消费者感觉到痛。

■案例：联想的#思念的距离#话题和“思乡体”

2014 年春节前，联想为推广“看家宝”而量身打造了#思念的距离#话题和“思乡体”，直戳用户每个人都想“常回家看看”的“痛点”。

2014 年 1 月 3 日，“思念的距离”有奖活动正式在豆瓣活动专区低调上线，目的为收集活动素材，引发大众参与。该活动上线不到 3 天便引发几百网友参与互动，各种奇葩瞬间亮瞎众亲的双眼。

1 月 15 日，联想利用官方微博发起#思念的距离#话题活动，获得了极大的社会反响，很多网络红人也参与到了本次活动之中。该话题力压多个热门话题，迅速登上微博话题排行榜 TOP5。

正在社会化媒体上掀起讨论高潮的同时，联想迅速占领了社会版，盘点了众多与活动相关的话题，如#思念的距离#之盘点 2013 新闻人物盘点、十大流行语盘点、最远的距离盘点、十大网络事件盘点、感动网友十大草根盘点等，使得微博话题一周讨论量达到了 12 万。（来源：网络《联想“看家宝”情感营销：三步戳到“痛点”》）

28. 魅力营销

魅力营销就是针对顾客的需求心理，对影响产品魅力和销售员魅力的因素进行分析和改进，以使自己的产品和销售员更具魅力，获得顾客的信任，从而成交的一系列活动。

■案例：阿迪达斯——越热越型

2013 年，阿迪达斯充分利用高校 PK 和校园达人的影响力，在人人网掀起“越热越型”校园风尚运动会。

首先，通过“达人招募”，以线下大片拍摄、赢取学校“战袍”为噱头，利用 Hebe、柯震东的明星效应，在人人网搭建校园达人报名或推荐的互动平台。

其次，进行大片拍摄。选出 120 名校园达人，让他们穿上阿迪达斯为高校定制的新品 T 恤 summer attack，由摄影师进入校园为他们拍摄，为线上高校 PK 做准备。在高校 PK 阶段，搭建照片展示及 PK 平台，发起用户投票活动，推动活动进入高潮。

最后，通过新鲜事传播制造最大的传播声量。（来源：网络《2013 中国营销创新案例》）

29. 注意力营销（眼球营销）

注意力营销是从注意力经济或眼球经济引申而来，就是以吸引顾客注意力或眼球为核心内容的营销活动。

“注意力经济”是 Michael H. Goldhaber 1997 年在美国发表的一篇题为《注意力购买者》的文章中提出的。Goldhaber 说：“获得注意力就是获得一种持久的财富。在新经济下，这种形式的财富使你在获取任何东西时都能处于优先的位置。财富能够延续，有时还能累加，这就是我们所谓的财产。因此，在新经济下，注意力本身就是财富。”

注意力经济又被形象地称作“眼球经济”，是指实现注意力这种有限的主观资源与信息这种相对无限的客观资源的最佳配置的过程。

■案例：微信红包

微信红包是腾讯旗下产品微信于 2014 年 1 月 27 日推出的一款应用。此应用基于微信 5.2 版本运行。它在功能上可以实现发红包、查收发记录和提现。

2014 年 4 月 14 日，安卓手机用户只要用微信扫描身边出现的红色二维码，通过腾讯应用宝成功安装其他应用软件，即可领取微信红包。

2014 年除夕开始，至大年初一 16 时，参与抢微信红包的用户超过 500 万，总计抢红包 7500 万次以上。领取到的红包总计超过 2000 万个，平均每分钟领取的红包达到 9412 个。（来源：网络《微信红包》）

30. 感性营销

感性营销就是指企业的营销活动情感化，将“情感”这根主线贯穿于其营销活动的全过程。其主要有两方面的含义：一是要研制开发出富有人情味的产品（或服务）；二是要采用充满人情味的促销手段。

■案例：奥迪“绿色驾驶·菁英训练营”

奥迪“绿色驾驶·菁英训练营”，是通过精彩实用的培训体验活动，为推动“绿色驾驶”公益理念在全社会的传播和普及而搭建的一个平台。活动自2008年首次开展以来，足迹遍布生态源头青海湖、生态源头云南大理和“风之城”新疆大阪城……2011年以“寻找未来的力量”为主题，2012年以“驶向未来的力量”为主题，通过实地培训和奥迪“绿色驾驶”公益网站的持续宣传，已向超过百万的公众传播“绿色驾驶”理念，也使奥迪品牌致力于高效能源开发利用和科技创新的理念也随之为外界所认知、理解。

2014年12月，奥迪品牌在中国市场（包括香港和澳门）总计向消费者交付汽车占其全球销量的41.7%，2014年累计在华销售同比增长17.7%，占据全球销量33%份额。（来源：网络《奥迪“绿色驾驶·菁英训练营”》）

31. 感觉营销（感官营销）

感觉营销就是企业以产品或者服务为载体，为消费者创造出一种心理舒适与精神满足，从而达到营销目的的营销方式。感觉营销从感觉的主体可分为：听觉、视觉、嗅觉、味觉、触觉，从感觉的客体可分为：感觉产品、感觉价格、感觉促销、感觉环境。

听觉营销，指利用美妙或独特的声音，吸引消费者的听觉关注，并在消费者的心目中形成独特的声音。

■案例：美国纽约市的现代艺术博物馆语音导游仪

美国纽约市的现代艺术博物馆（The Museum of Modern Art）开拓性的使用了语音导游技术。参观博物馆的游客只需花费4.5美元就可以租用一台语音导游仪（Acoustiguide），这是一种戴在头上的数码播放器，能够提供一种个性化的旅行。整个博物馆的作品和流派都用数字标出来，与语音导游仪中的磁轨相对应。游客可以从这些分段的节目之中挑选自己喜欢的作品和流派，从而打造出自己的、个人的旅行。借助这种技术，现代艺术博物馆以低廉的价格提供一种原来大多数人在价格上难以承受的“贵宾式的”导游服务。（来

源：网络《感官营销》）

音乐营销，就是以音乐为手段的营销，也就是企业利用音乐艺术的特征，增强与消费者的沟通和交流，满足消费者的需求，促进产品销售，达到企业目标的过程。

■案例：Mini 车喇叭奏国歌

伦敦奥运会上，Mini Cooper 拉来伦敦爱乐乐团，并把乐团各首席乐手塞进了 Mini Cooper 里面。在指挥家加雷斯·纽曼（Gareth Newman）的指挥下，首席乐手们用车喇叭演奏了英国国歌《天佑女王》。美妙的车喇叭奏出的乐曲把旁边的清洁工感动得痛哭流涕。

MINI 在其微博上号召大家："凡女王治下子民，请起立。现在由著名指挥 Gareth Newman 与伦敦爱乐乐团演奏英国国歌，由于使用 MINI London 2012 版作为乐器，音色可能比较特别——MINI 英国以这支短片为英国队加油，希望英国国旗伴着《天佑女王》飘扬在各大赛场，同时也借此欢迎各国奥运健将相聚 MINI 主场：伦敦"。（来源：网络《MINI 营销又出新招 车喇叭奏响英国国歌》）

视觉营销，是为达成营销的目标而存在的，是将展示技术和视觉呈现技术与对商品营销的彻底认识相结合，与采购部门共同努力将商品提供给市场，加以展示贩卖的方法。品牌（或商家）通过其标志、色彩、图片、广告、店堂、橱窗、陈列等一系列的视觉展现，向顾客传达产品信息、服务理念和品牌文化，达到促进商品销售、树立品牌形象之目的。

■案例：大众汽车的"光辉岁月"

大众汽车在 Facebook 上为品牌曾经的"光辉岁月"创建了可视化的时间轴。当品牌拥趸们在大众汽车发展史的视觉呈现中徜徉时，会对这家始于 1938 年的德国汽车公司产生更深入的了解。

当读者滚动时间轴时，他们觉得自己好像是历史的一部分。他们将会见证大众汽车最初在沃尔夫斯堡的工厂的建立，参与大众汽车突破百万生产量的庆典，仿佛身临其境。（来源：网络《视觉营销的魅力：这5个品牌的视觉营销战术值得你学习》）

嗅觉营销，是指通过特定气味吸引消费者关注、记忆、认同以及最终形成对企业品牌的忠诚度。如香味营销。

■案例：新航的专利香味

新加坡航空公司空姐身上的香水，公司特别调制的“热毛巾上的香水味”，成为新航的专利香味，闻香识人。（来源：网络《感官营销》）

味觉营销，是指以特定气味吸引消费者关注、记忆、认同以及最终形成消费的一种营销方式，是对消费者味觉、嗅觉的刺激，有别于传统视觉刺激。

■案例：卡夫食品广告味

在杂志上所做的广告也很好地利用了气味，读者只要对杂志上卡夫食品（KraftFoods）广告中的某几个点进行摩擦，就会散发出广告产品的味道。如对奶油奶酪广告中的草莓奶酪蛋糕的图片摩擦后，就会散发出这种甜品的香甜味道。肉桂咖啡、樱桃 Jell－O 以及白巧克力的味道也将在不同的广告中呈现。（来源：网络《味觉营销》）

触觉营销，指通过在触觉上为消费者留下难以忘怀的印象，宣传产品的特性并刺激消费者的购买欲望。

■案例：特拉维夫 Garage 健身俱乐部的“做好出汗的准备”

以色列特拉维夫 Garage 健身俱乐部，把那些对自己的体型和健康都非常在意，买饮料时专挑低热量饮料的人作为目标人群开展一场“做好出汗的准备”的营销活动。

当顾客在餐馆或酒吧点了低热量饮料的时候，他们就会得到带有一个在健身的人的头像，以及 Garage 健身俱乐部品牌形象和联系信息，还有这一市场活动的主题：“做好准备挥汗如雨”的杯子盛着的饮料。几秒钟之后，这个杯子就真的会“出汗”，从而形成了挥汗如雨地锻炼的感觉。顾客的手摸到杯子，就会摸到杯身上“人脸上的汗”，从而用出汗的形象和湿淋淋的触觉，加深顾客对 Garage 健身俱乐部以及这次营销活动的印象。（来源：网络《Garage 健身俱乐部的“触觉”营销》）

32. 体验式营销（体验营销、试用营销、情景营销、情境营销、行动营销）

美国未来学家阿尔文·托夫勒 1970 年出版《未来的冲击》，提出了“服务业最终会超过制造业，体验生产又会超过服务业”，指出“农业经济、工业经济、服务经济的下一步是走向体验经济，人们会创造越来越多的跟体验有关的经济活动”。

1998 年，美国战略地平线 LLP 公司的共同创始人 B. 约瑟夫·派恩和詹姆斯·H·吉尔摩在《哈佛商业评论》双月刊 1998 年 7—8 月号上发表了“体验式经济时代来临”的文章，又于 1999 年出版了《体验经济》。指出：体验式经济时代已来临，其区分经济价值演进的四个阶段为货物、商品、服务与体验。所谓体验经济，是指企业以服务为重心，以商品为素材，为消费者创造出值得回忆的感受。传统经济主要注重产品的功能强大、外形美观、价格优势，现在趋势则是从生活与情境出发，塑造感官体验及思维认同，以此抓住消费者的注意力，改变消费行为，并为产品找到新的生存价值与空间。

伯德·施密特博士在他所写的《体验式营销》一书中指出，体验营销是站在消费者的感官（Sense）、情感（Feel）、思考（Think）、行动（Act）、关联（Relate）五个方面，重新定义、设计营销的思考方式。此种思考方式突破传统上“理性消费者”的假设，认为消费者消费时是理性与感性兼具的，消费者在消费前、消费时、消费后的体验，才是研究消费者行为与企业品牌经营的关键。

■案例：Beautiful Gir——不会理发的理发师建立起的美国高端美发连锁机构

Beautiful Gir 是美国一家高端的美发连锁机构，其创始人 Becky 并不是时尚界的美发师，其建立的第一家店位于纽约，Becky 没有钱去雇佣优秀的发型师但又想吸引更多女孩来店里做美发，于是 Becky 想出了一个营销创意：邀请在商场逛街的漂亮女孩子免费来做头发，虽然成功率不是很高，但最终还是迎来了第一批体验用户。

对于漂亮的女孩子，头发无论如何收拾都是好看的，当 MM 身边的朋友们看到她们发型变化之后首先会惊讶地说“哇，你的头发真漂亮!”，然后就会问“头发是在哪里做的?”，于是 Beautiful Gir 的名字迅速在女孩的聚会中传播。不到半年，Becky 凭借着这一招体验式营销快速地建立起了三家分店。如今 Beautiful Gir 已经拥有足够的实力来聘请优秀的发型师，同时也发展成为美国一家高端的美发连锁机构。(来源：网络《体验式营销：小而美的精准体验式营销案例》)

33. 场景营销

场景营销在销售过程中，以情景为背景，以服务为舞台，以商品为道具，通过环境、氛围的营造，使消费者在购买过程中口、耳、鼻、眼、心同时感受到“情感共振”式的体验，通过情景来打动消费者的购买欲望，激发消费者的共鸣，进而促进产品的销售。

另有两种具体解释，一是基于网民的上网行为始终处在输入场景、搜索场景和浏览场景这三大场景之一的一种新营销理念。浏览器和搜索引擎则广泛服务于资料搜集、信息获取和网络娱乐、网购等大部分网民网络行为。针对这三种场景，以充分尊重用户网络体验为先，围绕网民输入信息、搜索信息、获得信息的行为路径和上网场景，构建了以“兴趣引导 + 海量曝光 + 入口营销”为线索的网络营销新模式。用户在“感兴趣、需要和寻找时”，企业的营销推广信息才会出现，充分结合了用户的需求和目的，是一种充分满足推广企业“海量 + 精准”需求的营销方式。

■案例：宝马 Z4

只要从网上下载打印带有 Z4 字样的纸张，将其置于电脑的摄像头下，就可以出现一个带有 Z4 车的页面。在这个页面下，你可以对你的这款 Z4 车进行颜色、敞篷与否、SIZE 大小的定制化设置。然后，你就可以通过方向键或者摆动纸张的方式，对这款定制化的 Z4 车进行操控了。神奇的是，这款车走过的轨迹会以不同的颜色呈现在你的屏幕上。当然，你可以对颜色进行设定。再然后，你就可以看到自己的电脑屏幕被满满的五彩斑斓的车轮印记所覆盖了。(来源：网络《技术带来新思维 几则增强实境营销案例》)

二是指转换产品的使用情景，让产品在新情景中有新作用，如浴帽在厨房中就变成了厨帽，牛奶从早餐奶到现在的晚餐奶、安睡奶等。它不仅仅是在出售冷冰冰毫无生气的商品，更是在出售一种现代的生活方式，传播新的生活观念，塑造新的消费态度。这既是对消费者的教育，也是对消费者的引导。

■案例：大地灶台

WWF 为了呼吁人们关注全球变暖的问题，在巴拉圭首都的街头搭建起简易餐厅，以大地为灶台烹饪食物，把“地面温度”和“煎锅温度”联系起来。不少路人围观试吃，甚至亲自动手体验，直接感知全球变暖这一平时不易察觉到的问题。（来源：网络《6 个极具创意的“场景营销”案例》）

34. 潜意识营销

潜意识营销就是营销者通过研究产品、营销模式、销售场所对消费者内心产生的感受，并对之进行有效地量化努力，造成消费者对产品“莫名其妙”的好感。换而言之，“潜意识营销”是利用人们的“阈下知觉”进行的营销。

■案例：宝马的广告

2011 年 Mini 车打出了两张广告：一张是涂满草莓果酱的吐司，另一张是一只满脸皱纹的小狗。广告上写着：“你心里正在想着 Mini 吗?”从头到尾都不显示 Mini 车，但当你心里正想着 Mini，Mini 就会真的出现在眼前。

原来，广告设计者已经将 Mini 的图像设计在里面了。仔细看这两张照片，那张涂满草莓果酱的吐司里和那只满脸皱纹的小狗隐隐约约的画出了一辆 Mini 的车头。（来源：网络《2 个“潜意识”营销案例》）

35. 角色营销

角色营销是一种把人们想体验某种社会和心理角色形象的欲望和意识作为一种市场动力来塑造企业品牌形象，并以此引导和创造市场消费行为的营销方式。

■案例：小猪班纳

小猪班纳是广东小猪班纳服饰股份有限公司旗下多个品牌中的一个，定位于0～15岁的儿童，口号是“做健康快乐的小孩”，“可爱、健康、活力、自信、好奇”是它的品牌风格。小猪班纳公司以童装为基础，逐步开发了“小猪班纳”系列卡通形象，并通过在多部动画片和电视剧植入角色，小猪班纳的几个卡通形象都获得了成功。2012年他们升级了其品牌理念，倡导“快乐可以很简单”，并与柠色动漫公司深度合作，搭载共三季的《小猪班纳》动画片，将“快乐可以很简单”的价值理念观搬上电视荧幕与消费者互动。（来源：网络《小猪班纳》）

36. 虚拟营销

虚拟营销有两种解释，一是指企业或公司总部与下属销售网络之间的产权关系相互分离，销售虚拟化，促使企业的销售网络成为拥有独立法人资格的销售公司。

■案例：新兴铸管的逆势飞扬

新兴铸管股份公司对所属的事业部（分厂）、车间（工部）、工段和班组全部实行“‘模拟法人’运行机制”，实现了内部经济主体的独立核算和自负盈亏，通过划小核算单位，将总指标逐级分解落实到了工段、班组、员工，从而出现了人人算账挖潜力的景象，每年降低成本接近3.1%。

2011年，新兴铸管股份公司逆势飞扬，其球墨铸铁管的吨产品利润继续保持在行业前三甲的位置，19项主要技术经济指标名列国内同行业第一名，其球墨铸铁管的产销量已位居全球首位。（来源：网络《层层模拟法人 环环快速联动》）

二是指企业在组织上突破有形的界限，只保留其中最关键最核心的功能（如生产、营销、设计、财务等功能），而努力将其他功能虚拟化，即企业内没有完整执行这些功能的组织，而借助企业外部提供。

■案例：美特斯·邦威——虚拟营销

上海美特斯邦威服饰公司在1995年自主创立“美特斯·邦威”休闲服品牌后，把制衣和销售两环节外包给其他企业，物流有限度外包给物流公司，自己只运营品牌和管理数据，包括商品企划、产品设计、部分原料采购和少量直营店。

加盟销售和成衣生产是100%外包。成衣生产由国内200多家服装厂OME（代加工）；销售门市分两种，一种为直营店，一种为加盟店，它在全国拥有直营店和加盟店共计2211家，其中加盟店1927家，占87%，直营店只有284家。其年销售额达到20亿元。（来源：网络《美特斯·邦威》）

37. 柔性营销

柔性营销是指企业适时灵活地整合企业营销资源以适应并满足客户个性化需求的一种营销思想和方法。它以顾客的需求为出发点，以系统的观念和权变的观念为营销的指导思想。并使得这种快速反应的营销模式成为组织的竞争优势。

38. 动态营销

动态营销就是在多维空间中，在多种引力下，在动态中进行营销。动态营销既要考虑到市场上的销量渠道、竞争状况、产品的技术质量等多种引力，也要考虑到企业的财务状况，产品推出时机，社会消费趋势等方面的因素。企业要经常考虑和评估各种市场引力及企业自身因素的变化，从而不断调整自己的营销方式、方法或策略，以适应不断变化的市场。动态营销就是要根据市场中各种要素的变化，不断地调整营销思路，改进营销措施，使营销活动动态地适应市场变化。

柔性营销与动态营销是不同说法。

■案例：打1折的西装

据悉日本东京有个银座绅士西装店，当时销售的商品是“日本GOOD”。他们制定打折策略是：第一天打9折，第二天打8折，第三天第四天打7折，第五天第六天打6折，第七天第八天打5折，第九天第十天打4折，第十一天第十二天打3折，第十三天第十四天打2折，最后两天打1折。

实施后：第一天前来的客人并不多，如果前来也只是看看，一会儿就走了。客人从第三天就开始一群一群的光临，第五天打6折时客人就像洪水般涌来开始抢购，以后就连日客人爆满，当然等不到打1折，商品就被全部买完了。

该店首创了“打1折”销售的策略。（来源：网络《盘点：史上最经典的七大营销案例》）

39. 弹性营销

弹性营销是指在制定或执行营销战略战术时，企业必须根据企业资源、竞争对手和消费者以及宏观环境的整体变化，灵活变通地运用营销战略战术原则和经验，彻底贯彻“随机制宜”的作战思想。

■案例：“宝洁－沃尔玛模式”

宝洁开发并给沃尔玛安装了一套“持续补货系统”，具体形式是：双方企业通过EDI（电子数据交换）和卫星通信实现联网，借助于这种信息系统，宝洁公司除了能迅速知晓沃尔玛物流中心内的纸尿裤库存情况外，还能及时了解纸尿裤在沃尔玛店铺的销售量、库存量、价格等数据，这样不仅能使宝洁公司及时制定出符合市场需求的生产和研发计划，同时也能对沃尔玛的库存进行单品管理，做到连续补货，防止出现商品结构性机会成本（滞销商品库存过多，与此同时畅销商品断货）。（来源：网络《“宝洁—沃尔玛模式”》）

40. 柔道营销

柔道营销就是避其锋芒、放弃硬碰硬的竞争思维模式。柔道是将对手的体能和力量为己所用，借力打力，击败对手而获胜的一种武术。它使弱者或体重处于劣势的人能够战胜身体方面占优势的对手。简单地说，其目标不仅仅是帮助企业在市场中争夺立足之地，而是要使企业成为一家大企业。

德鲁克说，“企业家柔道战略‘打击了对方的弱点’”。（美国）巴尼斯（Barnes John）和理查森（Richardson Richard）出版了《柔道营销：用智慧而不是财富创建你的事业》一书。

柔道营销的三原则：移动——让自己处于最佳位置；平衡——梳理进攻思路，保持进攻的姿态；杠杆借力——将竞争对手的力量转化为自己的竞争优势。

■案例：伊莱克斯“向海尔学习”

伊莱克斯作为全球知名的家电企业，在它进入中国之初，清醒地审视自己，放下架子，把自己看成一个初学者，做出的第一个宣传就是“向海尔学习”，同样也巧妙地利用了海尔在中国消费者心目中的影响，帮助消费者认识了自己。（来源：网络《柔道战略》）

41. 软营销

软营销是指在网络营销环境下，企业向顾客传送的信息及采用的促销手段更具理性化，更易于被顾客接受，进而实现信息共享与营销整合。

软营销包括软文营销。软文营销是软营销的一个大类，但不能代表软营销。

软营销是相对于“强势营销－硬广告”而言。企业以友好的方式宣传自己，淡化营销过程中的商业活动，尊重消费者的感受与体验，在提供有价值的内容给公众的同时，建设软实力，打造社会型企业。

■案例：春秋航空的1元机票

2006年12月，中国民营企业春秋航空由于出售1元低价票，被物价局处以15万元的罚款。通过这次软营销，春秋航空公司的品牌认知与认可度上升了45.9%，而普通的一个品牌要想达到同样的效果，得花上百万元甚至千万元的硬文化广告传播费用，而春秋航空只花了15万元。（来源：网络《春秋航空销售1元机票被物价局罚款15万（图）》）

42. 等级营销

等级营销就是企业根据市场需求生产不同等级的产品，而且制定与不同消费者需求及其行为相适合的系列营销策略，有效地开展营销活动。

■案例：天猫会员

天猫会员是根据用户365天在天猫登陆、购物、评价等行为获得的经验值来划分的会员体系。根据不同的会员等级提供相应的增值服务和特权。T1－T3级别是在2011年10月30会员体系设立之初就建立的。2014年9月30日上线T4级别会员，在“退货保障”和“极速退款”两项上面升级成为“售后无忧”；在“先试后买”“天猫分期”两项中享受更高的额度和待遇。（来源：网络《天猫惊现T4“土豪级”会员 双11享神秘特权》）

43. M型营销（极化营销）

极化营销（market polariton），根据M型社会的情况结合实际研究出的一种营销概念。

所谓的M型社会，指的是在全球化的趋势下，富者在数字世界中，大赚全世界的钱，财富快速攀升；另一方面，随着资源重新分配，中产阶级因失去竞争力，而沦落到中下阶层。整个社会的财富分配，在中间这块，忽然有了很大缺口，跟M的字形一样，整个世界分成了三块，左边的穷人变多，右边的富人也变多，但是中间这块，就忽然陷下去，然后不见了。

■案例：洲际酒店集团的品牌多元化战略

在高端市场上，洲际酒店集团创建了洲际酒店及度假村和皇冠酒店及度假村，前者是五星级，后者是四星级或五星级。

在中档市场上，洲际酒店集团拥有世界上最知名的酒店品牌—假日酒店，市场定位是根据中产阶级的经济情况和需求，保持洁净、舒适的环境，提供温暖的服务及安全的食品。

在低端市场上，洲际酒店集团拥有假日快捷酒店和蜡木公寓酒店两个品牌。前者是针对对价格非常敏感，但又想住得舒适的客人提供的一个品牌；后者是为长期在外工作和生活的客人准备的，包括单人公寓房和双人公寓房。（来源：猎狐－飞鸿的博客2011－04－12《洲际酒店集团的成功宝典（转载）》）

44. 连载式营销

连载式营销就是利用连载这种方式，达到提高作品点击率，产品曝光率等目的的方法。

■案例：路虎的《极光之城》

2011 年 7 月，路虎中国从 7 月 6 日至 8 月 10 日为期 8 周的时间内，在其官网上以及各大门户网站、视频网站上，推出了一部 8 集的 007 风格的连载式动漫微电影《极光之城》，在网络上引起热议。

两个月的时间内，该视频在路虎中国官网的浏览量达到了 124.7 万，其中有 2 万多是来自海外的 IP，且分属 120 多个国家。优酷及土豆上的浏览量达 362 万次。

路虎中国通过这种方式共收集有效身份注册 5.5 万个，有购买意向的用户达到了 3000 多人。其中在路虎中国 2012 年第一季度销售的 4881 辆极光车型中，有 802 辆来自这 3000 多位有购买意向的注册用户。为此，这成为网易汽车将年度最佳视频奖颁给《极光之城》的重要原因之一。（来源：网络《连载式动漫微电影 路虎<极光之城>首创》）

45. 实时营销

实时营销是指根据特定消费者当前的个性需要，为其提供商品或服务，该商品或服务在被消费过程中可自动收集顾客信息，分析、了解消费者的偏好和习惯，自动调整产品或服务功能，实时地适应消费者变化着的需要。

■案例：Bpost 的实时竞拍

Bpost 是比利时最大的邮政服务。为了展示其 7 天 24 小时不间断送单服务，他们在比利时布鲁塞尔街头搭建了一个展示橱窗（为不让用户以为是录制的视频）。橱窗上是模特在展示时下流行的商品，如 ipad、相机等等，同时旁边价格牌子会随着时间一点点的降价，而用户想要购买模特当前展示的商品必须上活动网站下单。活动的规则是，商品只有一件，价格会随着时间一点点的降价，谁最先下单并付款，那么谁就将获得该商品。一旦用户下单成功，旁边的快递人员就会包裹商品，立刻进行快递。（来源：网络《比利时邮

局创意促销广告案例<实时竞拍>》）

46. 整时营销

整时营销是追求整时赢利最大化的营销活动。“整时”即整个时间，是一个相对于部分时间而存在的时间概念。例如：相对于一天，一旬就是整时；相对于一旬，一个月就是整时；相对于一个月，一年就是整时；相对于一年，三年五年就是整时；相对于三年五年，十年八年乃至更长时间就是整时。

整时营销是追求在一段较长时间而非较短时间实现最大赢利。在营销战略中，整时营销这个概念，一般指的是追求中长期而非近期赢利最大化。

整时营销是一种新的营销理念。整时营销强调的是营销活动不要局限于部分行为时间，强调营销活动要拓宽时间视野。

■案例：亚马逊公司的亏损

1994 年，已经是华尔街基金公司副总裁的贝佐斯辞职，在家中的车库中成立了全美第一家网络零售公司——亚马逊公司。然而第一的位置并没有带给他应有的收获，持续八年的亏损状态使公司股票从 100 美元一度跌到了 6 美元。在周围一片欢呼、责难甚至死刑判决的混杂声中，他挺过了这艰难的八年，在第九年他终于迎来了盈利。2002 年的第四季，亚马逊的纯利约有 500 万美金，2004 年则成长到 3 亿多美金。

北京时间 2013 年 11 月 3 日搜狐 IT 消息：上周，亚马逊发布的财报显示，该公司连续出现两个季度亏损。不过，亚马逊股价并没有出现下滑。相反，投资者反倒将这家公司股价推至新高，有些分析师更是给出了 400 美元以上的目标价。亚马逊前高管尤金・卫认为，亚马逊拥有一个可盈利的业务模式，导致目前亏损的原因是大规模投资所致。亚马逊想赚钱，停止投资即可立马实现。（来源：网络亚马逊的有关文章）

47. 波浪式营销

波浪式营销是美国市场营销鬼才杰・亚伯拉罕提出的。波浪式营销就是品牌宣传者有意控制品牌宣传周期及力度，以期达到维护品牌形象、提高产品附加值的目的。

其特点是通过多波次，多种营销方式整合，来不断引导、培养客户，就像海浪不断的冲击，再顽固的礁石也会被塑成海浪需要的样子。

■案例：中国移动手机视频的波浪营销

中国移动海南公司 2010 年 10 月开展手机视频营销活动。

社区营销：成立影迷会，赋予会员权益，增加客户黏合度。

事件营销：手机视频营销采取热点事件传播模式，世博会，世界杯，春晚，《阿凡达》。

精准营销：采用电话外呼潜在目标客户，免费体验的方式增加受众。

体验营销：包装各大手机卖场，营造“手机也能看世界杯”的氛围，同时开展手机视频现场演示，吸引用户亲手进行体验，提高用户使用感知。

校园直销：开展人际传播，传播重大热点事件。（来源：《中国移动手机波浪营销方案》）

48. 壁垒营销

壁垒营销（Focalization Marketing）就是指企业在营销实践中，基于自身的资源与市场环境约束，构建有效的针对竞争对手的“竞争门槛”，以达到维护自身在市场中的优势地位的营销活动。

■案例：非关税壁垒

日本 2003 年 7 月正式实施《种苗修正法》。该法规定，未经缴纳专利费，擅自利用日本植物种源生产或改良农产品的，个人侵权者会被处以 300 万日元以下罚金或 3 年以下有期徒刑；法人企业侵权时，可最高处以 1 亿日元的罚金。中国出口水果、菠菜、花卉等许多种苗，如大葱、生姜、大蒜等，均是从日本引进或由日本该品种改良而来。《种苗修正法》将对中国农产品对日出口带来重大负面影响。（来源：网络《求几个中国企业遭遇非关税壁垒的案例》）

49. 破壁营销

破壁营销就是突破企业营销的障碍与壁垒，进行营销。

■案例：百事可乐进入苏联市场

1975 年，百事可乐公司以帮助苏联销售伏特加酒为条件，取得了在苏联建立生产工厂并垄断其销售的权力，成为美国闯进苏联市场的第一家民间企业。(来源：网络《百年博弈：可口可乐与百事可乐》)

50. 裂变营销

裂变营销以传统的终端促销的加强为基础，整合了关系营销、数据库营销和会务营销等新型营销方式的方法和理念。这种裂变模式其实指的是终端市场的裂变，其核心内容是：市场开始不要全面摊开，急速发展，而要精耕细作，全力以赴进行单点突破。

裂变首先是需要以一个（或几个）点为基础，成功地突破了一个（或几个）点后，再进入严格的复制，由一个成功的点复制出另一个点，两个点再裂变为四个……以此类推，先慢后快，逐步推进，从而最终步步为营，快速高效的全面启动整个区域市场。

■案例：ROSEONLY 的名人微博营销

在前期预热的基础上，2013 年 2 月 14 日 11：22 分，李小璐在自己的微博“李小璐 Super 璐”上晒出了一张抱着 roseonly 玫瑰的照片。硕大的玫瑰、显眼的 logo，还有微博中公然的@ ，都赤裸裸地说明了这是一次营销行为。即便如此，此条微博在当天的转发量也超过了 3 万，并连续两天登上了热门转发榜榜首。此条微博先后共吸引了 7 万多个粉丝的转发，覆盖了约 85，493，290 个微博用户，同时也为“roseonly 花店”官方微博带来了 7 万多的粉丝增长，各类媒体人、互联网 人竞相评论，情人节的微博和微信被讨论 roseonly 的内容刷屏，店内情人节限量特供的 999 元玫瑰则早已销售一空……(来源：网络《从两个情人节营销案例，看国内外社会化营销的差别》)

51. 悬念式营销

悬念式营销就是借鉴悬念式广告的概念及做法，在网络上对产品或者品牌进行营销。

所谓悬念式广告，是指把一个完整的故事或者创意在情节发展的关键点分割开来，通过设置悬念的方式来持续吸引受众关注。悬念广告指广告信息不是一次，而是通过系列广告，由粗至细、由部分到整体。或者说，随着广告系列的发展，广告信息逐渐充实和完善。

■案例：范芙黎的月球女孩

2014 年 6 月 4 日，网络中出现了一篇《北京地铁惊现月球女孩，引发地球人侧目围观》的微博和帖子，迅速引起热议。知名博主“我的前任是极品”发布的《北京地铁惊现“月球女孩”》登上了热门微博排行榜第 8 名。月球女孩的图文帖被各大网站首页的显要位置推荐。

接下来，网络中不断出现以月球女孩或月球人为内容的图文帖、视频、微博等，到 6 月 17 日出现一段《全国多地现月球女孩同类，月球人入侵地球!?》病毒视频，视频中月球女孩手中拿的袋子上有一个红色惊叹号，后被证实是范芙黎祛痘产品的 LOGO。

随后，一个题为《月球女孩真相曝光！月球女孩面具下的奇幻故事》的静态微电影在网络中发布。范芙黎祛痘产品植入到了月球女孩的奇幻故事中。（来源：网络《揭秘月球女孩事件真相，范芙黎的悬念式营销》）

52. 恐吓营销（惩罚营销、威胁营销）

恐吓营销是指营销者通过广告、营销人员等方式，向目标客户告知某种现存的或者潜在的威胁、危害，以达到销售其自身产品或打击对手的目的的一种营销方式。

其逻辑上为：分析产品→列举提出问题→渲染问题的严重性→从心理上恐吓→采取措施→潜在购买成为现实购买。

■案例：360 的安全提示

网民在病毒的不断骚扰中网络安全意识逐步提升，因而安全也成了网民不得不关注的问题。开放、免费、功能齐全的 360 安全卫士紧紧抓住了这一优势和机遇，用一连串“真实”的数据提示用户：互联网上到处鬼影重重，360 安全防卫必不可少！360 安全浏览器在网页浏览过程中也增加了许多安全提示，如地址栏右侧的安全表示、状态栏右侧的链接数目。即便是用户想要卸载360，在启动卸载程序前360安全浏览器还是会弹出一个最后警告。甚至退一步讲："您可以保留360安全浏览器，在访问危险网站时使用"。（来源：网络《恐吓营销》）

53. 暴力营销

暴力营销是指企业主动攻击对手，强占市场利益的一种具有主动出击和侵略性的营销行为。

■案例：摔茅台

1915年，茅台酒在参加巴拿马世界博览会时，由于包装粗糙土气而顾客寥寥少人问津。一参会人员心生一计，将一瓶酒摔在地上，顿时瓶破酒溢，醇香弥漫，吸引了许多人来围观，众人操着不同的语言齐声称赞好酒！于是茅台酒的名声大振，被商家抢购一空并从此走出国门。贵州茅台酒1915年在美国旧金山"巴拿马万国世博会"上"一摔成名"，让参观的市民津津乐道。茅台酒因此获得了金奖，还被评为世界名酒。（来源：网络《暴力营销》）

54. 游击营销

游击营销的理念是由美国资深营销专家杰伊·康拉德·莱文森首创。1984年，莱文森发表了著名的《游击营销：小企业创造高额利润的秘诀》一书，正式提出了"游击营销"这一名词。

游击营销原本是教导中小企业如何用微薄的营销预算"以小搏大"，吸引消费者目光的方法，即用非传统的手段和方法达到传统的营销目的。近年来许多大型企业也摆脱传统的营销方法，开始采用游击营销。传统营销主要以电视、报纸、大型户外广告等大的媒体来建立品牌知名度，而游击营销则重视品牌与消费者之间的互动，善于创造独特的传播模式。

游击营销采用具有互动性的传播路径和较低的营销费用，创造企业和潜在消费者之间一对一的品牌体验，来建立更加独特和个性化的联系。

现在"游击营销"成了"非传统和反传统营销方式"的代名词，并由此衍生出了"偷袭营销""病毒营销""街道式营销""包围式营销""口头宣传营销""无遮盖营销""释放营销"等一系列的反传统营销战术。

■案例：英国乐购的赞助

玛丽·波恩是乐购超市的一名有 11 年工龄的收银员。在玛丽·波恩参加英国的《X－Factor》选秀节目后，乐购就决定支持玛丽，并当即要求旗下包括英国和爱尔兰在内的三十多万名员工都投票支持玛丽。不仅如此，乐购还将品牌的广告宣传与对玛丽的支持有效地整合到一起。不仅将“We’re behind Mary”定为乐购对外的广告语，而且制作相关的广告片，在《X－Factor》节目的播出时间刊播。他们还充分整合超市中的广告资源为玛丽拉票，你可以看到超市到处都是支持玛丽的背景板、海报还有超市里的电视视频等。

乐购以公司的名义来支持玛丽的行为引来了社会的争议，“商业力量的介入，对其他选手来说是否有失公平”“背后有没有策划团队”等话题接踵而至，不断见诸报纸、网络等媒体中。此外，据媒体统计，乐购的 LOGO 在节目中就曝光了 8 次之多，甚至节目的评委在对玛丽做点评时，还时不时说出乐购的 Slogon“Every little helps”。（来源：超市吧文武赵的《TESCO 英国乐购的游击营销案例》）

55. 偷袭营销（埋伏营销、寄生营销、伏击式营销、伏击营销、狙击营销）

偷袭营销是指体育活动的非赞助者通过各种营销活动给消费者造成一种虚假印象，误以为他们也是赛事的赞助者，或在某种程度上与赛事有联系。更确切地讲，与其说埋伏营销是公司试图把自己与赛事联系起来，不如直截了当地说是让对手明白它就是比赛的赞助商。有时，可以简单地把埋伏营销理解为公司将自己与赞助的赛事联系起来，但不付钱的行为。

偷袭营销的概念最早出现在 1984 年，用于描述在这一年举行的洛杉矶奥运会上一些企业所采用的特殊营销手段，也有称其为非奥运营销。

■案例：柯达创造的偷袭营销

在 1984 年奥运会上，富士耗费巨资成为全球赞助商（官方赞助商），而其竞争对手柯达却成了 ABC 电视网的赞助商。因为赞助电视网，柯达有权在奥运转播过程中不断传播柯达的品牌标识，在没有付出额外赞助费用的前提下，成功地在美国本土举行的奥运会上捍卫了自己的市场。相形之下，富士的市场占有率虽然从奥运会之前的11%提升到了15%，但并没有赚回巨额的奥运赞助费。（来源：网络《偷袭营销》）

56. 引爆营销

引爆营销就是集中自身所有的力量和优势资源，切入市场的空白点或竞争对手的弱点，从而确定事件焦点，在短时间内打破原有的市场平衡格局，创造有利于企业品牌发展的空间与机会。其实质是避实就虚、以强攻弱，达到四两拨千斤的效果。引爆营销要做到“快，准，狠”。

■案例：新科鲁兹的挑战系列

2014年新科鲁兹发布了“挑战”系列视频。它先通过三段炫酷的视频广告和有趣的H5小游戏来加深这款车的产品力认知；接着再通过提供对于包括视频中的漂移技巧，以及相关汽车知识和驾驶经验等一些让消费者直接受益的信息，结合新科鲁兹新的产品点，让用户主动进行参与分享；最后，“挑战”不但是科鲁兹官方的事件，更引爆了用户的参与性。很多用户自己驾驶新科鲁兹拍摄短片，并发送到微信朋友圈，“挑战”官方视频，从而引发又一轮营销热浪，真正实现了病毒式的用户在社交网络上的自发传播。（来源：网络《2014引爆朋友圈的三大营销案例：NO 3视频短片引发病毒式传播——“新科鲁兹挑战系列”》）

57. 闪电战营销

闪电战营销就是用闪电战的速度、奇袭、集中等军事理论指导企业营销。

闪电战军事理论的创始人是20世纪30年代德国著名将军海因茨·古德里安，其提出并在军事行动上采用的闪电战理论在第二次世界大战时发挥了巨大的威力，让欧洲各国谈之色变。闪电战的核心元素是：速度、奇袭、集中。在军事行动中，这三个要素即是战略，也是战术。战略上整体协同，全局性强，战术上精妙奇特，灵活多变。

■案例："班杰力"大战"喜健达"

美国班杰力冰淇淋刚创建品牌向曼哈顿市场推广时，遇到掌握曼哈顿所有渠道资源、市场销售冠军、国际知名品牌"喜健达"的阻击："喜健达"以行业老大的身份通知所有曼哈顿的冰淇淋渠道商，禁止销售"班杰力"的产品，否则将终止供货。

"班杰力"在此情况下把"喜健达"这种不正当竞争的行为告知媒体、在曼哈顿散发抗议传单、在"喜健达"公司门前举行游行活动等。最终"喜健达"迫于舆论的压力，撤销了对渠道商的禁令。本以为事件得以完结，谁知，"班杰力"借着事件被舆论传播得沸沸扬扬，消费者都知道并关注"班杰力"的时机，在地面迅速推进，以较低的价格供应冰淇淋产品，给渠道商更多的利润，给消费者更多的实惠，迅速把"喜健达"的市场份额挤压到原来的一半，自己成了当地销量第一的冰淇淋品牌。（来源：网络2011－12－31史光起的《营销中的"闪电战"》）

58. 爆破营销

爆破营销是指集中所有可促进成交的资源，储备大量精准客户进行定点促销。即把所有"火药、雷管、引线"放在最好的时间、地点、位置集中引爆，通过精准的市场客户定位，精准的目标区域定位锁定顾客群体并集中进行轰炸式营销。

■案例：家居的爆破营销

2013 年 9 月 15 日，北京顶级联盟与网聚天下传媒与由金牌橱柜、法恩莎卫浴等十大品牌组成的"顶级联盟"强强联手，打造了轰动北京城的"顶级联盟，领惠天下"爆破营销活动。

活动期间卖场人声鼎沸，停车场"座无虚席"，为一位又一位顾客完成了置家梦想。活动当天下午到场 3500 多人，成交 2100 单，达成 5000 万元的销售额。（来源：网络《爆破营销案例分享》）

59. 极端营销

“走极端”总是容易受到攻击，有时还要承担道义上的谴责。但在特定的场合、特定的时机、特定的市场环境下，当传统营销无力应对、收效甚微时，反常规而行的极端营销方式，不管是有心还是无意，却总能抓住人们的目光，取得出人意料的效果。

人们对丑陋的事情总是充满反感和厌恶之情，但这些事情对强化记忆却非常有效；人们都在追求完美，却对破坏记忆犹新；人们总喜欢诸事顺利，但对刺激激烈的场面印象更深；人们都喜欢表扬，但对批评更是耿耿于怀；人们大都不喜欢走进法院，但重大案件往往成为公众的焦点；人们总要求货真价实，但对高质量的假货并不排斥；人们都知道有这样一句俗语：好事不出门，坏事传千里……极端营销由此产生。

如果我们不被一些先入为主的观念所左右，巧妙地利用以上这些规律进行营销策划，虽然有故意走极端、哗众取宠的嫌疑，但不可否认的是效果奇佳。表面上看是无情的极端营销策略，实际上也是有意策划的结果——道是无情却有意。

极端营销中包括反感营销、破坏营销、刺激营销、批评营销、官司营销、风险营销、痛苦营销、危机营销、威胁营销、传闻营销……

■案例：脑白金的广告

到2013年，脑白金连续15年在央视黄金资源广告招标中中标，几乎贯穿整个央视招标史，是罕见的“常青树”。然而那对“载歌载舞”的老头儿、老太太，从卡通老人的群舞篇、超市篇、孝敬篇、牛仔篇、草裙篇及踢踏舞篇……多年被评为恶俗广告。巨人投资副总裁程晨说：“年年都被称为恶俗广告，但这是我的考核条件。老板说如果进不了十大恶俗广告的排名，我奖金的60%就被扣除了。”（来源：网络《脑白金体诞生记！从央视广告神坛到微博平台的迁徙》）

60. 极限营销

极限营销是指市场活动中，品牌或产品的拥有者，通过营销创新，在品牌安全极限内采取非常规、非传统的激进营销手段，在最短的时间内，以最快的速度，实现最大化目标的营销行为。

■案例：某油漆公司的营销

某油漆公司为了证明其产品对人无害，绝对安全，以惊人的方式开展了营销活动：先是用三块木板对比该公司油漆和同类产品的质量效果；然后，三位脸上、衣服上涂满油漆的模特出现，在场的记者亲手触摸模特，确定没有任何不良反应，并且 3 分钟后用清水就可以洗得干干净净。最后，该公司总经理上台，让观众随机选取了一桶油漆，倒了半杯，在众目睽睽之下一饮而尽。(来源：网络《极限营销》)

61. 激进营销

激进营销是美国萨姆·希尔在《激进营销》一书中提出的一个全新的营销理念，又叫异类营销，是一种不同于并优于传统营销的新模式。按菲利浦·科特勒的评价："在服务于市场方面遵循了一套不同的规则，真正价值在于向传统营销者提供指导。如果他们不向激进营销者学习，就会失去在市场上的立足之地。"

■案例：联想的"乐安全"

2013 年，联想在推出手机软件"乐安全"之际，开展了一场网络营销。

11 月 4 日，借助社会化媒体平台，将"乐安全"与杜蕾斯进行关联，策划争议性话题#杜杜搞了乐安全#引发全网关注。随即诱引杜蕾斯、天才小熊猫、乐安全进行三方调侃互动，引起多位网络大 V 的主动转发，乐安全关注度与认知度暴增。然后，其策动了 40 所高校 2 万人参与。

11 月 11 日，北京邮电大学举办 #11. 11 安全脱单#"乐安全校园行"活动，下载"乐安全"获得"乐安全"的安全好礼。创意礼品，有趣互动点燃北邮。11 月 14 日，#乐安全放胆来#第二站在上海海洋大学展开，引爆上海。

随着#乐安全放胆来#在全国范围的高校持续铺开，话题已扩展到全网并引发热议。(来源：SocialBeta2013 年 12 月 4 日的《【品牌案例】联想"乐安全"借势杜蕾斯，年轻态的"放胆"营销》)

62. 刺激营销

刺激营销就是营销人员在推销产品的过程中，根据消费者的消费心态和消费动机，用动听感人的语言对产品进行讲解；用多彩亮丽的形体或优美的演示等方式，对消费者进行得当、有效的消费刺激，从而挑动起消费者的消费激情。

■案例：法国雷诺的“闪电约会”

“闪电约会”是由法国雷诺科雷傲推出的试驾活动。这是每位参加活动的男士不驾车，而由一名女士驾车来体验两人在科雷傲车上的飙车约会。等男士在副驾驶座位上坐定，两人交谈片刻后，女士便踩下油门出发了。她是电影里的替身演员，因此经验丰富，在堆满积雪的路上上演高速驾驶、急刹车等高难动作，让副驾驶座位上的男士心提到了嗓子眼儿。女士则边驾驶边轻松说话打消他的疑虑，约会在轻快活跃的气氛中顺利进行。

参加者都体验到了“出乎你的意料、澎湃你的心潮，科雷傲试驾活动在等你”。（来源：网络《国外汽车试驾营销10个经典案例》）

63. 官司营销

官司营销就是利用法律官司去提高关注度和知名度，间接达到推广产品、占有市场的目的的市场推广手段。这属于事件营销。

■案例：凉茶大战

自广药王老吉决定收回王老吉商标和红罐装潢所有权后，广药与加多宝之间就开始了旷日持久的官司营销。不管官司谁输谁赢，“凉茶大战”的结果是大幅提升了王老吉和加多宝的知名度和销售额。（来源：网络有关《凉茶大战》文章）

64. 批评营销

批评营销就是以批评为手段的营销。

■案例：金草莓奖

在美国电影界，有一个冠名为“金草莓奖”的评选活动。金草莓奖又叫烂草莓奖，由约翰．威尔逊在 1981 年设立，由“金草莓奖基金会”组织评选，是与奥斯卡唱对台戏、专评好莱坞最差影片和最差演员的奖项，每年评选一次。得奖名单在每年 3 月 24 日即奥斯卡颁奖前夜公布。打开历年“金草莓奖”的记录，许多著名的影片和演员都名列其中，如影片《人猿泰山》、《未来水世界》，如演员史泰龙、哈里贝瑞、麦当娜、莎朗斯通等等。在现实中，被评上“金草莓奖”的影片比其他普通影片更叫座，更容易创造票房收入。（来源：网络《极端营销》）

65. 痛苦营销

痛苦营销是以“痛苦”为手段、为核心、为原因，甚至为目的、为企图的营销活动。

■案例：万科的“三十岁，很多事，再不尝试，就晚了”

2014 年万科以“三十岁，很多事，再不尝试，就晚了”为标题语，针对三十岁的目标客户群体开展了一次“先试住后买房，最高免费住两年”的营销活动。（来源：网络《直戳痛点的文案才是好卖点》）

66. 揭短营销

揭短营销是一种富有创意的现代营销手段，揭短营销表面上是揭露了企业的短处，实际上是对商品进行了客观评价，衬托了企业或商品的优点。

■案例：美津浓体育的褪色运动服

日本美津浓体育用品公司生产的运动衣口袋里，都有这样的说明书：“这件运动衣在日本是用最优质的染料、最优秀的技术染色，但我们仍觉得遗憾的是，染色还没有达到完全不褪色的程度，还是会稍微褪色”。（来源：烟草在线 2010 年 3 月 12 日翁仿志《五种新型营销模式案例解析》）

67. 自杀式营销

自杀式营销是指广告商首先将自己置身于任由消费者宰割的地位，当消费者看到广告主要自杀的时候，往往看到了产品最真诚的一面，此时消费者受到感动，最终免费地向更多人宣传。这个时期广告走上正轨，导致病毒性营销，但是最终确是消费者任由广告主宰割，赚取利润。

■案例：封杀王老吉

在2008年5月18日中央电视台为四川地震举行的赈灾晚会上，加多宝捐出了1亿元的善款。

而在5月19日晚上，在国内一知名论坛上出现了一个标题为《让王老吉从中国的货架上消失！封杀它！》的帖子。这个不合时宜的标题吸引了足够多的眼球，并且激起了被加多宝义举所感动的公众的愤怒。

当愤怒的网民争相打开帖子后，才发现发帖者是故意耸人听闻，他所指的“封杀”，其实是要表达“买光超市的王老吉，上一罐买一罐”的意思。正话反说产生的强烈反差刺激了无数公众跟帖留言。“今年夏天不喝水，要喝就喝王老吉”“加多宝捐了1亿，我们要买光它的产品，让它赚10亿”，类似这样的跟帖出现在众多网站的论坛上。因为网络上数量惊人的讨论、转载和点击量，使得这一虚拟空间的事件，迅速引起众多传统媒体的关注和跟进报道，影响进一步扩大。

通过这一特殊时机下的特殊营销策略，无论是王老吉还是加多宝都赢得了更多公众的认可、广泛的知名度和品牌美誉度，更直接拉动了王老吉的销售。（来源：网络《加多宝：反向营销王老吉》）

68. 狼性营销

狼性营销是指以像狼一样的雄心勃勃、思路清晰、团队合作、攻击性强、忍辱负重的个性特征和行为方式去开展营销活动。

■案例：美的的工作效率

美的集团一个部门总监在微博上说“5天时间，跑了5个省、市8个销售公司，开了13场分公司的会议，早上五点半起床，混迹在农民工中挤火车；

晚上 10 半结束工作，拖着矫健的步伐回酒店，一天只吃一顿饭，可能没有人相信这是我的 Boss 干出来的。”“这种效率、决心、速度以及腿脚向下的职业精神和状态让我汗颜。”2010 年美的宣布销售收入首次突破 1000 亿元，过去的 10 年，美的的平均增速为 20%。（来源：网络《【公司案例】美的阵痛：狼性美的隐忧》）

69. 适度营销

适度营销就是指企业适应国情国力、国家经济发展水平和国家自然资源存量水平，充分利用企业的现有资源条件，开展营销活动。

非适度营销是企业过分依赖或使用商业手段，获取商业利润或经营业绩的一种短期营销行为，例如频繁使用概念战、价格战、大量的广告投放、各种促销战术的不间断执行等，常常导致大量资金投入到营销活动当中，但是所得到的效果却没有达到预期的水平，甚至大大低于计划的目标。

■案例：黄太吉的戏法

从 2012 年 7 月起，黄太吉开始了其万花筒般的营销技法，一个煎饼俨然成了一场戏剧：外星人大会、美女老板娘、开豪车送煎饼，一时红遍微博。

然而，当食客们尝鲜的心理饱足后，终于尊重了自己的舌头，不再被眼球经济左右，有食客做出了这样的评价：“再多的互联网思维也要回归产品本质：口味、价格、位置。”

大众点评：黄太吉传统美食（建外 SOHO 旗舰店）共有 1080 个评价，五星评价占比 11%，四星评价占比 29%，差评占比高达 60%。（来源：品途网 2014 - 08 - 15 靳子阳《餐饮 O2O：过度营销案例分析》）

70. 病态营销

病态营销是指有些企业采用正当的方式或手段来实现利益目标，表现为一种正常的、健康的行为状态；而有些企业则通过采用非正当的方式或手段来谋求一己私利的满足。这就表现为一种非正常的、非健康的行为状态。

判断标准：一是道德判断；二是法律认定。

■案例：安达信的倒掉

随着安然的倒塌，自安然成立就一直为其服务的具有90年会计审计业务历史，全球五大会计师事务所之一的安达信，在2002年3月，被美国司法部以妨碍司法公正提起刑事诉讼，理由是该公司在安然丑闻事发生后毁掉了相关文件和电脑记录，从而开创了美国历史上第一起大型会计行受到刑事调查的案例。同年6月，安达信被美国法院认定犯有阻碍政府调查安然破产案的罪行。安达信就此宣告倒闭。（来源：网络《安达信倒闭事件》）

71. 漂绿营销

漂绿营销是指企业对未经证实具有绿色环保性能的产品与服务发布误导消费者的环保声明的营销宣传行为，或者为树立其支持环保的虚假形象而进行的公关活动、捐赠行为等。

■案例：沃尔玛重庆店“绿色猪肉”事件

2011年10月9日，因以普通猪肉假冒“绿色认证”猪肉高价销售，重庆市工商局对沃尔玛在渝的13家分店，处以停业整顿15天的行政处罚，并处以269万元的罚款。（来源：网络《沃尔玛假冒“绿色猪肉”案件发酵引强震》）

72. 哈利波特式营销

哈利波特式营销实际上是一种美国式营销，该营销方式始终瞄准具有共同特点的某个顾客群打造品牌，随着顾客的成长，品牌也随着一起成长。

■案例：《哈利波特》

在小说《哈利波特》中，哈利波特一年一年地长大，小说的读者也在一年年地长大，多数读者不仅没有疏远主人公，而且影响着周围的人，使得哈利波特迷越来越多。（来源：网络《哈利波特式营销》）

73. 渗透营销

渗透营销是以一种全新的角度介入消费者世界。营销人员分析出消费者的需求点，然后开发出满足需求的产品并说服消费者购买。这就意味着营销人员必须通过沟通了解到顾客通常从何处获得信息，他们喜爱什么样的沟通形式，使自己的和顾客的目标逐渐一致，达到统一。

■案例：稻花香酒

稻花香酒的市场营销手段就是渗透营销，他不再单纯地营销产品，而是以一种全新的角度介入消费者世界。如在湖北市场，高峰期投入的人力达到600多人、车辆200多台。把这些力量分到三个市场去配合客户做市场，每个市场同时就有200多人和近70台车在做宣传和工作，让客户、消费者、终端都能感受到稻花香的气势和决心，同时对竞争对手的震撼力也非常大。（来源：天草仓竹氏的博客2006－03－07《王心高：破译渗透式营销》）

第九篇 按照营销载体命名的营销策略

营销载体是承载营销素材或营销信息的东西，也可以说是营销素材或营销信息的表达方式，最常见的营销载体是硬广告，即赤裸的或纯粹的广告，此外还有大量的软广告，主要包括：电影、电视剧、曲艺、视频小品、泛文学作品、泛应用文作品、音乐作品、泛美术作品、游戏、活动十大类。

1. 载体营销

载体营销是美国斯坦福大学提出的一种基本经营模式：先进理念 + 完美平台（营销的承接载体） + 完善服务 + 良好信誉 + 优质产品 = 巨大商机。

宏观的载体营销就是指完美平台，即营销的承接载体。如各类实体店铺或电商平台等。

■案例：360 点睛实效平台

360 点睛实效平台上线三年后的今天，实现合作伙伴 1000 + 家、品牌企业 10000 + 家、中小企业 200000 + 家，覆盖营销人员 50 万 ~60 万人。

分析其原因，这其中离不开 360 在自身技术研发方面的绝对重视和投入，继续强化流量优势，同时凭借 360 涵盖 PC 端、移动端以及智能硬件的全产品矩阵，通过 360 行为链大数据分析，实现对目标受众的年龄、地域、职业、爱好、收入等进行精准刻画，最大范围锁定目标人群，以更全面立体的用户行为数据更好的服务客户。

同时各种有效的激励手段和细致入微的服务细节等全面扶持代理商也是重要的一面。如日前 360 董事长周鸿祎送出 6 辆总价值近 800 万元的保时捷轿车，奖励去年搜索业绩最好的 6 家广告代理商。360 上次送的是奔驰车。（来源：网络《360 点睛实效平台凭什么赢得代理商如此青睐?》）

微观的载体营销（产品载体营销、商品载体营销、品牌载体营销、联合载体营销、商品外观营销、标签营销、产品媒体营销）就是以某种商品的标签、包装等产品外观，为其他类别的商品或服务做广告宣传的广告形式，通过该商品本身的市场流通渠道，使其附带的广告信息精确地到达目标受众。

■案例：乐百氏与新浪网的联合推广

2010 年乐百氏在新浪网新闻中心进行 6 个月的全屏滚动广告投放，并在 20 亿瓶瓶装水上免费承载新浪网标志。（来源：网络《网络营销案例之—乐百氏与新浪》）

2. 分销商市场营销

对于制造商而言必须开展分销商市场营销，以获取他们主动或被动的支持。一是正面市场营销，即与分销商展开直接的交流合作。二是侧面的市场营销，即绕开分销商的主观偏好，以密集广告、质量改进等手段建立并维护巩固顾客的偏好，从而迫使分销商购买该品牌的产品。

■案例：携程网的盈利

携程网的利润来源：①酒店预订代理费，基本上是从目的地酒店的盈利折扣返还中获取的；②机票预订代理费，从顾客的订票费中获取的，等于顾客订票费与航空公司出票价格的差价；③自助游中的酒店、机票预订代理费以及保险代理费，其收入的途径也是采用了盈利折扣返还和差价两种方式；④在线广告。（来源：网络《携程网的盈利模式》）

3. 店铺营销

店铺营销是与无店铺营销相对应的概念，它是指在固定的营业场所进行商品的销售和服务的提供以获取利润的活动。其包括店内设计、商品广告，视觉展示，或是店内促销等。

■案例：国美电器

国美电器成立于 1987 年 1 月 1 日，是中国大陆的家电零售连锁企业。2009 年，国美电器入选中国世界纪录协会中国最大的家电零售连锁企业。2013 年，国美门店总数（含大中电器）达 1，063 家，覆盖全国 256 个城市，同时国美还有 542 家非上市公司，因此国美集团总门店数为 1605 家。

2011 年 4 月，国美电子商务网站全新上线。国美率先创新出“B2C + 实

体店”融合的电子商务运营模式。(来源：网络《国美电器》)

4. 终端营销

终端是指产品销售渠道的最末端，是产品到达消费者完成交易的最终端口，是商品与消费者面对面的展示和交易的场所。通过这一端口和场所，厂家、商家将产品卖给消费者，完成最终的交易，进入实质性消费；通过这一端口，消费者买到自己需要并喜欢的产品。

终端营销是围绕终端工作要素而组成的一套系统科学的营销组织管理体系，包括组织体制、运行机制、营销人员的培养选拔管理和激励，是终端维护、终端服务、终端公关、终端检查管理、终端激励与协调，是集物流配送、终端理货、市场调研、信息搜集反馈、货品陈列展示、价格策略、终端宣传广告、终端包装和促销等多要素的组合。

■案例：美的模式——批发商带动零售商

美的公司几乎在国内每个行政省都设立了自己的公司，在地市级城市建立了办事处。在一个区域市场内，美的公司的分公司和办事处一般通过当地的几个批发商来管理为数众多的零售商。批发商可以自由地向区域内的零售商供货。(来源：网络《美的模式：批发商带动零售商》)

5. 零售营销

零售营销是终端营销的一种主要形式，就是零售业者直接面对最终消费者，通过物料设计、策略支持、渠道安排等多种多样的组合方式促使顾客产生购物冲动的一系列营销策划，是零售业者计划和执行关于商品、服务或创意的观念、定价、促销和分销，以创造出符合消费者用于个人或家庭消费的交换的一种过程。店铺营销和电子商务是其主要形式。

■案例：电商老大微博玩“三国杀”

2012 年 8 月 14 日，京东商城刘强东发了一条微博：“从今天起，京东所有的大家电保证比国美、苏宁连锁店便宜至少 10% 以上，同时在全国招收 5000 名苏美价格情报员，每店派驻 2 名。如果便宜不足 10%，京东立即降价或现场发券。”刘强东在其微博上为“8·15”电商大战擂响了战鼓。这条微博立刻引起苏宁“反击”并发表微博宣称苏宁易购包括家电在内的所有产品价格低于京东。而后，国美电器称国美网上商城全线商品价格将比京东商城低5%。几日之内三大电商销量暴涨。（来源：网络《电商“三国杀”大佬玩起攻心术》）

6. 故事营销

故事营销是指通过相关品牌古老传说或者编写创新故事，将项目的品牌、服务、产品等信息植入到创新故事中，再通过艺术性的平面及视频作品形态进行传播，引发高传播、深印象的推广效应。

■案例：同仁堂的诞生

少年康熙曾得过一场怪病，全身红疹，奇痒无比，宫中御医束手无策。康熙心情抑郁，微服出宫散心，信步走进一家小药铺，药铺郎中只开了便宜的大黄，嘱咐泡水沐浴。康熙按照嘱咐，如法沐浴，迅速好转，不过三日便痊愈了。为了感谢郎中，康熙写下“同修仁德，济世养生”，并送给他一座大药堂，起名“同仁堂”。一六六九年，同仁堂药铺落成。（来源：网络《同仁堂》）

7. 广告营销

广告营销是指企业通过广告对产品展开宣传推广，促成消费者的直接购买，扩大产品的销售，提高企业的知名度、美誉度和影响力的活动。

广告是营销活动即动词营销的忠实伴侣，是营销中传播价值的过程，无论以前还是以后，都不可替代。甚至营销就是广告，广告就是营销。如原来各类商业网点的幌子，现在电子邮件广告、搜索引擎关键词广告、搜索固定排名等。

广告，即广而告知之意。广告是为了某种特定的需要，通过一定形式的媒体，公开而广泛地向公众传递信息的宣传手段。广告有广义和狭义之分，广义广告包括非经济广告和经济广告。

非经济广告指不以盈利为目的的广告，又称效应广告，如政府行政部门、社会事业单位乃至个人的各种公告、启事、声明等，主要目的是推广。

狭义广告仅指经济广告，又称商业广告，是指以盈利为目的的广告，通常是商品生产者、经营者和消费者之间沟通信息的重要手段，或企业占领市场、推销产品、提供劳务的重要形式，主要目的是扩大经济效益。

具体形式：

电媒：电视媒体、广播电台、电影广告、微电影广告、录像广告、视频广告等。

纸媒，也称平面媒体：报纸杂志、图书、名录、宣传单、海报、产品画册等。

楼宇广告：电梯广告、楼道广告、楼顶广告、墙面广告、洗手间广告、室内广告。

户外广告：路边广告牌、地标广告位、车体广告、出租车和公交车的电子广告、灯箱广告、霓虹灯广告、人体广告、建筑物广告、

店铺广告：橱窗广告、货架陈列广告、室内外彩旗广告、卡通式广告、巨型商品广告、电子显示屏、展示广告、免费体验、卖场视觉营销等。

广告还有广告语、软文、讲座、专题片等方式。

其他：PPC、广告衫广告、赠品广告、宣传车广告、表演广告、幻灯广告、邮寄广告、工具广告、挂历广告、交换广告、有奖活动等。

■案例：20世纪经典广告语

美国《广告时代》杂志曾对20世纪广告业做了一次回顾性的评选，其标准是：影响力、持久力、认知率和文化上的冲击力。获得最佳广告策划的前20名：

德国大众：“小即是好。”

可口可乐：“享受清新一刻。”

–万宝路香烟：“万宝路的男人。”

耐克：“说做就做。”

麦当劳：“你理应休息一天。”

迪比尔斯：“钻石恒久远，一颗永留传。”

通用电气：“GE带来美好生活。”

米勒牌淡啤酒：“美妙口味不可言传。”

克莱罗染发水：“她用了？她没用？”

艾维斯："我们正在努力。"

美国联邦快递公司："快腿勤务员。"

苹果计算机："1984 年。"

阿尔卡－舒尔茨公司："多种广告。"

百事可乐："百事，正对口味。"

麦氏咖啡："滴滴香浓，意犹未尽。"

象牙香皂："100% 的纯粹。"

美国捷运公司："你知道我吗？"

美国征兵署："成为一个全才。"

Anacin 去痛片："快、快、高速见效。"

滚石乐队："感觉是真实的。"

8. 创意广告营销

创意广告营销就是通过营销策划人员，思考、总结、执行一套具有新颖性和创造性想法的营销广告。

■案例：暇步士的拉客

美国休闲品牌 Hush Puppies 的本义是"安静的小狗"，其 LOGO 亦是法国短腿狗，取其具亲和力及圆融可爱的造型，更贴切代表了 Hush Puppies 的休闲系列是大家最忠实的朋友。

在一次互动促销中，暇步士直接让自家的形象代表萌哒哒地登场了。他们将导航犬挂在广告牌上，上面写着"不要错过，找到一个惊喜"。看到有免费的好处，人们纷纷取下狗狗的皮带，谁知导航犬很聪明的一个劲往专卖店的方向跑，最后成功带来一个个顾客。（来源：网络《美国休闲品牌 Hush Puppies（ 暇步士）：这样拉客你还去不去？》）

9. 传媒营销（媒体营销）

传媒营销是通过媒介平台进行宣传的一种方式。其泛指在电视广告、广播电台、报章杂志、平面广告类上的宣传等，并且还包括现在的互联网和移动互联网平台等新媒介平台。

■案例：爱奇艺——用技术提升视频价值

2014年年底，爱奇艺宣布将推出一款名为“Video in”的视频动态广告植入技术。该技术能够在已经拍摄完成或播出中的视频中，再造原生广告情景，实现广告和剧情的融合，植入式广告将不再受影视拍摄周期限制，广告主能够随时将自己的产品放进视频中。2015年2月5日，爱奇艺宣布视链升级版“Video out”技术正式投入商用，该技术能够通过智能算法，进行视频内物品快速精准识别，并导向购买的规模化操作。数据显示，“Video out”商品广告点击率与传统广告相比提升十余倍。（来源：网络《【案例】从2015年开年十大案例看营销风向（2）》）

10. 电视营销

电视营销是指营销者购买一定时段的电视时间，播放某些产品的录像，介绍功能，告示价格，从而使顾客产生购买意向并最终达成交易的行为。其实质是电视广告的延伸。

■案例：快乐购首卖马年金条

快乐购和中国黄金集团公司在马年七月底年中庆期间合作销售黄金，短短两天销售额就突破1300万，当时金价为285元/g。此次马年金条的金价快乐购方面还未公开，但预测将在280元/g以下，非常值得入手。感兴趣的朋友可以加快乐购微信“狗小二”，关注10月20日中午十二点和晚间十一点两档直播销售，通过微信订购立减30元。当天还会直播推荐千足金吊坠、千足金手镯等更多金饰，网上商城www.happigo.com将同步直播。（来源：网络《金价探底 快乐购首卖马年金条》）

11. 电影营销

电影营销是指企业利用电影如植入式广告、赞助等方式来展开营销活动。

■案例：汉兰达植入《爸爸去哪儿》

2013年12月24日，电影版《爸爸去哪儿》随着《爸爸去哪儿》节目的全国爆红举行了第一次发布会。电影中，节目原班人马未更换，但其“座驾”则由节目中的英菲尼迪变成了丰田旗下的SUV汉兰达，并将伴随5对亲子明星共演这部年末贺岁戏。不但在明星家庭秀亲情的同时陪伴左右，还通过新广告片主题曲旋律、广告牌等多样化的植入，抢足镜头。(来源：网络《汉兰达植入《爸爸去哪儿》电影版（图)》)

12. 电影票房营销（票房营销）

电影营销的另一方面是指电影自身的营销，电影在拍摄和制作过程中需要进行定位，利用营销的思维来展开运作，即电影票房营销或票房营销，就是在影片立项之初就要未雨绸缪，充分创意、计划电影的各种独特的营销组合元素，如观众、影片内容、发行渠道、票价制订、档期选择、院线及影院选择等。然后，就是调动、执行和管理这些组合，使这部适销对路的影片如何让目标观众方便看到。

■案例：《北京爱情故事》的“情侣去死团”

2014年情人节当天，网友“UP”通过名为“梦立方”的众筹网站发起募集，以每位49元的票价，号召网友们组成“情侣去死团”，一起买下2月14日晚黄金时段“人气特别旺，情侣特别多电影院”的单号座位票，阻止情侣约会。电影《北京爱情故事》成了“去死团”们的选择，而这也使得一时间围绕《北京爱情故事》的隔座票成为电影上映前的最大预热事件。(来源：网络《盘点2014电影营销经典案例》)

13. 音频营销

音频营销就是以音频为主要传播载体的营销方式。或者更通俗地说，音频营销就是通过音频来推广。这是一种新兴的网络营销模式。

音频是个专业术语，人类能够听到的所有声音都称之为音频。音频营销中的音频主要是指网络语音互动交流（如YY语音)，歌曲、相声、诗歌朗诵、文章朗读以及其他形式的录音等。

■案例：凯迪拉克的“66号公路”活动

66号公路，是美国从芝加哥一路横贯到加州圣塔蒙尼卡的一条公路（Route 66），每一段都见证着美国20世纪的历史，被美国人亲切地唤作“母亲之路”，有许多人把它昵称为“美国大街”。2013年，凯迪拉克在其微信中推出“66号公路”活动，对路况信息实时播报并更新，及时为当地出行的人提供服务。（来源：网络《盘点微信营销十大经典案例（1）》）

14. 动漫营销

动漫是动画和漫画的合称与缩写。

动漫营销有两层含义。第一层含义是动漫企业通过受众对自己的动漫作品的热爱，对动漫人物的认可，带动他们有意识地购买与动漫相关的产品而进行的营销活动。

第二层含义是企业利用动漫极具亲和力、极富人性化的特点来满足人们日益增长的个性化和差异化的消费需求，在日趋激烈的市场竞争中突显企业特色、营造企业形象、拉近企业与消费者距离的过程。

15. 漫画营销

漫画营销是指用漫画来传播商业信息的一种营销手段。漫画营销是伴随互联网发展出现的新概念，但早期的美国迪士尼动画就可以称为一般意义上的漫画营销。

■案例：QQ图标

QQ图标，作为腾讯QQ产品的一种繁衍生物，是彰显玩家荣誉的象征。自从QQ图标一经问世，就有很多网友开始争相点亮它，研究最快的点亮方法。而随着“图标族”的出现后，另一种玩家群体也出现了，即是“白板族”。“白板族”则把图标全部点亮后熄灭。现在还有一个喜欢点亮满级QQ图标的“图标族”。

另外，QQ图标根据是否收费分为：收费图标与免费图标。根据是否升级分为：等级图标与普通图标。

时至今日，QQ图标共发展到有153个，收费图标有28个。（来源：网络

《QQ 图标》)

16. 新闻营销

新闻营销指企业在真实、不损害公众利益的前提下，利用具有新闻价值的事件，或者有计划的策划、组织各种形式的活动，借此制造“新闻热点”来吸引媒体和社会公众的注意与兴趣，以达到提高社会知名度、塑造企业良好形象并最终促进产品或服务销售的目的。

■案例：希拉里的内衣

一次，当时的美国第一夫人希拉里在东京都大学一个露天广场进行一次演讲，由于当天的风比较大，希拉里又穿着裙子，在演讲中希拉里的裙子不时被风扬起。

有位记者晚上在冲洗第一夫人白天演讲胶卷的时候，无意间发现有一张第一夫人的裙子被风扬起的照片中，竟然可以清晰地看到裙内内裤。该记者立刻与三木品牌内衣进行了合作。一个题为：“第一夫人春光泄漏，珍贵内衣钟情三木”的图片新闻，隔日刊登在《读卖新闻》头版头条。文章还引用了希拉里抵达日本后专程到东京都三木内衣专卖店购买内衣时对三木内衣的盛赞……一时间各大报纸杂志和电视广播媒体争相转播刊发，希拉里春光泄漏与三木内衣的新闻在全日本迅猛传播。

这一事件自然成为人们热衷于口的街谈巷议。原本名不见经传的三木内衣品牌与美国第一夫人建立了内在联系，等于是请第一夫人做了品牌形象代言，而且是完全免费的。(来源：网络2013－10－8 谭秀的《新闻事件营销经典案例收集》)

17. 新闻稿营销

新闻稿营销是指利用新闻媒体为企业、品牌、个人等宣传推广的一种营销方式。其通过新闻的形式和手法，多角度、多层面地诠释企业文化、品牌内涵、产品机理、利益承诺，传播行业资讯，引领消费时尚，指导购买决策。这有利于引导市场消费，在较短时间内快速提升产品的知名度，塑造品牌的美誉度和公信力。

■案例：中洲交易中心的新闻推广

位于琶洲的中洲交易中心于2009年10月14日开盘，一段时间内迟迟没有客户成交。后经新闻营销界的专业公司策划，有针对性地精心撰写了《琶洲村全面改造，中洲交易中心成为目前最大赢家?》《琶洲打造广州最具活力商圈 中洲交易中心商业价值巨大》等七篇新闻，于11月26日—1月29日期间分阶段有针对性地在各大网络媒体上投放，并保证每篇新闻都能在新浪、网易、搜狐、腾讯等主流门户网站以及人民网、新华网等权威官方网站的相关频道刊出，并迅速被上百家新闻网站转载，传播面积几乎覆盖整个中文互联网。在百度与GOOGLE的网页搜索中，以“琶洲写字楼”等热门关键字搜索，中洲交易中心的新闻都占据了首页位置。

此推广在平面媒体上也同时出击，如《中洲交易中心：广州最“美”的写字楼》刊发于《南方日报》，《中洲交易中心：祥能集团的琶洲之舞》刊发于《南方都市报》等，并通过特色报道给人留下深刻印象，如“广州最美写字楼”“最牛交通规划”等独特标记。

在方案实施结束后的一个月内，中洲交易中心首批单位全部售出，销售额突破1亿元。(来源：游多多《七篇新闻稿，带来一亿元的销售额！这不是传说，而是新闻营销的一个真实案例》)

18. 软文营销（文章营销）

软文营销就是指通过特定的概念诉求、以摆事实讲道理的方式使消费者走进企业设定的“思维圈”，以强有力的针对性心理攻击迅速实现产品销售的文字模式和口头传播。

■案例：脑白金“追踪消费”模式的软文广告

脑白金以《两颗生物原子弹》为开篇，紧接跟进的是系列功效软文篇，主诉求点分别从睡眠不足与肠道不好两方面，阐述其对人体的危害，并指导人们如何克服这种危害。将脑白金的功效巧妙融于软文，让读者主动了解脑白金。如《一天不大便等于抽三包烟》《人体内有只“钟”》《夏天贪睡的张学良》《宇航员如何睡觉》等。这一系列功效软文以连续性、次第性方式出现，加深了产品功能的可信度。另外，配合季节性的营销策略，在不同的季节，还推出不同的软文广告，如送礼篇、夏季太阳风篇等。（来源：网络营销教学网站 2012－5－17 胡唐姣的《脑白金软文营销》）

19. 跨屏营销

跨屏营销是指通过整合多种渠道终端，向广告主的目标受众投放定向且精准的个性化广告信息，通过与消费者的信息互动，达到品牌市场营销目的的行为。

■案例：泰国 711 的跨屏营销

泰国 711 把声音识别移植到自家 7－Eleven TH 的 APP 中，下载 APP 之后，消费者只需要在电视、广播或网络上寻找 7－Eleven 的相关广告并打开该 APP，借助 UntapTV 音频互动技术会自动弹出一个猜谜游戏，猜中者会有机会获得 135 个精彩奖品之一，其中包括每周一个的 New iPad。（来源：网络《泰国 711 声音识别跨屏互动》）

20. 形象营销

形象营销是指基于公众评价的市场营销活动，就是企业在市场竞争中，为实现企业的目标，通过与现实已经发生和潜在可能发生利益关系的公众群体进行传播和沟通，使其对企业营销形成认知，从而建立企业营销形象基础，形成企业营销宽松的社会环境的管理活动过程。

■案例：红星青花瓷珍品二锅头

有着 50 多年历史的红星二锅头始终走在白酒低端市场，无法获取更高的经济效益。后来推出了红星青花瓷珍品二锅头，才走进了中国的高端白酒市场。其价格从普通的五六元提高到几百元。

红星青花瓷珍品二锅头在产品包装上融入中国古代文化的精华元素。酒瓶采用仿清乾隆青花瓷官窑贡品瓶型，酒盒图案以中华龙为主体，配以紫红木托，整体颜色构成以红、白、蓝为主，具有典型中华文化特色。该包装在中国第二届外观设计专利大赛颁奖典礼上荣获银奖。

红星青花瓷珍品二锅头酒是红星公司 50 多年发展史上具有里程碑意义的

一款重要产品。“它的推出，使得红星二锅头单一的低端形象得到了彻底的颠覆。它不但创造了优异的经济效益，还提高了公司形象、产品形象和品牌形象”。（来源：网络《十大经典创意包装营销案例》）

21. 景观营销

景观营销就是在品牌运营及活动中，设计突出以品牌理念为主的景观，以此引起目标群体关注、拍照以及进一步进行分享传播。这是形象营销的一种。

这个“景观”可以是品牌 LOGO、店面形象、品牌吉祥物、活动道具……

22. 镜像式营销

镜像式营销是指从品牌 LOGO 的显示，到品牌和被植入媒体在调性上的高度吻合，再到核心理念的高度契合，视觉、感官基础互动的基本诉求上都存在高度共鸣。

■案例：中石油的宝石花

标识图样为红黄两色构成的十等分花图形。

标识色泽为红色和黄色，取中国国旗基本色并体现石油和天然气的行业特点。标识整体呈圆形，寓意中国石油全球化、国际化的发展战略。十等分的花瓣图形，象征中国石油多项主营业务的集合。标识红色基底凸显方形一角，不仅体现中国石油的基础深厚，而且还寓意中国石油无限的凝聚力与创造力。标识外观呈花朵状，体现了中国石油注重环境，创造能源与环境和谐的社会责任。标识的中心太阳初升，光芒四射，象征着中国石油朝气蓬勃，前程似锦。（来源：网络《中国石油天然气股份有限公司》）

23. 色彩营销

色彩营销就是要在了解和分析消费者心理的基础上，做消费者所想，给商品恰当定位，然后给产品本身、产品包装、人员服饰、环境设置、店面装饰一直到购物袋等配以恰当的色彩，使商品高度情感化，成为与消费者沟通的桥梁，实现“人心－色彩－商品”的统一，将商品的思想传达给消费者，提高营销的效率，并减小营销成本。

色彩营销理论也称四季色彩理论，最早是在 20 世纪 80 年代由美国的卡洛尔·杰克逊女士创办的 Color Me Beautiful（简称 CMB）公司在企业营销实践中提炼和总结出来的。该理论的实质是根据消费者心理对色彩的需求，运用色彩营销组合来促进产品销售。它是把上百种颜色按四季分为四大色彩系列，各系列的色彩形成和谐的搭配群，根据不同人的肤色、发色等自然生理特征以及个人面貌、形体和性格、职业等外表特征选取最合理的色彩系列，从而最大限度地发现美。

美国营销界总结出“7 秒定律”，即消费者会 7 秒内决定是否有购买商品的意愿。商品留给消费者的第一眼印象可能引发消费者对商品的兴趣，希望在功能、质量等其他方面对商品有进一步的了解。如果企业对商品的视觉设计敷衍了事，失去的不仅仅是一份关注，更将失去一次商机。而在这短短 7 秒内，色彩的决定因素为 67%。这就是 20 世纪 80 年代出现“色彩营销”。

■案例：洋河蓝色经典

洋河蓝色经典是江苏洋河酒厂于 2003 年 8 月推出的高端品牌，包括：海之蓝、天之蓝、梦之蓝。产品诉求是“世界上最宽广的是大海，最高远的是天空，最博大的是男人的情怀”。蓝色是开放的象征，是时尚的标志，是现代的感觉，是品位的表现；天之高为蓝，海之深为蓝，梦之遥为蓝。这是对洋河蓝色文化的一种演绎，体现了人们对宽广、博大胸怀的追求。

凭借蓝色经典系列，2006 年，“洋河”排名第七，2007 年行业主营业务排名第五；2008 年 1—6 月份，洋河蓝色经典单品牌销售同比增长幅度达 85.6%，占整个销售的 63%。而梦之蓝更是达到了 220% 的增长率，省外市场的增长率达到了 120%。（来源：网络有关洋河蓝色经典的文章）

24. 事件营销

事件营销是指企业通过策划、组织和利用具有新闻价值、社会影响以及名人效应的人物或事件，以网络为传播载体，吸引媒体、社会团体和消费者的兴趣与关注，以求建立、提高企业或产品的知名度、美誉度，树立良好品牌形象，并最终促成产品或服务的销售的手段和方式。简单地说，事件营销就是通过把握新闻的规律，制造具有新闻价值的事件，并通过具体的操作，让这一新闻事件得以传播，从而达到广告的效果。

■案例：巴西富翁豪车陪葬

巴西人 Chiquinho Scarpa 是个有名的富家子弟、花花公子。他在 62 岁的年纪开始盘算自己死后的生活。9 月，他突然宣布自己因为看到埃及法老殉葬品的相关记录和文章，觉得这个习俗靠谱，将在 9 月 20 日把价值 150 万巴西雷亚尔的宾利埋在自家的后院。

为了证明自己所言非虚，Chiquinho Scarpa 在社交网站 facebook 上直播了自己在圣保罗豪宅的后院中为爱车挖“墓穴”的过程，图文并茂，视频为证。全国上下一片哗然，媒体跟进，大伙都想看这个纨绔子弟的笑话。

“车葬”当天，前来围观的媒体进行了现场直播，几个主持人忙得不亦乐乎，又是模仿他的哭腔又是开心地大笑……

然而，就在车子已经开下墓穴的时候，他突然叫停了仪式，并表示自己“有事宣布”，云集而来的媒体全都急急跟上。

Scarpa 拿起话筒说，我欺骗了你们。我今天说要葬车，只是想吸引你们的注意。我有一件比车重要的事想和大家谈谈。

“在我宣布葬车的这一个星期里，许多人指责我说，好好的车，为什么要平白埋掉它呢？如果你用不着了，那也应该捐掉才对。但是，大多数人却都会选择埋葬掉比车更宝贵的东西：心、肺、各种健全的器官。车和这些东西比起来，又能算个什么呢？”

“我上演了这一出闹剧，只是想要吸引你们的注意，想要告诉你们所有人，有多少人因为器官不足而死去？又有多少人带着健全的器官死去？有多少人在下葬时，同时也陪葬了如此贵重的财富呢？”

“我呼吁在这段时间对我恶语相向、嘲笑我的那些人，成为器官捐献者。要捐献器官不用写进遗嘱什么的，只需要告诉你们的家人，我是一名器官捐献者，你们将拯救无数生命。”

说着，他也举起了“我是一名器官捐献者，你呢？”的牌子，表示自己率先做出了这一决定。几位在场的明星和艺人也加了进来，表示他们都已加入了器官捐献者的行列。

身后的海报写着“下周将是全国器官捐献周”和“多么荒唐啊，要埋葬掉比宾利宝贵得多的东西：你的器官。”

Scarpa 再次回到宾利车身边合影，露出了微笑。

据悉，这场活动的背后策划是全球知名的广告公司李奥贝纳（LeoBurnett），成功运用了媒体想炒新闻、民众爱批判时事的心态，造势成功。（来源：创业邦 2014－01－26 fall_ ark《事件营销的一个经典案例》）

25. 危机营销

危机营销特指企业监控潜在的公关危机，控制及化解已爆发的危机，使良好的状态得以维持或恢复，最大限度地减少危机给企业造成的不良影响。其也称反事件营销。

■案例：空心唱机

日本东京有家百货公司，一次误将一台空心唱机卖给了一位到东京来探亲的美国顾客。当公司得到售货员的报告后，公司立即开展了危机营销活动，从顾客留下的“美国快递公司”的一张名片入手，一连打了 37 个查询电话最终找到了顾客在东京的亲属家中的电话，赶在顾客到商店退货之前打去致歉电话，随后由公司副经理亲自送去一台全新的唱机，加送蛋糕一盒、毛巾一条和著名唱片一张，使得这位顾客对公司的不满转为感激，顾客的亲属也将这一事件在周围广为传播，为公司形象作了一次良好的宣传。（来源：网络《危机营销》）

26. 活动营销

活动营销是指企业通过介入重大的社会活动或整合有效的资源策划大型活动而迅速提高企业及其品牌知名度、美誉度和影响力，促进产品销售的一种营销方式。简单地说，活动营销是围绕活动而展开的营销，以活动为载体，使企业获得品牌的提升或是销量的增长。

■案例：可口可乐的世界杯营销

2013 年 9 月 12 日，由可口可乐公司与国际足联（FIFA）联合举办的 2014 年“FIFA 世界杯环球之旅”活动在巴西里约热内卢启动，并发布了自己 2014 年的世界杯主题曲《TheWorldisours》。每到达一个地区，本地音乐人都可以将自己的演绎版本加入这首歌曲中，从而创作出以他们本地语言歌词为特色的二重唱版本。中国的《The World is ours》版本便是由五月天演绎的《由我们主宰》。

2014 年 1 月份，可口可乐发布了 18 款世界杯纪念款包装；4 月，发布两支广告，开启其世界杯全球性广告宣传攻势；6 月 12 日，世界杯揭幕战前，可口可乐制作的由 200 多个国家球迷肖像组成的“快乐之旗”惊现圣保罗球场的草坪，展现在全球超过 10 亿名观众的眼前。

旗帜的数字版本也同步出现在活动网站上，消费者可以观看空中拍摄的旗帜，并且让鼠标悬停在“拼图”上观赏照片。已经上传照片的球迷将收到一个链接，告诉他们自己究竟位于旗帜和球场的何处。球迷们同样可以使用# worldscup 作为标签在社会化媒体上分享他们的照片。（来源：网络《盘点：2014 八大最牛创意营销案例》）

27. 名人营销（明星营销）

名人营销是以影视明星、歌星、体坛名将、社会名人等作为品牌代言人的一种广告表现形式，是一种借势营销策略，利用名人所具有的优势来推介产品，快速提升产品的知名度，促进产品的销售，实现快速营销的目的。起源于三十年代好莱坞黄金时期的明星制，是利用人们对名人的崇拜心理进行的营销活动。

■案例：伯乐相马

《战国策·燕策》里的“苏代为燕说齐”条中记载：有一个卖骏马的人，接连三天守候在市场里，也无人问津。卖马人很着急，于是去见伯乐，说：“我有一匹骏马，想卖掉它，可是接连三天守候在集市里，也没有哪个人来问一下，希望先生能绕着我的马看一下，离开时还回头看它一下，这样我愿意奉送给您一天的费用。”伯乐答应了，真的来到集市，依言围绕着马转了几圈，离开时还回头再看了一眼。结果“一旦而马价十倍”，马不仅卖了，马价还暴涨十倍。

28. 美女营销

美女营销是指利用美女达到某种商业目的的宣传方法。这种营销方式已经成为各个行业惯用的商业手段，从各类展会到各种网络宣传，美女已经成了最好的商业广告。

■案例：SPAKEYS 十八己的苍井空卖内衣

苍井空在微博高调宣布给自己做内衣，并请教电商营销教主@雷军如何在网上卖？此举引得众网友一片沸腾，纷纷热议。该事件累计曝光量达 7.9 亿，中外各大门户网站论坛报道此次事件共计 274 次、话题阅读量 5893.9 万次。这是 2014 年微博电商跨界全球传播营销大事件。（来源：网络《揭秘：苍井空卖掉 70 万内衣的互联网门道》）

29. 性感营销

性感营销是指用充满诱惑力的海报图片、广告词、现场展示，影像短片等作为载体进行产品的宣传促进。

■案例：凌仕的“性感营销”

凌仕，联合利华旗下的男士香氛品牌，2011 年 5 月在中国推出，在中国还是一个新生品牌，没有品牌基础，主要目标人群是 18 ~ 35 岁的在校大学生或职场新人。

其一，从消费者的心理入手。凌仕大胆诉求，直指欲望，喊出“喷洒凌仕，自有妹来”的口号；

其二，在方式上不走寻常路。凌仕毫不掩饰借助“有点色情”的方式触动消费者；在女性经济呼喊得越来越强势，越来越霸道的时候，凌仕则异军突起主打“男权回归”。

自 4 月以来，通过“车展美女”“陈老师教室”“把妹圣经”“解锁凌仕”等一系列活动，使“凌仕效应”的潮流席卷中国。

在 Campaign 执行期的 2 个月内，据百度指数显示，客户关注度增加了 1494%；媒体关注度增加了 100%。新浪微博凌仕官方粉丝数激涨 10 万以上，新浪微博内话题讨论数据 82086；“凌仕效应，新浪微博” 在 Google 上的搜索

结果是179，000条。（来源：网络《凌仕的“性感营销”》）

30. 草根营销

草根营销指与大众广告和大规模公关赞助活动相对的、低调的、民众化的营销宣传方式。其本质是利用非常规的营销手段来达到传统的营销目的。

首先在传播渠道上，不再倚重传统的大众传媒，而是选择了更为贴近“草根”的传播方式，包括传统的小广告，口碑相传，大型高参与度的互动活动，以及互联网出现后的BBS，博客等；其次在传播内容上，不再倚重名人效应，转而开始“讲述老百姓身边的故事”；再次在语气上，不再是我来引导教育你，而是转变成我就是你，我能理解你。

■案例：“犀利哥”男装

嘴叼香烟，身穿破洞牛仔裤，腰系着彩色绳带，外穿敞身棉袄，手拎LV最新款纸袋的“犀利哥”在网络上盛传，几乎已经是尽人皆知了。网络、媒体、报纸、杂志，甚至是国外的媒体都有“犀利哥”的新闻。就在“犀利哥”的话题逐渐淡出人们谈资的时候，一个以“犀利哥”命名的服饰品牌走入人们视线。

2010年12月30日，以曾经在网络上风靡一时的犀利哥程国荣命名的服装品牌“犀利哥”男装在上海正式召开新闻发布会，推出“犀利哥”品牌服饰。

“犀利哥”牌男装是与意大利著名设计师Francesco Fiordelli合作的，主打80、90年代的年轻族群。（来源：网络《犀利哥男装》）

31. 行为艺术营销

行为艺术营销是以商业营销行为作基础，通过文化艺术的观念及形式将其提升为一种商业与艺术同时并存的营销行为。这使得营销活动本身也变成一件艺术作品。其特点是通过文化艺术的力量更持久、更有效地达到营销的目的。

■案例：1 号店——牛奶闪购世界吉尼斯纪录

2014 年 3 月 18 日上午 10—11 点，1 号店开展了一场冲击世界吉尼斯纪录的 30 个集装箱 60 万盒进口牛奶半价抢购活动。从 10 点正式开抢，52 分 25 秒之后，1 号店突破了 30 个集装箱的销售记录。吉尼斯官方机构对活动的结果做公开有效的“认证”，冲击吉尼斯世界纪录达成了。1 号店一边兴奋得要命，一边还不忘对“堵在路上”来微博上表示“鸡冻”的转评用户送出 200 张百元购物卡，追加了 1500 万现金券（下载手机 APP 即可领取）。（来源：网络《【营销案例】1 号店：30 个集装箱牛奶闪购行为艺术》）

32. 节假日营销（假日营销、节事营销）

节假日营销是指在节庆和特殊事件期间，利用消费者的节事消费心理，综合运用广告、公演、现场售卖等营销手段，进行的产品、品牌推介活动，旨在提高产品的销售力，提升品牌形象。

节事营销有两层含义：一是节事是一种很好的营销载体，二是节事本身需要推广营销。节事本身就是一种十分有效的营销方式。

■案例：意大利的托斯卡纳艺术节

意大利中部的托斯卡纳区以自然风景、世界遗产、文化和美酒佳肴而著称。这里是文艺复兴和著名作曲家普契尼的故乡，世上首间银行的创建地，有拥有百座教堂的中世纪小城，欧洲最著名的中世纪广场和到处遍布着的古老的建筑和绘画雕塑杰作，拥有意大利超过 50% 的艺术遗产。

托斯卡纳每年都要举行 63 个节庆：其中 8 个为音乐节、12 个戏剧节庆、7 个舞蹈节、36 个从音乐到戏剧到夜总会等各类娱乐节目表演，还有各个城镇组织的盛大节庆。其拥有 900 个海滨度假胜地，分布在该区大大小小的自然文化景观之中，据此每年都有数以百万计的游客选择托斯卡纳作为他们假期的目的地之一。（来源：网络《十大海外旅游目的地营销成功案例分享》）

33. 娱乐营销

娱乐营销是指企业借助娱乐的元素或形式将产品与客户的情感建立联系，从而达到销售产品，建立忠诚客户的目的的营销方式。在网络上开展的娱乐营销，就是网络娱乐营销。

■案例：上海通用的《天天飞车》

2013 年，腾讯游戏和上海通用汽车达成战略合作关系，腾讯在《天天飞车》内将植入大黄蜂科迈罗、凯迪拉克 ATS、英朗 XT 三款车型。

除了植入车型之外，双方还将在游戏内赛道广告、线下赛事推广等方面进行合作。这是国内汽车行业和移动游戏产品的第一次结合。

游戏共吸引了 5.5 亿人次使用车型，大幅提升了上海通用的品牌认知度与汽车销量。（来源：网络《腾讯游戏和上海通用汽车合作 发布＜天天飞车＞》）

34. 演出营销

演出营销指娱乐活动本身的营销，是市场营销在文化领域的应用，不同于纯粹的产品营销，也不是营销手段的粗略组合，是对演出活动进行全方位的公关营销。娱乐营销是感性营销的一种。

■案例：刀郎的一夜爆红

2004 年，似乎在一夜之间，刀郎这个名不见经传的小伙子和他的歌就像狂风卷着山火一般迅速红遍了整个中国。第一张个人专辑《2002 年的那一场雪》销量高达 270 万张，相当于 9 个状态最好的刘欢或者刘德华。在香港发行时，其一出手就曾夺得了香港地区当月的唱片销量冠军。现在如日中天的销量冠军周杰伦的唱片销量都没有超过 100 万张。第二张专辑《喀什噶尔胡杨》还在后期制作时，仅中国内地订单已超过了 500 万张，还不包括港澳台地区和海外其他销售目的地。这是刀郎营销团队街头营销空前绝后的成功。（来源：网络《刀郎是如何从街头表演到走上红地毯的?》）

35. 趣味营销

趣味营销就是在营销的价值链中建立有趣味的传播点，从产品名称、产品包装造型、价格体系、个性渠道或终端特点、促销品、广告语、公关活动等等系统中创造能够引发趣味笑话谈资的营销传播元素，并使其从传播资源延伸到最终的销售动力。

■案例：免费住宿的移动酒店

捷克汽车公司斯柯达在莫斯科针对暑假期间有短期住宿需求的人举办了免费住宿移动酒店的试驾活动。

在大型酒店预约网站 tripping. com 上搜索“莫斯科”，就可以看到价格 0 元的活动酒店。点选这家酒店，会出现“斯柯达旅社（SKODA Hostel）”以及斯柯达汽车的相关介绍。也就是说，把斯柯达汽车作为暂留莫斯科的酒店，且活动仅向年轻人开放。

这家“酒店”停靠在莫斯科的公园里，专门为入驻的旅客配备的毛巾还可在使用完后带走作纪念。而且，汽车内设有免费 Wi - Fi，对随身带着的宠物也没有拒绝入住要求。当然，直接把“酒店”开走，开车去市内也没问题。（来源：网络《国外汽车试驾营销 10 个经典案例》）

36. 幽默营销

幽默营销就是指企业将幽默运用到营销活动中去，大胆开辟别人不屑或不敢用的营销服务方式，把枯燥无味的营销活动变得生动有趣，引人注目，从而在市场竞争中立于不败之地的一种营销策略。

■案例：杜蕾斯的微营销

杜蕾斯的官方微博名字——“小杜杜”，定位为一个“有一点绅士，有一点坏，懂生活又很会玩的人，就像夜店里的翩翩公子”。如：

一个网友把益达口香糖的广告词改了：“兄弟，油加满……你的杜蕾斯也满了。”当时杜蕾斯回复了一句：“杜蕾斯无糖 biyuntao，关爱牙齿，更关心你。”

@VANCL 粉丝团 发布一条微博，“韩寒新书《私》中提及送给未来十八岁女儿的一句话——套好安全带，带好安全套。韩少真是语不惊人死不休哇~”。杜蕾斯发现后评论并转发道，“所谓安全第一，韩少作为赛车手深谙此道啊”。

2011年，王功权私奔事件的微博一时间转发量高达7万多，被网友们戏称为私奔体。第二天下午杜蕾斯便原创一条微博“私奔需要3样东西：①杜蕾斯；②现金；③一起私奔的他？她”。（来源：网络《营销案例：看杜蕾斯是如何玩转微营》）

37. 阳光营销（透明营销）

阳光营销是企业本着一种负责任的态度将原材料选配、生产环境、产品加工、销售等一系列消费者应知而未知的信息，在不影响企业正常生产的前提下，采用公开、透明的方式告之消费者的一种行为。因为同传统封闭式营销相比具有明显的公开化和透明化特征，所以又被称为“透明化管理生产模式”。

■案例：奥克斯的成本白皮书

2002年4月，奥克斯在宁波当着百余名媒体记者的面，公布了一份《空调成本白皮书》，大曝行业“秘密”。据奥克斯称，一台1·5匹的冷暖型空调的生产成本为1378元，加上销售费用370元、商家利润80元、厂家利润52元，市场零售的标准价应该是1880元。

在公布空调成本的同时，奥克斯将16款产品全线降价，产品涵盖了从1匹挂机到2匹柜机在内所有主力机型，平均降幅达到20%。其中调价幅度最大的，是原价2018元的1匹单冷挂机和4698元的变频柜机，降幅都达到了近26%。（来源：网络《空调到底值多少 奥克斯公布空调“成本白皮书”》）

38. 公益营销（事业关联营销、吸引力营销、公司策略性慈善事业、善因营销、相关目标营销、公益事业营销、慈善营销、捐款营销）

公益营销就是以关心人的生存发展、社会进步为出发点，借助公益活动与消费者进行沟通，在产生公益效果的同时，使消费者对企业的产品或服务产生偏好，并由此提高品牌知名度和美誉度的营销行为。

国外学者对公益营销有多种叫法，如“事业关联营销”“吸引力营销”“公司策略性慈善事业”“善因营销”“相关目标营销”“公益事业营销”“慈善营销”“捐款营销”等。（善因营销 Cause – related Marketing）是将企业与非营利机构，特别是慈善组织相结合，将产品销售与社会问题或公益事业相结合，在为相关事业进行捐赠、资助其发展的同时，达到提高产品销售额、实现企业利润、改善企业的社会形象的目的。公益赞助性质的营销都是公益营销的具体形式。

■案例：PETA 的淘宝皮草店

最近，淘宝上开了一家价格低的让每一个潜在消费者都会心动的皮草店。然而，消费者随便点一个宝贝进去就会发现：

从商品图片到商品详情，在每一个展示页面上，都完整地展现了皮草产业背后的血腥真相。一张张触目惊心的照片、视频，真实展现了大量萌萌哒小动物从活着遭受虐待、到被各种落后原始的手段虐杀（比如用铁棍反复敲打猛击活的动物、活着反复拎起来摔在地上）、甚至还有类似活剥皮的血腥场景……

让人从未料想过所谓“合法皮草交易”的过程竟然如此虐心。微博上陆续出现大量网友讨论，而这个话题为#用买卖制止买卖#的话题主持人原来是@PETA 亚洲善待动物组织。最终……那家“淘宝店”因为引起过于大量网友关注而被平台方封了……（来源：网络《因为在做公益，才更要直指人心》）

39. 任务营销

任务营销就是企业在营销实践中，通过确定并完成特定的任务如社区资助、员工关爱、环保和慈善活动等，以在顾客、员工与其他相关利益人之间竖立诚信的形象，在当代激烈的竞争环境中，为辅助促进企业的良性发展营造有利的社会氛围和条件。

■案例：好利来的联合国环保基金。

2007 年 11 月 6 日，好利来掌门人罗红与联合国副秘书长签署了建立罗红环保基金的协议。这是联合国第一次以个人名义建立环保基金。罗红拟定每年捐赠200万元人民币，在5年之内达到1000万元。此项基金将用于奖励全球对环保有贡献的青年以及环境保护项目。首笔捐赠的200万元已确定用于肯尼亚纳库鲁湖的环境治理以及2008年北京绿色奥运项目。（来源：网络《罗红：好利来CEO的另类公益营销》）

40. 动机营销

动机营销是以顾客消费的方式来支持某个社区或某项非营利活动。换句话说，动机营销其实是以公关之名行促销之实。动机营销可以为活动本身及它所支持的动机带来正面的宣传。动机营销加上发展长期关系的目标就成了任务营销。

■案例：美国运通修复自由女神像

1981年，美国运通宣称，该公司的信用卡持有者每刷卡一次，美国运通就相应地捐赠一笔钱用来修复自由女神像。到1983年，美国运通为“自由女神基金”捐赠了170万美元。与此同时，美国运通的信用卡使用率提高了27%，新的持卡人申请增加了10%。美国运通开创了公益营销的先河。（来源：网络《多背一公斤向美国运通学公益营销》）

41. 赞助营销（体育赞助营销、娱乐赞助营销、教育赞助营销、活动赞助营销、社会公益福利赞助营销）

赞助营销是指企业通过资助某些公益性、慈善性、娱乐性、大众性、服务性的社会活动和文化活动来开展宣传，塑造企业形象和品牌，实现广告推广的目的，从而促进产品的销售。

其具体有体育赞助营销、娱乐赞助营销、教育赞助营销、活动赞助营销、社会公益福利赞助营销等。

■案例：CITGO的“加油季”项目

2011年12月16日，CITGO石油天然气集团将粉丝带骑行组织评定为其“加油季”项目2011年度的赢家。因为该组织持续努力的资助乳腺癌患者，

CITGO 集团为它提供 5000 美元礼品卡的奖励，并协助该组织将影响力扩大到密歇根州、明尼苏达州以及科罗拉多州。

CITGO 集团“加油季”项目每年从 1500 多个慈善组织中选拔出 12 个获奖者，而粉丝带骑行组织是其中之一。粉丝带骑行组织成立于 2006 年，它的使命是为乳腺癌患者提供直接的资金援助，而至今该组织已经在美国帮助了 800 多个乳腺癌患者，而 CITGO 集团则一直负担该组织每年 23000 英里的旅程费用。(来源：网络《全球 6 个企业社会责任营销案例》)

42. 植入式营销（植入营销）

植入式营销指将产品或品牌及其代表的视觉符号甚至服务内容策略性地融入电影、电视剧或电视节目之中，通过场景的再现，情节的渲染，给观众情绪上的感染，让观众在不知不觉中对产品及品牌留下印象，从而影响观众的消费价值取向，继而达到营销的目的。

植入式营销有实物植入、风格植入、整体植入、文化植入。

植入式广告，是植入式营销的一种，有场景植入、对白植入、情节植入和形象植入等 4 种运作模式。

■案例：实物植入——《速度与激情》中的丰田 SUPRA

在影片《速度与激情》中，摄影师对布莱恩开的那辆丰田 SUPRA 的每一次着力刻画，都带给了观众无穷的震撼：那夸张的外形和凶猛的动力留给了观众无尽的回味，而其不到 5 秒的百公里加速及完美的操控，相信已深深地揪住了每一个驾驶狂人的心。（来源：圣才学习网 2010/6/1《植入式营销：从速度与激情来看》）

■案例：风格植入——“Ninebot 九号”的植入营销

在电影《分手大师》、电视剧《杉杉来了》和北京大学宣传片《星空日记》这几部影视作品中，“Ninebot 九号”平衡车都有不少出镜镜头，与几部剧集所洋溢着的青春、时尚味道相吻合的是“Ninebot 九号”张扬、动感的产品特性，产品与剧情进行了相互渲染。

不少媒体人在评论这一广告植入事件的成功之处时，用到了“气味相投”一词，意指两部作品时尚、风潮的剧集风格与“Ninebot 九号”平衡车的产品特性高度吻合，为广告植入所产生的超人预料效果打下了基础。（来源：网络《“Ninebot 九号”精准植入热播剧借势营销（组图）》）

■案例：整体植入——企业故事

同仁堂借力《大宅门》和《大清药王》两部电视剧，传递同仁堂的企业精神：同修仁德，济世养生。全聚德投资拍摄《天下第一楼》、广州王老吉投资拍摄《岭南药侠》等，也同样传递了企业精神。

■案例：文化植入——《大长今》

韩国电视剧《大长今》用大量篇幅介绍韩国料理的制作和针灸方法，还介绍了韩国服饰、建筑、伦理道德。这些韩国文化潜移默化地留在观众心中。（以上两个案例来源：网络《利用热门电影推广营销风生水起 创意为王》）

43. 反植入营销（反植入、反植入广告）

反植入营销是一种通过在让人不舒服的场所、人或者事件中植入竞争对手的广告以达到降低竞争对手产品的品牌价值以及竞争力的广告营销方式。这是由美国的一家名为 Church Hates Tucker 广告公司推出的概念。

■案例：虞美人花布

在民国商战电视剧《大染坊》中，山东染织行业的实业家陈寿亭为了反击上海商人林祥荣的虞美人品牌，公开登报声明，将自己购进的虞美人花布以“白菜价”出售。不仅如此，他还免费将此赠给大量的乞丐。一夜之间，虞美人花布成了乞丐布，形象遭到严重破坏，以至于虞美人不仅在华北地区无法立足，而且在其大本营的长三角地区也是面临了一场不小的危机。（来源：网络《企业营销的“洛阳铲”法则》）

44. 嵌入式营销

嵌入式营销是一种基于顾客价值链的新型产业营销方式，在对产业顾客价值链分析的基础上，综合考虑顾客需求和竞争对手的行动，寻找企业资源能力与顾客盈利模式之间独特的价值匹配，并将其嵌入到顾客的价值链上，使营销活动成为顾客创造价值的不可或缺的一部分，从而建立长期稳定的营销关系。

■案例：POLO 的“乐活空间”大赛

大众汽车公司 POLO 劲情在 2007 年 9 月举行了“乐活空间”大赛。大众 POLO 发动用户在自己的博客空间发表关于“乐活活动”主题的文章日记，并促使参与者利用本身的网络人际圈（BLOG，即时通，邮件等）影响到更多潜在消费者，把参赛者变为 POLO 的“推销员”，引发了参与者的第二次传播。在大众的活动主页，围绕活动，大众提供了买车调查、在线体验、故事片等服务展示，尽力开发了对目标用户的“知识营销”及“体验营销”，让参与者更充分地体会乐活的理念。（来源：网络《沟通时代：嵌入式的营销》）

45. 曝光率营销

曝光率营销是网络经济时代的一种崭新的营销理念和营销模式，是利用关注度极高、曝光率极高的多个主流媒介进行同步营销活动，并借助多个主流媒介的互相作用力以及第三方媒介（复制方、采集方、搜索方）的曝光力度，追求极高的有效曝光率。

■案例：国民岳父韩寒

韩寒在微博上发布了其女儿小野的照片，有网友在回复中称韩寒为“岳父大人”。韩寒将该条回复转发到微博上，“国民岳父”的美名自此迅速走红。阿信、冯绍峰等明星也竞相在微博上称韩寒为岳父。有人还开辟了“国民岳父韩寒”的微博话题，该话题的讨论量亦超过 10 万，阅读量则达到 121 万。

依仗高人气，《后会无期》在零点首映场取得 410 万票房，首映日票房为 7650 万，最终票房超 6 亿。影片中《平凡之路》MV 转发量最终突破 40 万，而这首歌也登上了当天虾米、腾讯网的音乐排行榜榜首。（来源：网络《2014 年八大最牛创意营销案例盘点》）

46. 学习营销

学习营销是指企业围绕着商品（包括产品或服务）的销售，以知识学习为主要手段所开展的一系列营销活动。即企业通过加强对企业内部有关人员、特别是对营销人员的教育和培训，采取多种方式，开展向社会及广大消费者传播与产品消费有关的知识与技能，让消费者不仅从直接的商品消费中享受到一定的使用价值，而且还可以从企业那里学习到相关的知识文化，使消费者的需求得到最大限度的满足，从而最终达到企业的营销目的。

对于承载新知识、新技术的产品或服务的营销过程，从营销主体来讲是教育营销，从营销客体来讲是学习营销，从营销内容来讲是知识营销或技术营销，从营销方式来讲则多种多样。一种新的营销方式应用，本身就是新知识、新技术，如网络营销、移动营销等。

■案例：南航微信

中国南方航空公司开通官方微信，在线值机、查询里程、航班动态、办理登机牌、机票预订、票价查询、明珠会员、城市天气查询、机票验真等这些以往只能在PC端实现的功能，在“南航官网”微信公众账号上都可以非常便捷地实现。微信公众账号成为一个独立的APP，与网站、短信、手机APP、呼叫中心，一并成为南航五大服务平台。（来源：网络《2014十大杰出微信公众号营销案例》）

47. 指数营销

指数营销就是企业通过指数的制作、发布，扩散其品牌影响力，借此树立品牌形象，甚至影响目标消费群体的意见的企业营销传播策略。

■案例：巨无霸指数

指数营销诞生于1986年9月，英国《经济学人》杂志首次发布“巨无霸指数”（Big Mac Index），试图以麦当劳行销全球120个国家的汉堡包——巨无霸为标的，考察用当地货币购买这同一产品需要多少钱，从而衡量这些国家的汇率是否处在“合理”水平。

2008年10月，因美国《商业周刊》专栏作家丹尼尔·葛洛斯（Daniel

Gross）提出“星巴克分店指数”理论——一个国家星巴克连锁分店愈多，受金融危机伤害的程度愈高——指数营销再次成为人们谈论的热门话题。（来源：网络《指数营销：从巨无霸指数到星巴克分店指数——网络营销》）

48. 借势营销

借势营销就是借助有影响力的事件，展开与产品相关的营销活动，扩大企业和产品的知名度和影响力，达到既定市场目的的营销方式。

■案例：某书商卖滞销书的故事

美国某书商为处理手头积压的一些滞销书，想到了个绝妙的主意。他给总统寄去了一本，并约请其写一则评论。总统忙于政务无暇顾及，信手回了两个字：不错。书商立马据此做了一则广告：一本总统以为很不错的书。滞销书很快售罄。一个月后，书商又给总统寄了一本书，想到前次被利用，总统很是冒火，回复了个：差。书商又敏捷地打出广告：一本总统以为很差的书。滞销书再次大卖。过了些日子，总统又收到一本书，这次他学聪明了，不再理睬书商，而书商持续打广告：一本连总统都无法评判的书。滞销书又被一扫而空。（来源：网络《借势营销之让美国总统为自己做广告》）

49. 造势营销

造势营销就是在公共关系中，举办活动，或制造事件，再通过大众传播媒介的报道，引起社会大众或特定对象的注意，造成对自己有利的声势，达到企业扬名的目的，进而提高品牌的知名度，在公众中建立良好的企业形象，以及改变那些对企业不友善的态度或者不利于企业的看法。

■案例：恒大的“无条件退房”

2015 年 4 月 15 日，恒大地产在广州举行新闻发布会，宣布将于明天开始，在全国范围内启动“无理由退房”活动。在其发布的公告上指出，自 4 月 16 日起购买恒大所有楼盘住宅的客户，已履行《楼宇认购书》《商品房买卖合同》的各项义务，且无任何违约行为，则自签署《商品房买卖合同》及《无理由退房协议书》之日起至办理入住手续前的任何时间，均可无理由退

房。(来源：网络《造势营销 恒大宣布实施“无条件退房”》)

50. 灰市场营销（灰色营销、灰色市场营销）

灰市场营销有两层含义，一是指市场营销具有灰色的性质，也称灰色营销，即在交易过程中，都有一些说不清道不明的东西。卖方市场时买方主动，买方市场时卖方主动。

■案例：洛克希德公司行贿案

洛克希德公司董事长丹尼尔·霍顿和总经理卡尔·科奇安以及其前任的授意和参与下，向日本、西德、荷兰、意大利、沙特阿拉伯、土耳其、西班牙、巴西和菲律宾等国有影响的秘密代理人、实业家、政客、政府官员和外国高级军事官员支付了巨额美元，以换取出售该公司军用和民用飞机获利丰厚的合同。(来源：网络《洛克希德公司行贿案》)

二是指灰色市场营销。灰色市场（Gray Market）是指未经商标拥有者授权，而销售该品牌商品的市场渠道。灰色市场的商品就是有品牌的真品，只不过其销售的渠道未经该商标拥有者之授权与同意，是一种“非正式”的渠道。灰色市场表明其介乎于正当的白色市场与非法的黑色市场之间。

■案例：国家批准前的平行进口汽车

平行进口汽车是指未经品牌厂商授权，贸易商从海外市场购买并引入中国市场进行销售的汽车，俗称“水货”汽车。2014 年 11 月，国务院办公厅在《关于加强进口的若干意见》中提出，加紧在上海自贸区率先开展汽车平行进口试点工作。2015 年 2 月 15 日，上海自贸区平行进口汽车试点正式开闸，这意味着此前处于灰色地带的平行进口汽车可以阳光化销售。平行进口汽车虽然价格较为便宜，但短板在于没法享受国内品牌 4S 店的三包及售后服务。为此，相关方面已开始在自贸区附近建设综合维修服务中心，为平行进口汽车提供售后服务，以消除消费者的后顾之忧。(来源：网络《平行进口车》)

51. 创意营销（新意营销）

创意营销是通过营销策划人员思考、总结、执行一套完整的借力发挥的营销方案，带来销售额急剧上升。一份投入十分收获，创意营销给广告主带来意想不到的收获，市场往往会突飞猛进的发展，让企业利润倍增。

■案例：比利时啤酒厂的促销

比利时一家啤酒厂推出了一种新型啤酒，为了迅速打进市场，在布鲁塞尔市区矗立纪念拯救了该城市小男孩撒尿雕像的广场开展了一场节日促销。节日这天，人山人海，中心公园无比热闹，天气很热，许多人口渴难耐。忽然，人们闻到从小男孩雕像处传来阵阵浓厚的啤酒芳香。有人大呼小男孩撒出的是啤酒（厂家事先安排），有人试着用杯子接啤酒，一喝，哇！好啤酒！消息传来，人们蜂拥而至，附近专门有人免费发放一次性纸杯。一举轰动全城。很快，这家啤酒厂就迅速占领了市场。（来源：网络《史上最经典促销案例》）

52. 创新营销

创新营销就是把创新理论运用到市场营销中的新做法的总和，是企业根据营销环境的变化情况，并结合企业自身的资源条件和经营实力，寻求营销要素在某一方面或某一系列的突破或变革的过程，包括营销观念的创新、营销产品的创新、营销组织的创新和营销技术的创新。

其包括创造营销、开发性营销、市场驱动型营销或驱动市场型营销、创业营销等。

■案例：美国贺喜巧克力专卖店

坐落在纽约时代广场上的贺喜巧克力专卖店，把电影“巧克力冒险工厂”里的场景搬到现实生活，把原本在工厂角落默默转动的巧克力制作机器，注入设计美感，变成一个个有趣的“大玩具”，让来自四面八方的消费者，进到这家工厂，仿佛进入了巧克力童话世界，从和店内物品互动的过程中，慢慢累积对品牌的情感。（来源：网络《营销组合从4P到4E》）

53. 朋克营销

朋克营销是特色营销的一种，是美国营销人理查德·拉尔默和马克·西蒙斯所著的《朋克营销》中提出的。就是营销要“像先锋前卫的朋克音乐对传统摇滚的震撼那样，让营销者与消费者用最简单、最彻底的方式互动起来，朋克营销的革命大潮已经不可阻挡!”

《朋克营销》指出：在过去，消费者一直被看作是具有共性的大众群体。而非独特的个体。为何不放弃那些诱导消费者的骗人把戏，用不可思议的沟通方式去赢得消费者呢？让消费者认为自己拥有决定权，让他们按照自己的方式去传播品牌的形象，因为他们才是真正使用并了解产品的人。这就是朋克营销的核心。让创造力成为营销不可分割的一部分，因为它具有更多的冒险实验性、更多的先锋前卫性，朋克营销的革命大潮已经到来。

朋克音乐诞生于英国，最早出名的是 70 年代被誉为“英国朋克革命急先锋”的“性枪手”乐队，紧随其后的还有：碰撞、诅咒、洛克西、亵渎神灵等。他们的音乐风格可能不大一样，但音乐的特点却同出一辙，那就是：反叛、反叛、再反叛! 反叛传统、反叛制度、反叛日渐枯燥毫无激情和意义的生活。

朋克营销来源于朋克音乐，就是打破原有的一切营销传统，创造性地采用更多的冒险实验性、更多的先锋前卫性的措施手段来开展营销。其实质就是创新营销和创意营销。

■案例：乐事薯片会辟谣的自动贩卖机

百事集团旗下的薯片品牌乐事在阿根廷首都布宜诺斯艾利斯，用一款自动贩卖机在各个卖场间进行巡回派样。营销人员发给消费者一颗马铃薯。当你把马铃薯投入机器，就会看到它从一个马铃薯“清洗、去皮、切片、烘烤、调味、包装”到成为一包乐事薯片的过程。每一个环节都被这台机器以非常透明的方式展现给消费者。

事实上，薯片并没有真的在这台机器里生产，这台自动贩卖机里上演的是一部几乎可以乱真的影片。为了增加可信度，品牌商还在机器里藏了一个加热器，好让消费者在拿到样品时，产生一种热乎乎、好像真的新鲜出炉的错觉。

这次派样的目的并不只是产品试吃，还担负着辟谣的任务。之前，坊间曾盛传乐事薯片的原料并不是真的马铃薯。为了让消费者信服，乐事干脆把整个生产过程的缩影搬到各处表演，让消费者不是单纯地拿一包样品，而是在体验过程中感受乐事薯片“纯天然、无添加”的产品特色。（来源：网络《【薯片品牌】乐事薯片营销：会辟谣的自动贩卖机》）

54. 地图营销

地图营销是指将不同的地图及其创意运用于营销活动的一种方式。实际上，地图在营销活动中已被广泛运用，如在地图上标明市场经营网络及市场覆盖面，在地图上对市场进行划分，在广告创意、广告宣传中运用地图等。

■案例：某燃气企业的地图营销

某燃气企业的“大客户室”中，入口处的左右两侧是中国地图及本省的地图。在中国地图上，是“西气东输”的整个线路，像一条“龙脉”，贯穿大半个中国，在途经的每个省份，分别用当地的特色风光来衬托，如新疆的天山，甘肃的丝绸之路，宁夏的沙漠驼铃，陕西的兵马俑，山西的古城，河南的龙门石窟，安徽的皖南风光，江苏的园林，上海的外滩等。在本省地图上，将其处理成扁平化的外形，以本市为中心，其他已开发的城市用城市的特色风光来衬托，这样左右相互照应。在“大客户室”内，中间是一张玻璃台，下面是经加工的本市电子地图，将该企业的管网现状，延伸计划等分别用不同的彩色二极管灯表明，便于客户对企业管网状况的了解；在墙的正中心，是一张糅合的中国地图与本市地图，将“西气东输、川气东送、俄气南下、海气登陆”等国家大型燃气工程在地图上突出表现，与企业总部及本市的管网相连接，激发了大客户的联想，缩短了客户与企业的心理认知距离，使其感受到了天然气的价值和国家重大工程给他带来的价值。（来源：网络《地图营销》）

第十篇　按照营销方向命名的营销策略

条条大路通罗马，但如果南辕北辙，重则穷其一生也到不了罗马，轻则事倍功半。市场营销也是如此，在确立营销方案时，就要明确营销路径和方向，以确保营销目标的实现，或获取事半功倍的效果。

1. 目标营销（靶向营销、标靶营销）

目标市场营销是指企业在市场细分基础上，通过评估分析，选定一个或若干个消费群体作为目标市场，并相应地制定营销策略的过程。

2. 定向营销（追求式营销）

定向营销就是锁定某一个层次的消费群体，或者锁定某一个职业与行业的群体，对群体的消费理念消费行为，消费习惯以及对品牌的要求，如包装色调、功能效果、特点与个性等方面的要求，根据消费者的消费心理为目标顾客量身定做活动方案，成功的系数就会提高。

■案例：成都文旅定向营销城市品牌

2008 年汶川大地震后，成都文旅集团和谷歌公司合作，开展了以成都整体城市为定位的全球在线营销活动。

第一步：输入关键词。搜索“成都”更便捷；

第二步：定向投放。全球数千网站宣传成都；

第三步：上百种语言。对成都进行全方位推广。

推广主要是依托谷歌广告联盟“Google Adsene”的全球化背景，将“支持四川灾后重建，参与成都文化旅游”的主题广告和“亲临熊猫故乡，感受最中国—成都”等内容通过极具中国特色的图片广告形式有针对性地投放到美国、澳大利亚、英国、德国、荷兰等全球 12 个主要游客客源国家和地区的 Google Adsene 联盟英文网站上。如美国世界旅游指南网、澳洲孤独星球网、新加坡 360 网、英国 Bed&breakfast. com 等，辅之以英文、中文繁体、中文简体关键词搜索广告等。

一个半月后，成都网络营销主题活动页面展示就突破 2000 万次，有效点击近 10 万次。设定的 748 个关键词及配套的搜索广告以及投放在国外知名网站的图片广告，尽管是定向投放，但实际的访问者却来自全球 72 个国家和地区。并且获得了许多有价值的数据，例如德国、英国、澳大利亚排在有效点击量的前三位，高出平均水平 50%。（来源：网络《案例——成都文旅定向营销城市品牌》）

3. 无围营销

无围营销是指为了特定的目标，以众多的社会团体和组织为共同单位，以网络信息为技术支撑，通过各单元之间的无围协调与融合，发挥各自的优势和长处，最终实现社会和人类的共同利益的一个不断提升、没有边界的营销再组合。

■案例：PPTV 聚力联合苏宁跨界营销

PPTV 聚力在业内率先实现 PC 与 Phone、Pad 等移动终端跨屏联动的优势基础上，凭借 PPLink、PPBOX 等 TV 端硬件以及 PPgateway 技术将四屏完整结合。PPTV 聚力 2013 年与苏宁联合，利用苏宁网络和实体渠道将 PPTV 聚力所推出的智能产品送达用户，整合多屏体验。苏宁 1 亿注册用户和 PPTV 聚力的会员全面打通，提供多样性的会员服务。同时，超过 1600 家线下门店将传递 PPTV 聚力视频服务。PPTV 聚力也将帮助苏宁构建互联网化门店体系，整合营销和数字营销一体化方案。满足苏宁在数字媒体的营销推广需求的同时，PPTV 聚力给苏宁开放平台电商商家提供更有效更精准的广告营销服务。（来源：网络《PPTV 聚力 2014 开门摘奖 联合苏宁跨界营销》）

4. 超限营销

所谓超限是指超越所有被称为或是可理解为界限的东西。超限营销就是超越现有营销条件局限，丰富并整合企业可利用资源，使营销资源与企业其他资源相匹配的一体化运营，追求企业综合资源效能最大化发挥。

■案例：春秋航空的“0 元自由飞”

春秋航空在 2012 年一年通过网站进行了四次大型的秒杀活动，共投入约

1 万张机票，秒杀成功率为 51%，同比 2011 年提高了 20%；点击量 35 万，点击转化率约 1.4%。

2013 年 3 月，春秋航空首次在微信上开展“0 元自由飞”活动，所有机票均以零元对外销售，仅收取相关税费。活动持续了 3 天，推出约 1000 张零元机票，效果比想象的还要好。这次活动为春秋航空的微信粉丝增长了 4 万人。（来源：网络《春秋航空：低成本航空的数字营销实践》）

5. 全方位营销

科特勒在他的《科特勒营销新论》中提出全方位营销的概念，并定义为“……公司将创业资源的安排、供应链的管理和客户关系管理等信息能量整合在一起，以换取市场上的更大成功。”

全方位营销观念是在推销观念、营销观念的基础上演化而来的。这是企业从个别客户的需求出发，重点关注客户价值、企业的核心能力和合作网络，采取资料库管理、可联结协力厂商的价值链整合等手段，以实现掌握客户占有率、顾客忠诚度和客户终生价值，进而达到获利性的成长。

■案例：三星的“全方位数字生活”

2001 年三星投入了两亿美元用于名为“全方位数字生活”全球范围的广告宣传。在宣传已经覆盖到大部分媒体的同时，三星还设计了品牌的平面广告，其效果如同时尚杂志的页面，并在高级生活杂志和报纸上大力宣传全方位数字的概念。通过在电影《黑客帝国 2》中展示其产品，三星也进入了娱乐营销领域。三星举办了大型促销活动——世界之旅活动，包括在纽约古根汉美术馆展示最新创新产品。三星通过积极地报道三星曾获得过的设计奖项和产品荣誉，开展以提高三星新潮的全方位数字产品知名度为目标的公关活动。

有研究表示，三星公司的品牌价值在 2002 年内大约增长了 30%，达到了 83 亿美元。到了 2003 年，它的品牌价值增长到了 109 亿美元，在两年内总共增长了 61%。（来源：哈马兰士的博客 2011－05－06《三星整合营销传播案例》）

6. 立体营销

立体营销是指产品销售的渠道模式：长渠道和短渠道相结合，自销和经销相结合，重点营销和面上营销相结合。

■案例：失去“王老吉”后的加多宝

2012 年 5 月 12 日，加多宝随着一纸判决失去了“红罐王老吉”商标，一个销售逾 200 亿元的产品不得不改名。在此情况下，“3 天内，加多宝就完成了换新包装设计，所有供应商全面转换新包装，全国范围内的所有工厂开始生产新包装的加多宝凉茶。”

线上启动空中广告力量同步配合，加多宝的“正宗好凉茶，正宗好声音，欢迎收看由凉茶领导品牌加多宝为您冠名的……”“全国领先的红罐凉茶更名加多宝”“怕上火喝加多宝”“正宗凉茶加多宝”等全国层面的营销战，使消费者获得了“只换包装不换品质”“正宗口味不变”等信息，使加多宝无缝链接地完成品牌切换，品牌知晓率达到 99.6%。

近两年加多宝接连签下湖南卫视跨年演唱会、广州电视台“跨年倒数嘉年华”、央视春晚、元宵晚会等多档优势资源，在线上全方位地完成对各个人群的覆盖，同时加以其擅长的线下推广进行配合，从而使得加多宝红罐凉茶在 2012 年销量突破 200 亿元之后并未遭遇增长瓶颈，之后的两年依旧以 20% 以上的速度增长。2014 年 12 月，加多宝荣获“凉茶行业第一品牌称号”。

2013 年，加多宝捐赠 1 亿元，在舟曲泥石流灾区、芦山开展扶贫项目。截至 2014 年，“加多宝 · 学子情”爱心助学行动资助总金额超过 6000 万元，帮助全国 12175 名优秀贫困学子圆梦大学。

2014 年 10 月加多宝荣获由国务院扶贫开发小组授予的“全国社会扶贫先进集体”荣誉奖项。（来源：网络《俏红罐横空出世 立体营销凉茶品类 加多宝乘风破浪 百亿销量立业界标杆》）

7. 系统营销（系统化营销、系统性营销、体系化营销）

系统营销就是实施满足竞争的多维度的战略目标和绩效管理，在战略的规划和指引下，建立强大的营销组织，有成熟的业务模式和多个组织系统的协作和参与，形成全方位的能力，而不是依靠在产品、包装、策划、价格、传播、队伍、服务、品牌等单一或几个方面的能力，去争夺消费者资源、客户资源和开拓新的市场需求。其也有称为系统化营销、系统性营销、体系化营销。

系统营销，包含了产品、包装、渠道、广告、传播、服务、品牌、组织建设等方面，每个方面都缺一不可，各要素间还能很好地协调配合，相得益彰，发挥 1 +1 >2 的功效。

■案例：微信的营销

在微信公众平台上，无论媒体、商家、个体，无论大小品牌，都拥有平等的表达机会，优质的内容将保证品牌的健康持续运营。

微信有六大商业模式：订阅模式——高质量的资讯需求；推送模式——让用户量更有价值；语音信息的载体——电台的互动模式；二维码——既公开又私密；自动回复设置——创意施展的空间；CRM 工具等。

具体服务项目：微信公众账号开通、微信快速认证服务、二维码 VI 系统、二维码推广、微信运营与维护、微信内容推送、运营汇报、建立微信菜单、文章发布系统、自动回复设置、定制自动回复接口、自动回复系统、分店位置查询、智能机器人、微信在线客服、微信线上线下品牌活动、企业微信优化、微信微会员系统、微信粉丝数量、听众管理、微信舆情分析、企业运营培训课程、实战营销培训等23 项。（来源：网络《微信营销案例》）

8. 一体化营销

一体化营销是针对企业具体市场进行分析，找到营销突破口后，综合应用两个以上的营销要素，至少是市场部、一线销售部门或更多相关部门进行沟通，取得对抗竞争或迎合消费者的组合营销策略。从而，其不但获得因营销要素组合而形成的竞争壁垒，还可使资源应用最大化。

■案例：IKEA 的“一体化品牌”模式

IKEA 为了不仅仅控制家居产品渠道，而要自己的品牌以及自己的专利产品能够最终覆盖全球，首创了“一体化品牌”的模式，实现了制造商品牌和零售商品牌完美融合。基于此种理念，IKEA 一直坚持由自己亲自设计所有产品并拥有其专利，每年有100 多名设计师在夜以继日地疯狂工作以保证“全部的产品、全部的专利”，以实现所有产品均标有“Design and Quality，IKEA of Sweden”的目标。

IKEA 的“一体化品牌”模式获得了成功。在电商强烈的冲击下，IKEA 在 2014 财年（2013 年 9 月 1 日至 2014 年 8 月 31 日）实现销售额同比增长 5.9%，高于上年的 3.2%。（来源：网络《揭秘宜家成功的秘诀：一体化品牌战略“模块”式体系低耗高效》）

9. 外部营销

外部营销为内部营销相对应的概念。其指的是运用媒体、广告、活动所进行的营销行为。在服务业营销中，外部营销通常是通过大众传播媒体，尝试着将无形服务有形化，而给予消费大众一些期望与承诺。

■案例：酒店星级标准

酒店业按照酒店的建筑设备、酒店规模、服务质量、管理水平，逐渐形成了比较统一的等级标准。通行的旅游酒店的等级共分五等，即五星、四星、三星、二星、一星酒店。五星酒店：这是旅游酒店的最高等级。其设备十分豪华，设施更加完善，除了房间设施豪华外，服务设施齐全。各种各样的餐厅，较大规模的宴会厅、会议厅，综合服务比较齐全。其是社交、会议、娱乐、购物、消遣、保健等的活动中心。（来源：网络《酒店星级标准》）

10. 深度营销

深度营销就是以企业和顾客之间的深度沟通、认同为目标，从关心人的显性需求转向关心人的隐性需求的一种新型的、互动的、更加人性化的营销新模式、新观念。它要求让顾客参与企业的营销管理，给顾客提供无限的关怀，与顾客建立长期的合作性伙伴关系，通过大量的人性化的沟通工作，使自己的产品品牌产生润物细无声的效果，保持顾客长久的品牌忠诚。它强调将人文关怀的色彩体现到从产品设计到产品销售的整个过程之中，乃至产品生命周期的各个阶段。

■案例："金领冠"的深度植入

《爸爸去哪儿》第二季冠名商伊利幼儿配方奶粉品牌"金领冠"深度植入到同名游戏中，把电视端的营销延伸到移动端。

①登录页植入。点击《爸爸去哪儿》这款APP后，首页出现的页面是版权页，紧接着就是登录页，而"金领冠"三个字则分别居于页面上侧左右部分，分别占据着"排行榜"和"公告栏"两个项目。

②服装商店植入。点击进入"服装商店"，你会很清晰地在屏幕左侧看到"金领冠"的LOGO。

③道具奶粉罐植入。进入道具页后，你可以看到"奶瓶""沙漏""招财猫"和"磁铁"等道具，而其中"奶瓶"则被标上"金领冠"，这还是比较贴切的，在潜移默化中又实现了一次无声的植入。

金领冠随着《爸爸去哪儿》游戏下载量接近1.2亿，其曝光量也是相当可观的。（来源：网络《【案例】伊利是如何通过<爸爸去哪儿>手游深度营销的》）

11. 切割营销

切割营销是站在竞争的角度，清晰地切割出有利于企业的人群、市场区域、新品类别、认知差异和品牌主线，在消费者心智中清晰划出消费者接受，同时又规避对手正面竞争的区域，实现难得的成长时间和空间。

纵向营销就是在市场界定过程中，通过采取市场细分与定位策略，调整现有的产品或服务，以使市场多样化，即将市场进行深耕再深耕地细分，从而为产品和品牌找到一个相对独一无二的市场空间的营销方式。它通过序列和逻辑的思维过程，也就是纵向思维过程，从宏观过渡到微观。

■案例：化妆品的细分

化妆品论功能，有滋润的、美白的、祛斑的、防皱的；论用途，有面霜、眼霜、手霜、足霜、全身用的护肤霜；论形态，又有精华液、乳液、膏体，还有膜等。（来源：菲利普·科特勒《水平营销》）

水平营销（横向营销），即是将已知信息进行重组，通过更不具选择性但更富探索性、可能性和诱导性的创新思维，从微观过渡到宏观。

水平营销是一个工作过程，当它被应用于现有的产品或服务时，能够产生涵盖目前未涵盖的需求、用途、情境或目标市场的创新性的新产品或新服务。因此，它是一个为创造新的类别或市场提供了很大可能性的过程。

■案例：加油站的非油服务

加油站为车辆提供从设计到报废的全生命周期的增值服务，为驾车人提供衣、食、住、行、游、玩、购、银行、通信等全方位的增值服务。（来源：王廷伟的《成品油零售增值服务管理》）

12. 闭环营销

闭环营销是诺维尔最早提出建立的，指市场营销体系中各流程模块组成完整的循环闭环。即企业需要在产品研发、品牌传播、渠道建设和售后服务四大环节都打造一个闭环，将营销过程延伸到整个产品的生命周期，在消费者对产品进行消费的过程中继续给予营销，即通过互联网技术与用户保持持续的互动沟通，从客户的消费体验中深度把握用户习惯和需求，按照需求创新改造本行业的产品，快速形成用户自发的口碑传播，从而大大提高消费者对产品的认可度和忠诚度。

■案例：麦德龙的闭环销售

2015 年 5 月，麦德龙中国宣布升级全新电子商务平台，覆盖线上线下及移动终端等平台。其中，一直深为餐饮行业所信赖的生鲜类等可追溯闭环信息的食品，现今只需“扫一扫”便可完成查询物品、比价、收藏、下单、支付等一系列购物指令。

作为目前唯一一家在全国所有商场都通过 HACCP 认证的企业，麦德龙对食品及农副产品，从供应商的选择到物流中的温控、收货、储存、销售等各个环节，对食品安全进行全方位监控。麦德龙可追溯体系完整记录了食品“从源头到市场”的所有闭环信息。（来源：网络《麦德龙可追溯食品闭环销售升级》）

13. 反向营销

反向营销包括两个完全不同的含义：

一是营销策略上的反向营销，即由于市场环境的变化，使得过去某些被企业大量采用的常规性的营销策略再难以取得最佳的营销效果时，采取不同于常规企业的营销策略，达到“反弹琵琶”的效果。

包括反市场细分策略、反定价策略、反季节营销策略、反豪华包装策略、反正面形象、反科技——回归人性、回归自然策略等。

■案例：一嗨租车倡议市民出行少开车

2012 年，一嗨租车组织了一次倡议“市民出行少开车”的营销活动。活动中，一嗨募集了数位美女以天使扮相在北京城的各大地铁站送出地铁卡套和地铁票等，推广多乘地铁少开车的绿色出行理念。(来源：网络《公益营销经典案例：一嗨租车倡议市民出行少开车》)

二是市场链条上的反向营销，即相对于产品销售客户的开发，对供应商的开发。供应商开发，是指当不存在合意的供应商时，采购方进行主动采购，自行创造一个供应源的方法。

14. 供应商营销（反向市场营销）

供应商营销就是与上游供应商建立起良好的协作关系，帮他们提高供货质量、供货及时性，提高经营管理水平，以便获得廉价、稳定的上游资源，并在一定程度上影响和控制供应商，对竞争对手建立起资源性壁垒。企业在获取供应成本优势的同时应与供应商建立互动互利、平等的长期战略合作伙伴关系。

■案例：SONY 的采购要求

SONY 在网站上要求新的供应商对 SONY 的采购政策和资格预审加以了解，并对空缺的部件订单给予响应。SONY 公布了关于组织和产品/市场的说明、关于采购和供应商的说明、关于供应商资格预审的调查表、采购部门结构图、联络人的名单、对某些产品或服务发出报价的邀请、供应商用的质量系统的说明、一般采购条件、媒体报道的可能与供应商有关的最近的信息。

（来源：网络《采购管理案例：SONY 公司反向营销》）

15. 逆向营销

传统的营销思维是企业先制定营销战略，后选择相应的战术。而逆向营销理论认为：

①营销战略要自下而上制定，依据战术制定战略。战略提炼于业已选定的战术，即企业先选定一个可行的、有竞争优势的战术，然后将它演变成长期性的营销战略。

②战术决定战略。换言之，战术支配战略，即企业的广告宣传等沟通战术应当支配企业的战略。这就如同结构要服从功能一样。

③战略推动战术。一个完善的营销战略的目的在于推动战术的运用，此外无别的意图，即战略的唯一目标是战术上取得成功。

其主要表现特征是：由顾客主导一切。包括：逆向产品设计、逆向定价、逆向广告、逆向推广、逆向通路、逆向区隔。

■案例：Priceline 网站购车

在美国 Priceline 网站，准备买车的客户可以先在网上设定价格、车型，选购设备，确定取车日期，以及自己愿意前往完成交易的距离，并让网站从自己的信用卡上划走 200 美元的保证金。网站则把这项提议的联络资讯转移并传真给所有的相关经纪人。它只从完成的交易中赚取收益：买方 25 美元，经纪人 75 美元。据了解，这家网站还计划为客户提供融资和保险，当然还是采取类似的报价模式。（来源：网络《逆向营销》）

16. 前导式营销（响应营销、预测营销）

前导式营销是指在营销的实践过程中，营销人员根据具体的营销环境、预期的营销对象和营销区域，结合当前的技术发展趋势或时尚流行，进行认真的市场调查，并对调研信息资料进行分析研究，根据信息的相关性，判断潜在市场需求的可能性。同时，营销人员通过对原有客户资料的整理更新过程，并根据经营实践中部分客户有效的产品（服务）和需求异议，包括产品的改型、功能、附加设备（装置）等建议，与企业技术人员进行沟通，前瞻性地提出产品创新及改良建议，超前生产部分性能优异、款式新颖，使用更加便捷、功能更强大（或完善）的新产品或改良产品，提供给相关客户，听取客户的使用反映。

■案例：广发银行“24小时智能银行”

2012年7月5日，广发银行在北京推出自主研发的全国首家24小时智能银行。客户通过能提供全天候远程人工服务的24小时智能银行，不但可以进行传统ATM的存取款和转账操作，还能实现传统ATM无法做到的事情：自助开户、自助申领储蓄卡和信用卡，未来还可实现以往只能在银行柜台办理的大部分传统业务和银行产品的咨询和销售。（来源：网络《广发24小时智能银行亮相京城 引领零售服务新模式》）

17. 牵引式营销

牵引式营销就是以销定产，是指厂家不再给经销商下达销售任务，而是由经销商根据当地的市场环境，主动上报销售目标，厂家则根据需求，制定生产计划。

■案例：东风日产的以销定产

2013年初，东风日产决定从传统的以产定销模式改变为以销定产模式，即不再给经销商下达销售任务，而是由经销商根据当地的市场环境，主动上报销售目标。厂家则根据需求，制定生产计划，实行由市场牵引生产。

2013年上半年，东风日产双品牌（不含进口车）实现了395338辆的销售业绩。6月28日，J. D. Power亚太公司发布2013年中国汽车销售满意度研究（SSI）报告，东风日产以销售满意度732分的成绩位列榜首，大幅领先第二名达18分。（来源：网络《东风日产营销再创新 牵引式营销创佳绩》）

18. 适应性营销

适应性营销是指针对不同目标市场，采取不同的营销策略和营销组合，以适应目标市场的实际情况。

■案例："广州公安"

"广州公安"微信公众号有"路况资讯、服务事项、便民指南"三个主菜单，每个菜单下面有三个分项指令，微信用户轻轻点击即可查询路况地图、实时交通动态、交通违法信息，预约出入境和户政等业务，并已经实现了往来港澳通行证再次签注业务办理功能。这是目前全国公安机关开通综合服务最多的政务微信，也为政务微信做好指尖上的为民服务指明了方向。（来源：网络《2013微信营销十大经典案例》）

19. 适应型主题营销

适应型主题营销是指企业挖掘和利用消费者的已知需求和潜在需求中没有被满足的部分，设计出让消费者表现自己情感的机会（情感表现主题），再把主题落实到具体商品上，通过情感诉求的方式让消费者接受的整个过程。

■案例：伦敦眼+Twitter，亮出奥运积极能量指数

2012年，伦敦奥运会期间，世界最大的摩天轮之一"伦敦眼"也参与了奥运互动，其灯光依据社交网络Twitter上人们语言的兴奋程度统计出"积极能量指数"照亮伦敦的夜空。人们在Twitter上对奥运会的积极正面评价越多，"伦敦眼"就会越亮。（来源：网络《［商业新闻］伦敦眼+推特：心情奥运》）

20. 负需求营销

负需求营销是指企业以满足人们的负需求为目标的各种营销活动的总和。

负需求是指绝大多数人对某个产品感到厌恶，甚至愿意出钱回避它的一种需求状况。

■案例："噪声音乐"

日本有家公司发行和销售"噪声音乐"磁带非常有趣，有大自然中的流水声、风声、雨声和动物叫声，火车、飞机、消防车和轮船等交通工具的汽笛声，还有各种发动机的轰鸣声等，十分畅销。这些负需求满足了现代都市

化生活下的人们对大自然的无比向往。（来源：网络《负需求营销》）

21. 次营销

次营销的基本思想是：需求量有时会超过供给量，为了保持长期盈利能力的最大化，就必须对需求量进行治理。传统的营销观点认为，营销的宗旨是通过满足消费者的需求和需要来实现需求量的最大化。但是，在供给量有限或供给量波动的情况下，对需求量进行治理使需求量和供给量相适应可以避免供给短缺，还可以使客户不满足的程度降到最小。

■案例：发电厂分时收费

在满负荷条件下运转的发电厂往往根据不同时段采用不同的收费标准，当供给量大于需求量时，采用较低收费标准；当需求量大于供给量时，采用较高的收费标准。（来源：网络《次营销》）

22. 速度营销（涡轮营销）

速度营销是指整个公司像涡轮那样不停地运转，公司将主要精力放在如何更快地为消费者提供产品或服务，争取以快制胜的一种营销方式。

■案例：宝洁闪电牵手乌贼刘

2014 年世界杯期间，央视《我爱世界杯》美女主持刘语熙穿哪个球队的队服，哪个球队就不赢球，英格兰、意大利等不少强队纷纷中招，被网友戏称“乌贼刘”，瞬间红遍整个微博，个人粉丝涨幅达 75 万。宝洁抓住红人“乌贼刘”，让其脱下球衣，换上宝洁推出的看球装备之一“感谢足球，享受彼此”，引得网友围观和神回复，互动量破万。同步，宝洁迅速将 5 款世界杯看球装备包括“乌贼刘同款 T”在京东活动页面开售。（来源：网络《2014 巴西世界杯十大经典营销案例盘点》）

23. 对位营销

对位营销在越发成熟和理性的市场，品牌的生存和发展显得格外起伏跌宕、险象环生。几乎每时每刻，品牌都面临许多未知的挑战。消费需求的快速变化，新型渠道的不断涌现，每一块针尖大小的地方都布有重兵，社会主流文化在不期然中急速引爆，并在一夜之间迅速流行开来。所有这一切都令原本清晰可辨的市场瞬息之间变得错综复杂、迷雾重重。在如此荆棘满布的市场丛林中，品牌如何突围，如何迅速找到制胜的命门，越来越成为营销课题中的重中之重。幸运的是，层出不穷的创新营销工具正成为化解品牌危机的强有力武器，从而令品牌的延续和提升在硝烟弥漫的残酷演进中蜕变为奇迹般的现实——对位营销就是其一。

对位营销讲求的是与客户、消费者需求位置的对应和匹配。这种位置不仅是指某一方面，而是在系统的市场行为和营销活动中要涉及的各个方面，只不过其难点在于有"加速器"的位置比较直观，有的位置比较隐蔽，有的则需要通过参照物才能发现。从这个意义上讲，对位营销的第二层意义还在于对各种位置的充分整合，只有完成了这两个层面的实际作业，对位营销才能产生应有的品牌推动力量。

对位营销包括：客户对位、价值对位、主流文化对位、接触对位、空间对位。

■案例：《泰囧》的末日营销

《人再囧途之泰囧》除了与影片本身的"心中有观众，知道观众的关注点，找到与观众的共鸣点，让观众满意"的创作构思、观影体验外，特意选择了在 2012 年 12 月 24 日这个玛雅人预言的世界末日播放，打出了"轻轻松松过'末日'的喜剧牌"。《泰囧》在不同城市举行免费试映会，精心挑选试映族群，限制一人只发一张电影票，并在每场电影放映后现场与观众进行座谈，不断使观众加深对影片的印象。末日营销、饥饿营销加上口碑营销以及影片主角徐铮、王宝强和黄渤的三大爆笑组合，让这部成本不到 3000 万的影片造就了上映两周票房突破 10 亿的神话。（来源：网络《泰囧》营销的有关文章）

24. 占位营销

市场经济中，处处是红海。一个企业和品牌只有在该行业中占据数一数二的位置或者拥有自己的一席之地，才能生存并可持续发展。从市场营销的角度理解，简单地说定位在红海市场就是占位，就是占据消费者某类需求阶梯中的位置。想成功，就得占据消费者某类需求阶梯中的第一位置；想超越，就得创造消费者某类需求阶梯中的第一位置并占据它。红海营销时代，不是要给产品寻找一个位置，而是要去抢占一个位置，因为能够细分的无竞争或少竞争的空间已达到极限，因此占位是新营销时代的主导策略。

占位有一种抢先的意思。在传播的概念里，谁先说了，谁就先得到这个概念的位置。消费者是听声音的，在他们那里谁先说的就是谁的。实际上的传播理论也会证实这一点，先说就是先占位，先占位就说明这一理论是你所拥有的。

其包括：占概念、占资源、占标准、占通路。

■案例：创意营销——广告哥

河北省石家庄一青年段非，2010年6月16日走上街头做人体广告宣传，牌子上写着："做广告不是明星的专利，普通人也可以创造奇迹""今日街头广告人，明朝商场江南春"，吸引很多市民看，然后身上广告牌子上面还有人体广告网的网址，这样就让很多人看到网址，回家百度搜索就可以联系到他。同时，电视台、报纸连番报道，瞬间段非的定位就成为网络红人，网友送他称号——广告哥。先后被数百家媒体转载的广告哥成为网络红人，相继有5家企业签约：一家电池企业、一家人才网站、一家培训机构、一家食品公司、一家裤业公司。目前广告哥成为励志网络红人，并且有100多广告人报名加入其团队。（来源：网络《创意营销》）

25. 抢位营销

相对于占位营销、定位营销只强调内修的静态营销方式，抢位营销是更强调对抗、外向的动态营销。企业营销只有"内修"才能根基扎实，但只有"外抢"才不会闭关锁国，才能发展更快。只发展自己不影响别人，在实际中也是不可能实现的。资源是有限的，在分配不可能平均的情况下，只是占好自己的位是远远不够的，只有顺时就势，抢占先机，才能不仅我的地盘我做主，更能做到"你的地盘我做主"。

其包括：抢标准、抢通路、抢利润、抢概念、抢资源、抢技术。

■案例：猎豹浏览器的抢票插件

在 2013 年春运中，全球最大的社交编程及代码托管网站 GitHub 称因 12306 的抢票插件用户洪水般的访问导致 GitHub 出现问题，该插件的作者也承认了此事。

然而很快，金山猎豹浏览器就把发生该悲剧的原因揽到了自己身上，称是因为猎豹浏览器在最新的版本中使用了该插件，大量用户使用猎豹浏览器来订票，导致 GitHub 服务器崩溃。接着，铁道部约谈金山网络，要求立刻停止其猎豹浏览器春运抢票版。很多媒体也呼吁网友停止使用 12306 插件。

此事件后，猎豹浏览器的用户关注度开始飙升，一周内猛增 135%。（来源：水性人生的博客 2013－06－11《成功营销案例：猎豹浏览器借抢票插件一举走红》）

26. 反位营销

反位营销是指企业将顾客视作股东或利益攸关者作为指导思想，来思考和实施企业的营销或促销活动，旨在让顾客的资金和时间等成本像股东的资本一样可以增值，以此来驾驭目标顾客的忠诚度。

■案例：直飞大阪省下 2000 元

2014 年 7 月 19 日，春秋航空正式开通在重庆的第一条低成本国际航线——重庆直飞大阪。这也是目前中国西部唯一直达日本第二大城市大阪的航线。开航初期，重庆至大阪 4 小时的航程推出单程最低优惠票价 499 元。该航线是继上海直飞大阪后，国内开通的第二条直飞大阪的航线。为了配合春秋航空的航班开通，重庆春秋国旅还推出了以“直飞大阪，多彩东瀛”为主题的系列旅游产品，包括大阪关西一地 5 日深度游、大阪关西 5 日自由行等。

直航开通后，重庆及周边省市游客到日本游的所有线路，均比直航前便宜了近 2000 元。这个价差直接让重庆成为整个西南片区游客前往大阪旅游的枢纽。（来源：网络《2014 重庆旅游行业最佳营销案例名单出炉》）

27. 跨界营销（交叉合作营销）

跨界营销是指打破传统的营销思维模式，根据不同行业、不同产品、不同偏好的消费者之间所拥有的共性和联系，把一些原本毫不相干的元素进行融合、互相渗透，发挥不同类别品牌的协同效应，进而彰显出一种新锐的生活态度与审美方式，并赢得目标消费者的好感，使得跨界合作的品牌都能够得到最大化的营销。

“跨界”代表一种新锐的生活态度与审美方式的融合。跨界合作对于品牌的最大益处，是让原本毫不相干的元素，相互渗透相互融合，从而给品牌一种立体感和纵深感。可以建立“跨界”关系的不同品牌，一定是互补性而非竞争性品牌。这里所说的互补，并非功能上的互补，而是用户体验上的互补。

■案例：惠普 AMD 腾讯游戏本

2009 年 7 月，由惠普 AMD 腾讯三巨头联袂打造的国内首款游戏定制本正式亮相。这款惠普 AMD 腾讯游戏本 DV2 是集轻薄机身、时尚外观和高性能于一身的 12 寸全功能时尚游戏本，发布以来便受到了众多 QQ 游戏爱好者的青睐。该定制本在软硬件和系统方面都针对 QQ 游戏进行了专门优化。此外，随机赠送的令 QQ 游戏用户兴奋的新手礼包和高级虚拟道具等实惠大礼，更将定制化的个性应用进行到底。(来源：网络《天马行空的跨界合作营销五大经典案例》)

28. 回归营销

回归营销（Retromarketing）是由斯蒂芬·布朗教授发表在 2001 年 10 月《哈佛商业评论》上的《折磨顾客》一文提出的，是颠覆主流营销学，提倡回归到过去企业凭借创造力和个性主宰市场的营销风格，提出不要去服务需求，而去创造需求；不要轻易满足顾客的需求，而是去吊他们的胃口。

回归营销基本原则：独占性、保密性、夸张性、娱乐性、欺骗性。

■案例：《阿凡达》的神话

截至 2010 年 1 月 25 日，《阿凡达》全球票房突破 18.43 亿美元，打破了同为卡梅隆导演的《泰坦尼克号》18.4 亿美元——保持了 12 年票房的记录。

《阿凡达》给了观众最直观的体验。使本为“一次性产品”的它吸引了重复消费，看了 3D，还要看 IMAX3D，甚至还要连续看。《阿凡达》产品做到了极致，所以为自己赢得了难以想象的口碑效果。(来源：网络《阿凡达营销悖论：满足需求还是创造需求》)

29. 刚左营销

“刚左”是首创“刚左新闻”的亨特 S. 汤普森（Hunter S. Thompson）提出的。汤普森认为“新闻工作者必须是一个现场参与者，写作必须融入自己的意见”。美国服务营销领域的著名学者克里斯托弗 · H · 洛夫洛克（Christopher H. Lovelock）把这种理念引入营销领域，创立了“刚左营销”这个概念，宣扬把营销的概念从市场中还原出来，彻底放弃大众营销的思路，尽可能回到微观的主体——人本身。

兴趣：每个小团体都是潜在的微观市场。这正是“刚左营销”所关注的营销对象。企业可以从目标消费者的兴趣出发寻找或开发相应的微观市场，通过在网络上口碑相传的模式，最终达成对产品或服务的营销。这既有助于节省营销成本，也有助于树立持久的信誉。

参与：每一个网页都有它独特的趣味，吸引着有特定偏好的人群。因此，以网页为平台，很可能会聚合成一个新的微观市场。通过发动员工创建或参与这些网页的成长和发展，企业能够与新兴微观市场缔造强有力的关系，从而实现企业、员工和受众“三赢”的局面。

沟通：“刚左营销”强调营销就是沟通的过程，企业应该搭建沟通平台，积极建立与消费者的情感联系，同时把消费者的意见吸纳入产品的开发、生产和销售甚至于企业发展中来。

■案例：福特公司的有机园艺世界

福特公司不仅允许有园艺兴趣的员工在工作时间组建了一个网页——OGW（福特公司的有机园艺世界），公司还提供了必要的硬件、资金和技术支持。OGW 吸引了大量的网民关注，他们在这里分享保护根茎、肥沃土壤、制造玉米片以及采购园艺工具、维修卡车的经验，而福特恰恰也提供园艺中使用的卡车、铲车等。这无形中就为福特公司培育了一个具有良好销售前景的微观市场。(来源：网络《刚左营销》)

30. 忘掉营销

忘掉营销就是让消费者“忘掉营销”。这意味着抛弃传统的营销形式，让消费者自己做主，亲自参与，并互相传播。企业在做营销策划时抛弃传统的广告、促销等营销方式，站在消费者的角度来创意营销环节，创新营销方法，让消费者自己做主，亲自参与，并互相传播。

■案例：乐事薯片新尝试——向 Facebook 用户征集口味

2012 年，菲多利（Frito - Lay）准备开发一款新口味的乐事薯片，但和过去不同，它没有召集众多专家来咨询意见，而是上线一款 Facebook 应用，向网友征集薯片口味作为新产品的参考。与英语“Do me a favor”谐音，这项竞赛取名“Do us a flavor”。

为了吸引人们参与调查，菲多利设置了抽奖，每天抽选出 20 名幸运者，获得公司赠送的奖品。乐事将从参赛者发明的新配方中选出 3 种，依这些配方制成薯片，在市场上销售，然后请消费者到社交网站投票，评出最佳口味。冠军可获得100 万美元奖金或者这种最佳口味薯片 2013 年净销售额的 1%。（来源：网络《乐事薯片新尝试：向 Facebook 用户征集口味》）

31. 国际营销（国际市场营销）

国际营销是指商品和劳务流入一个以上国家的消费者或用户手中的过程。换而言之，国际市场营销是一种跨国界的社会和管理过程，是企业通过计划、定价促销和引导，创造产品和价值并在国际市场上进行交换，以满足多国消费者的需要和获取利润的活动。

32. 多国营销

多国营销是指企业跨越本国国界在世界多个国家乃至全球开展活动。它必须要在一个以上的国家从事经济活动，由于在其他国家建立企业，它不再是本国国籍，而是所在地国籍，故多国营销也称为多国籍营销或无国籍营销。在这种营销方式下，企业突破国内生产、国外销售的传统营销观念，而推行“多国设计、多国生产、多国销售”的新营销观念。

■案例：华为的海外业务

华为作为 1987 年在深圳成立的一家民营通信技术公司，成立当年就开始走出国门，向海外拓展。在同国际品牌的竞争中，华为不断发展壮大。截至 2012 年底，华为公司国内外员工总数约达 15 万人，已在包括捷克在内的近 150 个国家和地区设立了办事处，业务遍及世界各地。目前，华为已发展成仅次于爱立信的全球第一大通信设备供应商。（来源：网络《创新推动华为海外事业发展》）

33. 国内营销

国内营销是指以国内市场为企业唯一的经营范围，企业经营的目光、焦点、导向及经营活动集中于国内消费者、国内供应商、国内竞争者。其公司在国内从事营销活动可能是有意识的、自觉的战略选择，或者是无意识地、不自觉地想躲避国外竞争者的挑战的被动选择。

■案例：万达电影院线

万达电影院线成立于2005 年，隶属于万达集团。截至2014 年6 月30 日，在全国80 多个城市拥有已开业影院150 家，1315 块银幕，其中IMAX 银幕94 块。2014 年万达院线占全国14.5%的票房份额。从2014 年起，万达院线每年将增加400 块以上的银幕，计划到 2016 年开业达到 260 家影城，拥有银幕 2300 块，稳居中国第一的市场份额。（来源：网络《万达影城》）

第十一篇　按行业命名的营销策略

按生产同类产品或具有相同工艺过程或提供同类劳动服务划分的经济活动类别称为行业。基于行业特质的营销就是行业营销。有多少种行业就有多少种营销。这里仅列举其中的一部分。

1. 体育营销

体育营销（Sport Marketing）就是以体育活动为载体来推广自己的产品和品牌的一种市场营销活动，是市场营销的一种手段。

体育营销有两种理解：一种是将体育作为商品销售的体育产业营销，也称职业体育营销或竞技体育营销，即职业体育机构和职业体育活动组织者为了满足消费者对竞技体育的需求，向消费者提供竞技体育产品而开展的一系列市场营销活动。

■案例：奥运赞助商体系

奥运赞助商体系主要包括三层。第一层是国际奥委会的全球合作伙伴，也就是平常所说的TOP赞助商，他们可以在全球范围内使用奥运五环标志；第二层是奥组委赞助商，他们可以使用奥组委和举办国奥委会的会徽；第三层是国家奥委会赞助商，他们只能使用该国奥委会的标识。与TOP赞助商不同，后两层赞助商只能在举办国国内享有奥运特许权。（来源：网络《体育赛事如何挖掘金矿：中国企业体育营销理念有待提升》）

体育营销另外一种是企业借助体育活动而进行的其他产业的营销。

■案例：燕京啤酒的gif广告

2014年世界杯期间，燕京啤酒针对世界杯视频不能第一时间在微博平台传播，而gif却可以实现的情况，燕京啤酒与微博达成合作。新浪体育官方微博在世界杯期间第一时间发布的进球动图，都会出现燕京啤酒2014世界杯广告图片，以最便捷的方式，让用户进行二次传播。借由gif图的广泛传播，小组赛期间gif图片的传播量已经超过4亿次，让燕京啤酒获得了巨大品牌曝光

量。(来源：网络《2014 巴西世界杯十大营销案例盘点》)

奥运营销是体育营销的一种。其第一种是奥运会主办者对奥运会自身的营销。

■案例：洛杉矶奥运会

1984 年洛杉矶奥运会是奥运会自 1896 年创办以来首次由民间承办，既无政府补贴，又不能增加纳税人负担，加之美国法律还禁止发行彩票，一切资金都得自行筹措。主席彼得·尤伯罗思领导筹委会采取了如下主要措施：与企业集团订立资助协议；出售电视广播权和比赛门票；压缩各项开支，充分利用现有设施，尽量不修建体育场馆；不新盖奥林匹克村，租借加州两座大学宿舍供运动员、官员住宿；招募志愿人员为大会义务工作等。结果是扭转前几届奥运会巨额亏损的情况，以 5 亿美元低成本的投入，最后还获利 2.5 亿美元。(来源：网络《洛杉矶奥运会》)

奥运营销的第二种是企业借助奥运会进行的营销，即企业借助奥运赛事为载体来推广企业的产品和品牌的市场营销活动，是将产品与体育结合，把体育文化与品牌文化相融合以形成特有企业文化的一种战略。

■案例：李宁借势北京奥运

李宁采取与强势媒体合作强化李宁品牌与奥运的关联。李宁与 CCTV——体育频道签订协议——2007—2008 年播出的栏目及赛事节目的主持人和记者出镜时均需身着李宁牌服饰。此举意味着，在北京奥运期间，只要打开央视体育频道，李宁的 Logo 就会映入观众眼帘。

从 CCTV 体育频道主持人服装，到赞助西班牙和阿根廷男篮，从打造星光璀璨的“李宁代表团”到群星荟萃的“国际纵队”，直到李宁代表亿万华人点燃北京奥运会开幕式的圣火，将李宁的奥运营销推向巅峰。

在北京奥运会闭幕一个月后，某市场调研公司公布了全球品牌北京奥运营销排行，李宁公司位列前 5 强，是唯一一个“非官方赞助商”，更是唯一的运动品牌。(来源：网络《李宁借势营销，奥运有你更精彩!》)

2. 信息营销（信息化营销）

信息营销是指利用现代通信设备和信息资源作为营销手段（比如电话、网络、电子商务、电子媒体等），对目标群体提高知识分享、能力创建，并能测量其效果的一种沟通模式。

■案例：唯品会

“唯品会，一个做特卖的网站。”唯品会秉承这个一以贯之的服务理念，再结合手机端用户时间碎片化、节省流量的用户习惯和特点，唯品会官方微信公众号每天都会给用户推送几款名品折扣产品，现在已经可以直接实现在线购买和支付。体验非常便捷，这也是唯品会微信公众号一经上线就受到广大用户热捧的原因之一。（来源：网络《2014 十大杰出微信公众号营销案例》）

信息市场营销是指信息机构为激发和满足用户的信息市场需求，采用多种方式和策略，将适销对路的信息产品从生产者送达到用户，再将用户的意见反馈到信息机构的活动。

■案例：微信

微信是腾讯公司于2011 年1 月21 日推出的一个为智能终端提供即时通讯服务的免费应用程序。微信支持跨通信运营商、跨操作系统平台通过网络快速发送免费（需消耗少量网络流量）语音短信、视频、图片和文字，同时也可以使用通过共享流媒体内容的资料和基于位置的社交插件“摇一摇”“漂流瓶”“朋友圈”“公众平台”“语音记事本”等服务插件。

2014 年11 月12 日，腾讯公布第三季度财报，微信海内外合计的MAU 为4.5 亿。（来源：网络《微信》）

3. 金融营销（金融服务营销）

金融营销是指金融企业以金融市场为导向，运用整体营销手段向客户提供金融产品和服务，在满足客户需要和欲望的过程中实现金融企业利益目标的社会行为过程。

■案例：中国平安——来了财神节，就是有钱人

2014 年 12 月 22 日，中国平安面向全体网民推出“金融交易狂欢节”——“财神节”。“财神节”由平安集团牵头，产险、寿险、银行、证券、陆金所等 17 个业务单位参与，共推出 18 款主力产品，精心打造 7 款高收益的明星爆款产品，力图为网民呈现一个“F – mall”（金融商铺）的大场景：理财客户将享受高收益的理财产品、车主将获得 500 元红包以及豪车等巨惠返利、家庭个人将享受基于节假日需求定制的重磅保险产品，还会配有普吉岛旅行、高端护肤、豪车等大奖，福利额度高达百万。（来源：网络《全揭秘：2014 平安互联网金融营销经典案例展示》）

网络金融营销有两层含义，一层是指传统金融业务利用现代网络技术进行的营销活动，包括利用网络技术进行网络市场调查、网络促销和宣传，将金融产品成功地引向消费者的过程。

■案例：光大的“送你双色球 巨奖从天降”

2014 年 11 月 1 日至 11 月 30 日，光大开展了“送你双色球 巨奖从天降”活动。此次活动的目标是告知新产品彩票业务上线，让大家体验并使用这一功能。活动基于业务定制与产品购买流程匹配，让用户在活动中熟悉了这一新产品，有效达到告知目的的同时，引导用户使用。

活动用免费送的形式，以零成本付出，高收益机会吸引用户广泛关注，同时以分享给好友才能成功出票、与好友共同分享获奖金额、人气排行榜的活动机制让活动最大程度的在微信上进行扩散，有效提升了品牌和产品影响力。

中奖奖品金额设置为随机，每一次分彩都会有惊喜或失望。这种心理刺激使得目标群体不断参与，活动黏性和趣味性都大大提升。（来源：网络《银行怎么做社会化营销？——解读金融业十大社会化营销案例》）

网络金融营销的另一层含义是指专门为网络金融业务而开展的营销活动，是指金融机构针对网络金融客户的情况进行市场细分和定位，确定目标市场策略，开发网络金融产品，进行网络促销和沟通，实现网络金融服务的目标。

■案例：Ing Direct 银行——“卖萌”又互动的公益营销

美国最大的在线商务银行 Ing Direct 为了让没有能力就学的儿童能有读书上课的机会，Ing Direct 和联合国儿童基金会共同合作了一款手机与电脑结合的 APP。当你连上网站，你会发现，许多儿童孤独地站在那里，因为他们的确无处可归，这时你可以帮助他们。你只需要 0.79 欧元下载手机 APP，并将手机对准网站右下角的橘色区域，你就可以看到孩子开始向前走了，接着你的手机里就会出现一所学校，网站的孩子会穿入手机并拥抱学校。Ing Direct 会将此付费应用所得的款项赠予联合国儿童基金会的教育项目。（来源：网络《国外金融行业创新移动营销案例》）

银行营销，就是指商业银行组织或银行营销者个人在特定的市场环境中，以市场格局的变化为导向，以满足顾客需求为中心，以适应、改造竞争的多变的环境，创造和改善人的各种需要、欲望和需求为手段，通过一系列创造性活动变潜在交换为现实交换和公平交易，向顾客提供可以交换的产品、服务、相应权利（如所有权）和价值，使自己和顾客都可以获得所需所欲之物以满足其需要和欲望，并进一步实现企业目标（盈利、适应环境、发展成功）的带有全面性的企业整体性管理活动和社会管理活动。

■案例：法国 BNP 银行——我们在罗兰加洛斯

法国 BNP 银行一直是法国网球公开赛的主要赞助商。在 BNP 赞助法网 40 周年之际，BNP 银行从影像、新闻等资料中找到当年发生在罗兰加洛斯（法网比赛场地）的球员、球迷、事件等，采访这些人、故事等，并根据这些资料整合成一个活动网站，以此来庆祝40 周年 BNP 与法网的伙伴关系。（来源：网络《法国 BNP 银行法网 40 周年赞助活动——我们在罗兰加洛斯》）

信贷营销，就是商业银行在研究市场资金需求的基础上，通过发现、分析及评价市场机会，将信贷资金及时、安全、有效地发放出去，以实现自身资金的良性运营和取得较佳的经济效益。

■案例：宁波银行的金色池塘

根据小企业金融需求的特点，宁波银行于2007 年推出“金色池塘——小企业全面金融服务”品牌，以提供小企业全面金融服务为核心价值，依托充满活力的客户服务团队、标准化的金融产品和业务流程，为小企业提供专业、高效的金融服务。同时通过“小企业大讲堂”的创新模式，为小企业提供多维度的专业知识，方便客户不断提高资金管理能力和企业营运能力，真正实现零成本财务顾问功能。（来源：网络《金融产品营销案例精选》）

基金市场营销是基金销售机构从市场和客户需要出发所进行的基金产品设计、销售、售后服务等一系列活动的总称。证券投资基金的市场营销是实现基金管理公司经营目标的基本活动。

■案例：安信中证“一带一路”指数分级证券投资基金

安信中证“一带一路”指数分级证券投资基金以中证全指为选样空间，从基础建设、交通运输、高端装备、电力通信、资源开发等五大产业中选取最具主题代表性的 79 只股票组成指数样本股，非常好地覆盖了“一带一路”主题的相关概念股。其分为母份额“一带分级”和两类子份额“一带一 A”“一带一 B”。“一带一 A”享受约定收益，基金资产剩余收益全部归“一带一 B”，因此“一带一 B”具备 2 倍的初始杠杆。（来源：网络《安信中证一带一路主题指数分级证券投资基金》）

保险营销是以保险这一特殊商品为客体，以消费者对这一特殊商品的需求为导向，以满足消费者转嫁风险的需求为中心，运用整体营销或协同营销的手段，将保险商品转移给消费者，以实现保险公司长远经营目标的一系列活动。

■案例：NRMA 保险公司——不一样的保险服务

澳大利亚最大的保险公司 NRMA 打出的品牌广告是“体验与众不同”，配套推出了一项特殊的服务，即车主们可以为自己爱车的某一个配件，如车窗、座椅、前挡玻璃、轮胎等单独进行投保，只要它们在你的心中足够“特殊”“重要”“有价值”。同时该广告在车展的广告牌上进行了展示，无聊等车的人们只需要根据广告牌的提示，利用手机二维码或是输入链接，进入到指定网站并选择自己喜欢的歌曲，广告牌上面的音响就会为用户播放这首歌曲，让舒缓的音乐告诉你：NRMA 能为你的汽车设备（这里指音响）投保了。

（来源：网络《国外金融行业创新移动营销案例》）

保险网络营销是保险直接营销的最新形式，是指保险公司或新型的网上保险中介通过互联网为客户提供有关保险产品和服务的信息，并实现网上承保，直接完成保险产品的销售和服务，由银行将保费划入保险公司。

■案例：平安好车主："疯抢三分钟"

平安产险在2014年12月7日–31日推出了"平安好车主　'疯抢三分钟'"活动。每周三、周六晚上8点，好车主注册绑车用户可以参与三分钟的保费疯抢活动，共7次。该活动以"闪购""秒杀"形式进行。每次抢的金额和中奖人数均会提前公布。用户在开始后三分钟之内参与活动开抢，时间到之前抢完活动提前结束，时间到了如果还有剩余名额活动也结束。

活动进行期间，承载活动的好车主移动应用活跃度同比上涨40%；活动让4万平安客户受益，新增平安客户1万人次，12月当月保费为20977.8万元，月环比增加1164.4%。2014年好车主注册用户数140万，保费规模2.6亿元。该活动共吸引113万用户浏览，宣传覆盖用户超过200万。（来源：网络《全揭秘：2014平安互联网金融营销经典案例展示》）

寿险营销有广义和狭义之分。从广义上讲，寿险营销是指以寿险保单为商品，以市场为中心，以满足被保险人需要为目的，实现寿险公司经营目标的一系列活动。从狭义上讲，寿险营销是指寿险公司的个人代理人制度，即个人营销业务。这是由友邦保险公司由海外带入中国上海，并由平安保险公司引向全国。

■案例：生命人寿客户服务节

2011年6月25日，生命人寿第五届客户服务节活动在全国近600个大中城市同步拉开帷幕，与500多万生命人寿客户共同度过了两个月的暑期。该客服节围绕着"关爱与健康"两大主题展开，精心策划并推出"感动就在这一夏""生命摄影""品质监督员""生命有缘客户大回访""VIP尊荣服务体验"，受到客户的广泛欢迎与好评。该活动获评2011年度保险业最佳营销案例。（来源：网络《生命人寿获2011年保险业最佳营销案例》）

人身保险营销是寿险公司为实现其经营目标，满足人们对人身风险保障的需求，依据市场环境，利用各种营销技术和策略，与保险营销对象进行沟通并达到说服保险营销对象投保保险的目的的运作过程。

■案例：三星人寿保险的《生命之桥》

韩国首尔的马普大桥一直是自杀频发的地点。为此三星人寿联合首尔政府对这座桥进行改造。夜晚当用户走在桥边时，灯光会亮起，显示“吃饭了么?”“最近忙么”的字样，同时展示一系列家庭幸福的照片墙，鼓励轻生民众勇敢生活。(来源：网络《三星人寿保险互动项目“生命之桥”》)

健康保险营销是指保险企业在变化的市场环境中，以市场需求为中心，以健康保险为产品，通过同他人交换健康保险产品和价值以满足其需求和欲望，同时实现企业目标的一系列活动。

■案例：平安健康险

平安健康险借助外资股东南非健康险巨头 Discovery 的经验，创新研发了中高端医疗保险，帮助客户全面解决就医麻烦，不仅可以承担客户自费部分的医疗费用，还可以为客户提供就诊预约和费用直接结算服务。同时，平安健康险还引进了国际上流行的“健康天下 Vitality”健康促进计划，在提高产品吸引力同时，通过一整套科学的健康管理和激励体系，对客户的健康行为和健康饮食进行干预，鼓励人们改善健康，无形之中也降低了医疗保险的赔付。这一做法入选了哈佛商学院2013 年 MBA 课程。(来源：网络《平安健康险案例入选哈佛商学院 MBA 课程》)

4. 旅游营销

旅游营销是指根据旅游目标市场需求、设计使顾客满意的产品，制定顾客认可的价格，通过广告、人员推销、严格控制产品质量等手段以树立良好形象和扩大市场占有率的一系列对外经营活动。

游客营销是指旅游地政府、组织或个体对游客进行营销，目的是促进游客有意或无意地向其周边人群传播旅游信息（包括旅游地信息和旅游体验），达到营销旅游地的效果。

■案例：曲阜游客服务中心

曲阜游客服务中心是国内单体建筑最大、功能设施最先进的游客集散中心，具备景点售票、宣传推介、导游服务、集散换乘、咨询投诉、餐饮住宿、演艺购物、监控监管等八大功能。如景点售票，不仅出售曲阜景点的门票，也出售济宁市各县市区和周边城市的门票；购物休闲大楼，地下一层为旅游购物超市，二层西侧为“台湾永和豆浆”和“加州牛肉面”旅游快餐，三层多功能演艺厅，为游客展现古老而传统的精品演艺。（来源：网络《曲阜游客服务中心》）

旅游内部营销是指将旅游行业内部与游客旅游体验相关的各方人员当作内部顾客，利用营销手段满足其需求，使相关各方人员满意并培养其以游客体验需求为导向，协调合作，以期给游客一个完美的旅游体验，达到游客的满意。

■案例：去哪儿的期权

根据去哪儿2014年初向SEC提交的Form S－8文件，员工持41，484，882股，参考其2013年第三季度财报公布的总股数342，183，204股，员工持股超过12.1%。与很多互联网公司的期权行权价定在IPO价格上不同：去哪儿给员工的行权价是0.01美元——几乎相当于白送。按照今日24.54美元/股的价格计算，一名员工只要手握2.1万份期权，立马就是一个百万富翁了。要是手里有21万份期权，那就是一个千万级别的“土豪”了。（来源：网络《互联网公司期权激励大盘点：去哪儿网机制最给力》）

旅游品牌营销是指在目标市场上，为达到品牌所追求的目标而进行的营销工作，主要内容包括品牌的创建、使用及维护。

■案例：变形金刚激战天生三桥

2014年，武隆喀斯特旅游（集团）有限公司与变形金刚4剧组合作，将重庆的旅游LOGO——武隆天生三桥植入《变4》中，擎天柱和机械恐龙在天生三桥下的精彩打斗，让全世界的观众和游客都知道了武隆天生三桥。（来源：网络《2014重庆旅游行业最佳营销案例名单出炉》）

旅游体验营销是指旅游企业根据游客情感需求的特点，结合旅游产品、服务的属性（卖点），策划有特定氛围的营销活动，让游客参与并获得美好而深刻的体验，满足其情感需求，从而扩大旅游产品和服务销售的一种新型的营销活动方式。

■案例：重庆的陆上三峡行

2014 年，重庆借两年一届的“三峡国际旅游节”落地山城之机，推出了“游客营销”主题活动，欢迎大家重走三峡、重看三峡。此外，本次旅游节还推出了“陆上三峡行”的产品，通过大巴车和自驾车的组合方式，让更多游客在陆地上欣赏三峡之美，在传统的水上游三峡之外，让游客的三峡之行又多了一种水陆结合的新玩法。（来源：网络《2014 重庆旅游行业最佳营销案例名单出炉》）

旅游网络营销是指旅游企业以电子信息技术为基础，以计算机网络为媒介和手段而进行的各种营销活动。

■案例：金佛山景区全球招募“炼金师”

南川金佛山景区借申遗成功之势，在 2014 年 8 月 20 日正式启动“50 万年薪全球招募‘炼金师’”活动。

活动一经推出便备受社会广泛关注，通过官方微信、网络、邮箱和现场报名的人数，共计达到了数百人。报名者涵盖了媒体、旅游体验师、摄影师、经理等各种人群，而金佛山的网络搜索量也瞬间爆棚，比平时多了好几倍。“炼金师”活动不仅将金佛山申遗成功的消息进行了更大范围的扩散，也让金佛山这个名字在全国变得家喻户晓起来。（来源：网络《2014 重庆旅游行业最佳营销案例名单出炉》）

旅游整合营销的主体可以大到国家、地区，小到单个企业内部。作为旅游公共管理所要研究的整合营销，主要指以目的地为核心的区域旅游整合营销，是在产品同质化、市场饱和化、竞争激烈化的背景下，以市场为调节方式、以价值为联系方式、以联动为行为方式，统一营销策略、集聚营销力量、协调营销手段、提升营销效果，以较低的成本形成强大的宣传攻势和促销高潮，谋求旅游目的地内整个旅游价值链营销效果最大化的一种新的营销理念和营销模式。

■案例：泛珠三角无障碍旅游区

“泛珠三角”又叫“9+2”，是指沿珠江流域的广东、福建、江西、广西、海南、湖南、四川、云南、贵州9个省（区），加上香港和澳门两个特别行政区在内的11个地区。2014年10月13日泛珠三角区域合作行政首长联席会议共同签署了联席会议纪要和《泛珠三角区域深化合作共同宣言（2015—2025年）》。在旅游方面，9+2各方同意进一步加强区域旅游合作，共同策划和推广区域精品旅游线路，建立泛珠三角无障碍旅游区，打造区域旅游品牌。（来源：网络《“9+2”共同宣言 泛珠三角将建无障碍旅游区》）

旅游互动营销是建立在通信网络的基础上，使游客在消费的过程中，通过通信网络与旅游景区快速直接联系，使旅游信息得以快速、准确地传递到景区（同时景区可以向游客提供其他增值服务），并通过这种物质消费与精神消费的充分结合，达到提高旅游市场占有率及消费者对旅游产品的忠诚度的营销。

■案例：千岛湖的答题有奖

2010年4月23日到6月4日，由人人网和千岛湖风景旅游局共同主办的“世博下一站，秀水千岛湖——轻松答题，赢百万大奖”大型网络互动活动。

此次活动是为接轨上海世博会，庆祝千岛湖荣膺国家5A级旅游景区而举办的回馈性有奖互动活动。主办方准备的奖品：价值150元/张的千岛湖景区门票6300张，价值100元/张的千岛湖龙潭峡谷漂流门票2100张，另外还有苹果MP3、SONY数码相机、3G无线上网笔记本等数码奖品，只要参与答题抽奖，就有机会赢取这些总价一百多万元的丰厚大奖。主办方还推出“邀请有奖”环节，只要邀请好友实际参与的数量排在前列，就有机会获得包含千岛湖秀水舫酒店一间客房和两张千岛湖门票的免费千岛湖双人两日游，每周5名，总共30名。（来源：网络《互动营销让旅游更美好——千岛湖案例》）

旅游文化营销是指旅游业经营者运用旅游资源通过文化理念的设计创造来提升旅游产品及服务的附加值，在满足和创造旅游消费者对真善美的文化需求中，实现市场交换的一种营销方式。

■案例：《梦幻桃源》让酉阳多了耍事

2014 年，舞台艺术剧《梦幻桃源》上演，让观众通过声光影等现代的方式，重新认识了酉阳桃花源的 5A 级美景和“桃源文化”。围绕《梦幻桃源》的上演，酉阳还举办了渝湘鄂多地自驾游，让更多的游客了解酉阳，感受酉阳这座休闲小县城的人文情怀。这也让酉阳衍生出了更多玩法——避暑、休闲、赏景、看戏。曾经的线路旅游、过站旅游地，就这样变为了“旅游目的地”。（来源：网络《2014 重庆旅游行业最佳营销案例名单出炉》）

旅游关系营销是指以旅游企业和游客的相互关系为核心的营销。

■案例：斯里兰卡也玩特价营销

2014 年 7 月 1 日，斯里兰卡航空公司宣布，斯里兰卡航空将开通往返重庆的直航班机。作为本条航线的主要营销策划团队，重庆华邦国际旅行社还促成了“斯里兰卡重庆首次文化展”。文化展期间，主办方现场发送了 100 张直飞斯里兰卡的 688 元特价机票。此外，市民还可以通过参与文化展，赢取斯里兰卡免费旅游等系列大奖。直航开通后，前往斯里兰卡旅游的重庆人比往年翻了几番。（来源：网络《2014 重庆旅游行业最佳营销案例名单出炉》）

旅游绿色营销是指包括旅游景区（景点）、酒店、旅行社在内的所有旅游企业在旅游经营过程中要体现“绿色”，在旅游营销中要注意对地球生态环境的保护，是绿色营销理论在旅游业中的具体应用。

■案例：广东的“绿动全球”

2010 年 8 月 30 日，网易旅游和广东旅游局共同推出了“绿动全球”大型网络生态游戏。绿动全球旨在通过游戏的方式唤起全世界网友对地球、对旅游、对生命的热爱。在游戏中，网友可以通过给世界各国的“生态之树”浇水、闯关答题、积分兑换、邀请好友等方式，给全球各国进行“绿化工程”，最终实现“绿动全球”的梦想。

游戏设置了总价值高达百万的旅游奖品作为奖励。不到 4 个月的时间内，全球参与人数超过 257 万，总点击次数更是达到三千多万次。（来源：网络

《十大最具影响力旅游营销奖揭晓 绿动全球获奖》)

旅游情感营销是以消费者内在的情感为诉求，通过激发和满足顾客的情感体验来实现营销目标的策略方法。

■案例：巴厘岛摇滚宾馆

想当一个 DJ 吗？想在下榻的酒店里为自己录一张摇滚唱片吗？这在几年前可能只是电影中的一幕，现在在巴厘岛摇滚宾馆这一切都是真的。一般来说，住酒店就是为了休息、美食和做一些活动。巴厘岛摇滚宾馆现在可以为你做更多的，特别是家庭聚会、度蜜月，还有学习成为 DJ、成为冲浪高手，这些都可以让你拥有独一无二的享受。(来源：成都 xd_ 1 经济的博客 2008－08－12《几则情感营销成功案例与分析》)

旅游目的地营销是指区域性旅游组织通过区分、确定本旅游目的地产品的目标市场，建立本地产品与这些市场间的关联系统，并保持或增加目的地产品所占市场份额的活动。

■案例：分层次塑造香港旅游品牌

第一层次，全面包装城市，塑造城市品牌。如“魅力之都”“动感之都”“购物天堂”等，香港旅游局的宣传口号都恰如其分的道出了时尚、动感和繁华的香港品牌形象。第二层次，加大宣传力度，创建名牌旅游景区。香港旅游局每年的推广费用预算高达数亿元，旅游局70%以上是市场推广人员。第三层次，突出饮食购物文化，树立旅游关联产业品牌形象。对很多游客来说，香港最大的魅力不是景点，由购物、饮食和文化等旅游关联产业构成的大都会旅游才是香港游的真正的精髓。(来源：网络《澳大利亚、中国香港及新加坡旅游目的地（产品）成功营销案例解析》)

5. 酒店营销

酒店营销是指推销者为了使顾客青睐于酒店的产品或服务所做的一切决定和采取的行动，它包括发现顾客欲望，提供产品满足他们的需求，确定最好的分销渠道，向潜在顾客传递信息，推销产品，最后评估整个营销过程。

酒店品牌营销是指酒店利用消费者的品牌需求，围绕着创建高附加值品牌展开各项营销活动，使客户形成对企业品牌的认知，创造品牌价值，最终形成品牌效益的过程。

酒店网络营销就是以国际互联网为基础，利用数字化信息和网络媒体的相互性来达成酒店营销目标的一种酒店新型营销方式。简单地说是以互联网平台为核心，以网络用户为中心，以市场需求认知为导向，整合各种网络资源去实现酒店营销目的的一种行为。

■案例：桔子酒店关于星座的创意营销

2012 年桔子酒店进行了一次以星座、爱情为话题的微电影营销。在拍摄过程中，桔子水晶酒店把爱情、浪漫等元素加到酒店场景中，表现了很多酒店的场景设施、周边环境、内部软件等。

微电影以“桔子水晶”新浪账号为主要发布阵地，采用提前预告，在每一集的末尾对下一集进行预告等方法，为活动做宣传推广，吊足了观众的胃口，并且提供丰厚的奖品。

前几集的传播效果非常好，奔驰汽车、珂兰钻石、漫步者音箱、麦包包、拉菲红酒等诸多品牌都陆续的要求免费提供产品做道具，在活动中提供奖品支持，使传播合力变大。

活动不但把新浪微博设为“大本营”，还联合人人网、优酷、土豆等进行全网大传播。截至9 月4 日最后一个星座《白羊篇》情节曝光，“桔子水晶”账号的粉丝已经接近 12 万余人。在转发微电影的粉丝里，有不少都是加 V 粉丝。这些粉丝主要是全国各地电视台、广播等媒体人，以及时尚圈里的人。（来源：网络《桔子酒店：关于星座的创意营销》）

6. 物流营销（物流服务营销、运输市场营销）

物流营销是指运输企业运用市场营销的基本原理和方法对运输市场进行调查、预测和定位，从而开发出适合运输需求的服务产品，以满足运输需求的全过程。

■案例：夏晖公司的物流服务

夏晖公司是麦当劳“御用”的物流公司。其为麦当劳提供包括生产和质量控制在内的食品运输的一条龙式物流服务，同时还提供如信息处理、存货控制、贴标签、生产和质量控制等其他服务，并根据麦当劳发展的需要不断完善物流体系。如为了满足麦当劳冷链物流的要求，夏晖公司在北京地区投资5500多万元人民币，建立了一个占地面积达12000平方米、拥有世界领先的多温度食品分发物流中心，在该物流中心并配有先进的装卸、储存、冷藏设施，5到20吨多种温度控制运输车40余辆。中心还配有电脑调控设施用以控制所规定的温度，检查每一批进货的温度。（来源：网络《麦当劳的第三方物流案例分析》）

7. 展览会营销（展会营销、会展营销）

展览会营销是会议营销的主要方式，是指通过展会的形式向顾客及同行业展示自己的最新产品及成果，一方面可以增加公司的业绩，另一方面提高公司的品牌影响力。会议、展览会、博览会、交易会、展销会、展示会等都是会展活动的基本形式。世界博览会为最典型的会展活动。

会展品牌营销就是运用现代品牌营销理论，通过打造区别于其他会展服务的完全被消费者接受和认可的品牌，来吸引相关的企业和专业观众参展，以实现会展企业利润最大化的一种会展营销。

■案例：广交会

广交会是广州交易会，即中国进出口商品交易会的简称，英文名为Canton fair。其创办于1957年春季，每年春秋两季在广州举办，到2014年已有五十七年历史，是中国目前历史最长、层次最高、规模最大、商品种类最全、到会客商最多、成交效果最好的综合性国际贸易盛会。自2007年4月第101届起，广交会由中国出口商品交易会更名为中国进出口商品交易会，由单一出口平台变为进出口双向交易平台。（来源：网络《中国进出口商品交易会》）

世博营销有两层含义，一是世博会自身的营销。

■案例：上海世博会

2010年，上海世博会上一共有57家赞助商，分为三个等级，包括全球合作伙伴13家、高级赞助商14家、项目赞助商30家。它们都是做出了足够的资金投入，并为世博会提供各种专业服务。（来源：网络《世博营销》）

世博营销第二层含义是企业借助世博会的营销，即企业以世博会为载体来推广企业的产品和品牌的市场营销活动，是将产品与世博结合，把世博文化与品牌文化相融合以形成特有企业文化的一种战略。

■**案例：玫琳凯的世博整合营销**

玫琳凯（中国）在上海世博期间，制定了“一个核心”“四度方略”的世博营销战略。“一个核心”就是借助上海世博会的恢宏气势塑造自己的高端品牌形象；“四度方略”是指注重营销活动主题与上海世博会主题的吻合度、品牌形象的可视度、合理的时间跨越度和活动与受众的互动度。如“让世界聆听中国的声音——华夏方言征集令”活动，与“世界”“中国”高度关联；《城市，因女人而生动——女人的世界》系列专题报道，不但紧扣“城市”“世界”两大元素，更是与“城市，让生活更美好”的世博主题互为呼应。（来源：卜元行之的博客2010－09－22《上海世博会营销：中国直销主流化盛宴》）

8. 土地营销

土地营销就是在充分发挥土地市场功能的基础上，运用市场营销方法，对城市各种土地资源进行整合，把土地视为一种特殊“产品”而对其进行特殊的包装、推介和销售的过程。土地营销的目的是实现土地资源向土地资产的转变，从而最终实现中国土地资源的集约、高效和可持续利用。

■**案例：捷运（城铁）通车带动地价**

据中国台湾省有关通讯社报道，捷运（城铁）红线从小港机场到高雄县桥头，全长二十八公里，沿线经过的凹子底是高雄市的新兴发展区，重划工程才刚完工。高雄市尚有不少重划抵费地待价而沽，因捷运红线行经，加上巨蛋球场及汉神百货将启用的题材，预期地价会有上涨一两成。南高雄三多商圈是高雄市的“地王”，受到捷运与百货公司共构的加持，有餐饮业者表示每日营收已倍数成长。有关人员表示，如果投资三多商圈会比其他单纯住宅

区更有获利空间。(来源：网络《高雄都会区捷运红线通车 沿线房市看好地价炒热》)

9. 房地产营销（房地产市场营销）

房地产营销是指房地产商品进入流通领域内的，围绕销售而进行的营销策划、价格定位、广告策划等一系列活动。

■案例：碧桂园十里银滩微信看房团

2013 年 3 月 30 日，碧桂园全国首家启动了通过微信参加的碧桂园十里银滩“滨海踏浪一日游”大型看房团活动。客户通过扫二维码加关注、网上报名，就可以参加活动。一个月时间，就有 2.5 万人关注碧桂园十里银滩官方微信，报名人数逾万人，现场参加活动人数近五千人，创造了十里银滩雨中看房团活动的新奇迹。（来源：网络《碧桂园十里银滩微信看房团再创奇迹》)

房地产绿色营销是指房地产企业为谋求自身的可持续发展，在其营销活动过程中引入绿色生态观念，通过多种绿色营销途径来满足消费者对绿色住宅的需求，最终实现经济效益、社会效益与环境效益和消费者效益的统一。其实质就是绿色营销理论在房地产行业的实践运用。

■案例：万科森林公园

2013 年，合肥万科在森林公园规划地内推出了占地面积达到 6400 平方米巨型“二维码草坪”，扫描之后，将会听到一段来自森林、城市、公园等地方录制的自然声音。

2014 年，合肥万科在植树节前发起“你点一个赞，我种一棵树”的微信公益游戏类互动，并在线下组织环保志愿者走上街头，打出“要蓝天，不要雾霾”的环保公益口号，一边向市民普及雾霾的危害及防治措施等知识，一边号召市民扫二维码进入活动页面，为城市美好点赞。同时，合肥万科为旗下“森林公园”项目做出了信用背书，将建造 140 万平方米的森林公园。(来源：网络《合肥创新植树节营销：用微信种出一片森林》)

物业管理市场营销是指物业管理公司在拓展物业管理市场过程中所采取的各种方法、方式的活动过程，以达到销售服务产品的目的。其中涉及的个人、集体、公司、相关团体、政府机构、行政主管部门都是这个市场中的主客体。

物业管理服务营销是指物业管理企业为了满足业主的物业管理需求和实现企业目标，在不断变化的市场环境中，本着业主利益至上的服务宗旨，综合运用各种营销策略和手段，以期使业主满意的一系列整体经营活动。

■案例：湖南试点的“乐住智慧小区”

2014 年 10 月，长沙市雨花区首次试点于社会化运营的“乐住智慧小区”项目上搭建政务信息发布与办事功能，构建了集物业服务、便民服务、社会事务、公益活动的四大主体功能的社区服务平台。

社区居民可以通过安卓、360、苹果等主流移动互联网市场平台下载该APP 软件，享受到物业通知告示、报事报修、房屋租赁、物业缴费等物业服务，以及日常居家所需的快递、维修、干洗、家政、保姆、周边商业配套等便民服务。

同时，还可以在线办理生育证、就业/失业登记证等以及工商执照、食品流通许可证开具证明的预办理；基于卫星位置服务的社区治安联防、不文明现象曝光等，参与社区治理，打造安全、文明社区；志愿者服务、邻里互助、慈善捐助等平台；并可以进行社区低保、老年优待证等的办理，具有社区残疾人临时救助和社区法律援助等功能。同时，其还面向社区居民开放 400 - 8090 - 590 热线或平台投诉与建议通道。（来源：网络《“智慧社区”让小区物管更智能》）

10. 农产品营销

农产品营销就是指在农产品从生产者到消费者的转移过程中，生产经营者为了满足消费者需要，同时实现自身目标而采取的一系列创造性的活动。农产品市场营销活动贯穿于农产品生产和流通、交易的全过程。

■案例：“小农女送菜”

三个年轻有为的青年组成了小农女团队，聚在一起卖菜。选择的送菜地点目前主要在深圳科技园附近，他们提供的也是半成品（也就是净菜）。他们的微信用户可以在前一晚用微信预订，小农女团队会在早上5点采购菜品，并在下午3点多以前完成对食材的装配，通过自建物流完成下午4－6点的配送。而用户这边则可以在下班前收到送来办公室（或是家里）的新鲜菜品，到点回家就能做饭。（来源：网络《农产品微信营销案例》）

农产品国际营销是超越本国国界的农产品营销活动。世界上任何一个国家或地区的农产品市场，都可以看作世界农产品市场的一个组成部分。农产品国际市场是各国开展农产品贸易的空间平台。

■案例：农产品进出口额

据有关渠道公布数据，2014年1—12月我国农产品进出口额1945.0亿美元，同比增4.2%。其中，出口719.6亿美元，同比增6.1%；进口1225.4亿美元，同比增3.1%；贸易逆差505.8亿美元，同比减0.9%。

农资技术营销是以技术为导向为客户提供整套综合防治方案，站在技术工作的角度就是技术推广，站在经营者的角度就是产品技术营销。前者的目的是实现技术推广，而后者的目的是通过技术为导向销售产品。

■案例："中国搜农"

"中国搜农"是全球第一家最大的针对农村的中文搜索引擎，是面向农业企业、农民大户、农业专业技术协会以及广大农业科技人员提供专题搜索服务的垂直搜索引擎。其主要功能包括：农业技术、农业价格信息、农业供求信息搜索、农业新闻搜索、农业企业搜索等。（来源：网络《中国搜农》）

11. 暗市营销

暗市营销就是通过各种渠道使自己的产品与所进行的活动发生密切联系，使得品牌价值以及影响力都大大提升，并且借此建立起数据库以及潜在客户群。烟草行业把相对不受限制的市场称为"灯光市场"，而把高度管制的市场称为"黑暗市场"。

■**案例：R·J·雷诺公司的“骆驼牌”皮靴**

1975 年，美国第二大烟草企业 R·J·雷诺公司率先推出了“骆驼牌”皮靴，并大肆在报纸和杂志上刊登“骆驼牌”皮靴广告，而此广告的设计与骆驼牌香烟雷同。其后，菲利普·莫里斯公司为万宝路香烟开发了“Marlboro Classics”男性服饰系列，英美烟草公司为登喜路开发了“Alfred Dunhill”高级服饰系列。（来源：网络《暗市营销》）

反市场营销就是企业对诸如烟、酒等对消费者身心健康有害的产品或服务，采取提价、传播对健康的危害信息及减少可购买的机会或通过立法禁止销售等尽可能减少对消费者伤害的营销措施。

■**案例：卷烟箱包装体的相关规定**

《卷烟》系列国家标准（GB5606—2005）中规定：卷烟箱包装体上也应有与卷烟条、盒包装体上相同技术要求的“吸烟有害健康”的中文警句和焦油量、烟气烟碱量、一氧化碳量的中文标注。卷烟包装体上标注的焦油量不得超过 15 毫克。

12. 邮政服务营销

邮政服务营销是指邮政企业在国家政策指导下，面向市场和用户，根据市场需求，合理组织营销要素的运行，为用户提供各种优质高效的邮政服务，以满足社会不断增长的用邮需求，并使邮政自身得到正常运行和发展的一系列活动。

■**案例：瑞典邮政的打包业务**

一个来自斯德哥尔摩的 28 岁男子（Stefan），厌倦了自己使用的东西，把这些东西扔了吧，觉得可惜，又对环境产生影响，于是决定和别人交换他的这些东西；时间是在 12 月 1 号开始到 31 号结束。他选择在 Facebook 创建事件。为此，他开设了一网站，把他的想法。要交换的东西都写出来，包括房子、牙刷等，甚至情书……他的这个疯狂举动，受到了大家的质疑，新闻、博客等纷纷报道这件事情。

结果，他的这些旧东西被一换而空，总共1750件商品被换购。

因为要换购，必然需要一个邮件打包服务，这个时候瑞典邮政就不知不觉现身了。在社交网络、Blog中都会有人提出，“我想换购，那么我如何进行呢?”那Stefan就会教你如何去当地的邮政局进行邮件的打包，寄送服务（特意录制了一个视频）。在用户的互动中，大家都会提出相应的问题，并且都会有一些热心的人帮你解决，并且提出更好的邮件打包服务。Stefan的网站被浏览了400万次（瑞典人口是900万）。（来源：网络《瑞典邮件服务营销案例》）

13. 电力营销

电力营销是指在不断变化的电力市场中，以电力客户需求为中心，通过供用关系，使电力用户能够使用安全、可靠、合格、经济的电力商品，并得到周到、满意的服务。

电力服务营销是指电网（供电）企业以满足客户电力消费需求为目的，对扩展电能产品价值所采取的一系列的营销活动。

■案例：汉能走出国门

汉能通过与宜家集团合作在2013年成功进入宜家伦敦店后，2014年又进入到宜家荷兰哈勒姆店。该店由此成了荷兰境内第一家出售家用太阳能户用发电系统的卖场。

汉能将为当地消费者提供整套太阳能户用发电解决方案，包括定制咨询、安装以及全面质保服务。安装汉能户用发电系统可以节约荷兰消费者的电费，并展示他们的绿色环保理念。

汉能将为每一位顾客量身订制一份估价单，其中包含对他们年度能源节约以及投资回报的一份真实评估。店内的汉能太阳能顾问不仅会根据宜家顾客们的个人情况推荐最适宜他们的系统，而且会在系统维护和资金方面提供专业建议。（来源：网络《汉能深耕户用发电，国际国内齐头并进（组图）》）

14. 外贸营销（出口营销）

外贸营销是将传统的营销手段运用到外贸领域，并结合外贸的海外营销特殊性，形成的一套适合外贸企业运用的营销系统，目的在于将外贸企业的产品及企业信息传递到海外买家面前，帮助外贸企业实现自身产品及企业价值的最大化。

■案例：eBay 与万邑通加深战略合作

2014 年 11 月 18 日，在上海 eBay 与万邑通签署战略合作协议，双方将共同致力于建设为 eBay 卖家量身定制的全方位供应链服务体系。

万邑通的一站式跨境供应链解决方案将以海外仓为基础、以大数据为依托、以优化买家体验为核心，从而为 eBay 卖家提供涵盖国际海空运、海外仓管理和最后一公里派送的全套服务。在整个端到端的服务过程中，卖家不但可进行全程可视化追踪查询，还能享受到基于大数据分析的库存管理、业务拓展咨询等增值服务。（来源：网络《eBay 与万邑通加深战略合作，中国卖家将享受整合式供应链解决方案》）

15. 医院营销

医院营销是指医院为了满足健康需求者（患者、潜在患者）的需求，实现医院整体组织目标而进行的制订计划、将医疗技术与服务从医务工作者手中输送到健康需求者而进行的一系列必要活动。也就是说医院营销首先是医院以医疗消费需求为出发点，有计划地组织各种医疗经营活动，为健康需求者和利益相关者（通称为医疗顾客）提供满意的医疗技术及健康服务，实现医院整体目标的过程及一系列必要活动。

■案例：网络医院

2013 年 10 月，经卫生计生部门许可的全国首家网络医院——广东省网络医院正式上线。网络医院由广东省第二人民医院提供在线医务人员，由第三方搭建网络平台，在社区医疗中心、大型连锁药店等地建立网络就诊点。患者在网点通过视频通话直接和在线医生交流，完成求医问诊，医生根据病情开具处方后，患者在社区医疗中心或药店即可直接拿药，就近享受从诊断到

买药的一站式服务。（来源：网络《广东首家网络医院诊金将每次10元 处方平均约60元》）

社区卫生服务营销是指在以病人为中心、以消费者需求为导向的思想指导下，在适当的时间和地点，以合理的价格通过适宜的技术手段，把适当的产品和服务提供给适当的消费者的一系列经营活动。

■案例：老年人免费体检

2014年4月17日，回龙观社区卫生服务中心龙跃苑社区卫生服务站开展了“为65岁及以上的老年人提供免费体检”活动，凡符合条件的社区老人均可享受测血压、身高、体重、腰围、心肺听诊、血常规、尿常规、肝功能、肾功能、血糖、血脂、心电图等多项检查。（来源：网络《昌平区：关爱老人构建和谐社会》）

16. 药品市场营销

药品市场营销是指医药企业的一种市场经营活动，即企业从医疗需求出发，综合运用各种科学的市场经营策略，把药品和服务整体地销售给医疗机构与患者，尽可能满足他们的需求，并最终实现企业自身的生存和发展目标。

■案例：慢严舒柠复方青橄榄含片的微电影

桂龙药业以慢严舒柠复方青橄榄含片“绿标OTC，片剂，方便携带，口感温和不刺激，可迅速缓解咽喉不适”为卖点，以亚健康状态下的都市白领、以教师为代表的过度嗓职业人群、以网络生活为二次元的年轻人群作为目标消费者，推出《激情篇》《打车篇》《歌手篇》《打劫篇》《公车篇》《童话篇》等6部系列新、奇、趣、活的品牌微电影在爱奇艺播出，并赞助《大魔术师》，冠名《娱乐猛回头》，使微电影播放量达22.67亿次，百度搜索指数飙升至3413。（来源：网络《【慢严舒柠青橄榄含片】微电影营销荣获“2014年度营销成就奖”》）

医药品牌营销，就是为了建立、维护和传播医药品牌，树立品牌个性，加强品牌与目标受众的联系，进而对品牌进行计划、实施和监督的一系列营销工作。企业通过广告、促销、公关活动、媒体传播、事件营销、网络互动等营销手段，结合医药行业特色，产生对品牌的整体推动。

■案例：奥萨医药的“健康惠民工程”

奥萨医药投入 1 亿元研发出依那普利叶酸片新药，配合降压药可使近 70%—80% 的原本应发脑卒中（俗称“中风”）的病人不发病，也就是降低 70%—80% 脑卒中。

为此，奥萨医药与各城市共同打造防治脑卒中的“健康惠民工程”，为纳入管理的高血压患者提供依那普利叶酸片等国家基本药物政策优惠，由相关医疗机构临床医师根据患者具体病情，合理搭配，制订服药计划，努力使患者血压达标、稳定、可控。将高血压纳入医保慢性病管理，对 H 型高血压患者，加大规范管理工作力度，做好跟踪防控；对疑似脑卒中高危对象，及时安排干预治疗措施，尽最大努力降低发病可能。

奥萨药品 2013 年销售额是 1.3 亿元，2014 年上半年的销售量达到了去年全年的销售量，销售额大概有 1.4 亿元，预计全年达到 3 亿元。（来源：网络《奥萨医药开创创新药物的立体化营销模式》）

保健品营销是指保健品企业通过一定的商品交换形式，满足消费者的需求和欲望，获得企业利润而有计划地组织的综合性的经营销售活动。

■案例：东阿阿胶

明朝大医药家李时珍在《本草纲目》中说：“阿胶，本经上品，弘景曰：‘出东阿，故名阿胶’。”阿胶与人参、鹿茸并称“中药三宝”，是名贵中药，其补血健身的效果明显，有补血“圣药”之称，自北魏或更早以前即作为进贡朝廷的珍品。

东阿阿胶公司因技术垄断、阿胶文化和巧妙地利用药字号证明产品效果，健字号拓宽适用人群等策略，确保了东阿阿胶拥有国内市场份额高达 75%，出口量占 90% 的地位。（来源：网络《我国十大保健品营销经典案例》）

17. 文化产业营销

文化产业营销是指文化企业站在卖方的立场上，根据营销环境的变化，通过潜在交换为现实交换，满足消费者的需要，从而实现企业任务与目标所进行的与市场有关的一系列管理活动与业务活动的过程。

■**案例：《印象·刘三姐》**

2004年3月20日正式公演的《印象·刘三姐》是全球最大的集漓江山水、广西少数民族文化的“山水实景演出”。《印象·刘三姐》创作与排练历经5年零5个月；1.654平方公里水域、12座著名山峰、61位中外著名艺术家参与创作、109次修改演出方案、600多名演职人员参加演出。世界旅游组织官员看过演出后如是评价：“这是全世界看不到的演出，从地球上任何地方买张机票来看再飞回去都值得”。（来源：网络《印象·刘三姐》）

文化市场营销是指文化经营单位以文化消费者为中心，以满足文化消费者的心理、精神或知识需求为出发点，在市场调研和预测的基础上，以文化产品的创意策划、生产（服务）、定价和促销等为主要内容，通过向消费者提供优质的文化产品和服务，以达到满足消费者需求并完成组织目标的过程。

■**案例：CCTV－7《乡村大世界》**

CCTV－7《乡村大世界》栏目，为国家扶贫开发工作重点县开设免费广告时段。各重点县如有需求，可以自愿参加，自行制作并直接向CCTV－7乡村大世界全国扶贫开发工作重点县免费公告组报送广告并播出，而不收取任何费用。

《乡村大世界》陆续推出了由企业出资冠名的全国免费扶贫县广告、全国农产品应急销售广告、全国农民住宅义务设计、民生教育扶贫等多种形式的免费广告。

获得冠名权的企业如大红鹰、民生银行等免费在央视上做广告，既扩大了影响又提升了社会的美誉度。

投放广告的扶贫县企业，没花一分钱，通过央视的平台实现了创收。据2006年统计，通过免费扶贫县广告，帮助扶贫县卖出农产品超过100亿公斤。

《乡村大世界》栏目，不用在为拉广告而奔波，从而提升了栏目自身影响力。据CTR调查，《乡村大世界》每月收视1.2亿人次，其中经常收看的观众近千万人，特别喜爱的忠实观众近800万人。（来源：网络《两个1P理论的经典案例》）

图书营销是指图书出版行业针对图书这一特定商品，以达成市场交换为目的而进行的一系列经营运作的商务活动过程。

■案例：《皮皮鲁总动员》的系统营销

2006 年郑渊洁作品“转会”二十一世纪出版社以后，该社举办“皮皮鲁 25 周岁生日庆典”，邀请“皮皮鲁之父”郑渊洁亲临现场，与广大读者、粉丝零距离接触；策动“皮皮鲁阅读总动员：我阅读，我快乐，我想象，我写作”活动。该社邀请郑渊洁分别在上海、北京、江苏等省市进行签售，与全国各地的几十万名小读者面对面接触，开展“零距离营销”；成立“皮皮鲁俱乐部”，只要读者购买该社出版的《皮皮鲁总动员》系列书的任何一本，就可以成为“皮皮鲁俱乐部”的星会员。该社主动利用郑渊洁点击量逾两千万的中国排名第 10 位的博客宣传《皮皮鲁总动员》。这套书的页面长期置于郑渊洁新浪博客的首页广告栏，给读者造成视觉认同感。该社还利用郑渊洁主持多档电视节目的优势，通过电视媒体为《皮皮鲁总动员》造势，例如郑渊洁出任央视《联合对抗》节目嘉宾，赠给选手的礼物都是《皮皮鲁总动员》。通过这些营销使得这套常销书成了当时的超级畅销书。（来源：王老师的博客 2011 -05 -08《图书营销经典案例》）

媒介营销是指媒体组织在媒介市场或组织内部所采取的各种有利于消费者接受媒介产品或服务的行动。例如，向消费者提供想要的产品或服务，并帮助消费者理解产品与自身利益的关系及方便购买的途径、提供完善的售后服务等。

媒介整合营销是综合系统科学、管理学、经济学、营销学、传播学、广告学和公共关系学所提出的一个概念，属于传媒市场营销管理学范畴，指传媒市场主体即媒介企业通过自身的价值理念和内部管理机制，充分挖掘并利用各种内部和外部资源，综合运用多种营销手段，向市场（受众）传递本企业或产品的完整、鲜明、连贯信息，与市场（受众）建立长期、稳定、良好关系，实现营销效益最大化的管理活动和管理过程。

■案例：安徽卫视《甄嬛传》营销的全频道整合出击

2012 年，安徽卫视在推出《甄嬛传》时，采取全频道整合出击方式进行营销。如全频道字幕、角标、落版……乃至整个包装体系，所有新闻资讯栏目全程参与报道，重点品牌栏目专访植入，挖掘台前幕后信息，披露鲜为人知的爆料，再现拍摄情景，设计轻松游戏环节展示剧星亲和力。《甄嬛传》播出期间地面频道策划了大量主题报道，妙趣横生，别出心裁，例如《后宫里的“妻管严”们》《甄嬛养生小常识》《“妃”生活揭秘》等。（来源：网络《全媒体整合营销——以安徽卫视为例谈省级卫视大剧营销新趋势》）

跨媒介营销是指用其他形式（尤其是借助于多种媒体）的推广策略来包装产品。常见的形式包括因特网、电邮、广播或其他任何大众媒介。

■案例：361°NFO 跑鞋的多屏互动

将推广融入消费者可参与的体验中，361°在其 NFO 跑鞋中尝试：整合 PC、手机、iPad 三终端跨屏联动。

为更精准找到受众，361°合作方利用去重及频次控制技术，整合 20 多家体育媒体、100 多个 APP，结合大数据，定向挖掘影视爱好者、音乐达人、网游玩家、体育迷等人群标签并优先投放广告。（来源：网络《【Wow！之评委说】这是我眼中 2013 年新媒体营销的五个黄金案例》）

18. 汽车营销

汽车营销指进行汽车市场调研、分析与竞争研究，为企业生产经营决策提供咨询，并可进行汽车产品营销策划。

■案例：MINI 的《城市微旅行》

MINI PACEMAN 在中国上市之际推出了纪录短片《城市微旅行》，以作家冯唐、“绿茶餐厅”创始人路妍、《外滩画报》编辑文林为主人公，描述在北京古旧的胡同、在上海繁华的街景、在杭州静谧的西湖等进行“从城市中重新发现”。3 月 16 日，MINI PACEMAN 在上海举行发布会，每周发布一篇城市微旅行故事，持续到年终共计三十九篇，展现二十四座城市的微旅行。（来源：网络《城市微旅行》）

汽车数据库营销是通过客户信息数据库的建立、管理、分析和挖掘、客户细分，帮助企业甄选优质的目标客户群，使营销活动更加直接和精确。它适应了车企满足不同顾客的不同需求的现实状况，达成车企获得、保持和增加客户的目标。

■案例：奔驰新“M”级越野车的数据库营销

在新“M”级越野车投放美国市场前，梅塞德斯美国公司收集了目前越野车和奔驰车拥有者的详细信息，将它们输入数据库。接着，他们根据数据库的名单，发送了一系列信件。首先是梅塞德斯美国公司总裁亲笔签署的信。大意是，“我们梅赛德斯公司正在设计一款全新的越野车，我想知道您是否愿意助我们一臂之力。”该信得到了积极的回复。每位回信者均收到了一系列反馈问卷，问卷就设计问题征询意见。

有趣的是，在收到反馈问卷的同时，梅塞德斯公司不断地收到该车的预约订单。客户感觉梅塞德斯在为他们定做越野车。结果，梅塞德斯原定于第一年销售35000 辆的目标仅靠预售就完成了。公司原计划投入7000 万美元营销费用，通过数据库营销策略的实施，将预算费用减至4800 万美元，节省了2200 万美元。（来源：网络《数据库营销案例：帮助跨国汽车巨头掘金中国市场》）

汽车大数据营销是通过数字化手段将汽车行业的业务流数据化，产生业务节点和客户信息的大量数据，通过业务模型进行分析评价，从而优化业务流程和客户体验的营销方式。

■案例：大众途观的广告投递

大众美国地区的营销副总裁 Kevin Mayer 表示“如果一名消费者先是在 Edmunds 了解 RAV4，之后去 Sports Illustrated，我们可以对此加以跟踪，并且在 Sports Illustrated 上投递一则大众途观的广告让消费者看到。”

消费者对 RAV4 的购买兴趣和在线调研在丰田的超级碗广告播出后急剧上涨。大众抓住了这个契机，针对 RAV4 的潜在客户，大力宣传旗下的竞争车型途观。而此次的追踪营销方式已经生效，今年二月份途观的销量相较于一月份增加了20%，不少 RAV4 的目标客户都因为观看了大众投递的广告转而购买途观。

大众和其他的不少汽车品牌追踪网民的在线浏览轨迹，更有针对性地捕捉潜在消费者、投放广告。（来源：网络《借力大数据分析 汽车营销有的放

矢》)

19. 服装品牌营销

服装品牌营销是指以消费者提供的价值为核心的综合营销活动，是为了创造出受消费者支持的价值，踏踏实实地做好服装品牌的基本设计，并将其自始至终贯彻到做出评价的一系列活动。

■案例：New Balance 社交平台营销

New Balance 是唯一在美国拥有专属工厂的国际化运动品牌，其中五个在美国，两个在欧洲。

New Balance 不与运动明星签约。因为适合明星的鞋，不一定适合大部分的消费者穿着。

过去几年里，New Balance 一直针对年轻受众群体进行植入式营销，如《致美丽的你》《秘密花园》《来自星星的你》等热门韩剧中的男女主角都会穿上一双 New Balance 的鞋。

2014 年 8 月，马拉松赛事带来的跑步风潮席卷全国。借此之机，为了推广 New Balance 英美原产系列而拍摄的短片《致匠心》的片子在各大社交平台刷了屏。根据视频网站的后台数据统计，这条片子一个月内完整观看的次数达到了 130 万次。这把差点在中国市场销声匿迹的 New Balance 品牌再次推到了公众的视线中，不仅如此，借助此次营销的这把火，New Balance 还开启了在中国市场的全面复兴之旅。（来源：网络《2014 年服装品牌营销案例盘点营销模式到底哪家强?》)

服装定制营销是指充分了解消费者需求差异、消费潜力、购买习惯和态度等因素的情况下，根据不同的标准将消费者分为若干类，为每一个目标市场提供适销对路的产品和服务，同时运用先进营销策划和网络技术使营销活动顺利完成。

■案例："Kevin Kelly" 的生活方式服务店

"Kevin Kelly" 源自欧洲的高级男士成衣服务中心，专为成功男士提供全方位个性化服务的顶尖级正装品牌，酒吧式文化氛围、保姆式终身免费保养洗涤、助理式专业着装方案设计、个性化高级定制服务。生活方式服务店的概念，给现代成功男人无微不至的关怀。创立于2003年的Kevin Kelly品牌，目前在北京拥有四家单店面积超过200平方米的成衣服务中心，月销售额百余万。（来源：网络《服装定制营销》）

20. 餐饮营销

餐饮营销是指餐饮经营者为了使顾客满意或招徕更多的宾客，并实现餐饮经营目标而展开的一系列有计划、有组织的活动。它是一个完整的过程，而不是一些零碎的推销活动。

■案例：海底捞火锅——每日微信预订100万

首先，创意活动，你一关注海底捞火锅的微信，就会收到一条关于发送图片可以在海底捞门店等位区现场免费制作打印美图照片的消息。其次，自助服务，通过微信可实现预订座位、送餐上门甚至可以去商城选购底料，你想要外卖简单输入送货信息，就可以坐等美食送到嘴边！当然，其设计的菜品图案也是看着就有流口水的欲望，最后加上线下优质的服务配合，同时享受“微信价”。海底捞每日通过微信预订量高达100万。（来源：胡萍微信营销的博客2014－06－18《2014微信营销十大成功案例分析总结（包含酒店、餐饮、图书、商场等）》）

21. 律师营销

律师营销是借鉴而来的新概念，指的是律师如何找市场，如何根据市场的需求拓展及开辟新的业务。通俗地来说，就是指律师业务的拓展，即律师如何经营推销自己。

律师营销是一种有组织的宣传，以便直接或者间接地帮助销售法律服务。其目的是说服需要法律服务的个人和机构组织选择法律服务的提供者。

罗伯特·丹尼认为：“法律服务的市场营销是通过服务客户的需要和要求，对所有涉及营利性地提高事务所的生意水平的活动的有效执行。”律师的营销分为：隐性的律师营销和显性的律师营销。

隐性的律师营销是指律师不是向外界采用攻击性的“大声广播”来推销

自己，而是通过自己平时的语言、行为，专业能力、做人、品德、服务的态度、风格来赢得口碑，是一种潜移默化的方式。

■案例：代驾

昨晚和老赵找了个代驾开车，司机衣着得体谈吐不凡，问他开一趟挣多少，他说挣30元，问他白天干什么，他递过一张名片，是一律所的律师兼办公室主任，大惊，问他为什么干代驾，他说找代驾的都是有身份的人，可以结识一些客户，问他主要代理哪方面的官司，答：交通事故、纠纷、理赔。昨晚他又多了两个客户！（来源：网络《律师经典营销案例》）

显性的律师营销是指律师主动出击，利用电视广播媒体、报纸、网络等攻击性方式去推销自己，争取案源，希望达到立竿见影效果的营销方式。这也是最传统的营销方式，也是目前业界比较喜欢采用的营销方式。

■案例：青泉律师事务所网站

网站策划从多方面内容进行展示，从青泉律师事务所的实力、以往的案例、客户见证等多方面进行了详细的展示说明，从公信力方面非常到位，让客户进来网站就对青泉律师事务所产生信任，为成交打下了良好的基础，同时网站里面在最佳的位置放置了咨询探头，访客可随时点击进行更加深入的了解。（来源：网络《青泉律师事务所营销型网站案例展示》）

22. 校园营销

校园营销（campus marketing）是主要指针对大学生这一细分群体进行的市场营销活动。校园营销就是企业通过采用针对校园市场的营销手段．在学校推广校园群体适用产品的一种营销方式。

■案例：“李宁三对三 不服就单挑”校园篮球赛

2004年，李宁公司隆重地推出了其专业的篮球运动装备，市场重点锁定在“学生”这一特殊消费群体身上。为此，李宁公司选择了组织和赞助篮球比赛，举办“李宁三对三 不服就单挑”校园篮球赛。

赛事一推出，就得到了学生们的极大欢迎。战火燃遍了北京、上海、广州、天津、哈尔滨、南京、杭州、成都、武汉等全国九大城市，转战了36所高校，辐射120所高校，共有2536支参赛队伍、万余名大学生，进行了超过5300场的比赛。（来源：网络《篮球文化新主张——李宁三对三不服就单挑》）

第十二篇　按网络营销方式命名的营销策略

1969 年，美国军方创建了阿帕网（ARPANET）1983 年，美国国防部将阿帕网分为军网和民网两部分，民网渐渐扩大为今天的 Internet（互联网），成为一个能够相互交流、相互沟通、相互参与的互动平台，正式进入人们的工作与生活中。20 世纪 90 年代，万维网系统的开发成功和 Netscape 公司研发出的“航海者”浏览器推动了互联网的商业化进程，并且进化为企业不可或缺的营销工具。

1994 年 4 月 12 日，美国的亚利桑那州两位从事移民签证咨询服务的律师夫妻把一封“绿卡抽奖”的广告信发到每一个他们可以发现的新闻组。他们花费了 20 美元的上网通信费，吸引来 25000 个客户，赚了十万美元。半年多时间以后，网络广告正式诞生。十五个月以后全球著名的亚马逊网上商店成立。网络营销模式正式登上历史舞台，成为今天不可或缺的营销策略。

网络营销按不同标准可以有不同的分类，这里不做细分，只将其分为网络营销和电子商务两部分。

一、网络营销

1. 数字营销

数字营销是使用数字传播渠道来推广产品和服务的实践活动，从而以一种及时、相关、定制化和节省成本的方式与消费者进行沟通。数字营销包含了很多互联网营销（网络营销）中的技术与实践，但它的范围要更加广泛，还包括了很多其他不需要互联网的沟通渠道。因此，数字营销的领域就涵盖了一整套元素，如：手机，短信/彩信，显示/横幅广告以及数字户外广告等。

2. 数码营销

数码营销就是以移动互联网和公共互联网为信息交换平台，企业通过数码软件系统的构建，实现企业、分销商、供应商和消费者通过手提电话、电话、电脑、移动电脑进行及时的沟通物流信息和交换，达到企业进行产品防伪、客户回访、市场调查、电子商务、物流配送、信息反馈、营销决策的全程快捷、高速、准确的目的。

■案例：海尔水盒子的交互营销

针对消费者对用水安全的需求，日日顺净水商城（shui. rrs. com）通过与30000 个用户深度交互，并基于160 万个全国小区及乡村用户水质数据研发出国内首款家庭健康饮水智能终端——水盒子。在净水机上装上水盒子后，用户通过 APP 软件，不仅可以查询到自家小区水质，还可以直接在智能手机上远程操控，实时监测家中水质变化，精准显示净水机滤芯寿命。

同时，日日顺净水商城（shui. rrs. com）以用户为中心构筑起的价值交互平台，通过线上商城和线下体验店的结合，不仅可以针对不同水质、体质以及个性化需求进行净水方案的定制，而且凭借自身在线下的优势资源形成了虚实融合的集“销售、配送、安装、售后”于一体的 O2O 服务平台，让用户真正无忧选购。（来源：网络《海尔水盒子营销喜获“2014 最佳数字营销案例”》）

3. 协同数字营销

协同数字营销就是有效整合以数字方式计算的一种新型商业营销模式。其是应用数字化工具（CPS 系统、互联网络、电脑通信技术、数字交媒体）来协同社会多方资源，实现多方共赢结果的平台。

协同数字营销是一种全新的营销模式，与传统的电子商务相比，其服务领域扩展到从产品的设计、开发、制造，到销售、市场、售后的全过程数字化营销服务。

协同商务的概念是 1999 年由 Gartner Group 公司提出来的。其理念就是企业充分利用以 Internet 等为特征的新兴技术为实现手段，增强企业与企业之间的全方位协作能力，通过激活企业的隐性资产，实现企业知识网络的正反馈而获得协同效应，从而创建企业持续的竞争优势。协同商务与传统电子商务的不同之处在于，协同商务强调从产品的设计、开发、制造，到销售、市场，乃至售后，都提供电子协作的能力。

基于协同商务的数字化营销就是结合现代企业的供应链管理、营销管理、客户关系管理、信息门户以及数据库等提出一种全新营销模式。它打破产品设计人员、生产制造人员、销售人员、消费者之间的沟通障碍，从而最大可能地获得相关人员思维的合作和协同，使企业能最大限度地利用好通过数字化营销所获得的市场信息，从而使产品的设计更加柔性，更加贴近消费者，从而也使企业获得新的核心竞争能力。

■案例：互联网正在撬动汽车变革

拉斯维加斯举办的CES是全球最大的消费电子产品展会，而近年来汽车企业参展的热情高涨，使得CES逐渐的车展化。

这一幕说明，迅猛发展的互联网技术已经向汽车领域渗透，不断扩展的互联功能让汽车看上去更像是奔跑在公路上的计算机终端。互联互通正在为汽车工业打开一扇新的大门。与此同时，互联网企业，也开始大步进入这一传统工业领域：苹果进入车载互联领域、谷歌推出无人驾驶汽车技术、阿里巴巴进军汽车行业、百度效法谷歌启动无人驾驶研究、乐视网有意联手汽车企业开发新型互联网汽车……而互联网的浪潮也让IT技术与汽车的结合更加紧密。

业界人士表示，互联网公司的进入会重塑汽车产品。互联网公司的信息处理能力、产品创新能力、营销能力与车厂的制造能力相结合，给汽车行业带来深远的影响。（来源：网络《互联网VS汽车业 谁动了谁的奶酪？(1)》）

4. 网络营销（互联网营销、网上营销、企业网络营销、线上营销、电子营销、在线营销、网站营销、网路行销、E营销、web营销）

网络营销就是以国际互联网络为基础，利用数字化的信息和网络媒体的交互性来辅助营销目标实现的一种新型的市场营销方式。简单地说，网络营销就是以互联网为主要手段进行的，为达到一定营销目的的营销活动。

web1.0时代，常用的网络营销有：搜索引擎营销、电子邮件营销、即时通讯营销、BBS营销、病毒式营销。

web2.0时代，网络营销方式有：博客营销、播客营销、RSS营销、SN营销、创意广告营销、口碑营销、体验营销、趣味营销、知识营销、整合营销、事件营销。

5. 搜索引擎营销 SEM（搜索营销、搜索引擎推广）

搜索引擎营销是英文 Search Engine Marketing 的翻译，简称为 SEM，也称搜索营销、搜索引擎推广，就是基于搜索引擎平台的网络营销，利用人们对搜索引擎的依赖和使用习惯，在人们检索信息的时候尽可能将营销信息传递给目标客户。

搜索引擎营销主要实现方法包括：竞价排名、分类目录登录、搜索引擎登录、付费搜索引擎广告、关键词广告、TMTW 来电付费广告、搜索引擎优化（搜索引擎自然排名）、地址栏搜索、网站链接策略等。

6. 搜索引擎优化 SEO

搜索引擎优化是通过对网站结构（内部链接结构、网站物理结构、网站逻辑结构）、高质量的网站主题内容、丰富而有价值的相关性外部链接进行优化而使网站为用户及搜索引擎更加友好，以获得在搜索引擎上的优势排名为网站引入流量。

■案例：美联的优化

美国联合航空公司通过调研获知，有 65% 的消费者在做出旅行决定前，会进行至少 3 次的搜索，有 29% 的消费者会进行 5 次以上的搜索。而用户关注的信息主要体现在：价格、服务和关于航空公司的详细信息。因此，美联在 2007 年第一季度期间，针对三个层面的信息，分别对关键词的选择以及结果的呈现方式做了优化，在消费者形成机票购买决策前就与之充分互动，将消费者最想预先知晓的机票信息做最有效的传达，在广告预算没有增长的情况下，搜索营销产生的销售业绩增长超过两倍。（来源：网络 2010 - 11 - 9 李璐《搜索引擎营销成功案例（二）》）

7. 点击付费广告 PPC（搜索引擎广告）

点击付费广告英文为 Pay Per Click，简称 PPC，也称搜索引擎广告，就是付费给搜索引擎，在用户搜索某关键词的时候，搜索引擎把你的网页作为赞助商链接排到顶部或者右侧。各大门户网站（如搜狐、新浪）和搜索引擎

(Google 和百度）等各类浏览量较大的网站都提供 PPC 营销模式。具体付费基本都是按效果进行。

8. 网络效果营销

网络效果营销是指企业按照网络营销的实际效果来支付推广费用，是网络营销的一种。营销效果通常用销售额、引导数、行动和点击数等指标来表示，这些可统计的指标就是企业付费的依据。主要有：

CPC，即按照点击广告或链接的次数来支付广告费的计费方式，这种方式在付费搜索中使用比较普遍。

CPL，即按照点击广告或链接而成功引导用户到达指定页面的数量来支付广告费的计费方式。

CPA，即按照成功引导用户到达指定页面后进行留言、注册和下载等行动的数量来支付广告费的计费方式。

CPS，即按照销售业绩支付广告费的计费方式。这种方式下，广告主和代理商根据引导用户到达指定页面所产生购买行为的用户数或购买金额按一定比例进行分成。

■案例：凡客诚品的 PPC

网络广告投放。在主要门户和专业网站，都可以看到凡客诚品大量的广告投放和链接，引导消费者到凡客的网上销售平台去，为打造 VANCL 的品牌、宣传 VANCL 的文化也起到举足轻重的作用。

网络：迅雷、新浪、雅虎、腾讯、凤凰网、便宜网…

平媒：DM、报纸、读者…

搜索引擎广告。凡客诚品在百度和 google 都做了竞价，搜索排名都是第一位。

网络广告联盟。凡客诚品在多家网络广告联盟上投放 CPS 广告。CPS 是指的按销售提成广告费用，许多个人站长在网站上投放了他们的广告。

网站销售联盟。他们成立了自己的网站联盟，让广大站长和店长加入，根据销售额进行提成。这个形式也是属于 CPS。（来源：网络 2012－5－2 罗琼《凡客诚品的营销模式》）

9. 联盟营销（网络联盟营销、联属网络营销）

联盟营销其实是一种按营销效果付费的网络营销方式，即商家（又称广告主，在网上销售或宣传自己产品和服务的厂商）利用专业联盟营销机构（如百通联盟平台）提供的网站联盟服务拓展其线上及线下业务，扩大销售空间和销售渠道，按照营销实际效果支付费用的新型网络营销模式。

消费联盟是指某个营销主体以自愿入会的方式吸纳消费者加盟消费，取得该主体及其行销网络（结盟企业）的消费资格，营销主体将消费者在其行销网络中的累计消费金额换算成消费积分，然后根据消费者积分的多少，按一定比例给予消费者回报的一种营销方式。

营销联盟从战略的角度来考虑企业市场运作模式，考虑了企业内部的、外部的资源。其被定义为，企业为了更好地向市场提供顾客解决方案而共同进行产品生产、销售、定价、传播等活动，旨在为企业提供一种不但能降低市场营销的成本，更重要的是为企业提供一种获得新市场的战略模式。其形式可以根据营销的基本要素分为以下几种：产品服务联盟、营销经济联盟、价格联盟、促销联盟、渠道联盟，以及几种联盟的组合。

■案例：空中客车的“主人”

欧洲空中客车是世界飞机制造业第二大品牌，但它的产品不是一家企业生产的，它是由德国、法国、英国、荷兰和西班牙5个国家共同生产的，并且每个国家占有的份额不同，德国有39%的股份，其他4国占有的股份与德国相比则相对较少。占有股份的多少是根据各成员的能力水平、业务专长，在企业中承担开发的飞机技术，在产品的生产过程中承担任务的重要程度按比例大小来决定的。虽然5国各自占有的股份不一样，但是空中客车毕竟是5方联合的一种知识联盟。大家互相需要，缺一不可。（来源：网络《战略联盟成功案例》）

10. 电子邮件营销 EDM

电子邮件营销（Email Direct Marketing），简称为EDM，也可称为邮件列表营销或E-mail营销，是在用户事先许可的前提下，通过电子邮件的方式向目标用户传递价值信息的一种网络营销手段。

■案例：优衣库的 EDM 营销

2009 年，优衣库量身订制了电子邮件营销的解决方案，通过发送电子邮件邀请函，将对优衣库感兴趣的淘宝会员，转化为优衣库的活跃用户。定期向新老会员发送电邮杂志，开展 EDM 营销，定期向客户推荐新产品，提高客户的品牌忠诚度。经过半年的 EDM 运营，优衣库的活跃用户增长近 70%，电子邮件营销渠道产生了约 20% 的销售额。电子邮件成为优衣库重要的网络营销渠道。（来源：爱的代价的博客 2011－05－13《优衣库电子邮件营销案例分析》）

11. 即时通讯营销（IM 营销）

即时通讯营销（InstantMessaging），又叫 IM 营销，是企业通过即时通信工具 IM 帮助企业推广产品和品牌的一种手段。

即时通讯（Instant Message，简称 IM），是指互联网上用以进行实时通讯的系统服务，其允许多人使用即时通信软件实时传递文字信息、文档、语音以及视频等信息流。

■案例：耐克的“爱运动，即使它伤了你的心”

2012 年 8 月 7 日，刘翔因伤折翼伦敦奥运会。耐克在 8 月 19 日，向全国各大报纸推出“爱运动，即使它伤了你的心”公关广告。

广告依然使用了刘翔的大幅照片，却不再选用其过往奔跑的形象，采用仅是刘翔的平静的面孔及这样一句广告语：“爱比赛，爱拼上所有的尊严，爱把它再赢回来，爱付出一切。爱荣耀，爱挫折，爱运动，即使它伤了你的心”，以求淡化刘翔退赛所带来的风险和公众压力。

耐克在其后借助了腾讯强大的 QQ 受众人群，通过即时通讯工具进行传播。一个星期之内，仅直接参与“QQ 爱墙祝福刘翔”的人数就达到了两万人，页面浏览量超过 37 万。（来源：网络《网络营销 18：即时通讯营销（IM 营销）定义以及耐克“爱挫折、爱刘翔”整合 TM 营销案例》）

12. BBS 营销（论坛营销）

BBS 营销就是利用论坛这种网络交流的平台，通过文字、图片、视频等方式发布企业的产品和服务的信息，从而让目标客户更加深刻地了解企业的产品和服务，最终达到企业宣传企业的品牌、加深市场认知度的网络营销活动。

■案例：三星公司的 U608 手机

2007 年 6 月，三星公司策划了“超炫三星 U608 全图详解”“新机谍报绝对真实三星新机 U608 抢先曝光”两篇图文并茂的新品曝光的文章，然后在意见领袖密集的热门手机类论坛上进行投放，吸引网友参与到 U608 手机的话题讨论中来。随着话题活动的升温，策划的话题文章被大量转载。执行人员根据社区网友的互动和反馈，进行有针对性的话题引导，保持和意见领袖的沟通，让话题更进一步地深入影响下去，同时对负面话题进行监控，及时进行危机公关。

三星 U608 在为期两个月的社区论坛口碑营销中，两个帖子的总点击次数达到了近 60000 次，回复近 800 次。（来源：网络《三星手机社区营销案例的启示》）

13. 口碑营销

口碑营销是指企业在调查市场需求的情况下，为消费者提供需要的产品和服务，同时制定一定的口碑推广计划，让消费者自动传播公司产品和服务的良好评价，从而让人们了解产品、树立品牌、加强市场认知度，最终达到企业销售产品和提供服务的目的。

■案例：美国比萨店“Flying Pie”的“It’s Your Day”

“Flying Pie”在网上开展了“It’s Your Day”活动，每天喊出一个“名字”，如 2 月 16 日是“Ross”，2 月 19 日是“Joey”，他们邀请五位叫这个名字的幸运民众，让他们当天下午 2 点到 4 点或晚上 8 点到 10 点，来他们的厨房制作自己免费的比萨，还拍一张照片发到网上。

接下来，Flying Pie 在网站上会每周公布新一周的名字，使人常常回来看这个列表。如果你看到你朋友的名字，欢迎告诉他，然后叫他过来。

新的名字是由 Flying Pie 请每个来参加过的人提供名字，并且投票。他们会把这个票数当参考决定下一周的幸运名字。这样的做法是希望这些参加者们能邀请到更多的朋友过来。他们甚至让参加者回报当初介绍他来参加的那个看到网站的人。一个同事或朋友告诉你，你的名字在上面，你就过来了。接下来，你再告诉他你的朋友可能叫上面的名字，他们知道你也会回到这个网站，买回来以后看到自己朋友的名字也去找来这个朋友。这样一来，这个人群就会越来越大，新的客户不断会产生。

更有趣的是，美国的一位专栏作家还将这个案例实地调查了一下。这位作者当初是从他朋友那里知道Flying Pie 比萨店的。他先收到一封信，通知他这家比萨店将在几月几日办“Armando 日”，这个作者的名字正是 Armando。这位作者先是非常惊讶这家比萨店的存在，还打电话给寄信给他的朋友，这位朋友说她吃过这家比萨，还不错的，而且还承认每天都会去检查还有哪些新名字，每天的名字都会让她想起某几位这个名字的朋友。她每天也养成习惯寄信给这些朋友，通知他们“Flying Pie 提到你的名字喽”！

这位作家还说，他问了这么多人，竟然找不到一个人真的有得到那个免费的比萨。换句话说，看起来 Flying Pie 每天只让五个人来参加免费比萨活动，其实大家都很忙，来的人并不多；即使这些人不来，其实也并无损这些人们四处帮忙传播“Flying Pie”。（来源：网络《不可不读的经典口碑营销案例》）

14. 病毒营销（病毒式营销、病毒性营销）

病毒营销是通过利用公众的积极性和人际网络，让营销信息像病毒一样传播和扩散。营销信息被快速复制传向数以万计、数以百万计的受众。

病毒式营销是一种网络营销方法（常用作网站推广的手段），即通过提供有价值的信息和服务，利用用户之间的主动传播来实现网络营销信息传递的目的。病毒式营销同时也是一种网络营销思想，其背后的含义是如何充分利用外部网络资源（尤其是免费资源）扩大网络营销信息传递渠道。

病毒营销是由欧莱礼媒体公司（O'Reilly Media）总裁兼 CEO 提姆·奥莱理（Tim O'Reilly）提出。他是美国 IT 业界公认的传奇式人物，是开放源码概念的缔造者。他采用病毒营销的方式，也就是说，一些推介会直接从一位用户传播到另外一位用户。一位用户对另一人传递的讯息，很可能是直接、个人、可信，而且有意义的。这类传播——用户间彼此之间的接触，过去称为“口碑营销”（word - of - mouth communication），现在则称为“耳语”（buzz）。

以策略观点思考耳语的动机，起源于艾利朗·卡茨（Elihu Karz）和保罗·拉沙非（Paul Lazarfeld）将近五十年前的作品。他们在著作《个人影响》（Personal Influence）一书中，比较消费者（或称用户）对消费者接触的力量，与其他形式的大众传播，并假设该过程透过一种两级流动（two - stepflow）运作。某个人被视为有影响力，吸收资讯并将其传给他们接触过的人，重点是影响人物的影响力，来自他们与社群和其他人的关系。除此之外，这些人较难接受或吸收资讯。

■案例：7 - 11 的思乐冰统一之旅

在美国中期选举中，奥巴马指责共和党的不作为时说，美国经济像是开进沟的车，当民主党辛勤流汗、努力想把车拖出来时，“共和党人却在冷眼旁观，喝思乐冰”。选举结束后，心情稍微好转的奥巴马开玩笑说，将在白宫为即将到来的共和党发言人约翰·博纳（John Boehner）举行“思乐冰峰会”。

7 - 11 便利店抓住这个机会，动用他们所有的市场营销力量，巧妙地把奥巴马变成了他们最有名的产品代言人。这个便利店企业与广告代理商 FreshWorks 合作，一起创造了“思乐冰统一之旅（Slurpee Unity Tour）”。他们设计了一个广告牌，上面画着一头代表民主党的大象和一头代表共和党的驴子，大象和驴子共同分享一杯思乐冰（象征两党和解）。他们将广告牌放在一辆卡车上，并让这辆卡车走遍全美，进行宣传并为人们提供试饮。（来源：网络《十大成功病毒营销案例解析》）

15. 博客营销

博客营销（Blog Marketing），就是利用博客这种网络应用形式开展网络营销。

博客，英文 Blog 的音译。博客的主人将自己的文章放在网上供人访问阅读，而访问者也可以发表评论以表达自己的观点。这种交互式的方式让有着相同兴趣爱好的人在网络空间里聚在了一起。博客同时又被称为网络日志。

■案例：爱力沙与“42 圣月亮”

爱力沙是一个美国女孩，也是一个热情的博客写手。2004 年 9 月，她开始为当地的一个叫“42 圣月亮”的小剧场写第三方博客，使这个小剧场受益匪浅。

爱力沙的博客内容是张贴小剧场的演出海报，写观众喜欢看的幕后花絮，提供有折扣优惠的戏票，帮助剧场了解戏迷们的意见……除此之外，博客里面还有对世界名剧《绝望的主妇》的评论，有小剧场的演出告示，有戏剧节需要义工的消息等内容。

爱力沙博客中最吸引人的内容是她的《博客独家采访》，主要是对正在演出中的戏剧的编剧、导演、主要演员的采访。这些采访生动活泼，是观众在演出前后很希望了解的一道甜点。

现在，美国有许多像爱力沙这样的为小剧场服务的第三方博客。这样的博客互相链接，形成了一道独特的风景线，它们吸引了大量的戏剧迷爱好者，也更好地推广了戏剧节目。（来源：网络《博客营销经典案例分析》）

16. 播客营销

播客营销（Blog Marketing），就是利用播客这种网络应用形式开展网络营销。播客是以视频或音频为主要内容的博客。

■案例：“超级星播客”

由英特尔与腾讯共同构思并打造的“超级星播客”节目，于 2012 年 7 月 27 日伦敦奥运会开幕式正式播出至 8 月 12 日奥运结束，特邀专家董璐、名嘴孟非，全程陪微信用户走完这短暂而又漫长的 17 天，麻辣评述奥运话题，犀利解说奥运热点，每天三个时段，第一时间与用户实现端对端的互动。腾讯微信用户只需通过手机摄像头扫描页面中的二维码，或添加微信用户“超级星播客”即可收听该节目，第一时间分享伦敦奥运火热的运动激情。（来源：网络《添加“超级星播客”听孟非微信解读奥运热点》）

17. RSS 营销

RSS 营销是指利用 RSS 这一互联网工具传递营销信息的网络营销模式。

RSS 也叫聚合 RSS，是在线共享内容的一种简易方式（也叫聚合内容 Really Simple Syndication）。一个 RSS 文件就是一段规范的 XML 数据，该文件一般以 RSS，XML 或者 RDF 作为后缀。通常在时效性比较强的内容上使用 RSS 订阅能更快速获取信息。网站提供 RSS 输出，有利于让用户获取网站内容的最新更新。网络用户可以在客户端借助于支持 RSS 的新闻聚合工具软件（例如 SharpReader，NewzCrawler、FeedDemon），在不打开网站内容页面的情况下阅读支持 RSS 输出的网站内容。

■案例：亚马逊的 RSS 频道

亚马逊于 2004 年初将注意力转向了 RSS。今天打开亚马逊的网站，你会发现几乎所有种类的商品（图书、电子产品、音像制品、玩具、服装等）都已打包成相应的“RSS 频道”，向用户终端的阅读器定期发送。

通过 RSS 这个新渠道，亚马逊每当有新商品上市、新促销信息和新重大新闻时，都能快速及时地将这些信息“推”向其用户，不仅给用户提供了方便，而且大大提高了这些信息的普及率、针对性和时效性，从而抓住了大量以前被白白浪费的商机和收入。（来源：伟大的球的博客 2008 - 07 - 01《RSS 营销成功案例》）

18. SNS 营销

SNS 营销就是利用 SNS 网站的分享和共享功能，在六度空间理论的基础上实现的一种营销。这是基于圈子、人脉、六度空间这样的概念而产生的，即主题明确的圈子、俱乐部等进行自我扩充的营销策略。

SNS，全称 Social Networking Services，即社会性网络服务，专指旨在帮助人们建立社会性网络的互联网应用服务。

■案例：戴尔（DELL）的潮流旗舰店

DELL 在人人网建立了公共主页——DELL 潮流旗舰店。首先，选举 DELL 每月“课戴表”，主持 DELL 潮流旗舰店所有活动，并亲自体验 DELL 产品，以人性化的形式与受众沟通。其次，给予人人网忠实粉丝一些“小甜头”，如特殊的优惠价格、人人礼券等促进产品购买，还发起1元秒杀笔记本活动撩动粉丝的心弦。同时，DELL推出人人网用户专享热荐机型套餐、校园大使招募活动，让粉丝们可以联系身边的校园大使轻松购机。粉丝们还可以在线提交购机需求，获得DELL客服人员的专业服务，从而构建完善而深入的CRM系统。最后，DELL植入人人网最热门的社交游戏“人人餐厅”“阳光牧场”，将DELL小人置于游戏场景中，借此DELL公共主页曾在一天内就获得了10万粉丝。

在多方努力推广下，DELL公共主页人数飙升至60万人以上，成为人人网粉丝数量最多的商业公共主页。（来源：汇智中骏网络营销的博客2010－12－14《SNS经典营销案例解析》）

19. 数据营销（数据库营销）

数据营销（Database Marketing Service，DMS）或数据库营销是在IT、Internet与Database技术发展上逐渐兴起和成熟起来的一种市场营销推广手段，即通过收集和积累消费者大量的信息，经过处理后预测消费者有多大可能去购买某种产品，以及利用这些信息给产品以精确定位，有针对性地制作营销信息达到说服消费者去购买产品的目的。

数据库营销。分众营销、精准营销的主要工具是数据库营销。所谓数据库营销就是利用企业经营过程中收集、形成的各种顾客资料，经分析整理后作为制定营销策略的依据，并借助于IT和Internet技术，通过电子刊物发送、产品与服务信息传递、用户满意调研、在线销售服务等多种方式来提高企业的市场营销能力和水平，并作为保持现有顾客资源的重要手段。

■案例：纽约大都会歌剧院歌迷资料数据库

纽约大都会歌剧院设立一个可容纳150万人以上的歌迷资料的数据库，歌剧院运用电脑分析各种类型消费者的特点，找出潜在的顾客，然后用直接通讯的方式宣传推销歌剧票，结果在歌剧票正式公开发售之前，70%以上的入场券就已经利用数据库销售出去了。（来源：网络《纽约大都会歌剧院》）

20. 大数据营销

大数据营销就是依托互联网，根据消费者行为的大数据而开展的营销活动。

大数据（Big data）通常用来形容一个公司创造的大量非结构化和半结构化数据，这些数据在下载到关系型数据库用于分析时会花费过多时间和金钱。大数据的 4 个“V”，数据体量巨大 Volume、数据类型繁多 Variety、价值密度低 Value、处理速度快 Velocity。

大数据营销是指基于多平台的大量数据，依托在大数据技术的基础上，应用于互联网广告行业的营销方式。大数据营销衍生于互联网行业，又作用于互联网行业。依托多平台的大数据采集，以及大数据技术的分析与预测能力，能够使广告更加精准有效，给品牌企业带来更高的投资回报率。

大数据营销的核心在于让网络广告在合适的时间，通过合适的载体，以合适的方式，投给合适的人。

■案例：Morton 牛排店的送餐。

当一位顾客开玩笑地通过推特向这家位于芝加哥的牛排连锁店订餐送到纽约 Newark 机场（他将在一天工作之后抵达该处）时，Morton 就开始了自己的社交秀。首先，分析推特数据，发现该顾客是本店的常客，也是推特的常用者。根据客户以往的订单，推测出其所乘的航班，然后派出一位身着燕尾服的侍者为客户提供晚餐。（来源：网络《八个典型的大数据应用案例》）

21. 社会化媒体营销（社会媒体营销、社交媒体营销、社交媒体整合营销、大众弱关系营销）

社会化媒体营销是利用社会化网络、在线社区、博客、百科或者其他互联网协作平台和媒体来传播和发布资讯，从而形成的营销、销售、公共关系处理和客户关系服务维护及开拓的一种方式。

社会化媒体是个外来词汇，也称社会性营销，英文为“Social Media”，简称 SM。社会化媒体区别于传统主流形式（报纸、杂志、电视、广播），是一种新型的媒体方式，主要是通过互联网技术实现信息的分享、传播，通过不断的交互和提炼，对观点或主题达成深度或者广度的传播。

一般社会化媒体营销工具包括论坛、微博、微信、博客、SNS社区、图片和视频通过自媒体平台或者组织媒体平台进行发布和传播。

■案例：Joie de Vivre 的 79 美金/晚的线上促销活动

著名的连锁酒店品牌Joie de Vivre，联合加利福尼亚的33家高档酒店，通过Twitter、Facebook等社交媒体，发起每周二79美金/晚的线上促销活动。该连锁酒店将活动在线直播给10000个Twitter粉丝和5000个Facebook粉丝，使Joie de Vivre有超过1000间酒店闲置房被卖出，年营业额达到了惊人的2亿4千万美元。（来源：网络《国外社交媒体营销五个经典案例分享》）

22. 全网营销

全网营销是全网整合营销的简称，指将产品规划、产品开发、网站建设、网店运营、品牌推广、产品分销等一系列电子商务内容集成于一体的新型营销模式，是集合传统网络、移动互联网、PC互联网为一体进行营销。

其包括搜索引擎、图片营销、视频分享、社会化网络、B2B平台、门户网站、生活信息网站、垂直网站、博客推广、知名百科等。

■案例：万科与淘宝网的合作

万科在2014年8月26日通过淘宝网宣布合作，淘宝用户在2013年8月1日至2014年7月31日期间在淘宝上消费多少钱，可以在万科全国12个城市23个楼盘直接冲抵购房款，而且最高的抵扣达到了两百万元购房款。全年在淘宝消费不满5万元的用户由淘宝直接发放5万元的购房补贴。活动一推出立马引起巨大的轰动，活动页面上线仅仅半天，就有140多位的网友享受到超过一百万元的购房优惠，活动响应巨大。（来源：网络《全网营销案例分析：淘宝与万科标新立异的网络房地产营销》）

23. 云营销

云营销就是依靠云、搜索引擎以及社会化媒体作为主要媒介，通过网络，把多个成本较低的计算实体，整合成一个具有强大营销能力的完美系统。核心理念就是通过不断提高“云”的覆盖能力，以及“云”之间的逻辑计算能力，从而达到系统营销的结果。他可以减少用户的经济负担，最终使用户简化到只要在家里，有一台终端，都可以得到近乎无限数量的优质客户，享受“营销云”带来的强大经济利益。

云营销就是在不断的技术革新中产生的一个新的承载在云平台之上的营销技术。它能够利用云本身的特点消除技术门槛，降低用户使用成本。

■案例：百度云 VIP 会员的特权

成为百度云 VIP 会员之后，享有以下特权：

(1) 最受欢迎的特权：无限次使用百度云高速离线下载功能（普通用户 BT 离线下载每月 15 次免费体验）

(2) 最实惠的特权：每月免费冲印 10 张 6 寸照片。平日用手机随手拍，随手上传至百度云中，然后在百度云中进行免费照片冲洗，简简单单将美丽瞬间从云端落地。

(3) 最划算的特权：百度云给每个 VIP 会员额外赠送 20G 的空间。如果单独购买百度云的空间，20G 需要每月 10 元。(来源：网络《多项特权 百度云 VIP 会员功能体验》)

24. 门户营销

门户营销指的是门户营销价值的实现，门户网站的营销价值从利益相关群体分为用户价值和客户价值，从价值分为平台价值和媒体价值。

■案例：网易态度营销三部曲

第一步 定位态度目标：从挖掘用户真正需求和感兴趣的内容，以及对此的态度，来决定广告与营销的切入方向与方式。

第二步 选择态度代言：基于数据洞察选取或定制网易 PC 和移动平台有价值的意见领袖及特色内容来匹配广告主的营销诉求，放大营销效果。

第三步 实现态度共振：精准评估出营销对用户的价值以及对于广告主品牌态度的认知与好感。(来源：网络《门户网站营销新趋势——网易发布“态度营销”》)

25. 域名营销

域名营销就是开展网络营销的企业创造、传播和让客户体验域名价值的活动。由于 Internet 已经成为全世界的网络，域名从某种意义上讲就是网上的房地产，企业注册域名就是在互联网这块广阔的土地上进行圈地运动。

域名（Domain Name）是与互联网协议（IP）地址相对应的一串容易记忆的字符，由若干个从 A 到 Z 的 26 个字母、0 到 9 的 10 个阿拉伯数字及下划线构成并按一定的层次和逻辑排列的名字组成的 Internet 上某个组织名称，用于在数据传输时标识计算机的传输方位（有时也指地理位置）。域名不仅便于记忆，而且即使在 IP 地址发生变化的情况下，通过改变解析对应关系，域名仍可保持不变。

域名具有全球唯一性，且集传统商业中公司法人、营业执照、注册商标、产品品牌、公司名称和销售地点等 6 大商业资源于一体。好的域名能为网站带来巨大的访问量，尤其是那些能带来全球性的访问量的域名，能节省做广告的巨大开支。客户或潜在的客户越多，就越能获得更大的商业利益。

■案例：Tim Lee 的 cool. com

1995 年，Tim Lee 在华盛顿大学读四年级时注册了 cool. com 域名（cool，酷），当时遭到了他的朋友的嘲笑，他们不明白 Tim 为什么需要注册域名。在没有做广告的情况下，全球有大量的访问者访问这个 cool. com 网站。1996 年，Tim 每周平均要接到二个要购买 cool. com 域名的电话，但他没有舍得卖掉。纽约一位律师告诉 Tim，他的一个客户（一家著名消费品生产商）愿意出 300 万美元现金购买 cool. com 域名。后来这家公司将购买价格升到 3800 万美元，其中 800 万美元为现金，3000 万美元为公司股票。（来源：网络《全球售价最高的域名交易价格是多少?》）

26. DM 营销

DM 营销是英文 Direct Mail 的缩写，意为快讯商品广告，又称直接函件。这是对广告主所选定的对象，将印就的印刷品，用邮寄的方法传达广告主所要传达的信息的一种手段。

DM 除了用邮寄以外，还可以借助于其他媒介，如传真、杂志、电视、电话、电子邮件及直销网络、柜台散发、专人送达、来函索取、随商品包装发出等。

27. 直接邮寄营销

直接邮寄营销是指通过直接邮件作为企业产品或服务的发盘载体，目标市场成员根据该发盘信息，通过指定的渠道（电话、信函）进行问询或订购的营销过程。

■案例：北京七彩云南翡翠珠宝城的 DM 广告营销

2004 年“七彩云南”进驻北京发展时，决定采用 DM 广告形式做连续性的宣传。

第一期以翡翠珠宝展览会为主题，共制作 100 万份，利用周四随晚报投一天，20 万份；周五、周六、周日休息，周一、周二随日报连投两天，共 20 万份；周二、周三、周四再随晚报连投，每天 20 万份。投递区域选择“城八区”和部分郊区县的县城以及城区的全部报刊亭。

第二期以商城及酒楼的开业为主题，制作量为 80 万份，每天随日报、晚报连投三天。

第三期宣传以优惠活动为主题，制作量为 60 万份，随参考连投 5 天。

三期共计制作 240 万份。（来源：网络《“北京七彩云南翡翠珠宝城”DM 广告营销案例》）

28. 话题营销

话题营销起源于美国，在国外又叫付费评论，属于口碑营销的一种。话题营销主要是运用媒体的力量以及消费者的口碑，让广告主的产品或服务成为消费者谈论的话题，以达到营销的效果。

■案例：必胜客的“口味选举”

奥巴马和罗姆尼竞选期间，必胜客抛出一个话题：奥巴马和罗姆尼的第二场辩论中，如果现场观众或者能够打进电话提问的观众，能问问两位“吃比萨是选意大利辣肠还是香肠”，就能终身免费享用必胜客比萨（只是 30 年每周白吃一个比萨）。必胜客对此不仅发表声明，还制作了视频短片。

话题一经抛出，顿时成为多家媒体版面报道的热点。媒体针对向总统候选人提如此无聊的话题和终身免费吃比萨两个新闻点均进行了扩音器似的宣传。

此话题最终因批评声过大而放弃。（来源：网络《必胜客借美国大选出奇招》）

29. LBS营销

LBS营销就是企业借助互联网或无线网络，在固定用户或移动用户之间，完成定位和服务销售的一种营销方式。通过签到这种方式，可以让目标客户更加深刻地了解企业的产品和服务，最终达到企业宣传企业的品牌、加深市场认知度。这一系列的网络营销活动就叫作LBS营销。

基于位置的服务（Location Based Service，LBS），它是通过电信移动运营商的无线电通信网络（如GSM网、CDMA网）或外部定位方式（如GPS）获取移动终端用户的位置信息（地理坐标，或大地坐标），在GIS（Geographic Information System，地理信息系统）平台的支持下，为用户提供相应服务的一种增值业务。

■案例：分众传媒：——情人节全城示爱，O2O的新玩法

2015年2月13日、14日，分众传媒推出“全城示爱”活动。在“全城示爱”活动期间，用户关注活动官方微信“全城示爱”（微信号：qcshiai）后，提交表白内容可参与实时抽奖。用户所填表白内容会根据用户提供的对方LBS信息，在情人节期间以弹幕形式呈现在对应位置的分众屏上，也就是说，只需要填写女友/男友所在城市的楼宇，表白内容就会在对应楼宇屏内弹幕显示，如小区楼下、办公大楼、购物中心届时都可能成为表白发布中心。（来源：网络《【案例】从2015年开年十大案例看营销风向》）

30. 移动互联网营销

移动互联网营销就是指使用手机、掌上电脑、笔记本电脑等移动通信设备与无线上网技术结合所构成的一个互联网营销体系。

移动式营销（移动营销）（mobile marketing），指面向移动终端（手机或

平板电脑）用户，在移动终端上直接向分众目标受众定向和精确地传递个性化即时信息，通过与消费者的信息互动达到市场营销目标的行为。其早期称作手机互动营销或无线营销。

■案例：突尼斯足球俱乐部的远程球迷

突尼斯俱乐部 CS Hammam – Lif 制作了一个 APP 应用，球迷们可以下载到手机上，当比赛开始时，通过场边的音响，球迷们可以在 APP 上点击特定的按钮来为球场上的球员加油。即球迷的点击动作会被转化成场边音响的各种球场音效，达到一种球迷在球场上的效果。（来源：网络《突尼斯足球俱乐部移动营销案例 远程球迷》）

31. 短信营销

短信营销是指利用软件等工具通过移动通道向用户发送信息的一种营销手法。

■案例：联想北京分公司使用的“满意通”

联想北京分公司使用的亿美“满意通”企业短信中心，具备了完善的短信管理与沟通功能，不仅可以一次批量群发 10 万个手机号码，还可进行方便的检索、查询和信息管理。同时，由于亿美与中国移动、中国联通两大电信运营商的紧密合作，使亿美“满意通”具备了同时兼容 GSM 和 CDMA 两网用户的能力，覆盖全国多达 3 亿的手机用户。通过亿美“满意通”为其分配的唯一服务号码，联想可批量接收客户反馈信息，第一时间与客户实现双向互动沟通，实现 B2M。更让联想心动的是，使用该产品无须添加额外的硬件设备，不必升级原有的软件系统，最大限度地节省了企业资源。（来源：网络《成功案例：短信营销的倡导者——联想集团》）

32. 微营销

微营销是以移动互联网为主要沟通平台，通过有策略、可管理、持续性的线上线下沟通，建立和转化、强化顾客关系，实现客户价值的一系列过程。

从操作理念上，微营销更强调“潜移默化”“细节入微”和“精妙设计”。

微营销的核心手段是客户关系管理，通过客户关系管理，实现路人变客户、客户变伙伴的过程。微营销的基本模式是拉新（发展新客户）、顾旧（转化老客户）和结盟（建立客户联盟），企业可以根据自己的客户资源情况，使用以上三种模式的一种或多种进行微营销。

微营销九种标准动作是，吸引过客、归集访客、激活潜客、筛选试客、转化现客、培养忠客、挖掘大客、升级友客、结盟换客。

33. 全微营销

全微营销是以移动互联网为背景，作为社会化媒体营销的补充和延伸，配合传统网络媒体和大众媒体，通过有策略、持续性的线上线下沟通，强化公共关系和客户服务维护，涵盖微博、微信、微视（微视频、微电影、微片）微动漫、微官网、微商城、微客服、二维码、APP 等全部新媒体平台，将线上线下营销整合起来，线下引流到线上支付，线上引流到线下体验的一系列营销过程。

■案例：华为荣耀 3X 的预约活动

首先，活动前华为通过微信内容推送和微博进行宣传预热，并联合易迅将活动信息大量曝光；活动前期，华为荣耀、华为商城、花粉俱乐部等官方微博都对此次活动进行大量曝光并用图解的方式说明了具体操作流程，易迅也尝试在微信上做出精选商品的经典案例。其次，预约界面加入奖品驱动，即预约用户关注华为荣耀公众账号后可参与抽奖活动，开放预约时用微信支付1 分钱即可完成预约。最后，预约成功后进入原预约页面即可购买，支付方式也支持微信支付和货到付款。据了解，此次活动华为荣耀 3X 的总预约量达到约 30 万。（来源：网络《2014 十佳企业微信营销创新案例》）

34. 微电影营销

微电影营销就是企业利用微电影方式开展的营销活动。用于营销的微电影既是加长版的广告片也是精华版的电影。它是广告，但同时它传递了电影的剧情。

微电影即微型电影，又称微影、小型电影，是指专门运用在各种新媒体平台上播放的、适合在移动状态和短时休闲状态下观看的、具有完整策划和系统制作体系支持的具有完整故事情节的“微（超短）时”（8－15 分钟）放映、“微（超短）周期制作（1－7 天或数周）”和“微（超小）规模投资（几千－数千/万元每部）”的视频（“类”电影）短片。其内容融合了幽默搞怪、时尚潮流、公益教育、商业定制等主题，可以单独成篇，也可系列成剧。它具备电影的所有要素：时间、地点、人物、主题、故事情节。

■案例：哈根达斯《因情圆缺 2：代理相亲》

2013 年旗帜传媒与腾讯视频为哈根达斯品牌推出的精品微电影《因情圆缺 2：代理相亲》，可谓从创作团队到演出团队皆为豪华阵容。导演由新晋导演李蔚然担任，编剧则是在新浪微博拥有 750 万粉丝的“作业本”，主演分别为李晨、“素颜女神”王丽坤、实力派青年演员曹炳琨。从导演、编剧到主角无不具有极高的知名度并拥有数量极高的粉丝。人气如此高的阵容加上幽默温情充满笑料的内容，让这部微电影轻松收获了超过三千多万的播放量。（来源：网络《2013 年度五大成功微电影营销案例》）

35. 微博营销（Twitter 营销）

微博营销是指通过微博平台为商家、个人等创造价值而执行的一种营销方式，也是指商家或个人通过微博平台发现并满足用户的各类需求的商业行为方式。

微博营销以微博作为营销平台，每一个听众（粉丝）都是潜在营销对象，企业利用更新自己的微型博客向网友传播企业信息、产品信息，树立良好的企业形象和产品形象。每天更新内容就可以跟大家交流互动，或者发布大家感兴趣的话题，这样来达到营销的目的，这样的方式就是新兴推出的微博营销。

■案例：上海“野兽派花店”

上海“野兽派花店”，没有实体店，甚至没有淘宝店，仅凭微博上几张花卉礼盒的照片和 140 个字的文字介绍，从 2011 年 12 月底开通微博到现在，野兽派花店已经吸引了超过 18 万粉丝，甚至连许多演艺界的明星都是它的常客。

与其他花店不同的是，野兽派花店倾听客人的故事，然后将故事转化成花束，每束花因为被赋予了丰满的故事而耐人寻味。2011 年年末，顾客 Y 先生在野兽派花店订花，希望能表现出莫奈的名作《睡莲》的意境，可是当时并没有合适的花材进行创作。几个月过后，店主兼花艺师 Amber 想起日本直捣的地中美术馆，从中获得灵感，做成了后来野兽派花店的镇店作品之一，“莫奈花园”。

野兽派花店所选用的花束绝不是市场上常见的，这些进口花卉品种经过精心雕饰之后，针对不同的人群、送花与收花人的心境、起上颇有文艺范儿的名字，包装完成的花束，只在微博上出售，顾客也都是花店的粉丝，在微博上通过私信下订单，客服通过私信回答顾客的问题最终达成交易。

和传统的花店相比，野兽派花店绝对算得上花店中的奢侈品品牌。从野兽派出品的花卉礼盒少则三四百元，多则近千元，然而即使是如此高的价格，仍然有众多顾客追捧。（来源：网络《微博营销成功案例》）

36. 微信营销

微信营销是网络经济时代企业营销模式的一种，是伴随着微信的火热而兴起的一种网络营销方式。微信不存在距离的限制，用户注册微信后，可与周围同样注册的“朋友”形成一种联系，订阅自己所需的信息，商家通过提供用户需要的信息，推广自己的产品，从而实现点对点的营销。

微信营销主要体现在以安卓系统、苹果系统、windowsphone8. 1 系统的手机或者平板电脑中的移动客户端进行的区域定位营销。商家通过微信公众平台展示商家微官网、微会员、微推送、微支付、微活动、微 CRM、微统计、微库存、微提成、微提醒等，已经形成了一种主流的线上线下微信互动营销方式。

■案例：招商银行信用卡中心的微信公众账号

2013 年 3 月 28 日，招行正式开通了“招商银行信用卡中心”的微信公共账号，其最大特点是和招行信用卡的每个持卡人信息一对一绑定。

在招行微信公共号下方有好几栏自定义菜单，用户在微信中点击后可以查看自己的账单、积分、额度，设置还款等。另外，招行微信账号还开始取代短信提醒功能。用户每一次刷卡后都会收到微信推送提醒，而短信只会给单次刷卡100元以上的交易发送提醒。相比起短信，微信推送的信息内容更加丰富，图文并茂，且字数不限。

招行微信公共号开通两个月，其微信粉丝数量超过了100万，且几乎取代了90%的常规客服功能，自助查询回复命中率高达98%。（来源：薛正浩高效移动营销2013-10-01《五大行业微信营销经典案例》）

37. 微漫画营销

微漫画营销是指一种以微博为平台、漫画微视频为载体、商业文化为内容的全新营销方式。用漫画和微视频的方式，在内容中融入产品信息、商业元素，以一种全新的用户可以接受的方式传播，从而达到主动营销的目的。其通过与传统途径（如报媒、广播、电视、杂志）的结合达到点-线-面-体的立体营销效果。

微漫画营销从某种意义上讲是一种主题营销、内容营销和病毒营销。

■案例：腾讯微博的#大神赐画#

腾讯微博开设了#大神赐画#栏目。活动模式是：在某一时段内，以特定主题吸引众多网民在微博中以#大神赐画#作为话题，写出自己的一些手绘要求，并上传自己的图片，即可有机会获得来自该栏目合作漫画作者的定制版手绘作品。

该栏目在2013年开通之后，获得腾讯微博平台大量资源热推，已经和《穿越火线》《斗战神》等网络游戏合作，以为玩家量身绘制以游戏角色为蓝本的个人漫画头像，为游戏新版本造势。

其上线短短几个月时间，就有了超过30万的#大神赐画#相关微博。（来源：网络《刷不出参与感 微漫画的世界一直很寂寞》）

38. 网络整合营销

网络整合营销又叫E-IMC，英文Network Integrated Marketing的简称，是利用互联网特性和技术，更加有效、高性价比地完成整合营销计划，达到传统的IMC不能达到的高效客户关系管理等，从而精准地实施营销策略，实现企业营销的高效率、低成本、大影响。

再有，网络整合营销是基于信息网络（主要是互联网）之上。其主要有三个方面的含义：

①传播资讯的统一性，即企业用一个声音说话，消费者无论从哪种媒体所获得的信息都是统一的、一致的。

②互动性，即公司与消费者之间展开富有意义的交流，能够迅速、准确、个性化地获得信息和反馈信息。

③目标营销，即企业的一切营销活动都应围绕企业目标来进行，实现全程营销。

网络整合营销 4I 原则：Interesting 趣味原则、Interests 利益原则、Interaction 互动原则、Individuality 个性原则。

■案例："广告，也可以是生活中的一部分"

2015 年 1 月 21 日，微信团队悄无声息地发了一条推广信息，开始测试朋友圈广告功能。1 月 25 日，来自宝马中国、vivo、可口可乐 3 个品牌的首批微信朋友圈广告上线，并迅速成为当晚朋友圈热议的焦点。微信朋友圈广告采用了 Feed 信息流广告，与平常能够看到的朋友圈原创形式相似，由文字、图片信息共同构成，用户可以点赞或者评论，好友之间可以看到彼此的评论，形成互动。

39. 交叉网络营销

交叉网络营销是指交叉营销思想在网络营销中的应用。其有多种形式，如网站交换广告、交换链接、内容共享、利用各自注册用户资料互为推广等。其可以从最简单的交换链接、用户资源共享，直到战略联盟甚至资本合作。

■案例：网站联盟

为推广某种产品或服务组建的推广联盟，如精英特网络联盟；也可以是共同探讨交流某一主题的，如设计联盟、游戏联盟；还可以是资源共享的，如教师联盟、广告联盟。（来源：网络《网站联盟》）

40. 网络品牌营销

网络品牌营销是企业或个人或组织机构利用互联网为媒介，利用各种网络营销推广手段进行产品或者服务的推广，在消费者心目中树立良好的品牌形象，最终把企业的产品或服务推广出去满足消费的需求同时实现企业自身的价值。

■案例：阿里——“去啊”

阿里旅行·去啊是淘宝网旗下的综合性旅游出行服务平台。2014 年 10 月，原淘宝旅行举行新闻发布会，推出新独立品牌“去啊”，及独立域名 alitrip. com。据阿里的介绍，“去啊”的品牌含义是：“只要决定出发，最困难的部分就已结束。那么，就去啊！”而浓缩成发布会现场的一页 PPT，则是：“去哪里不重要，重要的是…去啊”。

不料，这一句并不奇葩的表述，竟然引来了整个中国在线旅游圈的集体戏仿与致敬。好一场久违的狂欢。（来源：网络《去啊》）

41. 网络会员制营销

网络会员制营销由亚马逊公司首创。因为 Amazon. com 于 1996 年 7 月发起了一个“联合”行动，其基本形式是这样的：一个网站注册为 Amazon 的会员（加入会员程序），然后在自己的网站放置各类产品或标志广告的链接，以及亚马逊提供的商品搜索功能，当该网站的访问者点击这些链接进入 Amazon 网站并购买某些商品之后，根据销售额的多少，Amazon 会付给这些网站一定比例的佣金。从此，这种网络营销方式开始广为流行并吸引了大量网站参与——这个计划被称为“会员制营销”。

■案例：Google AdSense

Google AdSense 是由 Google 公司推出的针对网站主（简称发布商）的一个互联网广告服务。通过 Google AdSense，广告商向 Google 提供定制的广告并缴费，站长在自己的网站发布广告并根据点击量获取相应的收入。这是一个快速简便的网上赚钱方法，可以让具有一定访问量规模的网站发布商为他们的网站展示与网站内容相关的 Google 广告并将网站流量转化为收入。

Google AdSense是Google公司旗下的广告联盟，是广告商和网站站长合作的桥梁。（来源：网络《Google AdSense》）

42. 个性化营销

个性化营销就是企业面向消费者，直接服务于顾客，并按照顾客的特殊要求制作个性化产品的新型营销方式。包括产品个性化、服务个性化、营销模式个性化。

■案例：聚美优品的“陈欧体”

2012年10月，聚美优品CEO陈欧推出“你只闻到我的香水，却没看到我的汗水；你有你的规则，我有我的选择；你否定我的现在，我决定我的未来……哪怕遍体鳞伤，也要活得漂亮。我是陈欧，我为自己代言”的新版广告，引爆“陈欧体”。

据专业机构统计，聚美优品2013年1月销售额比2012年12月份增长了2倍以上。（来源：网络《简析：聚美优品的三步营销》）

43. 湿营销

湿营销是指借由互联网上的社会性软件（Social Software）聚合某个群体，并以温和的方式将其转化为品牌的追随者，赋予消费者力量，鼓励他们以创造性的方式贡献和分享内容，从而影响商家的新产品开发、市场调研、品牌管理等营销新战略。

湿营销是美国被誉为“互联网革命最伟大的思考者”“新文化最敏锐的观察者”的克莱·舍基教授在其出版的《未来是湿的：无组织的组织力量》和《人人时代：无组织的组织力量》中提出的。

湿是一种隐喻。该理论认为，未来社会是湿的，未来的社会组织方式将突破干巴巴的社会关系，而是变成湿乎乎的人人时代，即人与人要靠社会软件联结，人与人之间可以凭借一种微妙的关系，相互吸引，相互组合，相互分享，协同合作。在新营销人士眼里，基于湿世界、湿社会和湿生活背景下的“湿营销”将是未来最具杀伤力的主流营销模式。

他提出4个关键步骤：

第一个步骤是分享，基于一种“始于自我协作”。这样的社会影响随之增大；人们分享连接，统一资源定位符网页地址、标签，最终汇集成一种类型。这种共享类型是所谓的旧有分享秩序的颠覆，参与者首先聚集，然后分享（例如 Flickr 和 Delicious）。

第二步骤是对话，也就是人与人的同步性对话，彼此了解更多的东西，并使之变得更好。

第三个步骤是协作，一群人出于共同努力协作的目的而聚集。协作需要分工和团队合作。它的特点往往是人们想解决市场失灵的问题。

第四个步骤是集体行动，舍基说它主要还是指未来的集体行动。集体行动的关键是一群人作为整体变得很重要。在一个叫“美酒、电视、社会盈余”的演讲中，舍基推广认知盈余的概念，人们利用看电视的休闲时间去做点社会事业，这会产生极大的影响。舍基也提出人们正经历一个相对于消费而言，乐于创造和分享的年代。由于技术使创造和分享变成可能，舍基说，我们将看到一个人人参与的新时代，这将导致巨大的变化。

■案例：麦当劳的阿凡达营销

在《阿凡达》热映之际，麦当劳网站推出“化身阿凡达”的变脸游戏，可将用户上传的照片直接制作成纳美人的模样。这个有趣的游戏引来了无数的参与者。虽然麦当劳只在欧洲市场推出这个游戏，但并不影响热情的国内网友把它引入中国。所以，我们可以见到郭德纲、曾轶可、姚明、姚晨等当红人物的阿凡达脸，而我们自己也可以过一把变身纳美人的瘾。在美国市场，巨无霸套餐随机附送的八种麦当劳阿凡达激情卡，更可以让麦粉或阿凡达迷们通过麦当劳网站下载软件进入“麦当劳幻境”游戏，只要将激情卡对准摄像头，就能生成一个3D 形象在潘多拉星球探险。看看这些粉丝们乐此不疲的样子，就能体会到他们“被卷入”的快感了。（来源：网络《湿营销》）

44. 二维码营销

二维码营销是指通过对二维码图案的传播，引导消费者扫描二维码，来推广相关的产品资讯、商家推广活动，刺激消费者进行购买行为的新型营销方式。

■案例：美诺币创意二维码

在2012年广州网货交易会上，美诺彩妆进行现场发钱。不过，发的不是人民币，而是独创的美诺财富币。

美诺财富币是以美诺海外销售的国家和地区的货币为蓝本，重新设计，将美诺元素和创意二维码融合到美诺财富币。持有美诺财富币不仅可以享受分销支持优惠，用手机扫描、收藏美诺二维码，即可获取百元美诺彩妆淘宝天猫商城的兑换券，还可以在广交会现场登录美诺天猫商城，了解美诺彩妆品牌、产品等详细信息，方便快捷。（来源：网络《二维码营销》）

45. APP营销

APP营销指的是应用程序营销。这里的APP就是应用程序application的意思。APP营销是通过特制手机、社区、SNS等平台上运行的应用程序来开展营销活动。APP营销是整个移动营销的核心内容，是品牌与用户之间形成消费关系的重要渠道，也是连接线上线下的天然枢纽。

■案例：天创时尚——亲们，爱吧！

2014年，天创时尚推出了行业内首款“通过声音说爱”并带有慈善捐款功能的轻APP。参与者只要通过定制给家人、爱人和朋友专属的“爱的心里话”上传自己的语音或选择明星的声音，并分享到微博微信一条，不但有机会获得天创时尚送出的礼券，天创时尚还会向在中国妇女发展基金会中其独家支持设立的“天创时尚关爱基金”捐赠1元钱，用于女性创业基金技能的培训和“母亲创业循环金”项目的开展与实施。（来源：网络《“亲们，爱吧！”天创时尚携手伊能静用声音传递爱》）

46. WiFi营销

WiFi营销是指企业（如餐饮、酒店、旅游、医院、地铁、机场、学校等）通过无线路由器提供免费WiFi向移动终端展示或推送产品、广告信息。

■案例：韩国商超 Emart 的 WIFI 广告

韩国商超 Emart，利用在气球上绑定一个 WIFI 设备（就是类似联通出的 3GWIFI 信号发射器，把 3G 卡绑定到里面，就变成了一个 WIFI 热点），让气球到处飞，而作为消费者来说，可以通过免费 WIFI 随时接入，下载 Emart 的优惠卷，或是在线购物等。（来源：网络《韩国商超 Emart 免费 WIFI 广告案例 <气球店铺>》）

47. 电子杂志营销

电子杂志营销是指利用电子杂志为载体的一种营销方式。电子杂志是具有良好的媒体表现形式，兼具了平面与互联网二者的特点，且融入了图像，文字，声音等相互动态结合来呈现。

■案例：美宝莲的电子杂志

美宝莲运用 iebook 超级精灵制作免费电子杂志，生成在线阅读与下载的方式，通过免费电子杂志推广其新产品。美宝莲让网民在阅读电子杂志并获得乐趣的同时，也在潜意识里接受着美宝莲的新产品、新理念。（来源：sdhcfsauhf 的博客《<美宝莲>推出 iebook 电子杂志》）

48. 电子书营销

电子书营销是指在网络上发布有价值的电子书，提供免费下载，并鼓励人们再次传播，利用书中加插的广告链接达到宣传企业及其产品和服务、获得新用户的营销手段。

■案例：淘宝的“超值送”

2013 年，淘宝推出“超值送”活动，客户购买商品就送电子书。首先，卖家需订购“买就送”工具；其次，在列表中勾选“送电子书”，并签署协议；再次，设置满就送/满件优惠活动中，选择电子书；最后，完成设置，可将活动信息添加到店铺和宝贝详情页。

这项工具对满多少元送书并没有强制要求，限额可以由卖家自己设置。

买家可以通过“我的淘宝－已购买的宝贝－我的电子书－书架”上查看卖家赠送的电子书，同时也可以下载“淘宝读书”客户端，并登录后查看。（来源：怎么在淘宝网上开网店的博客2013－09－22《淘宝新推营销手段：购物就送电子书》）

49. 手机报营销

手机报营销就是利用手机报开展的营销活动。

手机报（Mobile Newspaper）是依托手机媒介，由报纸、移动通信商和网络运营商联手搭建的信息传播平台，用户可通过手机浏览到当天发生的新闻。

■案例：中国移动杯‘发现宁波之美、爱我幸福家园’拍客大赛

2011年，第四届宁波网络文化节隆重推出“中国移动杯‘发现宁波之美、爱我幸福家园’拍客大赛”。从7月初起到9月底，主办方邀请全市网友拿起相机或手机，捕捉身边最美的文明瞬间。参赛作品将择优刊登在宁波手机报等相关媒体上。入选的每张照片都将获得移动话费奖励，同时进行公众投票。每周投票评出人气作品6张，并进入专家评选，最终评出：一等奖2幅，各奖1000元移动缴费卡；二等奖4幅，各奖800元移动缴费卡；三等奖6幅，各奖500元移动缴费卡；优秀奖30幅，各奖50元移动缴费卡。（来源：网络《发现宁波之美 爱我幸福家园 中国移动杯拍客大赛请您捕捉最美瞬间》）

50. 离线营销

离线营销是在线营销（online market）的对称，亦称相关产品开发。是指通过媒介的转换，充分挖掘、利用和增加网络资源的附加值的过程。这也正是网络离线营销的立足点和价值生长点。

离线营销的具体产品形式：

第一层次，网络小说、光盘杂志、图书报刊、电子出版物、电视节目、游戏软件……

第二层次，VCD、DVD、CD、录像带、电视剧、音乐剧、话剧、电影和明星包装……

第三层次，主要指推广授权，如玩具、时尚产品（化妆品）、家具、插花、婚礼、服饰和科技产品……

■案例：美国电影票房外收入

美国电影海外票房和本土票房每年总有60亿美元的进账。但据统计，仅1994年这一年，相关产品收入就高达70亿美元之巨。《星球大战》三部曲自70年代公映以来，除18亿美元的全球票房以外，其主题产品、玩具、游戏、图书和唱片等，销售总额竟高达45亿美元。（来源：网络《离线营销》）

51. 视频营销

视频营销就是企业利用视频技术进行营销活动的总称。具体方式有电视视频营销、网络视频营销和移动视频营销。

网络视频营销是企业将各种视频短片以各种形式放到互联网上，达到一定宣传的目的的营销手段。也就是“视频”与“互联网”的结合。

■案例：SKYCC的视频营销

2012年《一个IT屌丝的自白》视频在优酷首发，这段视频是一个站长讲述自己一路走来的艰难历程，袒露了站长的共同心声。随后宣传视频的帖子《让上万站长感动落泪的视频：一个IT屌丝的自白》在各大论坛、SNS社区发布。经过网络推手的炒作，加上不明真相的网友的加入，短短一个星期视频点击突破30万，帖子论坛总点击突破40万。8日后的后续视频《IT真实屌丝身份曝光，再发视频揭秘视频始末》，短短3天点击突破10万。而在两段视频中都有一带而过的SKYCC组合营销软件，其关注度暴涨。（来源：网络《经典视频营销案例：SKYCC视频营销浅析》）

52. 移动视频营销

移动视频营销就是在移动互联网支持下，企业通过移动端开展的视频营销。

■案例：疯狂稻草人宣传动画

《稻草人》是一款美国连锁餐厅 Chipotle Mexican Grill 的游戏 APP 宣传视频，该片内容关注食品安全和健康生活两大主题，成功击中现代都市人群的痛点；形式上采用新颖的动画，极受年轻人喜爱。这支视频在 YouTube 发布后 2 天就突破百万点击量。（来源：网络 2014－8－6 石佳茵的《戛纳金奖里的人性化营销秘密》）

53. Fun 营销

Fun 营销就是基于互联网及移动互联网，以引发粉丝效应为目标，以互动娱乐元素为形式，以情感共鸣为核心线索，借助 IP 化包装手段，高效传递营销信息的营销方法。

■案例：《小时代》

《小时代》在豆瓣上的评分低于 5 分，但郭敬明、杨幂等一批娱乐名人的名人效应吸引了大批年轻粉丝，观众平均年龄为 20.3 岁。电影上映的第一天开始，关于它的口水战就没有停。黑《小时代》一派与挺《小时代》一派在社交网络上旷日持久的骂战反而让《小时代》引起了更大的关注。2000 多万元的投资，近 5 亿元的票房收入，郭敬明让我们看到了粉丝经济的力量。（来源：网络《2013 最牛逼的十个社交关系营销案例——2. 国产电影营销：电影社会化营销的爆发之年》）

54. 模糊营销

21 世纪是网络经济的时代。随着信息社会的来临，人们的生活方式发生了一系列带有根本性的变化，对传统的企业营销方式也提出了挑战。

①互联网络能够把全世界的顾客送到这个地球村上开设的任何一家商店。这是其他的商业经营形式所望尘莫及的。

②互联网为所有公司提供了平等的竞争环境。在传统商业中，商家必须投入巨大的资金和人力去建立全球营销网络。这对于小公司来说，是一个可怕的障碍。

③互联网络可以展示商品目录、连接资料库，提供大量有关商品信息的查询，可以和顾客进行双向沟通，随时收集市场情报，了解消费者需求，进行产品测试与消费者满意调查等，是产品设计、商品信息提供以及顾客服务的最佳工具。

④互联网络上的营销可由商品信息提供直至收款、售后服务一气呵成。因此，这也是一种全过程的整合营销渠道。在这一意义上，企业传统的市场营销职能性组织结构正在变得越来越模糊。

面对这些挑战，企业在其经营活动过程中，必须重新规划与执行其创意、产品、服务观念、推广、渠道等过程，即用适应网络经济时代要求的市场营销思维方式对企业的营销进行模糊化的根本性变革。其包括目标市场的模糊化和产品与服务之间界限越来越模糊。

■案例：雀巢咖啡——活出感性豆瓣品牌小站

雀巢咖啡在 2011 年末，随着豆瓣雀巢品牌小站的上线，与豆瓣合作推出了一系列的营销活动。合作中，豆瓣对原有的豆瓣 FM 的咖啡进行冠名。用户在有特定心情的时候选择收听咖啡兆赫，会联想到雀巢咖啡的品牌。雀巢咖啡在豆瓣品牌小站分别推出了敢性宣言、敢创我想、敢秀达人的活动，鼓励豆瓣用户对自己喜欢的音乐说出自己的宣言，挖掘豆瓣上的音乐达人上传自己的原创音乐作品。活动期间咖啡兆赫的浏览量达 1500 万，粉丝宣言数量 30000 多，征集原创歌曲 400 多首，在两个月内成为最大快销类品牌小站，粉丝增长 2 万。（来源：网络《3 个利用音乐进行营销传播的咖啡快销品牌案例》）

55. 无站点网络营销

无站点网络营销是指企业没有建立自己的网站，而是利用互联网上的资源（如电子邮件、邮件列表和新闻组等），开展初步的网络营销活动。其属于初级的网络营销。

■案例：简单理财网

简单理财网是天津首家互联网 P2P 平台。其通过与担保公司、小额贷款公司、投资中介公司、消费金融公司等合作并提供全额本息担保项目给平台；

“简单理财网”对平台上的项目进行二次审核通过后，把项目放在平台上展示，供投资人选择；投资人通过第三方支付平台（监管银行），做资金划转；其进而为小微企业和个人投资者提供理财产品。到2015年初，简单理财网已完成了超过1600个项目的融资，服务了超过800家中小企业，总交易量突破3亿元，并荣获“2014中国互联网金融最具成长性企业”称号。（来源：网络《专访简单理财网创始人杨晖先生》）

二、电子商务营销

电子商务营销是网上营销的一种，是借助于因特网完成一系列营销环节，达到营销目标的过程。

电子商务是指在全球各地广泛的商业贸易活动中，在因特网开放的网络环境下，基于浏览器/服务器应用方式，买卖双方不谋面地进行各种商贸活动，实现消费者的网上购物、商户之间的网上交易和在线电子支付以及各种商务活动和相关的综合服务活动的一种新型的商业运营模式。

电子商务分为三个方面：信息服务、交易和支付。包括：电子商情广告；电子选购和交易、电子交易凭证的交换；电子支付与结算以及售后的网上服务等。

电子商务模式是企业确定细分市场和目标顾客之后，通过企业内部特定的组织结构和在价值网中的定位，运用网络信息技术，与价值网上的各合作成员整合相关的流程，最终满足顾客的需要，并给企业带来赢利的方式。

电子商务模式是企业在价值链系统一定位置上为目标市场提供价值和赢利的方式。它由e化市场环境、客户关系、产品创新、财务要素、企业资源、业务流程6个要素构成。这些要素之间相互依赖和联系，共同确定商务模式的构成和特点。

1. B2B（BtoB）模式

B2B（BtoB）模式是Business to Business的简称，也称“商对商”或“公对公”，是指进行电子商务交易的供需双方都是商家（或企业、公司），它们使用了Internet的技术或各种商务网络平台，完成商务交易的过程。包括：发布供求信息，订货及确认订货，支付过程及票据的签发、传送和接收，确定配送方案并监控配送过程等。

B2B 按服务对象可分为外贸 B2B 及内贸 B2B，按行业性质可分为综合 B2B 和垂直 B2B。

其代表是阿里巴巴、中国供应商、中国制造网、敦煌网、慧聪网、瀛商网、电子商务学吧等。

■案例：All world auto-motive——北美汽配 B2B 平台

All world auto-motive 创建于 1998 年，是美国本土的专注汽车配件行业的 B2B 平台。使用该平台，买卖双方都可以直接接触到在汽车行业的分布在 208 个以上的国家的 38768 名会员。它有汽配链接 67287 条，汽车配件分类超过 36000 种。截至 2014 年 3 月 6 日，该平台上有供应信息 13256 条，求购信息 3894 条，品牌 424 种，汽配产品 4679 个。（来源：网络《All world auto-motive：北美汽配 B2B 平台》）

2. B2C 模式

B2C 是 business to customer 的简称，也称“商对私”或“公对私”，是企业通过互联网为消费者提供一个新型的购物环境——网上商店。消费者通过网络在网上购物、在网上支付。例如当当网、卡当网、卓越网等。

■案例：三只松鼠

安徽三只松鼠电子商务有限公司是以坚果、干果、茶叶等森林食品的研发、分装为主，利用 B2C 平台实行线上销售的现代化新型企业。三只松鼠在全国范围内寻找产品的原产地，统一采取订单式合作。在收购原材料之后，先委托当地企业加工成半成品，经检测合格的半成品，将它们保存在 0℃~5℃的冷库中或直接运到常年恒温在 20℃的全封闭车间内。一般的库存周期是 10 天左右。被送到三只松鼠自己的封装工厂封装好的成品同样存放在恒温的仓库中。顾客在网上形成订单后，直接从库存中委托第三方快递直达顾客家中，一般的运转周期是 4 天左右。（来源：松鼠老爹——章三疯的博客 2013-06-15《<经济视野>三只松鼠和它的森林系坚果》）

3. C2C 模式

C2C 模式是 Consumer To Consumer 的简称，也称“私对私”，是指消费者与消费者之间的互动交易行为。其代表有淘宝网、易趣网等。

■案例：农享网的城市对接农村

城市对接农村是农享网的安全农产品电商模式，将无污染地带的安全农产品提供给城市消费者。目前在九寨沟山区，东北尚志，陕西秦岭，云南蒙自山区，山东临沂等多个地区农享网与当地农民建立了直接合作关系，农民负责安全农产品种植，通过城市对接农村模式宣传和销售。

如2014 年10 月份，农享网启动了“只卖好米”单品电商，只选择无污染地带的好米提供给市场，以解决百姓所担心的镉大米、转基因大米等大米安全问题，让每一个客户吃上安全大米，并通过提供高的采购价格，提高农民收入，进而推动农民种植安全大米，改善中国大米种植理念和环境。该项目的五常大米和秦岭原生态农家大米一经推出，便立即引起了消费者和网友的关注。(来源：网络《农享网》)

4. O2O 模式

O2O 模式是 Online To Offline 的简称，又称离线商务模式，是指线上营销线上购买带动线下经营和线下消费。O2O 通过打折、提供信息、服务预订等方式，把线下商店的消息推送给互联网用户，从而将他们转换为自己的线下客户。这就特别适合必须到店消费的商品和服务，比如餐饮、健身、看电影和演出、美容美发等。

■案例：洽洽赌球

在 2014 年 4 月份，洽洽就联合 PC 端、移动微信端发起了“狂欢巴西”猜胜负/猜冠军赢 4999 元现金的赌球活动。

洽洽将瓜子变身虚拟货币瓜子币，50 个瓜子币算一注，只有持有瓜子币才能参与“赌球”，而洽洽的世界杯小游戏以及洽洽世界杯促销装产品，则为参与者们提供了瓜子币的获得途径。其中，购买洽洽世界杯促销装产品会先得到一张世界杯狂欢卡，输入卡上的 13 位串码就可以兑换瓜子币和其他奖品。

同时洽洽推出比姚明矮一点的2米高“史上最大袋瓜子”作为活动奖品，开展“靠巴西赢大洽洽”活动。巴西队每赢一场比赛，洽洽就送出2米高超级大袋瓜子。每袋大瓜子中装有88袋洽洽香瓜子、巴西正品球衣及世界杯正版足球。前期，洽洽发布网感十足的搞笑海报视频对活动进行宣传造势。然后，洽洽在微博、微信上发起比赛预测，号召网友猜比分赢大袋瓜子。中奖网友在网上晒出巨型“战利品”。（来源：网络《2014 最具创意的十大微博营销案例》）

5. S2C 营销模式

S2C 营销模式是指线上服务引导线下消费的营销模式。简单的理解即是通过互联网向用户提供优质服务，引导用户线下消费。这是 O2O 模式“线上为线下引流”的演变。

S2C 模式，通过互联网，你可以了解用户的需求。当你了解这些用户的所有需求，这个时候你就可以基于这些需求提供增加值的服务。这个服务就是你的产品，让用户使用这些产品以满足自身的需求。

S2C 的特点是将服务前置。商户通过互联网在线提供服务，而服务有一个非常重要的属性是“过程”。在这个过程中，商户通过互联网服务用户掌握到其相关的需求信息，基于需求信息做出相应的服务满足。商户可以通过平台或者是其他第三方工具，去交流分析自己的用户或是市场上用户行为与需求。商户在分析用户行为的过程中了解用户需求，基于这些需求做出相应的产品服务匹配。这个过程将商户和用户的关系得到进一步的“净化”，提高商户满足个性化服务的能力，同时提高了用户的满意度与忠诚度。

■案例：支付宝

支付宝为用户和商户搭建了一个诚信交易窗口。这个服务本身是免费的，但在支付宝上经过的资金不计其数。支付宝链条剖开了看：商户、资金、用户。支付宝通过记录资金额度及购买服务的商品，就可以了解用户的消费习惯、消费行为，并进而推测出用户的职业和收入；根据商户的资金流动额度大小及频次，可以推测商户是否有资金压力，周转时长多久。用户端可以做精准营销及金融理财，商户端可以做金融信贷，而流动的资金如果延迟2分钟到账，2 分钟内滞留的资金（也就是沉淀资金）就可以做金融投资。（来源：网络《惊呆了！原来 O2O 企业还可以这样玩》）

6. C2B 模式

C2B 模式，是 customers to business 的简称，是消费者对企业的电子商务模式。先有消费者需求产生而后有企业生产，即先有消费者提出需求，后有生产企业按需求组织生产。通常情况为消费者根据自身需求定制产品和价格，或主动参与产品设计、生产和定价。产品、价格等彰显消费者的个性化需求，生产企业据此进行定制化生产。

■案例：纸牌屋的制作

《纸牌屋》是美国在线影片租赁公司 Netflix 根据英国同名小说改编的首部原创剧集。《纸牌屋》的数据库包含了 3000 万用户的收视选择、400 万条评论、300 万次主题搜索。最终，拍什么、谁来拍、谁来演、怎么播，都由数千万观众的客观喜好统计决定。从受众洞察、受众定位、受众接触到受众转化，每一步都由精准细致高效经济的数据引导，从而实现大众创造的 C2B，即由用户需求决定生产。

《纸牌屋》的出品方兼播放平台 Netflix 在一季度新增超 300 万流媒体用户，第一季财报公布后股价狂飙 26%，达到每股 217 美元，较上年 8 月的低谷价格累计涨幅超三倍。(来源：网络《<纸牌屋>的大数据争议：革命还是包装?》)

7. ABC 模式

ABC 模式是新型电子商务模式的一种，是由代理商（Agents）、商家（Business）和消费者（Consumer）共同搭建的集生产、经营、消费为一体的电子商务平台。三者之间可以转化。大家相互服务，相互支持，你中有我，我中有你，真正形成一个利益共同体。

■案例：淘众福

淘众福是广州淘众福信息科技有限公司旗下平台，于 2011 年 10 月 18 日上线，通过互联网、刊物、互动及移动媒体为代理商、消费者和商家提供生活信息服务的平台。它以“网店+服务店+营销服务系统+团购联盟+自主服务终端”的立体营销模式为手段。它把网络营销、连锁经营、传统渠道、服务、消费链和互动媒体等相整合，把顾客的需求导向具体以信息为中心进行管理。它在价值上是从一方提供给另一方或多方的过程中体现双方或多方的价值以实现多方共赢，从而建立一个交互式、立体式、全方位的跨媒体生活信息服务平台。（来源：网络《淘众福》）

8. G2B 模式

G2B 模式全称是 Government to Business，又写作 GtoB。G2B 是指政府（Government）与企业（Business）之间的电子政务。

9. B2A（B2G）模式

B2A（B2G）模式全称是 Business – to – administrations，指的是企业与政府机构之间进行的电子商务。

■案例：电子政务对企业的服务

政府对企业开放各种信息，以方便企业经营活动；政府对企业业务的电子化服务，包括政府电子化采购、税收服务电子化、审批服务电子化，对中小企业电子化服务等各种与企业业务有关的电子化服务活动等；政府对企业进行监督和管理．包括工商，外贸环保等。（来源：网络《电子政务》）

10. G2C 模式

G2C 模式全称是 Government to Citizen，又写作 GtoC，即政府对公众的电子政务。G2C 是指政府通过电子网络系统为公民提供的各种服务。其强调政府的对社会公众特别是公众个人的公共服务功能。

■案例：政府公告

政府网上发布政府的方针、政策及重要信息，介绍政府机构的设置、职能、沟通方式，提供交互式咨询服务、教育培训服务、行政事务审批、就业

指导等。(来源：网络《电子政务》)

11. G2E 模式

G2E 模式全称是 Government to Employee，又写作 GtoE，即 G2E 电子政务。G2E 是指政府（Government）与政府公务员（即政府雇员）（Employee）之间的电子政务，也有学者把它称之为内部效率效能（IEE）电子政务模式。

■案例：G2E 电子政务

政府工作人员利用信息技术办公，与同事通过网络开展协作，利用机构的内部网络接受在职培训，以及政府部门利用电子手段评估工作人员的表现等。G2E 模式主要包括建设办公自动化系统、政务管理信息系统和决策支持系统。(来源：网络《电子政务》)

12. G2G 模式

G2G 模式的全称是 Government to Government，又写作 GtoG；又称 A2A，是指政府（Government）与政府（Government）之间的电子政务，即上下级政府、不同地方政府和不同政府部门之间实现的电子政务活动。

■案例：G2G 的电子政务模式

政府内部网络办公系统、电子法规、政策系统、电子公文系统、电子司法档案系统、电子财政管理系统、电子培训系统、垂直网络化管理系统、横向网络协调管理系统、网络业绩评价系统、城市网络管理系统等。(来源：网络《电子政务》)

13. BMC 模式

BMC 模式是英文 Business – Medium – Customer 的缩写，是率先集量贩式经营、连锁经营、人际网络、金融、传统电子商务（B2B、B2C、C2C、C2B）等传统电子商务模式优点于一身的模式。其解决了 B2B、B2C、C2C、C2B 等传统电子商务模式的发展瓶颈。

B = Business，指企业；C = Customers，指消费者，终端；M = Medium，在这里指的是在企业与消费者之间搭建的一个空中的纽带与桥梁。这是 B2M 和 M2C 的一种整合电子商务模式，即 B2M + M2C = BMC（M = Medium）。其中的 Medium 就是第三方管理平台，具有 Monitor（监控）、Media（多媒体）、Middleman（经纪人）等多重属性，就是通过第三方的平台为企业提供第三方质量监控、多媒体整合推广、全民参与经营、保障企业/消费者权益、改变网络诚信危机、降低企业运营成本等的新型电子商务模式。

■**案例：精彩生活太平洋直购网 BMC 模式**

B 指的是商家，太平洋直购网 BMC 商城的供货商，DIY 店的供货商、京东商城、凡客诚品、当当网等近百家知名联盟返利商家等；M 是指精彩生活公司，以及与公司签约的各大银行和各级别渠道商户；C 是指在精彩生活网实名制注册的普通会员。

商家通过精彩生活太平洋直购网直接对接更多实名制注册的消费会员，为其商品和服务开辟了一个更宽广的通路；消费者在这里可以享受到物美价廉的商品和服务，并可以参与部分利润分配，达到了省钱加赚钱的效果；省市县代理及各级别诚信渠道商户通过与公司签约，最低7000 元保证金（预定未来 1000pv 的消费量）就可以达到就业加创业的效果；而精彩生活公司与银行合作也能共享庞大的现金流利润。（来源：网络《一张图解读精彩生活太平洋直购网 BMC 商业模式及其现状》）

14. B2M 模式

B2M 即 Business to Manager，是指面向市场营销的电子商务企业（电子商务公司或电子商务是其重要营销渠道的公司）。B2M 电子商务公司根据客户需求为核心而建立起的营销型站点，并通过线上和线下多种渠道对站点进行广泛的推广和规范化的导购管理，从而使得站点作为企业的重要营销渠道。

B2M 针对的客户群是该企业或者该产品的销售者或者为其工作者，而不是最终消费者。B2M 模式能将网络上的商品和服务信息完全的走到线下，企业发布信息，经理人获得商业信息，并且将商品或者服务提供给所有的百姓，不论是线上还是线下。其实，B2M 本质上是一种代理模式。

■**案例：聚宝盆**

聚宝盆在建立一个主网站后，同时在各小区设立分站网点，作为延伸到居民小区的网络渠道。这些“分站管理员”多是由小区内的士多店、超市、中介服务机构或者业主担任。小区居民在“聚宝盆”看中商品下订单之后，由网站配送至分站管理员，再由分站管理员完成“最后一公里”的配送。顾客可以在分站管理员这里先验验货，再决定是否付款。由分站管理员充当聚宝盆职业经理人的角色负责对该片区的消费者进行网上和网下的推广、销售及售后服务，并从销售中赚取聚宝盆给予的返点。（来源：网络《Hishop 首创 B2M 模式 聚宝盆颠覆传统电子商务》）

15. M2C 模式

M2C 模式，M 是 media 的缩写，也就是媒介对消费者的购物模式。这是一种基于网上 B2C，C2C 基础之上的网上购物模式。

M2C 模式的营销（比如败物网）：将不同平台的商品以一种“关键词结构”的方式聚合在一个平台上，这对网商来说无疑增加了一个推广的窗口，对消费者来说是帮助他们整合商品信息，使他们更容易获得自己需要的商品，刺激了他们的购买欲。其次还在于败物网基本实行免费。这样就不会增加商品的成本。

■**案例：败物网**

败物网创建于 2009 年 5 月，定位于网上购物杂志。败物网的创建是基于电子商务信息流的不对称性，特别是广大的中小网商、C2C 网商，甚至网货品牌一方面由于都处在创业阶段，没有足够的资金在传统的媒介进行广告投放，另一方面效果也不明显。因此网上购物市场需要出现一个专门的媒介平台来提供宣传展示。（来源：网络《败物网》）

16. B2B2C 模式

B2B2C 模式是英文“business to business to Customer”的简称。第一个 B 指广义的卖方（即成品、半成品、材料提供商等）。第二个 B 指交易平台，即提供卖方与买方的联系平台，同时提供优质的附加服务。C 即指买方。卖方不仅仅是公司，可以包括个人，即一种逻辑上的买卖关系中的卖方。平台绝非简单的中介，而是提供高附加值服务的渠道机构，拥有客户管理、信息反馈、数据库管理、决策支持等功能的服务平台。买方同样是逻辑上的关系，可以是内部也可以是外部的。B2B2C 定义包括了现存的 B2C 和 C2C 平台的商业模式，更加综合化，可以提供更优质的服务。

B2B2C 把“供应商→生产商→经销商→消费者”各个产业链紧密连接在一起。

■案例：盛大游戏的风云计划

盛大游戏的风云计划，就是陈天桥把自己创立的网游 B2C 模式换成了 B2B2C 模式。这一计划的内容就是与一票可信任、有实力的游戏研发者合作，投资并且帮助他们做出好的游戏，然后放到盛大平台上运营，大家分账。（来源：网络《从五大例对 B2B2C 商业模式的分析》）

17. B2T 模式

B2T 模式在国际上通称 B2T（Business To Team），B 是通常意义上的商家，而 T 则指的是团队（TEAM），即为一个团队向商家采购。简单地来说就是企业对团队的模式。

网络团购，就是互不认识的消费者，借助互联网的“网聚人的力量”来聚集资金，加大与商家的谈判能力，以求得最优的价格。

■案例：威购 B2T

威购 B2T 整合了多用户商城界面、单用户商城功能和恒浪网站整合管理系统，是一款支持本地化、网络团购的多功能电子商务系统。它既适合搭建 B2C 的企业电子商务网站，也可以建设 C2C 个人电子商务网站和 B2T 企业团购网站，简单来说是可以方便不同类型的用户构造适合自身需要的网上电子商务综合系统。同时，它内置恒浪网站整合管理系统，可以通过其整合接口轻松整合网络中任意开源程序，让用户轻松快捷打造一个具有门户功能的电子商务网站。（来源：伊人的博客 2010－05－28《团购系统 团购 威购 B2T 电子商务平台》）

18. F2F 模式

F2F 模式是英文名词 Face to Face 的简称，中文意思是面对面沟通营销，是用沟通服务去完成价值顾客（MVC）客户群和争取有益顾客（MGC）客户群，真正地认识那些只会付出，而不会得到多少负值客户（BZ），并且通过全个性化体系的服务，给每一个要求助的客户提供与众不同的有力资源和服务。与传统销售模式不同的是，传统模式将资源摆在一个地方，让顾客来购买，不顾及顾客的个性化需求；而 F2F 力求一对一，需要销售员找到顾客，并提供一对一的服务，根据顾客个性化的需求提供服务及资源。

■案例：一辆停在你家门前的 Porsche 911

加拿大的保时捷经销商 Pfaff，去高级住宅区挨家挨户地发送她为每一客户制作的独一无二的“一辆 Porsche 911 停在你家门前”的广告！

摄影师、一部 911、一台电脑、一部打印机，就这样，工作人员真的把车停在你家门口，由专业摄影师操刀，找一个最美的角度，拍照、制作出史上绝无仅有，为客户定制的广告，然后打印出来，亲手送到你家的信箱。

据介绍有 32% 的住户预约赏车。（来源：socialbeta. cn，2012 年 08 月 30 米卡的《保时捷个性化营销案例解析：用创意的沟通方法》）

参考文献

[1] [美] 威廉·科恩. 跟德鲁克学营销 [M]. 蒋宗强，译. 北京：中信出版社，2013.

[2] [美] 菲利普·科特勒. 营销管理（第 12 版）[M]. 梅清豪，译. 上海：上海人民出版社，2006.

[3] [美] 菲利普·科特勒. 营销革命 3.0：从产品到顾客，再到人文精神 [M]. 毕崇毅，译. 北京：机械工业出版社，2011.

[4] [美] 彼得·德鲁克. 管理的实践（珍藏版）[M]. 齐若兰，译. 北京：机械工业出版社，2009.

[5] [美] 普拉哈拉德，拉马斯瓦米. 消费者王朝：与顾客共创价值 [M]. 王永贵，译. 北京：机械工业出版社，2005.

[6] 王先庆. 沃尔玛零售方法. 广州：广东经济出版社，2004.

[7] [美] 雷克汉姆，德文森蒂斯. 销售的革命（经典版）. 陈叙，译. 北京：中国人民大学出版社，2013.

[8] [芬兰] 克里斯琴·格罗路斯. 服务管理与营销 [M]. 北京：电子工业出版社，2008.

[9] [芬兰] 克里斯琴·格罗路斯. 从科学管理到服务管理：服务竞争时代的管理视角 [M]. 范秀成，译. 南开管理评论，1999（1）.

[10] [美] 詹姆斯·C·柯林斯，杰里·波拉斯. 基业长青——企业永续经营的准则 [M]. 真如. 译. 北京：中信出版社，2002.

[11] 王廷伟. 营销原来这么简单 [M]. 北京：中国经济出版社，2015.

[12] 王廷伟. 成品油零售增值服务管理 [M]. 广州：华南理工大学出版社，2014.

[13] 王廷伟. 成品油零售常用促销方法 [M]. 广州：华南理工大学出版社，2013.

[14] 王廷伟. 成品油营销管理点滴 [M]. 广州：华南理工大学出版社，2013.

[15] 万云南. 西方管理学中人性假设理论发展概况分析—技术总结. 2008.

[16] 佚名. 美国企业文化产生的原因 [Z]. 2006.